EL ESPAÑOL EN LOS ESTADOS UNIDOS:

E PLURIBUS UNUM?

ENFOQUES MULTIDISCIPLINARIOS

Edición de Domnita Dumitrescu
y
Gerardo Piña-Rosales

Academia Norteamericana
de la
Lengua Española

Título: *El español en los Estados Unidos:* E Pluribus Unum?
Enfoques multidisciplinarios, edición de Domnita Dumitrescu y
Gerardo Piña-Rosales

© ACADEMIA NORTEAMERICANA DE LA LENGUA ESPAÑOLA
© Ediciones ANLE, 2013
Colección Estudios Lingüísticos
1ra. edición

ISBN: 0985096136
Library of Congress Control Number: 2012954823

Impreso en los Estados Unidos de América
Printed in the United States

© De los estudios: Sus autores
© De la introducción: Domnita Dumitrescu
© Del prólogo y foto de portada: Gerardo Piña-Rosales

Academia Norteamericana de la Lengua Española
P.O. Box 349
New York, NY 10116
www.anle.us

ÍNDICE

Agradecimientos

Los editores de este volumen agradecen sinceramente a los siguientes colegas (por orden alfabético), que han leído anónimamente uno o más capítulos del manuscrito y han hecho observaciones y sugerencias útiles: Pamela Anderson-Mejías *(The University of Texas Pan American)*, María Carreira *(California State University, Long Beach)*, María Irene Moyna *(Texas A & M University)*, Claudia Parodi *(University of California, Los Angeles)*, y Daniel Villa *(New Mexico State University)*. Algunos otros, como: Francisco X. Alarcón *(University of California, Davis)*, Rebeka Campos-Astorkiza *(The Ohio State University)*, Mónica Cantero-Exojo *(Drew University)*, Manuel J. Gutiérrez *(University of Houston)*, David Hernández de la Fuente *(Universidad Nacional de Educación a Distancia)*, Pedro Martín Butragueño *(El Colegio de México)*, Emily Hinch Nava *(University of Southern California)* y Antonio Torres Torres *(Universidad de Barcelona)* han leído trabajos por encargo de sus autores mismos. Huelga decir que ninguno de ellos es responsable por los eventuales errores que se nos hayan podido escapar.

Asimismo, agradecemos a Silvia Betti *(Alma Mater Studiorum-Università di Bologna* y *ANLE)*, Nuria Morgado (*The City University of New York* y *ANLE*) y Carmen Tarrab (*ANLE*) la revisión del mecanuscrito y sus atinadas sugerencias editoriales.

Las siguientes instituciones han contribuido a subvencionar esta publicación: la Embajada de España en los EE.UU., MundoFox, la Asociación de Academias de la Lengua Española (ASALE) y el Instituto Castellano y Leonés de la Lengua Española. Nuestra más profunda gratitud por este inapreciable respaldo.

Aclaración sobre el estilo

En este libro se siguen las pautas de la MLA (adaptadas para las publicaciones de lingüística como en la revista *Hispania*) en cuanto al formateo de las referencias bibliográficas y la puntuación de las citas textuales. Por otra parte, para el uso de las mayúsculas y las minúsculas en el texto español y para la puntuación de las siglas, así como las reglas de acentuación y escritura de los números enteros, se han seguido las normas ortotipográficas de la *Ortografía de la Lengua Española* (2010). En cuanto a la escritura de los números decimales, hemos optado por la coma, y no por el punto, ya que las normas académicas mencionadas permiten elegir entre ambos signos de puntuación, siendo la coma la opción más tradicional. Finalmente, y aunque el término ha sido incluido, en la forma hispanizada de espanglish en la próxima edición del *DRAE*, hemos respetado las preferencias gráficas de cada autor.

PRÓLOGO

Gerardo Piña-Rosales

Academia Norteamericana de la Lengua Española y CUNY

Queridos lectores, de no haber sido por el tesón y la experiencia de la profesora Domnita Dumitrescu, no tendríamos hoy este libro entre las manos. O tendríamos algo muy distinto de lo que es: un conjunto de estudios rigurosos y penetrantes, firmados por prestigiosos expertos en el tema. Ha sido ella, con su espíritu impulsor, su infatigable trabajo, su prurito de perfección y su genuina inteligencia, la auténtica editora de *El español en los EE.UU.: E Pluribus Unum? Enfoques multidisciplinarios*, que la Academia Norteamericana de la Lengua Española –que me honro en dirigir– se enorgullece en presentar.

No creo que a estas alturas quepan todavía dudas de la importancia y pujanza que la lengua española va adquiriendo en los Estados Unidos. No acudiré a las estadísticas, pues, al fin y al cabo, y aunque nos hablen del número creciente de hispanounidenses, lo que cuenta no es que nos cuenten, sino que contemos.Y para ello, estoy convencido de que nada mejor que nos esforcemos todos, hispanohablantes y anglohablantes, en alcanzar un verdadero bilingüismo.

Los vientos hispanófobos del English Only y otras organizaciones del mismo jaez, tan reaccionarias como ignorantes, parecen haber amainado en estos últimos tiempos. Pero no han desaparecido. Son parte de una tendencia que, a veces solapada, abiertamente otras, se empecina en subvertir los valores y principios que la mayoría de nosotros defendemos: los de una Norteamérica plural y abierta. A esta recalcitrante cáfila de torquemadianos lingüísticos habría que recordarles que la primera lengua europea que se habló en lo que hoy constituyen los Estados Unidos no fue el inglés sino el español.

La puntual y detallada introducción que sigue, a cargo de Domnita Dumitrescu, me exime de más comentarios. Léanla, y comprobarán lo que les decía hace un momento: no es este un libro más sobre el español en Estados Unidos, sino epítome y punto de partida en el estudio de un mundo fascinante, donde el español y el inglés, más que luchar cuerpo a cuerpo, se enriquecen en un pletórico mudejarismo cultural y lingüístico.

INTRODUCCIÓN

Domnita Dumitrescu
California State University, Los Angeles, y ANLE

El diálogo transatlántico se tiene que construir en torno a un triángulo flexible –más amplio y menos misterioso que el de las Bermudas– cuyos vértices iniciales sean Europa, los Estados Unidos y América Latina. . . . [L]os latinos o hispanos norteamericanos tienen unas raíces históricas, culturales y lingüísticas que van mucho más allá, directa o indirectamente, de la apurada aventura de los espaldas mojadas, el exilio anticastrista o la inmigración reciente desde Puerto Rico. Devolver a esta comunidad hispana el orgullo de serlo, no en tanto que refugiados o fugitivos, sino en tanto que fundadores, también ellos, de la nación americana, sería una forma de contribuir a poner en valor su condición latina, que no es algo ajeno, marginal o prestado al ser de Norteamérica, sino que está presente desde los albores de su fundación como estado moderno. Todo ello se hizo con y desde la lengua, y es la lengua hoy en día su principal, y casi exclusivo, vínculo de identificación común que, por encima de nacionalidades, etnias y clases sociales, les otorga una patria nacional reconocida.

Juan Luis Cebrián, "La unidad del español"

Este volumen es una iniciativa de la recién creada Comisión del estudio sociolingüístico del español en los Estados Unidos, de la Academia Norteamericana de la Lengua Española (ANLE), algunos de cuyos miembros colaboran en su presente edición, al lado de otros reconocidos especialistas del tema, que han accedido amablemente a mi invitación de adherirse a nuestros esfuerzos, con el fin de sacar a luz un trabajo multidisciplinario sobre un tema que no deja de hacer correr ríos de tinta desde varias décadas: la situación del español en los Estados Unidos.

Nuestra intención fue precisamente la de abordar este tema desde una perspectiva amplia y abierta, dando cabida a una variedad de enfoques teórico-descriptivos, no siempre convergentes, relacionados con la sociolingüística, la sociología del lenguaje, la adquisición de la lengua, la planificación lingüística y la pedagogía del español como lengua de herencia. Y la pregunta subyacente que nos planteamos –y a la cual algunos de los estudios de este volumen proponer respuestas interesantes (aunque, repito, no necesariamente convergentes)– es si todavía es lícito hablar, como en el pasado, del destino y los "avatares" del español en los Estados Unidos, o ya es hora de empezar a hablar de un español estadounidense con perfil propio y colocarlo en pie de igualdad con los otros "españoles" del amplio mundo hispanohablante, los cuales, al fin y al cabo, son también caracterizados –como el estadounidense– por varios procesos de variación, cambio, fusión y convergencia con otras variedades lingüísticas idiosincrásicas.[1]

El libro se divide en seis partes, cada una de las cuales se centra en un problema fundamental del español estadounidense, si bien hay numerosas referencias cruzadas a estos temas a lo largo de otros estudios, aun cuando estos estén incluidos en otras secciones. Los seis temas fundamentales alrededor de los cuales gira el libro son los siguientes: la demografía hispanounidense[2] actual; la adquisición del bilingüismo inglés-español y el mantenimiento o pérdida del español a nivel transgeneracional; la descripción de la(s) variedad(es) de español estadounidense, que incluye el tan debatido tema de la influencia del inglés, así como el menos discutido tema del contacto dialectal con sus posibles consecuencia niveladoras; la cuestión de la ideología y la identidad de los bilingües hispanounidenses; y el tema de la educación bilingüe y la enseñanza del español como lengua de herencia desde una óptica actualizada, en consonancia con las necesidades de los jóvenes hispanounidenses de hoy día.

El que la población hispanounidense haya alcanzado, según el último censo, el de 2010, los cincuenta millones es ya un truismo. Sin embargo, más que esta cifra bruta, conocida y comentada de sobra –por algunos con temor y por otros con orgullo–, es importante analizar los factores que han favorecido este impresionante crecimiento demográfico y que se relacionan directa o indirectamente con el idioma español hablado, con diversos grados de fluidez, por este sector de la población del país, de cuyo total ya forma un poco más del 16 %. Efectivamente, como se ha señalado en forma repetida en trabajos sociolingüísticos enfocados en el mantenimiento y pérdida del español en EE.UU. (y como se menciona también en algunas de las contribuciones a este libro), no todos los hispanos que viven en este país hablan español. Como indica Azevedo (2011), según se manejen las estadísticas, EE.UU. sería el cuarto o el quinto país en número de hispanohablantes, aunque esto tampoco signifique que se le puede considerar "una sociedad hispanohablante, si por ello se entiende una sociedad en la que el español se use en todos los ámbitos comunicativos" (240).[3]

La tasa de natalidad de los hispanos ha sido siempre alta (o sea, más alta que la de otras etnias con las que coexisten en los Estados Unidos, lo que hace que el promedio de edad de esta población sea inferior al promedio de la población estadounidense total), pero lo que el último censo revela es que, por primera vez, el aumento de la población hispana (especialmente de origen mexicano) se debe, más que a la inmigración, como en el pasado, a los nacimientos de los hijos de los inmigrantes.[4] Según las estadísticas oficiales, en este momento uno de cada cuatro niños estadounidenses es hispano, y el 92 % de estos niños hispanos son ciudadanos por nacimiento (Larsen 2011: 32). Lo cual, obviamente, tiene consecuencias lingüísticas importantes, ya que el español de los miembros de la segunda generación (y de las siguientes, en la medida en que estas mantienen su lengua ancestral[5]) presenta, como es bien sabido, características bastante diferentes del español de los inmigrantes adultos (ver, entre otros títulos, el ya clásico estudio transgeneracional de los hispanos angelinos, en Silva-Corvalán 1994). Se puede afirmar, por lo tanto, que el futuro del español en este país está, más que nunca, en manos no solo de los que siguen llegando a estas tierras desde varias partes del mundo hispanoparlante, sino también –o quizás sobre todo– de los hijos y nietos de esos inmigrantes de décadas atrás.

Por otra parte, como demostró de forma convincente Montrul (2013), la edad de llegada a los Estados Unidos juega un papel fundamental incluso en el caso de los niños cuya primera lengua es, en principio, el español, pero que, al emigrar a tierna edad, experimentan atrición o adquisición incompleta de su lengua materna. Como señala esta investigadora, "los hablantes bilingües de una lengua minoritaria corren el riesgo de perder su lengua durante la infancia al aprender la lengua mayoritaria en un contexto de lengua segunda. En muchos niños de habla hispana en los Estados Unidos se observa un cambio de competencia y equilibrio bilingüe, según el cual la lengua primera [o sea el español-.n.n. (nota nuestra, de ahora en adelante)] se transforma en secundaria y la lengua secundaria [o sea el inglés- n.n.], en primaria" (233).

Otro hecho interesante que revela el censo es que la población hispanounidense (formada ya sea por inmigrantes, ya sea por sus descendientes) se está extendiendo a muchos otros estados del país que tradicionalmente no se caracterizaban por una alta concentración de hispanos, lo cual también tiene consecuencias lingüísticas, sobre todo en los casos (numerosos) en que comunidades de estadounidenses hispanohablantes de diferentes orígenes geográficos entran en contacto entre sí (y no pocas veces contraen matrimonios mixtos), lo que puede llevar a fenómenos de acomodación lingüística y nivelación dialectal más frecuentes que en el pasado. Por otra parte, un renovado interés en sus raíces y su cultura ancestral, así como en los intereses prácticos más inmediatos, derivados de la globalización y la conversión del español en una de las más importantes lenguas internacionales, hacen que muchos hispanos de segunda y tercera generación estén presentes en números cada vez mayores en las aulas de clases donde se estudia su lengua de herencia, cambiando la composición del estudiantado y forzando la adopción de métodos pedagógicos diferentes e innovadores en comparación con los tradicionales.[6]

Por último, un cambio de actitud hacia la variedad o las variedades idiomáticas manejadas por los hispanounidenses, sin exceptuar el espanglish[7] (cambio que parece vislumbrarse en unas recientes tomas de posición menos críticas –o en algunos casos radicalmente novedosas– por parte de renombrados especialistas en el tema del contacto lingüístico, que incluyen a algunos autores de este volumen), puede llevar a una reconsideración de nuestra óptica acerca de lo que tradicionalmente se considera "correcto" o "incorrecto" en el idioma, y a una inserción del español estadounidense entre otras variedades dialectales de esta gran lengua pluricéntrica que es el español de hoy.[8] Todo esto conlleva, necesariamente, a la revisión de algunos conceptos sociolingüísticos y pedagógicos básicos, elaborados en base a situaciones lingüísticas vigentes en el siglo pasado, pero que parecen perder relevancia, o poder explicativo, en el siglo XXI, al menos en lo que concierne a la compleja e intrincada problemática del español hablado al norte del Río Bravo.[9]

Los estudios de este libro evalúan la situación arriba esbozada y sugieren respuestas a muchos de sus retos. Pero su intención fundamental es la de suscitar discusiones y de replantear problemas desde nuevos ángulos, con la esperanza de que otros expertos en estos temas recojan la antorcha y continúen el diálogo. Por ello, y para concluir, voy a señalar en qué se enfoca cada estudio, para que nuestros lectores puedan anticipar ya cuáles son los aportes básicos de este libro al *corpus* de especialidad existente (prescindo de las páginas en las citas, para facilitar la lectura).[10]

El libro se abre con el estudio de Devin Jenkins sobre la expansión (tanto numérica como geográfica) de la población hispanounidense, a luz de los datos del último censo, el de 2010, comparados con los datos de los censos anteriores, a partir de 1980. El título sugiere, metafóricamente, que los hispanos (especialmente los mexicanos, que representan más del 63 % de la población hispanounidense total, y que forman el grupo mayoritario en 40 de los 50 estados) ya no están confinados a ciertas áreas específicas del territorio estadounidense, como en el pasado, sino que ya han pasado a formar parte de la textura poblacional de todo el país. En cuanto al suroeste, específicamente (en el cual Jenkins propone que se deben incluir, al lado de los cuatro estados fronterizos tradicionales –Arizona, California, Nuevo México y Texas–, los estados de Colorado, Nevada y, por extensión, otros estados del oeste, con alta densidad de población hispana, como Idaho, Oregón, Utah y Washington), hay –según este autor– señales esperanzadoras de que las correlaciones estadísticas negativas del pasado entre la retención del idioma y diferentes variables sociales, como por ejemplo los ingresos, la educación, etc. van disminuyendo, y apuntan hacia la idea de que "los hablantes de la lengua española parecen estar gozando de una mejor situación sociolingüística en el suroeste que los de hace una generación."

La sección siguiente, dedicada a la adquisición y transmisión de la lengua, comprende tres estudios. El primero, de Carmen Silva-Corvalán, trata el tema de la adquisición simultánea de dos lenguas (el español y el inglés) como primeras lenguas (2L1, como se le denomina en los estudios especializados). Este estudio se enfoca en un aspecto particular de la adquisición del bilingüismo, a saber, la adquisición del sujeto gramatical en las dos lenguas, en dos niños de tierna edad (hermanos), expuestos a diferentes cantidades de *input* en inglés y español, y que han usado el español también con diferente frecuencia a lo largo de sus primeros años de vida. El análisis de los datos corrobora la hipótesis según la cual "en la adquisición bilingüe simultánea se produce influencia croslingüística cuando existe solapamiento estructural en un dominio de la gramática de las dos lenguas y una de ellas ofrece dos o más alternativas cuya selección depende de factores discursivo-pragmáticos no compartidos por la otra lengua."

El estudio siguiente, de Andrew Lynch, pone en tela de juicio dos pilares teóricos fundamentales de las teorías estructuralista (Saussure) y variacionista (Labov) del siglo pasado, a saber, los conceptos de "comunidad de habla" y de "continuidad lingüística," por considerarlos obsoletos con respecto a la situación del español en los EE.UU. en la actual era de la globalización (que ha contribuido a desestabilizar las comunidades de habla locales). Según este autor, los estudios variacionistas realizados en los últimos años con respecto al español estadounidense "han revelado subgrupos e incluso individuos que no conforman una colectividad en el sentido sociolingüístico," cuyas tendencias, aparentemente no uniformes tanto en el uso de ciertas variantes como en las restricciones morfosintácticas y semántico-pragmáticas que rigen su uso, "se presentan como discontinuidades." Por esta razón, Lynch (a diferencia de otros autores en este volumen) se resiste a aceptar la idea de que exista en los Estados Unidos una singular o unitaria "comunidad hispanoparlante" y cuestiona el verdadero significado de los referentes de términos como "español *de* Estados Unidos" o "español *en* Estados Unidos": el primero le parece incorrecto desde el punto de vista de la sociolingüística tradicional, y el segundo no le parece muy afortunado tampoco, por sugerir "un objeto de estudio aparentemente trasplantado o aislado dentro del contexto nacional." Hay que ver qué solución final va a tener esta aparente "guerra de las preposiciones" en las condiciones en que "los límites del espacio geográfico van adquiriendo nuevas connotaciones en la época global."

El último estudio de esta sección, el de Susana Rivera-Mills, aborda una cuestión poco explorada hasta ahora: la de la actitud de los miembros de la cuarta generación de hispanounidenses ante su lengua ancestral. Todos los estudios sobre la lealtad lingüística realizados hasta la fecha, inclusive por la misma Rivera-Mills, han demostrado la inexorable pérdida de las habilidades comunicativas en su lengua de herencia entre los miembros, si no de la segunda, de la tercera generación. Sin embargo, en este estudio, Rivera-Mills revela el caso de un grupo de veinte hispanounidenses de cuarta generación, del norte de Arizona, que demuestran un fuerte vínculo con su identidad hispana y, por consiguiente, tienen una intensa motivación para "aprender o reactivar" la lengua de herencia, ya sea a nivel individual, o en el ambiente escolar. Según Rivera-Mills, estos hispanos de cuarta generación parecen representar "una ruptura en el patrón tradicional del desplazamiento del español en Estados Unidos" y un posible "punto de retorno a la lengua de herencia en generaciones que tradicionalmente han perdido toda conexión con ella." Su conclusión es que, en base a datos de esta índole, se puede "definir la retención de una lengua como un proceso cíclico y dinámico, en vez de linear y con un fin inevitable."

La tercera sección, titulada "Estudios descriptivos de los bilingües hispanounidenses," contiene cuatro trabajos. El primero, de John Lipski, plantea con argumentos convincentes la necesidad de hablar ya de una dialectología propia del español estadounidense, en vez de seguir hablando de comunidades de inmigrantes clasificadas por su país de origen y unidas por guion a la nación que los acoge. "No deja de ser curioso –escribe Lipski– que el habla de hasta 45 millones de personas que viven en el mismo país no se reconozca como un fenómeno integral, a pesar de la presencia de hispanohablantes en todas las regiones del país, sino como un mosaico de enclaves monolíticos incomunicados entre sí." Lipski aboga por un estudio en profundidad de la estratificación sociolingüística del español estadounidense, ampliando los parámetros de investigación más allá de las capas socioculturales periféricas, para revelar los fenómenos de variación sociolingüística en toda su complejidad, descartando "la distracción del inglés" y los fenómenos de atrición lingüística (inglés: *language attrition*) entre hablantes residuales, que impiden reconocer, por ejemplo, que "los patrones sociolingüísticos del español dentro de los Estados Unidos también reflejan [al lado de variantes rústicas y arcaicas – n. n.] la presencia inconfundible de variedades urbanas y de mayor relieve socioeconómico." Ha llegado la hora, dice Lipski, de "asignarles a Estados Unidos una casilla propia dentro de la dialectología hispánica," ya que, a su modo de ver, "la lengua española en Estados Unidos ha logrado una autonomía lingüística tanto en términos de una masa crítica de hablantes como en su propia naturaleza dialectal."

No menos incitante es el estudio siguiente, firmado por Ricardo Otheguy, quien, refiriéndose a la tan debatida influencia del inglés sobre el español, plantea la necesidad de volver a la clásica distinción que el viejo (y siempre actual) Saussure postulaba entre "lengua" (*langue*) y "habla" (*parole*) para esclarecer "si lo que está detrás del *discurso culturalmente norteamericanizado* que frecuentemente se oye en EE.UU. es una *lengua estructuralmente anglicada.*" Su respuesta es negativa, excepto en algunos casos de posible convergencia sintáctica, todavía por investigar más a fondo, y descartando, por supuesto, los préstamos léxicos, que se dan en todas partes y no afectan a las estructuras sintáctica y fonológica de la lengua. Como explica este autor, los hispanounidenses (que viven en un constante cruce entre lengua y cultura, ya que "hablan en español pero viven insertos dentro de la cultura estadounidense") "resuelven este desfase recurriendo a la convergencia conceptual, expresando contenidos norteamericanos por medio de significados y estructuras lingüísticas españolas." Según Otheguy, el fenómeno comunitario de gran envergadura que es "la convergencia conceptual en los EE.UU. es un tipo de comportamiento, frecuentísimo a nivel de habla, en el que una subcomunidad receptora de influencia (en este caso, la comunidad hispanohablante de EE.UU.) se va alejando de lo que han sido las conceptualizaciones tradicionales de sus mensajes, compartidas con su comunidad de referencia (la comunidad hispanohablante en el resto del mundo) y se va acercando a las conceptualizaciones de la comunidad bajo cuya influencia opera a diario (la comunidad anglohablante)." Espero no traicionar sus intenciones al afirmar que, en última instancia, este estudio continúa, desde un nuevo ángulo teórico, la batalla que Otheguy ha venido librando desde hace tiempo en contra del concepto de espanglish (un término que rechaza de plano- cf. Dumitrescu 2012b) como representativo de una lengua hispanounidense híbrida, extraña y caótica. Con respecto a la cuestión de las preposiciones "de" o "en," Otheguy opta por usar "de," más que nada por conveniencia, indicando que la apelación no es muy coherente "si con ella se quiere aludir a hablas unitarias y muy sujetas a normas, ya sean normas tácitas de una sociedad que en sí esté muy regida por cánones sociolingüísticos compartidos, o normas explícitas formalizadas en libros y manuales." "Nuestro tema de las influencias estructurales del inglés –concluye Otheguy– se plantea, por tanto, como una interrogante con aplicación muy amplia a muchísimos hispanohablantes de EE.UU., sin que sea necesario, para plantearlo, inscribir el tema dentro de un dialecto o variante estadounidense, concepto este al que, al igual que en otros lugares, puede atribuírsele muy poca validez."

El siguiente estudio de esta sección, de Kim Potowski, trata un tema de gran actualidad: el del contacto de dialectos del español en Estados Unidos, tanto a nivel comunitario como a nivel interfamiliar, con la resultante consecuencia de la nivelación lingüística a la que aludí anteriormente. Potowski ofrece un panorama comprensivo de lo que se ha publicado hasta ahora en esta área (que comprende sus propias investigaciones sobre el contacto lingüístico entre mexicanos y puertorriqueños) y concluye que, "dados los patrones de inmigración recientes, el fenómeno de los latinos mixtos se vuelve un tema de alto interés que seguramente dejará huella sobre el español de los Estados Unidos."

El último estudio de esta sección le pertenece a Marta Fairclough, quien se enfoca en un asunto muy interesante, pero todavía poco investigado: las destrezas léxicas de los hispanounidenses inscritos en las clases de español para estudiantes de herencia. Utilizando una metodología sociolingüística rigurosa, esta autora calcula, estadísticamente, el "reconocimiento" léxico de un número de estudiantes bilingües receptivos, de una universidad estadounidense, y lo compara con el que poseen los estudiantes pertenecientes a niveles más avanzados en el *continuum* bilingüe. El análisis de los datos le permite concluir a Fairclough que "los estudiantes receptivos parecerían reconocer hasta un 60 % de las 5 000 palabras [de mayor frecuencia del español- n.n.], o sea, tendrían un léxico pasivo de hasta 3 000 ítems, si bien la mayoría de esas palabras pertenecen a las bandas de mayor frecuencia (alrededor de las dos tercera partes de las 2 000 palabras más frecuentes, y solo la mitad de las de menor frecuencia del corpus). Los demás grupos reconocen alrededor del 90 % (es decir unas 4 500 palabras) de las 5 000 palabras de mayor frecuencia del español." Obviamente, estas conclusiones contribuyen a la consolidación de una tipología de los estudiantes de herencia, lo que, a su vez, conduce a un mejor entendimiento de sus necesidades pedagógicas y contribuye a que se les ubique en cursos de nivel adecuado.

La cuarta sección del libro está enfocada en cuestiones de ideología lingüística y de identidad. El primer estudio, firmado por Silvia Betti, es un extenso y documentado panorama de las polémicas suscitadas en torno al así llamado *spanglish* como marcador de identidad hispanounidense dual, un tema en que Betti es experta y al que le ha dedicado varios trabajos anteriores. En la opinión de la investigadora italiana,"el *spanglish* se puede describir como un sistema de comunicación familiar, que *no* representa ni el español *en* los Estados Unidos ni el español *de* los Estados Unidos, sino una estrategia expresiva natural, reflejo de una sociedad y de las personas que lo hablan, que da la posibilidad de comunicarse pasando simultáneamente de un código a otro, del inglés al español o viceversa, o de mezclar estas dos lenguas en los discursos dialógicos espontáneos, o incluso de inventar nuevos términos." "Consideramos que se trata –concluye Betti– de un fenómeno muy complejo, una realidad lingüística que *no* podemos definir como 'lengua,' pero necesaria como lo son la utopía y los sueños para poder evolucionar hacia otras realidades vinculadas a la identidad y que, por eso, merece toda nuestra atención y estudio."

El artículo siguiente, de Ana Sánchez-Muñoz, "examina la relación entre el uso del español como lengua de herencia y la identidad personal y colectiva en jóvenes latinos estadounidenses." Concretamente, la autora analiza la autoestima y la confianza o inseguridad lingüísticas en un grupo de estudiantes universitarios del sur de California, haciendo hincapié en la relación entre su identidad lingüística y étnica antes y después de haber tomado un curso de español específicamente diseñado para atender a las necesidades de esta población estudiantil. Los resultados del estudio –llevado a cabo con una minuciosa metodología sociolingüística que toma en consideración el análisis tanto cuantitativo como cualitativo de los datos– apuntan hacia "el rol central que pueden tener los cursos de lengua diseñados para hablantes de herencia en impulsar el mantenimiento de la lengua promoviendo el desarrollo de la autoestima de los estudiantes como hablantes competentes de la lengua y como miembros productivos de su comunidad étnica."

Le sigue el estudio de Glenn Martínez, que ofrece un análisis interesante de la política del lenguaje en el ámbito de la atención sanitaria dispensada a los hispanounidenses, partiendo del análisis minucioso de tres documentos fundacionales emitidos por la Oficina de Salud Minoritaria del país. En opinión de Martínez, estos documentos revelan dos ideologías distintas acerca de los idiomas minoritarios (en este caso, el español): "La primera eleva el idioma minoritario a través de un mecanismo de especialización lingüística que devalúa el papel del personal médico bilingüe al cerrar la brecha del idioma. La segunda subordina el idioma minoritario a través de un mecanismo reduccionista que deja de lado las normas y prácticas de lectoescritura en la comunidad para optar por prácticas letradas semejantes a prácticas orales. Esta ideología devalúa el papel de la comunidad misma al cerrar la brecha del idioma. En ambos casos, las ideologías del lenguaje presentes en la política limitan su capacidad de implementarse." El trabajo termina con la enumeración de las ventajas que presentaría para la comunidad hispanounidense y para el futuro del español en este país una política lingüística que promoviera de forma más efectiva el uso del español en las instituciones sanitarias estadounidenses.

El último trabajo de esta sección, en colaboración por Ana Roca y José Ángel Gonzalo García de León, traza un perfil multilateral y complejo de la expansión y el desarrollo del español en la ciudad de Miami, la cual, a diferencia "de otras aglomeraciones estadounidenses con una población latina centenaria ... se ha convertido en una ciudad que habla no solo en inglés, sino también, y sobre todo, en español, en tan solo unas décadas." El énfasis del estudio recae, sistemáticamente, en la vitalidad de la lengua y en el orgullo que sienten los habitantes de la ciudad en hablarlo, sin miedo y "sin pelos en la lengua," lo cual, por cierto, se relaciona estrechamente con el tema de la identidad, que forma el eje de esta sección del volumen.

La última sección del libro está dedicada, específicamente, a temas relacionados con la política educativa y la pedagogía del español como lengua de herencia, si bien, como se acaba de ver, el tema ha sido abordado, aunque con propósitos diferentes, también en algunos de los estudios anteriores (en particular Fairclough y Sánchez-Muñoz). La sección se abre con una documentada introducción a toda la problemática de la educación bilingüe en los Estados Unidos, firmada por Frank Nuessel, donde se evidencia claramente el conflicto entre la postura de los académicos que destacan el valor de los programas bilingües y la postura de los políticos, que ceden a las presiones de un sector del público xenófobo que trata de imponer el inglés como lengua única.

A continuación, Robert Blake y María Cecilia Colombi describen de forma detallada un programa modélico de español para estudiantes de herencia que se imparte en la Universidad de California, Davis, donde ambos autores enseñan, con notable éxito, esta lengua.

El estudio siguiente, de Laura Callahan, se centra en el componente de la escritura en los programas de español como lengua de herencia. En particular, esta autora llevó a cabo un número de entrevistas semi-dirigidas con estudiantes y exestudiantes, a fin de determinar cuáles son los propósitos específicos con que usan el español escrito. Al constatar que el uso del español escrito ocupa, en general, un lugar restringido en la vida de los latinos estadounidenses, más que nada por falta de oportunidades para su utilización, la autora recomienda "reservar un espacio más amplio para el español escrito dentro del ambiente académico, para que más estudiantes puedan mantener o desarrollar plenamente sus destrezas lingüísticas," y de esta forma logren convertirse "en candidatos potenciales para oportunidades extra-académicas en el mercado laboral."

En su estudio titulado "Alfabetización avanzada en español en los Estados unidos en el siglo XXI," María Cecilia Colombi y Dalia Magaña demuestran, con ejemplos concretos del ámbito de la interacción entre médicos y pacientes hispanounidenses, la necesidad de implementar una bialfabetización (o biliteracidad, como también se suele decir) de nivel avanzado entre los estudiantes hispanos de herencia de este país. Este es un proceso largo y continuo, que se apoya en un enfoque funcional, cuya meta es "el aumento de registros lingüísticos sin el menosprecio o erradicación de las variedades rurales o coloquiales" que estos estudiantes emplean en su bagaje lingüístico inicial. "El estudiante de lengua heredada –dicen las autoras– entra al salón de clase con un gran conocimiento cultural y lingüístico del español que debe ser validado y complementado con la enseñanza de un español académico para que tengamos bilingües con una bialfabetización avanzada."

El último artículo de esta parte, y que al mismo tiempo cierra el libro con broche de oro, es el de Ofelia García, cuya larga trayectoria de investigación en el área de la enseñanza estadounidense bilingüe es bien conocida. En el estudio que nos ocupa, García profundiza en el concepto del *translenguar* (introducido primero en su libro de 2009 sobre la educación bilingüe en el siglo XXI), definiéndolo como "el conjunto de prácticas discursivas complejas de todos los bilingües y las pedagogías que utilizan estas prácticas discursivas para liberar las maneras de hablar, ser y conocer de comunidades bilingües subalternas." "En conceptualización –continúa García–, el translenguar es diferente del denominado 'code-switching' en inglés, ya que no se refiere a una alternancia o cambio de código, sino al uso de prácticas discursivas que, vistas desde una perspectiva bilingüe, no pueden ser fácilmente asignadas a una u otra lengua." Como indica esta autora, muchos de los conceptos con que se ha estudiado el bilingüismo y las lenguas en contacto en el siglo XX (el cambio de código, la diglosia, el concepto de primera y segunda lengua, el hablante nativo, la fosilización y la adquisición incompleta) "han sido construidos con un lente monoglósico y dentro de una epistemología estructuralista, no tomando en cuenta las prácticas bilingües locales en toda su complejidad." Por ello, García propone este concepto alternativo del translenguar, que se

23

inscribe "dentro de una epistemología postestructuralista y postcolonialista," reconociendo "la heteroglosia de las prácticas discursivas de los hablantes, sobre todo los multilingües, y las características dinámicas que las definen." Después de proveer varios ejemplos del translenguar aplicado a la pedagogía, García concluye que "el reconocer el español ya no en los EE.UU, sino *de* los EE.UU. no es tan simple como parece, ya que se trata de una conceptualización diferente que reconozca y honre todas las prácticas lingüísticas de los bilingües, y no simplemente aquellas que se han entronizado como 'español.'"

El libro termina con una sección donde se esbozan los perfiles biobibliográficos de todos los que han contribuido, ya sea como autores o editores, a este volumen, de cuya lectura espero que disfruten, y que no podría haber visto la luz de la imprenta sin el enorme talento editorial y la incansable dedicación de su coeditor, a quien doy mis más profundas gracias.

NOTAS

[1] De ahí que hayamos incluido, metafóricamente, en el título (aunque colocándolo entre interrogantes) el conocido lema en latín *E pluribus unum*, que figuraba inicialmente en el Gran Sello de los Estados Unidos. Su significado, "De muchos, uno," alude a la integración de las primeras trece colonias norteamericanas para crear un solo país. Si bien, hoy en día, *E pluribus unum* ha sido reemplazado por *In God We Trust* ("En Dios confiamos") como lema nacional de este país, la frase latina sigue simbolizando la naturaleza plural de la nación estadounidense a consecuencia de la inmigración. Y, por extensión, nos pareció que podía simbolizar también la naturaleza plural, pero al mismo tiempo convergente, del español estadounidense actual.

[2] El término "hispanounidense" es un neologismo acuñado y adoptado por la Academia Norteamericana de la Lengua Española (ANLE), como gentilicio destinado a designar a la totalidad de los hispanos que viven en los Estados Unidos, que hablen español o no (cf. Garrido Palacios 2010). En este libro, se usa en alternancia con hispano (o latino) estadounidense, sin que ello implique cambios de significado referencial.

[3] Humberto López Morales (2011), sin embargo, es mucho más optimista al respecto, prediciendo que en un futuro no muy lejano, no sería imposible que los Estados Unidos se convirtieran en el país con el mayor número de hispanohablantes del mundo. He aquí sus palabras: "Si las proyecciones [demográficas-n.n.] se confirman, México, que lo es ahora, podría ceder su cetro a los Estados Unidos, que posiblemente llegaría a convertirse, para 2050, en el primer país hispanohablante del mundo."

[4] Según el Pew Hispanic Center (2011b), la reducción del número de los inmigrantes indocumentados (los autores del informe los llama *unauthorized*, o sea "no autorizados") a partir de 2007 ha sido muy marcada en estados que años antes

habían atraído a muchos de estos inmigrantes, como Colorado, Florida, Nueva York y Virginia, así como en Arizona, Nevada y Utah, tomados en conjunto. Por otra parte, afirma este informe, "in contrast to the national trend, the number of unauthorized immigrants has grown in some West South Central states. From 2007 to 2010, there was a statistically significant increase in the combined unauthorized immigrant population of Louisiana, Oklahoma and Texas. The change was not statistically significant for these states individually, but it was for the combined three states. Texas has the second largest number of unauthorized immigrants, trailing only California." Ver también Pew Hispanic Center (2011a) sobre la cuestión de las cifras de natalidad en relación a la inmigración. Por ejemplo, entre 2000 y 2010, la población mexicoamericana aumentó en 7,2 millones como consecuencia de la natalidad y solo en 4,2 debido a la llegada de nuevos inmigrantes.

[5] Según el Pew Hispanic Center (2009), que desarrolló una técnica para calibrar "el idioma primario" al combinar las destrezas de lectura, escritura y de comprensión/comunicación oral tanto en inglés como en español, más de un tercio (el 36 %) de los jóvenes hispanounidenses se clasifican dominantes en inglés, mientras que el 41 % se consideran bilingües, y el resto de 23 % se describen como dominantes en español. En el plano intergeneracional, sin embargo, como esta encuesta demuestra, las cosas cambian de forma bastante dramática: en la primera generación, solo el 7 % de los jóvenes se clasifican dominantes en inglés, el 40 % son bilingües, y el 53% se declaran dominantes en español. En la segunda generación, sin embargo, el dominio del inglés aumenta rápidamente, abarcando al 44 % de esta población; el resto de ese 54 % son bilingües, y solo un 2 % se describen todavía como dominantes en español. Y nótese que en la tercera generación, solo un 15 % se clasifican como bilingües.

[6] Varios de estos puntos están desarrollados en detalle en un amplio artículo mío que aparecerá en septiembre de 2013 (y también parcialmente, en Dumitrescu 2010 y 2011), por lo que no voy a repetirlos aquí.

[7] Como prueba, la Real Academia Española ha aceptado incluir en su próxima edición del *Diccionario de la lengua española*, el término "espanglish," definiéndolo como "modalidad de habla de algunos grupos hispanos de los Estados Unidos, en la que se mezclan, deformándolos, elementos léxicos y gramaticales del español y del inglés." Esta definición, a mi modo de ver, es poco afortunada ya que perpetúa la confusión entre la alternancia de códigos propia de los bilingües equilibrados, que *no* lleva a deformaciones idiomáticas, y el habla "reducida" de los hispanos que están simplemente perdiendo su lengua, como explica muy claramente Lipski (en su trabajo de 2008 y también en este volumen). Sin embargo, esta inclusión en el *DRAE* representa un paso adelante hacia el reconocimiento del perfil propio del español estadounidense, sobre todo si tenemos en cuenta que la RAE, a instancias de la Academia Norteamericana de la Lengua Española, ha incluido también el término "estadounidismo," para referirse a "palabra o uso propios del español hablado en los Estados Unidos de América." Y es que, efectivamente, la Comisión de la ANLE dedicada al estudio de la norma lingüística del español de Estados Unidos hace ya tiempo que viene trabajando en la creación de una lista de estadounidismos para que se incluyan en la futuras ediciones del *DRAE* (Dumitrescu 2012a).

[8] Una interesante publicación reciente sobre el tema del pluricentrismo en la teoría lingüística y sobre el diasistema del español actual, con sus varias normas ejemplares, es Lebsanft *et al.* (2012).

[9] Un excelente panorama sobre estudios fundamentales de fecha reciente acerca del contacto entre el español y el inglés en los Estados Unidos se encuentra en el capítulo sexto de Klee y Lynch (2009). Por supuesto, también la *Enciclopedia del español en Estados Unidos* es una lectura obligatoria para quienes se interesen en el tema. Además, al final de cada capítulo de este libro, hay una bibliografía que remite a estudios específicos sobre las cuestiones tratadas por cada autor.

[10] Para quienes lo prefieran, al final del libro se encuentran los resúmenes en inglés de todos los trabajos. Por razones de espacio, no hemos creído oportuno incluir también resúmenes en español.

OBRAS CITADAS

Azevedo, Milton. (2011). "El español como lengua de comunicación en Estados Unidos." *Boletín de la Academia Norteamericana de la Lengua Española* 14: 239-59. Impreso.

Cebrián, Juan Luis. (2003). "La unidad del español." *En español*. Madrid: Grupo Santillana. 84-85. Impreso.

Dumitrescu, Domnita. (2010). "Spanglish: An Ongoing Controversy." *Building Communities and Making Connections*. Ed. Susana Rivera-Mills y Juan Antonio Trujillo. Newcastle upon Tyne: Cambridge Scholars. 136-67. Impreso.

——. (2011). "El español en Estados Unidos: crecimiento, metamorfosis y controversia." *Boletín de la Academia Norteamericana de la Lengua Española* 14: 261-302. Impreso.

——. (2012a). "La Academia Norteamericana de la Lengua Española y el español en Estados Unidos." 94th Annual Conference of the AATSP (American Association of Teachers of Spanish and Portuguese). San Juan, Puerto Rico, 9 de julio de 2012. Conferencia.

——. (2012 b). "Spanglish: What's in a Name" (*Hispania* Guest Editorial). *Hispania* 95.3: x-xii. Impreso.

——. (de próxima aparición). "El español en los Estados Unidos a la luz del censo de 2010: los retos de las próximas décadas." *Hispania* 96.3. Impreso.

Garrido Palacio, Manuel. (2010). "'Hispanounidense' o cómo nace una palabra." Entrevista a Gerardo Piña- Rosales, Nueva York, 7 de abril. Web. 14 de febrero 2012.

Klee, Carol, y Andrew Lynch. (2009). *El español en contacto con otras lenguas*. Washington DC: Georgetown UP. Impreso.

Larsen, Richard. (2011). "Growing Hispanic Presence: More Youthful Population Poised to Have Greater Influence in All Segments of American Society." *Hispanic Business* 33.8: 30–33. Impreso.

Lebsanft, Franz, Wiltrud Mihatsch y Claudia Polzin-Haumann (eds.). (2012). *El español, ¿desde las variedades a la lengua pluricéntrica?* Madrid/Frankfurt: Iberoamericana/Vervuert. Impreso.

Lipski, John M. (2008). *Varieties of Spanish in the United States*. Washington, DC: Georgetown UP. Impreso.

López Morales, Humberto. (coord.). (2009). *Enciclopedia del español en los Estados Unidos* (Anuario del Instituto Cervantes 2008). Madrid: Instituto Cervantes/Santillana. Impreso.

———. (2011). "El futuro del español en los Estados Unidos." Web. 10 de noviembre 2011.

Montrul, Silvina (2012). *El bilingüismo en el mundo hispanohablante*. Malden, MA:Wiley-Blackwell. Impreso.

Pew Hispanic Center. (2009). "Between Two Worlds: How Young Latinos Come of Age in America. IV. Language Use." Web. 15 feb. 2012.

———. (2011a). "The Mexican-American Boom: Births Overtake Immigration." Web. 18 de noviembre 2011.

———. (2011b). "Unauthorized Immigrant Population: National and State Trends, 2010." Web. 16 de febrero 2012.

Real Academia Española. (2012). "Espanglish" y "estadounidismo." Avances de la vigésima tercera edición del *DRAE*. Web. 7 de agosto 2012.

Silva-Corvalán, Carmen. (1994). *Language Contact and Change: Spanish in Los Angeles*. Oxford: Clarendon. Impreso.

EL SUROESTE CRECIENTE: UN BREVE ANÁLISIS SOCIODEMOGRÁFICO DE LA POBLACIÓN HISPANOHABLANTE DE LOS ESTADOS UNIDOS

Devin Jenkins
University of Colorado, Denver

Introducción

Estados Unidos tiene una presencia formidable en el mundo hispanohablante. De los 50,5 millones de hispanos[1] que viven en el país, 35,4 millones de ellos hablan español en casa. De todos los países hispanohablantes, es el quinto país donde más se habla español; tiene más hablantes de la lengua española que Venezuela, Perú, Chile, Bolivia, Ecuador, Paraguay, Uruguay y cualquier país antillano o centroamericano, y tiene más puertorriqueños (4,6 millones) que Puerto Rico mismo (3,7 millones). Como otro punto de comparación con un país vecino, la población total de Canadá suma 33 millones de habitantes.

En los Estados Unidos, especialmente en la zona del suroeste, se ha experimentado un crecimiento extraordinario en las comunidades hispanas e hispanohablantes durante la última generación. Este crecimiento ha sido tanto numérico como geográfico; es decir que no solo hay ya más hispanohablantes en las áreas donde tradicionalmente estos han residido, sino que también hemos visto una expansión geográfica de las áreas que históricamente se han conocido como el suroeste hispanohablante.

Bien se sabe que el suroeste es el área donde reside el número más grande de latinos,[2] y, específicamente, de hispanohablantes. De los 50,5 millones de latinos que viven en EE.UU., 24,5 millones, o casi la mitad, viven en los estados de California y Texas. Si se incluyen en el conteo los estados suroccidentales de Arizona, Colorado, Nevada y Nuevo México, esta cifra aumenta hasta más de 28 millones, es decir el 56 % de todos los latinos en los Estados Unidos, aunque estos seis estados solo componen el 25 % de la población general estadounidense. Los estados del huso horario del este (UTC - 7:00), como contraste, componen el 46 % de la población total, pero menos del 30 % de los latinos estadounidenses residen en el este.

Los mexicanos forman, por un gran margen, el grupo más grande de latinos en los Estados Unidos, al representar 31,8 millones (63 %) de los 50,5 millones de hispanos en la nación. En los seis estados del suroeste ya identificados, los mexicanos constituyen un porcentaje aun más grande con el 83 % de todos los latinos. Estas cifras han justificado en parte el enfoque desproporcionado de estudios del español del suroeste y su relativa sinonimia histórica con mexicanos en los Estados Unidos.

El crecimiento reciente de las poblaciones hispanas e hispanohablantes de este país nos anima a reexaminar estas comunidades. Primero, ¿se deben limitar los futuros estudios a las mismas áreas geográficas que antes se han estudiado, o se necesita expandir las fronteras conceptuales de las zonas hispanohablantes? Segundo, ¿qué impacto ha tenido esta expansión en la relación entre el uso del español y factores sociales, como la educación, el empleo y los ingresos?

¿Dónde se habla el español estadounidense?

Las tres zonas tradicionales de hispanohablantes en los Estados Unidos son el noreste, cuyo centro de población radica en Nueva York y que consiste mayormente en puertorriqueños y dominicanos; el estado de Florida, cuyo grupo mayoritario son los cubanos; y el suroeste. Se han dado varias definiciones de lo que es el suroeste hispanohablante, y sigue siendo una cuestión que vale la pena explorar. La definición básica de lo que es el suroeste corresponde a los cuatro estados fronterizos de Arizona, California, Nuevo México y Texas. Estos estados tienen las densidades más altas de población hispana, tanto de inmigrantes como de familias que residen en el área desde hace siglos. Hay un contacto constante con México debido al vaivén de muchas familias inmigrantes que viven en esta área. El 29,2 % de los habitantes de Texas habla español en casa; en California y Nuevo México, el porcentaje es el 28,5 % para cada estado; en Arizona la cifra también sobrepasa el 20 % (20,7 %).

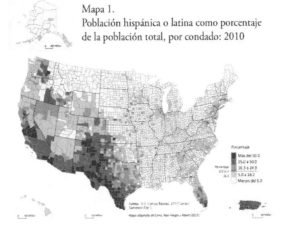

Mapa 1.
Población hispánica o latina como porcentaje
de la población total, por condado: 2010

32

Si se va a hablar de la historia hispanohablante del suroeste, sin embargo, hay que incluir el estado de Colorado, que comparte una historia lingüística con el estado de Nuevo México. El sur de este estado fue fundado por nuevomexicanos a mediados del siglo XIX; los topónimos reflejan esa historia hispanohablante. La densidad latina de Colorado también justifica su inclusión en el suroeste, pues esa cifra alcanza más del 20 %, junto a una densidad hispanohablante del 11,9 %. La inclusión de Colorado en los estudios del suroeste refleja el reconocimiento de su importancia como parte lingüística de esta región (Hudson *et al.* 1995, Bills *et al.* 1995, entre muchos).

Un estado que recientemente ha merecido atención como componente del suroeste hispanohablante es Nevada. En 1980, la población hispana (hablara o no el idioma) apenas representaba el 6,7 % de la población total. En 1990, ese número había ascendido al 10,4 % y para 2000 llegaba al 19,7 % de la población del estado. Esta población sigue creciendo, ya que para 2010 el 26,5 % de la población del estado es latino, y el 19,6 % de la población total habla español en casa. Frente a estas estadísticas, no tiene sentido excluir el estado de Nevada de los estudios sobre el español de esta región. Los artículos de Jenkins (2009a, 2009b, 2010) están entre los primeros que lo incluyen como parte del suroeste hispanohablante.

Más allá de estos seis estados, es también importante considerar otros que bien pueden formar parte del suroeste hispanohablante. Los demás estados del extremo oeste, es decir Idaho, Oregon, Utah y Washington, requieren consideración como parte de esta comunidad lingüística por varias razones. La primera es el crecimiento de las poblaciones hispanas en esta región en los últimos veinte años. En el censo de 2010, la población hispana de Oregon representaba el 11,7 % de la totalidad; Idaho, Utah y Washington alcanzaron cada uno una densidad de población hispana de 11,2 %. Las densidades de hispanohablantes de cada uno de los estados se acerca al 10 %, y si siguen las trayectorias del crecimiento reciente, deberán superar ese límite en la próxima década. No hay nada demográfico que distinga a los hispanos del noroeste de las zonas más sureñas además de las densidades más altas y la cercanía a la frontera, pues los orígenes de estos hispanos se asemejan a los del resto del (sur)oeste. Como tal, parece razonable incluir estos estados en las discusiones sobre el español del suroeste, o más bien del oeste, de los Estados Unidos.

En cuanto al resto del oeste de los Estados Unidos, tiene sentido considerar a estos estados como parte de la misma población. Todos los estados al oeste del Río Misisipí tienen poblaciones hispánicas con predominancia de mexicanos. Aun al este del Misisipí hay muchos estados que comparten esta característica. Cabe mencionar también a Illinois, pues es el estado (con la concentración mayoritaria en el área metropolitana de Chicago) que tiene más mexicanos que todos los demás estados, con la excepción de California, Texas y Arizona.

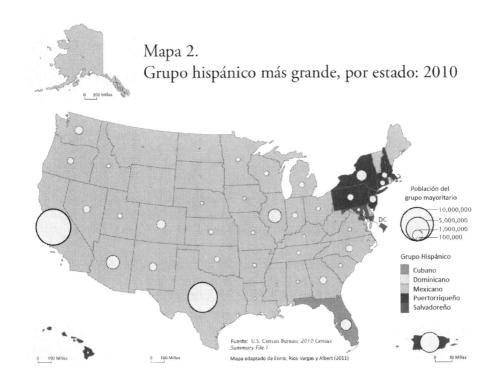

Mapa 2.
Grupo hispánico más grande, por estado: 2010

En realidad, parece restrictivo limitar la discusión de los hispanohablantes del suroeste a unos pocos estados, pues los hispanohablantes de ascendencia mexicana forman el grupo mayoritario en 40 de los 50 estados de la Unión. Nuevo México, un estado indisputablemente suroccidental, tiene una población mexicana de 590 890. En comparación, Florida tiene más mexicanos: 629 718. Estados como Georgia (519 502) y Carolina del Norte (486 960) también deben incluirse. De hecho, de los diez estados que tienen las poblaciones mexicanas más grandes, tres se encuentran al este del Río Misisipí, y Washington tampoco puede incluirse como suroccidental, por lo menos en términos geográficos.

Estado	Población mexicana
California	11 423 146
Texas	7 951 193
Arizona	1 657 668
Illinois	1 602 403
Colorado	757 181
Florida	629 718
Washington	601 768
Nuevo México	590 890
Nevada	540 978
Georgia	519 502

FIGURA 1. Poblaciones mexicanas más grandes, por estado. 2010.

Este incremento ha ocurrido en casi todo el país. De hecho, la población latina creció en un 43 % entre 2000 y 2010, de 35,3 a 50,5 millones. Casi todas las nacionalidades crecieron de manera notable. La población mexicana subió el 54,1 %, pasando de 20,6 a 31,8 millones de residentes, y representa el 78 % de todo el cambio de la población latina. Los puertorriqueños aumentaron en un 36 % y los cubanos en un 44 %. Los dominicanos crecieron el 84,9 %, y ahora componen el grupo latino mayoritario del estado de Rhode Island.

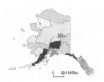

Mapa 3.
Porcentaje de cambio en la población
hispana o latina, por condado: 2000 a 2010

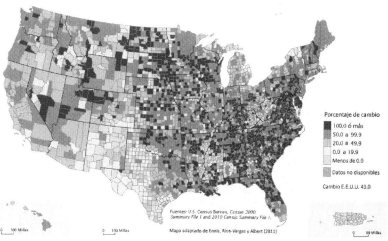

Aún más notable es la distribución geográfica del crecimiento. No ha ocurrido tanto en algunas áreas tradicionales de hispanos, como Nuevo México y el oeste de Texas, sino en muchos lugares donde la tradición hispánica no es muy relevante. De hecho, el mapa de densidad latina (Mapa 1) y el del crecimiento de esta población (Mapa 3) parecen ser imágenes negativas la una de la otra. Los estados que han experimentado los cambios más dramáticos radican fuera del suroeste, y en muchos casos pertenecen a la zona suroriental del país. Nueve estados más que duplicaron su población latina en el período decenal (véase la Figura 2), y todos menos Maryland, tienen una población mexicana mayoritaria entre los latinos.

Estado	2000	2010	% Cambio
Carolina del Sur	95 076	235 682	147,9
Alabama	75 830	185 602	144,8
Tennessee	123 838	290 059	134,2
Kentucky	59 939	132 836	121,6
Arkansas	86 866	186 050	114,2
Carolina del Norte	378 963	800 120	111,1
Maryland	227 916	470 632	106,5
Mississippi	39 569	81 481	105,9
Dakota del Sur	10 903	22 119	102,9

FIGURA 2. Estados con cambio de la población hispánica >100 %, años 2000-2010

Aun así, si se observan las cifras generales y no solo los porcentajes, se nota que el suroeste sigue en su crecimiento de manera impresionante. Los dos estados con los mayores incrementos de población hispana son California (3 047 163) y Texas (2 791 255), seguidos por Florida (1 541 091), Arizona (599 532) y Nueva York (549 339). En este caso, se percibe una fuerte correlación entre el crecimiento bruto y la población total del estado, lo cual no debe sorprendernos; varios estudios han notado la fuerte correlación entre números de hispanos y población total (Hudson *et al.* 1995, Bills *et al.* 1995, Jenkins 2009a, etc.).

La densidad hispana estatal ha alcanzado el 10 %. Rivera-Mills (2010) se refirió a este porcentaje como algo mágico, pues encandila a los políticos. Los autores de los resúmenes de censos (Hobbs y Stoops 2002, Ennis *et al.* 2011) también han hecho hincapié en esta cifra. En 1980, solo Colorado y los cuatro estados que comparten una frontera con México contaban con una densidad demográfica de hispanos que superaba el 10 %. Para el año 2000, se añadieron cinco estados más: Florida, Illinois, Nevada, Nueva Jersey y Nueva York (Hobbs y Stoops 2002). En el censo de 2010, se contaron 17 estados que presentaban más del 10 % de población latina. Además de los diez estados ya mencionados, del oeste se añadieron Idaho, Kansas, Oregon, Utah y Washington, y del este, Connecticut y Rhode Island.

Queda claro que la población hispana de los Estados Unidos sigue una trayectoria de crecimiento ascendente. Es el grupo minoritario más grande del país, y hay evidencia de su continuo aumento. La población mexicana forma el grupo más grande de este movimiento, y los futuros estudios sobre el español de este grupo deben tomar esto en cuenta con respecto a los números crecientes y la expansión geográfica.

Correlaciones sociales

En un interesantísimo estudio, Hudson, Hernández Chávez y Bills (1995) examinaron la relación entre variables sociodemográficas y estadísticas de la presencia del español en el suroeste. Utilizaron como punto de partida datos del censo de 1980 y agruparon sus datos según los condados de la región de los cinco estados, que definieron como el suroeste hispanohablante, es decir Colorado y los cuatro estados fronterizos. Determinaron cuatro medidas (de las cuales nos concentraremos en tres) del mantenimiento del español, que luego correlacionaron con variables independientes sociales. La primera medida que investigaron es el *recuento* bruto de la comunidad hispanohablante. Esta medida indica dónde se ubican los grupos grandes de hablantes del idioma español. Esta medida es correlativa al tamaño de la población total, como se puede observar en la Figura 3. Es decir, donde hay poblaciones grandes abundan los hispanohablantes. No se encontró ninguna correlación entre este factor y las otras variables sociales. Para el año 2010, no debe ser sorprendente que los ocho condados con los recuentos más altos correspondan a los que tienen las poblaciones más grandes de la región.

CONDADO	RECUENTO	POBLACIÓN TOTAL	RANGO*
Los Angeles, California	3 582 992	9 818 605	1
Harris, Texas	1 219 646	4 092 459	2
Orange, California	724 555	3 010 232	5
Maricopa, Arizona	716 739	3 817 117	3
San Diego, California	688 962	3 095 313	4
Dallas, Texas	684 808	2 368 139	6
Riverside, California	645 829	2 189 641	7
San Bernardino, California	620 276	2 035 210	8
Bexar, Texas	604 081	1 714 773	11
Hidalgo, Texas	554 633	774 769	22

37

Figura 3. Los diez condados con el mayor número de hispanohablantes del suroeste. 2010.
*Rango se refiere al rango de la población total en la región de los cinco estados en los que se realizaron estadísticas demográficas (AZ, CA, CO, NM, TX).

La siguiente medida de mantenimiento es la *densidad* lingüística. En este caso, el tamaño de la población total es irrelevante, pero lo que sí indica esta medida son las llamadas 'comunidades hispanohablantes.' Las densidades más altas se observan en las áreas hispánicas tradicionales, especialmente en zonas como Nuevo México y en las demás áreas que comparten la frontera con México, como el oeste de Texas y el sur de Arizona y California. Hudson, Hernández Chávez y Bills comprobaron que la densidad no se correlacionaba con la educación y los ingresos, pero sí con factores como el nivel de pobreza y el desempleo.

Una ojeada a los condados cuyas densidades son más altas demuestra que no corresponden en nada al tamaño bruto de la población, sino que se encuentran, sin excepción, en la frontera mexicana.

Condado	Densidad	Población total
Starr, Texas	95,7	60 968
Maverick, Texas	92,7	54 258
Webb, Texas	91,7	250 304
Zapata, Texas	87,7	14 018
Hidalgo, Texas	83,8	774 769
Presidio, Texas	83,8	7 818
Jim Hogg, Texas	83,7	5 300
Santa Cruz, Arizona	80,2	47 420
Hudspeth, Texas	76,5	3 476
Reeves, Texas	75,4	13 783

Figura 4. Los diez condados del suroeste con lealtades más grandes. 2010

La tercera medida que investigaron fue la *lealtad* lingüística. Esta figura representa el porcentaje de la población de origen hispano que habla español. No hay ninguna correlación con variables sociales de la población total, pues solo tiene aplicación en la población hispánica. Esta medida es la más llamativa cuando se correlaciona con factores sociales. Lo que encontraron Hudson *et al.* (1995) fue una situación en que la lealtad lingüística al español implicaba un costo, pues hallaron correlaciones fuertes y significativas con varias variables sociales. Dicen ellos:

> La lealtad, pues, se ve conectada a los aspectos socioeconómicos del mantenimiento lingüístico. Los procesos educativos, ocupacionales y económicos operan en el intercambio social entre las comunidades minoritarias y mayoritarias y representan las oportunidades vitales (o la falta de estas) y las decisiones vitales (o la falta de estas) que tienen consecuencias directas, inmediatas y significativas para la integración de las poblaciones lingüísticas minoritarias a la sociedad y la cultura dominante. Las altas correlaciones negativas entre la lealtad lingüística y el éxito educativo y económico en la población de origen hispano, tanto como la alta correlación positiva con el nivel de pobreza, son argumentos convincentes de que, por lo menos en el suroeste, *el éxito educativo y económico en la población de origen hispano se consiguen a expensas del mantenimiento de la lengua española en la casa.* (179, mi traducción, énfasis añadido)

La última medida que examinaron fue la *retención*, que compara la lealtad de los hablantes mayores de 18 años con la lealtad de los jóvenes de cinco a 17 años. Si bien esta medida tiene su valor en un estudio sobre la transmisión intergeneracional de la lengua, el enfoque del estudio actual tiene que ver más con las primeras tres medidas y, como tal, no la vamos a comentar aquí más allá de indicar que los datos de 2000 mostraron mucha menos correlación entre la retención y las variables sociales que los datos de 1980.

Jenkins (2009a) utilizó las medidas de mantenimiento de Hudson *et al.* (2005) y comparó los mismos cinco estados, empleando datos del censo de 2000 con el fin de averiguar si las correlaciones entre el mantenimiento lingüístico y las variables sociales todavía estaban presentes, o si el crecimiento de la población hispánica había contribuido a modificar la situación del hispanohablante. Encontró que aunque todavía existían correlaciones entre la densidad y las variables sociales de los ingresos, la pobreza y el desempleo, todas esas correlaciones se habían debilitado bastante en el período de esos veinte años. Además, no encontró ninguna correlación entre la densidad hispanohablante y los niveles de educación para la población hispana.

En cuanto a la lealtad lingüística, comprobó que en 2000 ya no había correlaciones ni fuertes ni moderadas entre ella y las variables sociales. Apenas existía una correlación negativa débil con los ingresos *per cápita* y con el logro de un diploma de la preparatoria. Parecía que la relación entre el mantenimiento y la falta de éxito social estaba disminuyendo.

La situación actual

Los grandes cambios entre los datos de 1980 y 2000 nos llevan a examinar los datos de 2010 y a comparar este censo con los anteriores. Como ha sido el caso en todos los censos examinados, el recuento corresponde a las poblaciones grandes; donde hay más gente (hispánica o no), el recuento hipanohablante asciende. La única otra correlación social que se ve con el recuento es una correlación débil con la cantidad de personas por casa. Como propuso Jenkins (2009a, 2000b), esto puede deberse al alto costo de la vivienda en las ciudades grandes. Esta posibilidad se hace más probable frente al hecho de que se correlacione tanto con la población total (0,24) como con la latina (0,21).

HISPANO / LATINO POBLACIÓN TOTAL	RECUENTO	DENSIDAD	LEALTAD
Población total, N	**0,96***	0,07	0,05
Población hispánica, N	**0,997***	0,15	0,07
Natividad mexicana, N	0,99	0,16	0,08
% Densidad población hispánica	0,13	**0,96***	0,22*
Personas por casa	0,24*	0,57*	0,15
% Diploma HS	-0,10	-0,02	0,00
% Título Universitario	0,11	-0,13	0,05
Ingresos *per cápita*	0,10	**-0,42***	-0,14
% Nivel de pobreza	0,01	**0,54***	0,19
Tasa de desempleo	0,12	0,12	0,06
% Gerencia/profesional	0,10	-0,31*	0,23*
Personas por casa	0,21*	-0,03	0,23*
% Diploma HS	-0,07	0,01	-0,16
% Título Universitario	0,10	-0,09	-0,12
Ingresos *per cápita*	0,09	-0,05	-0,22
% Nivel de pobreza	-0,03	0,22*	0,29*
Tasa de desempleo	0,05	0,15	0,04
% Gerencia/profesional	0,06	0,12	-0,17

Valores, en negrita >0,40
*p<0,005

FIGURA 5. Correlaciones entre las medidas de mantenimiento lingüístico y características sociodemográficas del suroeste, por condado. 2010.

La medida de la densidad merece más atención. Quizás lo más llamativo es la falta de correlación, a diferencia de 1980 y 2000, entre la densidad y los factores educativos. Según estos datos censales, por lo menos, no parece haber una relación entre los años de educación y la densidad hispánica del área. Puede ser que el crecimiento de la población hispánica en las áreas urbanas, junto con nuevas políticas escolares, haya contribuido a esto. Tampoco hay una correlación significativa entre la densidad y el desempleo, lo cual también es distinto de los datos de 2000.

Además de la correlación obvia con la densidad de la población hispánica, hay unas cuantas correlaciones significativas que hay que subrayar. Aún más fuerte que con el recuento, hay una relación (0,57) entre la densidad y el número de personas por casa en la población total. También en la población general, vemos una correlación negativa entre la densidad y los ingresos *per cápita* (-0,42), trabajos de gerencia o profesionales (-0,31) y una correlación positiva con el nivel de pobreza (0,54). Estas correlaciones demuestran poca desviación en comparación con la situación de hace diez o (en el caso de los ingresos) treinta años. Sin embargo, no existen correlaciones si solo se mide la población latina, así que lo que se observa no es un impacto directo en la densidad por medio de estas variables sociales, sino una indicación de la distribución de la población hispanohablante en áreas donde se gana menos con menos trabajos profesionales.

> Estas correlaciones [...] demuestran solo indirectamente los efectos de los factores sociales en la densidad. Por otro lado, lo que parecen reflejar es la distribución asimétrica de la población de origen hispano a través de los varios estratos socioeconómicos de la sociedad estadounidense. Esta interpretación es corroborada por el hecho de que la densidad se correlacione más fuertemente con las características socioeconómicas de la población general de los condados [...] que con la población hispana. (Hudson *et al.* 1995:177, mi traducción)

Si se examinan las correlaciones para la población hispánica, se nota básicamente lo mismo que indicaron Hudson *et al.*: que las correlaciones son mucho más débiles. En realidad, las correlaciones son casi inexistentes para el año 2010. En 1980 se ven correlaciones significativas en todas las variables menos el desempleo; para 2000 esas correlaciones se habían debilitado tanto que solo se veían con tres (en vez de cinco) características sociales, y para 2010 la única correlación significativa entre hispanos fue una débil (0,22), entre la densidad y el nivel de pobreza. Lo curioso de esta cifra es que no se observó una correlación entre estas variables en 2000 para la población hispana (aunque sí para la general) pero en 1980 sí hubo una correlación, también muy débil.

	DENSIDAD 1980	DENSIDAD 2000	DENSIDAD 2010
% Densidad población hispánica	**0,99***	**0,97***	**0,96***
% Natividad mexicana	**0,65***	0,04	0,16
Personas por casa	--	**0,60***	**0,57***
% Diploma HS (preparatoria)	† **-0,59***	**-0,64***	0,02
% Título Universitario	† **-0,59***	-0,26*	0,13
Ingresos per cápita	**-0,40***	**-0,42***	**0,42***
% Nivel de pobreza	--	**0,64***	**0,54***
Tasa de desempleo	--	0,39	0,12
% Gerencia/profesional	--	-0,25*	0,31
Personas por casa	0,37*	0,21*	0,03
% Diploma HS	**0,45***	0,26	0,01
% Título universitario	† -0,29*	-0,12	0,09
Ingresos per cápita	† -0,29*	-0,09	0,05
% Nivel de pobreza	0,20*	-0,02	0,22*
Tasa de desempleo	0,12	0,26*	0,15
% Gerencia/profesional	--	0,08	0,12

Nota: Hudson *et al.* (1995) no reportaron las correlaciones para las variables dejadas en blanco en 1980.
*p<0,005; Valores, en negrita >0,40
†Las cifras para 1980 son para años de educación media.
FIGURA 6. Comparación de las correlaciones entre la densidad y variables socioe-conómicas de los períodos censales de 1980, 2000 y 2010.

	LEALTAD 1980	LEALTAD 2000	LEALTAD 2010
Personas por casa	**0,43***	0,13	0,23*
% Diploma HS (preparatoria)	† **-0,68***	-0,26*	-0,16
% Título universitario	† **-0,68***	-0,17	-0,12
Ingresos per cápita	**-0,59***	-0,25*	-0.22*
% Nivel de pobreza	**0,45***	0,04	0,29*
Tasa de desempleo	-0,22*	-0,05	0,04
% Gerencia/profesional	**-0,45***	-0,09	-0,17

*p<0,005; Valores, en negrita >0,40
†Las cifras para 1980 son para años de educación.
FIGURA 7. Comparación de las correlaciones entre la lealtad de la población hispánica y variables socioeconómicas de los tres períodos censales de 1980, 2000 y 2010.

La lealtad lingüística parece seguir más fielmente las correlaciones que se encontraron en 2000, que difieren bastante de las de 1980. Como fue el caso en 2000, no hay ninguna correlación intensa entre la lealtad y las siete características sociales. En 1980, los siete factores revelaron relaciones significativas, y seis de estas cayeron entre moderadas y fuertes. En 2000, solo hubo dos correlaciones significativas y las dos fueron débiles. En 2010, solo hay correlaciones débiles. Parece haber una ligera relación entre la lealtad y los factores de la pobreza y la cantidad de habitantes por casa; estas dos correlaciones no se notaron en 2000, aunque ninguna de las dos es significativa. La correlación entre la lealtad y los ingresos es casi idéntica a la de 2000, reveladora, pero débil. Como en el caso de la densidad, no hay ninguna relación en 2010 entre la educación y la lealtad. El costo de la lealtad lingüística de los hispanohablantes en el suroeste parece que ya no se extiende de manera significativa al ámbito educativo.

Conclusión

La situación de la lengua española y de sus hablantes en los Estados Unidos está en un proceso de cambio. El crecimiento extraordinario de la población hispana durante la última generación ha transformado la contextura de este país. Con 50,5 millones de latinos y 35,4 millones de hispanohablantes nativos, Estados Unidos juega un papel muy importante en el mundo hispánico. Estados Unidos es el destino de muchos inmigrantes pero, aun más importante, es el lugar de nacimiento de unas generaciones pujantes cuya influencia se va extendiendo más y más por todo el país.

Domina esta expansión la población mexicana, que no se ve limitada de ninguna manera al suroeste como región mayoritaria. Hay grupos grandes de mexicanos en cada rincón del país, y la influencia del idioma y la cultura se siente en todos los aspectos sociales, incluyendo la educación y los ámbitos profesionales.

Los hablantes de la lengua española parecen gozar de una mejor situación sociolingüística en el suroeste que los de hace una generación. Con cada censo, se ven menos las correlaciones fuertes y pesimistas entre medidas de mantenimiento y factores sociales. Los estudios actuales indican que todavía existen correlaciones negativas con factores sociales como los ingresos y positivas con la pobreza, pero estas correlaciones son mucho más débiles que las de hace treinta, o aun diez años. Además, aunque en el pasado había correlaciones fuertes y negativas entre el mantenimiento lingüístico y el logro educativo, no hay ninguna evidencia de ellas en la actualidad. Queda mucho por hacer, pues todavía no hay correlaciones positivas en estos casos, pero parece que para el hispanohablante en los Estados Unidos las cifras van en una dirección esperanzadora.

NOTAS

[1] Si no se indica de otra manera, las cifras demográficas generales son del censo estadounidense de 2010, *Summary File 1*. Como el censo decenal se ha simplificado al punto de que solo se le hacen diez preguntas a toda la población, muchas cifras y correlaciones para las variables sociales provienen de los cálculos de cinco años del *American Community Survey* de 2010.

[2] El censo utiliza la opción de "Hispanic or Latino" como denominación. En este trabajo, se utilizarán los términos "hispano," "latino" e "hispánico" de manera sinónima.

OBRAS CITADAS

Bills, Garland D., Eduardo Hernández-Chávez y Alan Hudson. (1995). "The Geography of Language Shift: Distance from the Mexican Border and Spanish Language Claiming in the Southwestern United States." *International Journal of the Sociology of Language* 114: 9-27. Impreso.

Ennis, Sharon R., Merarys Ríos-Vargas y Nora G. Albert. (2011). "The Hispanic Population 2010." *2010 Census Briefs*. Washington: U.S. Census Bureau. Web. 15 oct. 2011

Hobbs, Frank, y Nicole Stoops. (2002). "Demographic Trends in the 20th Century." *Census 2000 Special Reports*. Washington: U.S. Census Bureau. Web. 22 oct. 2011

Hudson, Alan, Eduardo Hernández-Chávez y Garland D. Bills. (1995). "The Many Faces of Language Maintenance: Spanish Language Claiming in Five Southwestern States." *Spanish in Four Continents: Studies in Language Contact and Bilingualism*. Ed. Carmen Silva-Corvalán. Washington DC: Georgetown UP. 165-83. Impreso.

Jenkins, Devin L. (2009a). "The Cost of Linguistic Loyalty: Socioeconomic Factors in the Face of Shifting Demographic Trends among Spanish Speakers in the Southwest." *Spanish in Context* 6.1: 7-25. Impreso.

——. (2009b). "As the Southwest Moves North: Population Expansion and Sociolinguistic Implications in the Spanish-speaking Southwest." *Southwest Journal of Linguistics*, 28.1: 53-69. Impreso.

——. (2010). "The State(s) of Spanish in the Southwest: A Comparative Study of Language Maintenance and Socioeconomic Variables." *Spanish of the US Southwest: A Language in Transition*. Eds. Daniel Villa y Susana Mills. Madrid: Iberoamericana. 133-56. Impreso.

McCullough, Robert E., y Devin L. Jenkins. (2005). "Out with the Old, In with the New?: Recent Trends in Spanish Language Use in Colorado". *Southwest Journal of Linguistics,* 24: 91-110. Impreso.

Rivera-Mills, Susana V. (2010). "Latinos or Hispanics? Changing Demographics, Implications, and Continued Diversity." *Southwest Journal of Linguistics,* 28.2: 1-20. Impreso.

U.S. Census Bureau. (2011). *2006-2010 American Community Survey 5-Year Estimates.* Web. 22 nov. 2011.

——. (2011). *Summary File 1.* Web. 22 nov. 2011.

BILINGÜISMO INFANTIL EN INGLÉS Y ESPAÑOL: EFECTOS CROSLINGÜÍSTICOS

Carmen Silva-Corvalán

University of Southern California

Introducción

Las situaciones de bilingüismo de sociedad, como la que ilustra el español como lengua no oficial en contacto con el inglés en los Estados Unidos, son complejas y dan lugar al desarrollo de cuestiones lingüísticas también muy complejas. Así pues, tanto en lo social como en lo lingüístico, las comunidades hispanas bilingües –español-inglés– se caracterizan, como es natural y común incluso en las poblaciones monolingües, por su heterogeneidad. En lo social es evidente una amplia gama de niveles socioeconómicos, y en lo lingüístico, y esto sí es propio de las comunidades bilingües, se observa el típico continuo de competencia bilingüe. La investigación del contacto entre lenguas y del bilingüismo debe considerar, pues, el contexto sociocultural y demográfico en el que se insertan estos fenómenos.

Mis propios estudios se han desarrollado en Los Ángeles, ciudad que con cerca de dos millones de habitantes hispanos parece ser el tercer centro metropolitano por el tamaño de su población mexicana después de México D.F. y Guadalajara. Según la Oficina del Censo de EE.UU., en 2007 los hablantes de español de 5 años o más sobrepasaban los 34 millones y medio en el país (el 62,3 % de los que hablaban un idioma que no era el inglés). En California, los hispanos alcanzan un poco más de 14 millones, es decir, constituyen ya alrededor del 37 % de la población total. De estos hispanos (la gran mayoría de origen mexicano), poco más del 77 % habla español en casa. Sus variedades de español son sin duda las dominantes en California.

Pero a pesar de estas cifras y de la mayor aceptación del español en esferas públicas, se observa también que en el seno de muchas familias hispanas continúa inexorablemente el desplazamiento hacia el inglés, que se convierte en la lengua claramente dominante y deja al español relegado a un plano secundario. En este trabajo muestro cómo la incursión del inglés en la vida de dos hermanos afecta un dominio de su gramática: la frecuencia de expresión de los sujetos pronominales y los principios discursivo-pragmáticos que regulan la expresión.

La inmigración de hispanohablantes ha aumentado considerablemente en los últimos diez años, lo que ha hecho muy notoria la presencia del español en lugares públicos. Una conclusión importante de los estudios que realicé en las décadas de los 80 y 90 (e.g., Silva-Corvalán 1994) es precisamente la constatación de la existencia de un continuo de competencia en español que se correlaciona en parte con el tiempo de residencia de la familia en los EE.UU. En el caso de los niños hispánicos, la competencia se correlaciona con la cantidad de tiempo de exposición al español y de uso de esta lengua. Así pues, la situación típica en el seno familiar es que el hijo mayor adquiere el español con un nivel de competencia superior al de sus hermanos menores. Típicamente también (por supuesto que hay excepciones), los nietos de los primeros inmigrantes hispanos ya no hablan la lengua de sus antepasados, o hablan un español muy limitado, caracterizado por la existencia de simplificación gramatical y léxica, préstamo masivo del inglés, alternancia de códigos lingüísticos e hipergeneralización de formas lingüísticas. Todos estos son fenómenos que reflejan diferentes grados de pérdida de competencia en español como consecuencia del proceso de desplazamiento hacia el inglés.

Se trata de pérdida a través de las diferentes generaciones: de padres, a hijos y a nietos. La pregunta que surge naturalmente es si esta pérdida se da también en el individuo, o si la simplificación de rasgos lingüísticos del español se debe quizá a un proceso de adquisición incompleta del español de la generación anterior por niños que reciben un input reducido de esta lengua y para los que el español cumple también un número reducido de funciones.

Esta es una pregunta que solo puede empezar a responderse si se estudia la adquisición bilingüe o adquisición simultánea de dos lenguas como primeras lenguas (2L1, Meisel 1990) y se identifican los patrones lingüísticos desarrollados antes del comienzo de la escolarización en inglés, momento en que el niño hispano empieza a recibir input masivo en esa lengua.

Sin embargo, esta no es tarea fácil ya que los factores contextuales que condicionan en gran medida el desarrollo del bilingüismo infantil español-inglés son complejos y diversos y conducen a tipos o grados de bilingüismo bastante diferentes. Entre estos factores están la edad en la que el niño se expone a las dos lenguas (¿desde el nacimiento, desde los 2 o 3 años?), la frecuencia con que los idiomas se hablan en el hogar y en la comunidad, la frecuencia con la que el niño usa los idiomas, las actitudes de los padres y de la comunidad hacia las dos lenguas y hacia el bilingüismo. El presente trabajo discute de qué manera uno de estos factores, la cantidad de input, afecta la adquisición de un dominio gramatical del español y del inglés, los sujetos gramaticales.

Antes de adentrarnos en este microestudio, me parece oportuno examinar cuáles son las cuestiones teóricas que preocupan a los estudiosos de la adquisición simultánea de dos lenguas como primeras lenguas, es decir, adquisición bilingüe desde el nacimiento o al menos desde antes de los 3 años de edad.

El estudio de la adquisición bilingüe es relativamente reciente, a pesar de la innegable importancia teórica y práctica de este tipo de estudio. Los trabajos existentes sobre de la adquisición bilingüe se han venido realizando en el marco de las diferentes teorías formuladas para la adquisición monolingüe: la *innatista* y las que De León Pasquel y Rojas Nieto (2001: 19) denominan *constructivistas*. Brevemente, la teoría innatista plantea que los niños están genéticamente dotados de una Gramática Universal, un conjunto de principios lingüísticos comunes a todas las lenguas que, junto con parámetros específicos de cada lengua, guían la adquisición. Las propuestas constructivistas, por el contrario, sostienen que lo innato son las habilidades cognoscitivas. Estas habilidades, unidas a procesos socio-interactivos, posibilitan el desarrollo lingüístico. Algunos de los principios defendidos por los constructivistas son el del aprendizaje gradual, contextualizado y no sistemático (*piecemeal learning*), la emergencia de estructuración abstracta como producto del uso contextualizado (al lograrse una "masa crítica"), la determinación de la secuencia de adquisición de un aspecto gramatical según su complejidad y frecuencia en la lengua meta.

Desde una perspectiva práctica, es necesario echar por tierra algunos mitos sobre la adquisición bilingüe, tales como que produce confusión en los niños, o que es la causa de problemas cognitivos y del lenguaje. Por el contrario, numerosas investigaciones han demostrado que el bilingüismo infantil ofrece ventajas cognitivas, lingüísticas y sociales (e.g., Bialystok 1999; De Houwer 2009; Genesee 2006; Meisel 1989; Paradis y Genesee 1996).

Desde una perspectiva teórica, la enorme frecuencia del bilingüismo infantil exige que una teoría sobre la adquisición del lenguaje considere seriamente la adquisición bilingüe. Así pues, el objetivo fundamental (aunque quizá a largo plazo) de la investigación sobre 2L1 es el desarrollo de modelos que den cuenta de cómo se adquieren dos sistemas lingüísticos a la vez y cómo se representan en el cerebro del bilingüe.

En esta tarea, se ha observado que los principios planteados por las propuestas constructivistas son válidos para la adquisición de 2L1 (e.g., Wilson 2003). Además, se han propuesto algunos modelos y se han formulado preguntas propias de la adquisición bilingüe y multilingüe, tales como el modelo de Desarrollo Diferenciado (MDD) versus el del Desarrollo Mixto (MDM) de los dos sistemas del bilingüe y el MDD con el reconocimiento de un cierto nivel de interacción translingüística.

El modelo de *Desarrollo Diferenciado* considera que el desarrollo del lenguaje en el niño bilingüe sigue líneas diferentes en cada una de las lenguas; es decir, cada lengua se considera un sistema autosuficiente e independiente (Deuchar y Quay 2000; De Houwer 2009; Meisel 1989; Paradis y Genesee 1996). Por otra parte, el MDM, propuesto por Volterra y Taeschner (1978), plantea que el niño bilingüe pasa por etapas iniciales en las que los dos sistemas se desarrollan de manera fusionada o mezclada hasta alcanzar una tercera etapa diferenciada. Las tres etapas serían: (a) etapa de léxico mixto; (b) etapa de reglas sintácticas no diferenciadas, pero con sistemas léxicos diferenciados; (c) etapa en la que el léxico y la sintaxis son propias de cada lengua (alrededor de los 3 años de edad). Es recién en la tercera etapa que el niño sería "realmente bilingüe.

Esta "confusión inicial" en la adquisición bilingüe ya no se considera importante, al menos no para el desarrollo morfosintáctico. Los exponentes del MDD sostienen que desde la primera aparición de aspectos fonológicos, morfológicos y sintácticos, las formas se utilizan de una manera específica a cada idioma (Montanari 2010). Los niños separan sus dos lenguas desde los dos años o incluso antes. Cuando un niño está expuesto regularmente a dos lenguas desde el nacimiento y está adquiriendo un nivel bastante equilibrado de competencia en ambas, cada sistema se desarrolla de una manera autosuficiente e independiente (De Houwer 1995, 2005; Deuchar y Quay 2000; Meisel 1989; Paradis y Genesee 1996). El examen de la adquisición de sujetos en inglés y español aporta pruebas en apoyo de esta opinión, aunque parece que hay también indicios de una etapa en la adquisición muy temprana cuando es difícil afirmar sin lugar a dudas que algunos aspectos de los dos idiomas, inglés y español en nuestro caso, son de hecho claramente diferenciados (Silva-Corvalán y Montanari 2008). Esto puede deberse, sin embargo, a las similitudes entre el inglés y el español, que hacen difícil que el analista pueda especificar en qué idioma ha producido el niño una palabra (e.g., si ha dicho *is* o *es*).

Según el MDD que reconoce cierta interdependencia, una de las lenguas sirve de guía o influye en el desarrollo de la otra. La interdependencia de sistemas puede manifestarse, por ejemplo, en la adquisición más tardía, comparada con la adquisición monolingüe, de algún aspecto gramatical presente en una de las lenguas pero no en la otra (e.g., retraso en la adquisición de sujetos obligatorios en inglés en niños bilingües español-inglés). Puede manifestarse también en la transferencia de algún rasgo lingüístico de una lengua a otra (e.g., uso de preposiciones finales en español: *¿Qué abres la lata con?* siguiendo el modelo del inglés: *What do you open the can with?*).

Se ha estimado que la mitad de la población mundial, si no más, es bilingüe (es decir, usan dos o más idiomas) (Grosjean 2010: 13). En el caso del español, el bilingüismo está realmente presente, en todas las clases sociales y en todas las edades, en todos los países donde este idioma es oficial o co-oficial. Ejemplos de lenguas que comparten su espacio de comunicación con el español son: las lenguas mayas de Guatemala y partes de México, el guaraní en Paraguay, el quechua (principalmente) en Perú, Bolivia y Ecuador, el galés en la Patagonia (Argentina), el mapuche en algunas partes de Chile y Argentina, el gallego, el vascuence y el catalán en España. Sin embargo, a pesar de la situación de bilingüismo generalizado en todo el mundo –lo que parece constituir un típico contexto de aprendizaje bilingüe desde el nacimiento–, el interés por investigar la adquisición bilingüe es bastante reciente en comparación con el interés en la adquisición monolingüe. El único estudio longitudinal detallado anterior a la década de los 90 que incluye el español, parece ser el de Fantini (1985). Este lingüista estudia el desarrollo del español de su hijo, bilingüe en español e inglés, desde su nacimiento hasta los diez años.

En las últimas décadas hemos comenzado a plantear la cuestión fundamental de *cómo* adquieren los niños dos idiomas simultáneamente. Los estudios han demostrado que, contrariamente a la creencia popular, estar expuesto a dos idiomas desde la primera infancia no crea confusión, sino que da lugar a ventajas cognitivas y sociales (Bhatia y Ritchie 1999: 576). Pero aún quedan muchas preguntas que siguen motivando estudios sobre el desarrollo y los efectos del bilingüismo. Por ejemplo, ¿cuál es la relación entre los factores sociales y las diferentes formas de comportamiento bilingüe?; ¿qué cantidad y calidad de input son necesarias para el desarrollo del bilingüismo?; ¿son los procesos de adquisición del lenguaje los mismos para los niños monolingües y bilingües?; ¿cómo se representan los dos sistemas lingüísticos en la mente del niño bilingüe?;¿se desarrollan independientemente las dos lenguas o existe interacción?; ¿cuál es el modelo más convincente para caracterizar la comprensión y la producción bilingüe?

De hecho, una motivación importante para el estudio de la adquisición bilingüe simultánea es que nos permite ver con mayor claridad cuáles son los principios que funcionan en el proceso de adquisición del lenguaje. Los niños bilingües son en realidad los sujetos ideales para la investigación croslingüística, porque tales factores como la personalidad, el desarrollo cognitivo y el entorno social están bajo control y no se confunden, como podría suceder en estudios comparados de niños monolingües en dos idiomas diferentes. En el caso de los bilingües, las diversas rutas de desarrollo no pueden deberse a diferencias cognitivas, sino más bien a diferencias ya sea en las lenguas involucradas o en las condiciones sociolingüísticas que rodean la adquisición de los dos idiomas, es decir, a la ecología de las lenguas. Así pues, los estudiosos del bilingüismo tratan de responder a un gran número de preguntas que son relevantes también para las teorías generales de adquisición y, más allá de la adquisición, para el estudio de los fenómenos de contacto de lenguas y cambio lingüístico en general (Yip y Matthews 2007).

En lo que sigue, discuto la adquisición del sujeto gramatical en inglés y español por dos hermanos que han recibido diferentes cantidades de input en estos idiomas y que han usado el español también con diferente frecuencia a través de sus primeros seis años de vida (Silva-Corvalán, de próxima aparición, presenta un cuadro más amplio). Este estudio muestra cómo el aumento gradual de exposición al inglés resulta en un aumento también de la frecuencia de uso de sujetos pronominales en español y en usos pragmáticamente inadecuados en esta lengua. El análisis nos permite además examinar la hipótesis según la cual en la adquisición bilingüe simultánea se produce influencia croslingüística cuando existe solapamiento estructural en un dominio de la gramática de las dos lenguas y una de ellas ofrece dos o más alternativas cuya selección depende de factores discursivo-pragmáticos no compartidos por la otra lengua (Argyri y Sorace 2007; Kupisch 2007; Müller y Hulk 2001; Yip y Mathews 2007).

El inglés y el español difieren con respecto a la expresión del sujeto: en inglés, la realización del sujeto es (casi) obligatoria, mientras que en español es principalmente regulada por factores discursivo-pragmáticos. En el input que reciben los niños en inglés escuchan oraciones sin sujeto, pero solo las oraciones imperativas y algunas preguntas coloquiales aparecen con una frecuencia que podría ser significativa. En los datos examinados, casi todas las oraciones declarativas en el inglés de los adultos aparecen con sujeto expreso. Las oraciones declarativas en español, por el contrario, ofrecen frecuentes modelos de sujetos nulos.

La hipótesis sobre interacción croslingüística predice que el inglés influirá sobre el español y que los niños bilingües con diferentes niveles de dominio de estas lenguas mostrarán el mismo tipo de influencia, pero con mayor o menor frecuencia; por ejemplo, mayor o menor retraso en la adquisición de las restricciones pragmáticas al uso de sujetos expresos con el consecuente uso de sujetos en contextos discursivos que no los validan. El análisis cuantitativo en verdad revela diferencias entre los dos niños estudiados: el niño con menor dominio del español presenta un porcentaje muy alto de expresión de sujetos comparado con el niño con mayor dominio del español y con los adultos.

Los datos

Examino un corpus longitudinal que incluye notas tomadas por la autora tres a cuatro días por semana entre 1;5.8 y 2;8.29[1] y transcripciones de grabaciones de conversaciones en situaciones naturales de interacción en las que participan los dos niños bilingües, Nico y Bren, desde 1;5.8 hasta 5;11. Se incluyen también datos de los adultos que interactúan con los niños. La comparación de los dos tipos de datos, notas y transcripciones de grabaciones, muestra una frecuencia de sujetos pronominales levemente mayor en las grabaciones, pero la diferencia con los datos tomados de las notas hechas por la autora no es estadísticamente significativa.

Nico y Bren son hermanos. Nico es 3 años mayor que Bren. El hogar de los niños es étnica y lingüísticamente mixto: la madre es euro-americana y les habla en inglés, el padre, chileno-americano bilingüe en inglés y español, les habla por un tiempo principalmente en español. La regla de "un padre/una lengua" se aplicó estrictamente hasta que Nico cumplió 3 años. A partir de esa edad, el padre empezó a dirigirse al niño en inglés cada vez con mayor frecuencia. Así pues, el niño menor, Bren, no recibió la misma cantidad de input en español que su hermano y tuvo además menos oportunidades de usarlo. La autora, abuela paterna de los niños,[2] les ha hablado siempre solo en español. Durante el periodo estudiado, los niños hablan casi exclusivamente en español con la autora, en inglés con la madre y el abuelo, y en las dos lenguas con el padre y otros miembros de la familia de la abuela. Nico empezó a asistir a una guardería en la que el idioma único era el inglés a la edad de 1;3 y Bren desde los dos meses de edad. Se calcula que la exposición de Nico al español es de un promedio diario de 32 % del tiempo hasta los 3 años, mientras que la de Bren es de solo un 28 %. En consecuencia, Nico desarrolla un nivel de competencia en español más alto que el de su hermano menor. Durante el periodo estudiado, Nico usa un mayor número de tiempos verbales, su vocabulario incluye un número mayor de tipos de verbos y adjetivos, y no intercala tantas palabras en inglés como Bren cuando habla en español. En todo caso, el inglés es la lengua dominante de los dos niños y la lengua en la que se comunican entre ellos y con otros niños. Después de los 3 años y medio, la exposición al español disminuye a aproximadamente 28 % para Nico y 21 % para Bren (Silva-Corvalán, de próxima aparición, cap. 2).

La expresión del sujeto en español

En el habla espontánea, es evidente que la expresión variable de los sujetos en español es un fenómeno complejo. Varios estudios realizados durante las pasadas décadas mostraron que la variación en las cláusulas principales es controlada por factores tales como: la correferencialidad con el sujeto del verbo finito precedente, el establecimiento de topicalidad, la ambigüedad de la forma verbal y la función focalizadora del sujeto explícito. Se han propuesto además factores semánticos: la semántica verbal (Bentivoglio 1987: 48-53; Enríquez 1984: 152, 235-245), la especificidad del sujeto (Cameron 1993) y cognitivos (el "efecto repetición," Travis 2007). Los sujetos son obligatorios, por otra parte, cuando son focales, contrastivos, o cuando son necesarios para la identificación de su referente. En estos casos no existe variación.

La correferencialidad ha resultado ser el factor estadísticamente más significativo en todos los estudios realizados. En diversos dialectos del español, los sujetos cuyo referente es idéntico al del verbo finito de la cláusula precedente se expresan en más o menos el 25 % de los casos y los sujetos que implican cambio de referente se expresan en alrededor del 50 % de los casos (Silva-Corvalán 2001: Cap. 4).

El ejemplo 1 ilustra la correferencialidad: dos formas verbales finitas en cláusulas contiguas con el mismo sujeto. Los ejemplos 2, 3, y 4 ilustran usos obligatorios del sujeto.

(1) 0/yo hablo bien español, pero el inglés 0/yo lo hablo muy mal.
    Contraste
(2) Mi señora habla bien inglés pero yo lo hablo muy mal.
   *Mi señora habla bien inglés pero 0 lo hablo muy mal.
    Información focal
(3) A: ¿Quién trajo este diario?

B: Yo lo traje. / *0 lo traje.
Clarificación del referente del sujeto

(4) … porque yo despertaba gritando y mi hermana tenía que levantarse a verme. (a) Y ella iba a mi lado (b) y yo estaba temblando, que hasta los dientes se oían que pegaban.

Si el sujeto *yo* no se expresara en 4b la interpretación sería que era la hermana la que estaba temblando.

Análisis

Todos los enunciados con una forma verbal que tenía o podría haber tenido un sujeto se incluyeron en los análisis. No se incluyeron las repeticiones, las oraciones interrogativas, ni los enunciados imperativos, aunque estos aparecen frecuentemente con el pronombre *tú* (*Tú abre la llave, Cierra tú la puerta*).

5.1 *Primera etapa: de 1;7 a 2;11*

En esta primera etapa se examinaron 4 085 enunciados con verbos finitos. De estos, 2 286 (516 en inglés y 1 770 en español) corresponden a producciones de Nico; 1 799 (391 en inglés, 1 408 en español) provienen de los datos de Bren. El cuadro 1 presenta los datos cuantitativos obtenidos entre las edades de 1;7 y 2;11 para la expresión de sujetos pronominales. El cuadro incluye solo los enunciados declarativos y negativos.

Edad	Español				Inglés			
	Nico		Bren		Nico		Bren	
	N	%	N	%	N	%	N	%
1;7	0/1		*4		1/1		*	
1;8	0/3		*		18/22	81,8	*	
1;9	0/4		0/6	0	13/16	81,3	*	
1;10	0/5	0	4/42	9,5	35/39	89,7	1/5	20,0
1;11	1/9	11,1	10/51	19,6	49/51	96,1	13/15	86,6
2;0^5	0/5	0	17/50	34,0	6/7	85,7	5/7	71,4
2;1	--		5/43	11,6	52/56	92,9	11/15	73,3
2;2	0/4		13/86	15,1	28/31	90,3	42/47	89,4
2;3	2/14	14,3	23/60	38,3	79/83	95,2	30/30	100,0
2;4	10/27	37,0	25/44	56,8	48/48	100,0	11/12	91,6
2;5	35/104	33,7	23/42	54,8	30/32	93,8	1/1	
2;6-2;8	124/372	33,3	107/182	58,8	52/53	98,1	56/60	93,3
2;9-2;11	93/254	36,6	89/149	59,7	39/39	100,0	120/127	94,5

CUADRO 1. Porcentajes de pronombres explícitos según lengua y edad.

Como indica el cuadro 1, Nico empieza bastante tarde a usar pronombres en español. El primer pronombre (*yo*) aparece en sus datos a los 2;3. Antes de esta edad se refiere a sí mismo con su sobrenombre (*Kiko*) y el verbo en tercera persona singular ('Kiko quiere leche'), o deja el sujeto implícito ('Prendo la luz'). El primer pronombre usado por Bren es también *yo*, que aparece antes de los 2 años (1;10). Nico estabiliza la frecuencia de uso de los pronombres a los 2;4. A partir de esta edad, la expresión oscila entre 33 y 37 %. Bren, el niño cuya competencia en español es algo más baja, usa consistentemente un porcentaje más alto de sujetos pronominales. Entre las edades de 2;9 y 2;11, este porcentaje alcanza el 59,7 %.

Las dos lenguas de los niños se desarrollan de manera claramente diferenciada. En inglés, los pronombres aparecen a una edad más temprana y son siempre más frecuentes. No podría ser de otra manera, ya que el input que reciben los niños en inglés y en español es también muy diferente. En los datos de los adultos que interactúan con los niños, el 98,5 % de las cláusulas en inglés aparecen con un pronombre explícito, mientras que en español solo el 27 % de las cláusulas tienen un pronombre explícito. Esto indica que el input guía el proceso de adquisición.

El desarrollo simultáneo del inglés y el español no ha causado retraso en la adquisición del sujeto gramatical. Por el contrario, es posible que estos niños bilingües se hayan dado cuenta a una edad más temprana que una de sus lenguas, el inglés, requiere sujetos expresos. En verdad, si aceptamos, como propone Valian (1991:48, mi traducción), que 84 % a 94 % de expresión es "prueba de que los niños comprenden que los sujetos son obligatorios," entonces podemos concluir que Nico sabía que los sujetos eran obligatorios en inglés a la edad de 1;8 y Bren a la edad de 1;11. Nico y Bren empiezan a usar sujetos en inglés casi categóricamente muy pronto a partir de los 2 años 2 meses de edad, mientras que los niños monolingües estadounidenses estudiados por Valian (1991:44) usan un promedio de solo 69 % de sujetos a la edad de 2;2. Estos resultados corroboran la observación de que los niños bilingües desarrollan a más temprana edad una mayor conciencia de las estructuras lingüísticas (Bialystok 1991; Hamers y Blanc 2000:105). En el caso del español y el inglés, el aprendizaje de dos lenguas tipológicamente diferentes parece ayudar a que el niño bilingüe capte la oposición estructural antes y adquiera la regla sintáctica del inglés más fácilmente que el niño monolingüe.

Nos preguntamos, sin embargo, si es posible que el español de los niños dé muestras de un desarrollo interdependiente con el inglés. ¿Son los sujetos expresados en contextos en los que los hablantes monolingües no los expresarían o, viceversa, se dejan sin expresar cuando son necesarios? Los datos indican el uso apropiado de sujetos pronominales en el habla de Nico, quien expresa adecuadamente los sujetos focales y no evidencia usos innecesarios. Los ejemplos 5 y 6 ilustran sujetos contrastivos.

(5) A: Me toca, entonces yo voy a hacerlo.
    N: Él lo va a hacer. (2;6.12 - #19)[6]
(6) N: Okay, tú puedes- tú puedes comer la otra mitad, yo como la otra mitad. (2;9.0 - #25)
    A: Bueno, así resulta mejor ¿verdad?

El hermano menor, Bren, sí manifiesta algunos usos redundantes de *yo* en contextos correferenciales no focales. Los ejemplos 7 y 8 son ilustrativos. En estos ejemplos, el uso de *yo* podría quizá justificarse solamente en 8a.

(7) A: ¿Qué dices, mi amor?
    B: Yo me tiré al jacuzzi, y el agua, y el jacuzzi estaba muy caliente. (2;3.17 - #76)
(8) B: Es, es Superman. [juega a ser Superman] (2;10.25 - #95)
    A: Superman, aquí hay unos hombres muy malos y necesito que Superman me ayude.
    B: Pero (a) yo no puedo, porque (b) yo no puedo ir a tu casa.
    A: ¿No puedes venir a mi casa? ¿Por qué, Superman?
    B: Porque (c) yo estoy en mi casa y (d) yo no puedo abrir la puerta porque está em, *locked* ('con llave').

En resumen, en esta primera etapa las lenguas se desarrollan autónomamente con respecto a la expresión del sujeto pronominal. El inglés de los niños no evidencia ningún efecto negativo como resultado del contacto con el español, a pesar de que esta lengua permite sujetos nulos. El inglés, lengua de sujeto (casi) obligatorio, sí parece ejercer cierta influencia sobre el español de Bren, el hermano que recibe input comparativamente más reducido en español. Nico, el hermano mayor, no manifiesta usos no canónicos de sujetos pronominales, pero Bren expresa sujetos en contextos del discurso que no los validan, lo que resulta en un porcentaje mucho más elevado de sujetos pronominales en su habla. Es posible que este resultado no sea necesariamente influencia del inglés, sino que se deba al bilingüismo *per se*, es decir, a la reducción en la cantidad de input que recibe Bren en la situación de bilingüismo. Para examinar esta hipótesis, habría que estudiar la adquisición simultánea de dos lenguas que permitan sujetos nulos: por ejemplo, español y catalán, portugués o italiano.

5.2. *Segunda etapa: de 3;0 a 3;11*

A partir de los 3 años de edad de cada niño el input en la lengua socialmente dominante, el inglés, se hace cada vez más intenso. Durante esta etapa, entre 3;0 y 3;11, no constatamos ejemplos que se desvíen de las normas del inglés. Los niños no expresan el pronombre solamente cuando lo permite la gramática de esta lengua, como en algunas preguntas (*Wanna play with me?* '¿Quieres jugar conmigo?') y en oraciones coordinadas que tienen el mismo sujeto (*You can just hit the ball and kick it away* 'Puedes pegarle a la pelota y patearla'). Los adultos que se dirigen a los niños en inglés expresan el 99 % de los sujetos pronominales en los datos; Bren los expresa el 96 % y Nico los expresa siempre (100 %).[7]

En español, los porcentajes son bastante similares a través de este cuarto año de vida de los niños, lo que hace innecesario presentar los datos cuantitativos separados por mes. Así pues, el cuadro 2 presenta los resultados cuantitativos para todo el año para Nico, Bren y un adulto cuya lengua dominante es el español. El cuadro muestra los porcentajes totales y los desglosa según la persona del pronombre.

	Adulto		Nico		Bren	
	N	%	N	%	N	%
Pronombres explícitos	112/451	**24,8**	128/479	**26,7**	397/629	**63,1**
Pronombres nulos	328/451	75,2	351/479	73,3	232/629	36,9

Adulto	1psg: 48,7% - 2psg: 20,7% - 3psg: 24,1%	1ppl: 6,3% - 3ppl: 20,0%
Nico	1psg: 44,6% - 2psg: 17,7% - 3psg: 15,1%	1ppl: 3,6% - 3ppl: 7,1%
Bren	1psg: 75,3% - 2psg: 66,7% - 3psg: 29,4%	1ppl: 32,0% - 3ppl: 7,1%

CUADRO 2. Uso de pronombres explícitos entre las edades de 3;0 y 3;11.

Bren, el niño que ha recibido menos input en español, muestra un porcentaje mucho más alto de sujetos explícitos con todas las personas gramaticales en comparación con el adulto y con Nico. Este resultado apoya la hipótesis de que la lengua dominante influye sobre la lengua más débil. En este caso, la influencia es cuantitativa: la lengua con sujeto categórico motiva un aumento del sujeto pronominal en español. Pero además, los datos de Bren dan prueba de usos cualitativamente diferentes en español, en los que el uso de un pronombre viola reglas discursivo-pragmáticas de esta lengua. Además de los ejemplos ya dados, obsérvese 9, en el que no hay una situación contrastiva ni cambio de referente; por tanto, el uso de *nosotros* es redundante.

(9) A: ¿Qué están haciendo?
B: Nosotros estamos, em, em, nosotros estábamos, no-nosotros estamos comiendo, em, nosotros estamos comiendo. (3;4.16, #110)

En los datos de Nico, que ha logrado desarrollar un nivel más alto de competencia en español gracias a que ha recibido más input en esta lengua y ha tenido mayores oportunidades de usarla, no se constatan usos redundantes del sujeto pronominal ni falta del pronombre cuando es necesario en esta segunda etapa estudiada. Sus porcentajes de uso del sujeto son muy similares a los del adulto dominante en español e incluso más bajos que los obtenidos por Cifuentes (1980-81) en Santiago de Chile (37,9 %).[8] Aunque la lengua dominante o preferida y más frecuentemente usada en la comunicación diaria por Nico es el inglés, esta lengua no ha afectado su adquisición de los principios que controlan el uso de sujetos pronominales en español, lengua en la que ha recibido input alrededor del 30 % del tiempo entre los 3;0 y 3;11.

5.2. Tercera etapa: de 4;0 a 5;11

A partir de los 4 años, cuando la exposición al español ha disminuido a aproximadamente 28 por ciento para Nico y 21 por ciento para Bren, el uso de pronombres explícitos sigue aumentando en los datos de los niños. El alto porcentaje de expresión alcanzado por Bren (73,7 %) no es sorprendente si aceptamos que su menor dominio del español lo hace más vulnerable a influencia del inglés. Pero Nico también evidencia un aumento considerable, de 26,7 % entre 3 y 4 años a 40,6 % entre 4 y 6, lo que lo aleja del 24,9 % de expresión en los datos de los adultos (ver cuadro 3)

	Adultos[9]		Nico		Bren	
	N	%	N	%	N	%
Pronombres explícitos	130/522	**24,9**	408/1004	**40,6**	383/520	**73,7**
Pronombres nulos	392/522	75,1	596/1004	59,4	137/520	26,3
Pronombres singulares	120/426	28.2	391/869	45.0	348/465	74.8
Pronombres plurales	10/96	10.4	17/135	12.6	35/55	63.6

Adulto	1psg: 50,7% - 2psg: 24,0% - 3psg: 12,7%	1ppl: 13,9% - 3ppl: 8,5%
Nico	1psg: 67,9% - 2psg: 29,1% - 3psg: 24,9%	1ppl: 21,1% - 3ppl: 7,5%
Bren	1psg: 85,7% - 2psg: 54,7% - 3psg: 57,1%	1ppl: 64,3% - 3ppl: 63,4%

CUADRO 3. Uso de pronombres explícitos entre las edades de 4;0 y 5;11.

Hay usos justificados de sujetos pronominales en los datos de los niños, pero también muchos casos en los que considero innecesario el uso del pronombre, como ilustran los ejemplos 10 de Nico y 11, 12 de Bren, en los que he marcado en negrita los pronombres que considero innecesarios.

(10) N: Pero yo en este verano cuando es mi, em, cumpleaños yo voa, **yo** vo' aprender a nadar porque yo, **yo** voy a meterme sin los *floaties* en, pero yo voa meterme sin los *floaties* pero voy, voy a traer los *floaties*, por si acaso. (4;6.9, #59b)

(11) B: Yo estaba ahí cuándo **yo** tenía tres años. (4;1.22, #123)

(12) B: Y mi robot, va a a ser muy, muy bueno. Sabes que cuando yo dijo "para atrás"... él, dijo él "para atrás" y **él** empuja para atrás, tan, tan atrás, porque **él** tiene esos (antenas) que son tan tan largas que está en *outer space* y él te tira para *outer space*, en tu auto. (4;1.22, #123)

La presencia de dos niños en el contexto comunicativo, lo que motiva una tendencia a establecer contraste, justifica solo en parte la mayor expresión, pero no el considerable aumento observado en los dos niños. Es interesante notar que Nico se ubica entre los adultos y su hermano menor con respecto al porcentaje de expresión de sujetos pronominales. Este resultado parece indicar que el nivel de dominio de la lengua más débil se correlaciona directamente con la mayor o menor frecuencia de uso de los pronombres, de tal manera que mientras menor sea la competencia en español, mayor será el porcentaje de sujetos pronominales explícitos. Así pues, estos porcentajes podrían tomarse como indicadores de niveles de competencia en una de las lenguas de un bilingüe.

Las hipótesis planteadas arriba predicen que la expresión del sujeto pronominal en español es vulnerable a influencia de la lengua con sujeto obligatorio y que los niños que han tenido una exposición reducida al español (entre 25 y 28 % de su tiempo) se verán más afectados por esta influencia. El estudio aquí presentado ofrece un fuerte apoyo a estas hipótesis.

Conclusión

Este trabajo ha demostrado que la adquisición simultánea del español y el inglés por estos dos bilingües no obstaculiza el desarrollo de los sujetos gramaticales en inglés. Contrariamente, el inglés parece tener un efecto en la adquisición de las condiciones que permiten omitir el sujeto en español en el caso de niños con input reducido en esta lengua, quienes tienden a expresar sujetos en contextos del discurso que no los validan. Los resultados apoyan, por tanto, la hipótesis según la cual en la adquisición bilingüe simultánea se produce influencia croslingüística cuando existe solapamiento estructural en un dominio de la gramática de las dos lenguas y una de ellas ofrece dos o más alternativas cuya selección depende de factores discursivo-pragmáticos no compartidos por la otra lengua. El mayor porcentaje de realización del sujeto en datos de Bren, y después de los cuatro años, también en los de Nico, indica que el inglés puede motivar que una construcción paralela sea más frecuente en español bajo condiciones de input y producción reducidos de esta lengua, haciendo más difícil la adquisición de las restricciones discursivo-pragmáticas a la realización del sujeto.

He sugerido que es posible que sea el bilingüismo *per se* la causa del aumento de sujetos explícitos y la tendencia hacia una forma única. Esta es una motivación interna que puede funcionar incluso si las dos lenguas son del tipo llamado "pro-drop." La reducción de alternativas, un proceso interno de simplificación (Silva-Corvalán 1994, cap. 1), conduce a un sistema de "una forma-una función," indiscutiblemente más sencillo de usar y procesar. La causalidad múltiple (presión externa e interna) también es considerada por Otheguy, Zentella y Livert (2007) en su estudio de grupos numerosos de adultos bilingües español-inglés en Nueva York. Estos autores demuestran que los sujetos en español aumentan significativamente de una primera a una segunda generación. Los resultados del presente estudio de dos niños bilingües de segunda generación están de acuerdo con los de Otheguy, Zentella y Livert y sancionan, por tanto, la validez de la investigación de caso, a nivel individual, de los procesos de adquisición simultánea de dos lenguas.

NOTAS

[1]La edad sigue la convención de usar punto y coma después del año y punto después del mes (años;meses.días).

[2] La relación personal con los niños estudiados no menoscaba la validez de la investigación. Nótese que algunos excelentes estudios de adquisición han sido realizados por los padres de los niños (e.g., Yip y Matthews 2007).

[3] Este porcentaje promedio se basa en la exposición a las lenguas en un día típico y se calcula sobre un promedio de 12 horas diarias de actividad de cada niño (cf. Deuchar y Quay 2000).

[4] En las edades marcadas con asterisco, Bren solo produce formas imperativas en español y en inglés: vamos, abre, *go* 'vete,' *go away* 'vete,' *stop* 'para'.

[5] Desde los 2;0 se incluyen datos de diarios y grabaciones.

[6] Entre paréntesis se da la edad del niño y el número de la grabación. A = adulto, B = Bren, N = Nico.

[7] No se constatan oraciones coordinadas con el mismo sujeto en los datos en inglés de Nico durante este periodo.

[8] Los familiares de los niños son hablantes del español de Chile.

[9] Los datos de los adultos provienen de grabaciones hechas cuando los niños tenían entre 4;0 y 6;0.

OBRAS CITADAS

Argyri, Efrosyni, y Antonella Sorace. (2007). "Crosslinguistic Influence and Language Dominance in Older Bilingual Children." *Bilingualism: Language and Cognition* 10: 79-99. Impreso.

Bentivoglio, Paola. (1987). *Los sujetos pronominales de primera persona en el habla de Caracas*. Caracas: Universidad Central de Venezuela. Impreso.

Bhatia, Tej K., y William C. Ritchie. (1999). "The Bilingual Child: Some Issues and Perspectives." *Handbook of Child Language Acquisition*. Eds. William C. Ritchie y Tej K. Bhatia. Academic P: San Diego. 569-633. Impreso.

Bialystok, Ellen. (1991). "Metalinguistic Dimensions of Bilingual Language Proficiency." *Language Processing in Bilingual Children*. Ed. Ellen Bialystok. Cambridge: Cambridge UP. 112-40. Impreso.

——. (1999). "Cognitive Complexity and Attentional Control in the Bilingual Mind."*Child Development* 70: 636-44. Impreso.

Cameron, Richard. (1993). "Ambiguous Agreement, Functional Compensation, and Non-Specific *tú* in the Spanish of San Juan, Puerto Rico, and Madrid, Spain." *Language Variation and Change* 5: 305-34. Impreso.

Cifuentes, Hugo. (1980-1981). "Presencia y ausencia del pronombre personal sujeto en el habla culta de Santiago de Chile." *Homenaje a Ambrosio Rabanales, Boletín de filología de la Universidad de Chile* 31: 743-53. Impreso.

De Houwer, Annick. (1995). "Bilingual Language Acquisition." *The Handbook of Child Language*. Eds. Paul Fletcher y Brian MacWhinney. Oxford: Black well. 219-50. Impreso.

———. (2005). "Early Bilingual Acquisition: Focus on Morphosyntax and the Separate Development Hypothesis." *The Handbook of Bilingualism*. Eds. Judith Kroll y Annette de Groot. Oxford: Oxford UP. 30-48. Impreso.

———. (2009). *Bilingual First Language Acquisition*. Bristol: Multilingual Matters. Impreso.

De León Pasquel, Lourdes, y Cecilia Rojas Nieto. (2001). "Sobre la adquisición del lenguaje." *La adquisición de la lengua materna. Español, lenguas mayas, euskera*. Eds. Lourdes De León Pasquel y Cecilia Rojas Nieto. México, D.F.: UNAM. 17-49. Impreso.

Deuchar, Margaret, y Suzanne Quay. (2000). *Bilingual Acquisition: Theoretical Implications of a Case Study*. Oxford: Oxford UP. Impreso.

Enríquez, Emilia V. (1984). *El pronombre personal sujeto en la lengua española hablada en Madrid*. Madrid: Consejo Superior de Investigaciones Científicas. Impreso.

Fantini, Alvino E. (1985). *Language Acquisition of a Bilingual Child: A Sociolinguistic Perspective (To Age Ten)*. San Diego: College-Hill P. Impreso.

Genesee, Fred. (2006). "Bilingual First Language Acquisition in Perspective." *Childhood Bilingualism*. Eds. Peggy McCardle y Erika Hoff. Clevedon: Multilingual Matters. 45-67. Impreso.

Grosjean, François. (2010). *Bilingual: Life and Reality*. Cambridge, MA: Harvard UP. Impreso.

Hamers, Josiane F., y Michel H.A. Blanc.(2000). *Bilinguality and Bilingualism*. Cambridge: Cambridge UP. Impreso.

Kupisch, Tanja. (2007). "Determiners in Bilingual German-Italian Children: What They Tell Us about the Relation between Language Influence and Language Dominance." *Bilingualism: Language and Cognition* 10: 57-78. Impreso.

Meisel, Jürgen. (1989). "Early Differentiation of Languages in Bilingual Children." *Bilingualism across the Lifespan: Aspects of Acquisition, Maturity and Loss*. Eds. Kenneth Hyltenstam y Lorraine K. Obler. Cambridge: Cambridge UP. 13-40. Impreso.

———. (ed.) (1990). *Two First Languages: An Early Grammatical Development in Bilingual Children*. Dordrecht, Holland: Foris. Impreso.

Montanari, Simona. (2010). *Language Differentiation in Early Trilingual Development: Evidence from a Case Study*. Saarbrücken, Germany: VDM Verlag. Impreso.

Müller, Natascha, y Aafke Hulk. (2001). "Crosslinguistic Influence in Bilingual Language Acquisition: Italian and French as Recipient Languages." *Bilingualism: Language and Cognition* 4: 1-21. Impreso.

Otheguy, Ricardo, Ana Celia Zentella y David Livert.(2007). "Language and Dialect Contact in Spanish in New York: Towards the Formation of a Speech Community." *Language* 83: 770-802. Impreso.

Paradis, Johanne, y Fred Genesee. (1996). "Syntactic Acquisition in Bilingual Children: Autonomous or Interdependent?" *Studies in Second Language Acquisition* 18: 1-25. Impreso.

Silva-Corvalán, Carmen. (1994). *Language Contact and Change: Spanish in Los Angeles*. Oxford: Clarendon. Impreso.

——. (2001): *Sociolingüística y pragmática del español*. Washington, D.C.: Georgetown UP. Impreso.

——. (de próxima aparición). *Bilingual Language Acquisition: Spanish and English in the First Six Years*. Cambridge: Cambridge UP. Impreso.

Silva-Corvalán, Carmen, y Simona Montanari. (2008). "The Acquisition of *ser, estar* (and *be*) by a Spanish- English Bilingual Child: The Early Stages." *Bilingualism: Language and Cognition* 11. 341-68. Impreso.

Travis, Catherine E. (2007): "Genre Effects on Subject Expression in Spanish: Priming in Narrative and Conversation." *Language Variation and Change* 19: 101-35. Impreso.

Valian, Virginia. (1991). "Syntactic Subjects in the Early Speech of American and Italian Children." *Cognition* 40: 21-81. Impreso.

Volterra, Virginia, y Traute Taeschner. (1978). "The Acquisition and Development of Language by Bilingual Children." *The Journal of Child Language* 5: 311-26. Impreso.

Wilson, Stephen. (2003). "Lexically Specific Constructions in the Acquisition of Inflection in English." *Journal of Child Language* 30: 75-115. Impreso.

Yip,Virginia, y Stephen Matthews. (2007). *The Bilingual Child: Early Development and Language Contact*. Cambridge: Cambridge UP. Impreso.

OBSERVACIONES SOBRE *COMUNIDAD Y (DIS)CONTINUIDAD* EN EL ESTUDIO SOCIOLINGÜÍSTICO DEL ESPAÑOL EN ESTADOS UNIDOS

Andrew Lynch

University of Miami y ANLE

Introducción

El fenómeno que conceptualizamos y percibimos como *lengua* ha de forjar nuevas dimensiones en años venideros ya que el texto viene a constituir el centro de los procesos económicos y culturales en la época global.[1] Ya entramos en otra etapa de evolución de la conciencia lingüística en el siglo XXI, no en un plano espiritual o nacional tal como lo plantearía Vossler (1959) en su momento, sino más bien en un plano económico-mediático-cultural (cf. Martín-Barbero 2002). Me refiero concretamente al fenómeno de la globalización. No hay duda de que el español se sitúa en la lista de las llamadas 'lenguas globales,' hecho que observa Caffarel en la *Enciclopedia del español en los Estados Unidos* (2009: 20):

> Si bien es cierto que la lengua española se juega su futuro hoy en día en diferentes ámbitos −entre los que cabría mencionar el impulso a su presencia en Internet y la sociedad de la información y la comunicación, o el desarrollo de una industria del español fuerte y competente en el actual mercado internacional de lenguas−, sin duda, en los próximos años, uno de los contextos más determinantes para el avance del español como lengua de comunicación internacional lo constituirán los Estados Unidos.

Actualmente en los Estados Unidos se vive la transformación de una economía y cultura basadas en el modelo industrial de Ford a un mercado −tanto financiero como mediático− fundamentado en el texto, lo que Pujolar (2007) caracteriza como *text-based services* o Fairclough (2006) llama *knowledge-based economy*; es decir, un mercado centrado en y mediado por el lenguaje. Al llegar al centro de la economía y la cultura globales −y situarse cada vez más hacia el margen de los nacionalismos−, la lengua adquiere una nueva importancia al trascender los confines de la interacción 'cara a cara' y de la comunidad local o nacional.

La globalización ha sido un arma de doble filo para la situación del español en los Estados Unidos. Por un lado, ha tenido el efecto de desestabili-

zar a las comunidades de habla locales, tal como se definen en la teoría sociolingüística del siglo XX, al crear la posibilidad de redes sociales menos inme-
diatas y mucho más extensas en las que predominan variedades lingüísticas, o
incluso lenguas, no locales, propagando así el uso de determinadas variedades
de grandes lenguas globales como inglés y español a expensas de otras. El
español, como lengua minoritaria en terreno sociopolítico e ideológico en los
Estados Unidos (cf. Del Valle 2007), se ha visto desfavorecido por tal deses-
tabilización de la comunidad local o inmediata, del tipo que observaban en los
años 70 estudiosos como Sánchez (1994) en el suroeste del país o Fishman *et
al.* (1971) en Nueva York, al restarle cierta importancia cotidiana y necesidad
o utilidad inmediata. Por otro lado, y por la misma razón, la globalización ha
potenciado el uso del español precisamente por ser una de las grandes lenguas
globales que conforman las nuevas tecnologías de información y comunicación, los llamados *text-based services*, y el mercado transnacional.

El dilema que afrontamos los sociolingüistas, entonces, es cómo formular una definición de 'comunidad' que refleje las consecuencias y dimensiones de la realidad global del siglo XXI y que a su vez reconcilie esta realidad con la tradicional noción estructuralista que aún rige la teoría y la metodología lingüísticas. En el caso del español en los Estados Unidos nos encontramos ante una tarea doblemente compleja al tratarse de una lengua 'minoritaria' dentro del contexto nacional pero a la vez 'global' en términos del mercado, de las nuevas tecnologías, o de la cultura e ideología posmodernas (cf.
Jameson 1998).[2] En suma, dos grandes conceptos teóricos de la lingüística del
siglo XX se vuelven sumamente problemáticos en nuestro caso: el de 'comunidad,' y por extensión, el de 'continuidad' de los patrones de uso y variación
de la lengua. Dado que según la teoría lingüística vigente 'la comunidad' en el
plano social se fundamenta en la uniformidad estructural y la sistematicidad
de variación en el plano lingüístico (Labov 1972), no puede haber comunidad
sin continuidad; son fenómenos estructuralmente concomitantes. Es precisamente el fenómeno de la discontinuidad del español en los Estados Unidos lo
que complica la conceptualización de una 'comunidad hispanoparlante' en
este país.

Comunidad

La 'comunidad de habla' constituye una de las bases conceptuales del
estructuralismo tal como lo planteaba Saussure (1916) ya hace un siglo. Pero
si Saussure esquivaba el fenómeno de *parole* en su tajante afirmación de que
el objeto de la lingüística moderna debería ser la *langue* –algo que Chomsky
(1957) repetiría a su manera medio siglo después–, los sociolingüistas tampoco han podido formular una definición muy precisa de la llamada comunidad,

y mucho menos una definición que dé cuenta de los fenómenos de la globalización (cf. Fairclough 2006). Parece que lo concreto de la cotidianidad no niega lo muy abstracto del intento de fijar el concepto, es decir, la comunidad es algo muy presente y a la vez totalmente intangible, efímero, dinámico, mutante. Según Anderson (1991), es imaginada.

Las comunidades que se imaginaban hace cien años –e incluso hace veinte– ya son de otra índole. Como explica Yúdice (2003): "Greater emphasis on the global context of cultural practices in the 1980s and 1990s is the result of the effects of trade liberalization, the increased global reach of communications and consumerism, new kinds of labor and migration flows, and other transnational phenomena" (84). Por un lado, Giddens (1991: 64) define la globalización como "the intensification of worldwide social relations which link distant localities in such a way that local happenings are shaped by events occurring many miles away," mientras que, por otro lado, Urry (1998: 3) argumenta que las consecuencias de la globalización no reflejan "social structures either in the sense of social interactions of presence and absence, or in the sense of enduring social relations which people bear...." Pero me parece imposible que un fenómeno cultural o económico no se manifieste en lo social. Si antes el espacio físico (el Noreste, Nueva York, Queens, etc.) servía como criterio fundamental para delimitar las comunidades, la llamada globalización lo ha hecho menos útil y concreto para nuestros propósitos, ya que el estar físicamente en Nueva York no impide la posibilidad de estar social y culturalmente en contacto con personas de otros lugares e, incluso, ser influenciado por sus ideas, modas, música, formas de hablar, etc. En ese sentido, la comunidad de habla en la época global adquiere, en términos conceptuales, más rasgos del tipo que tal vez asociaríamos con las llamadas comunidades profesionales, 'mundos' o 'ámbitos,' por ejemplo, el mundo académico, el mundo de los negocios, el ámbito legal, el ámbito de la psiquiatría, etc., y menos características del tipo que asociaríamos con un vecindario, una ciudad, o una región, los cuales son, por necesidad, delimitados por el espacio físico.

En la revisión del concepto de comunidad de habla que hicieron Gumperz y Levinson (1996) hace poco más de una década se destaca la dimensión global:

Communication relies on shared meanings and strategies of interpretation. However, this common ground is distributed in a complex way through social networks. Such networks may constitute effective 'sub-cultures', nested communities within communities; but they can also cross-cut linguistic and social boundaries of all sorts, creating regional and even global patterns of shared, similiar communicative strategies... (12)

El argumento de Gumperz (1996) de que las comunidades se reducen a *collectivities of social networks* (362) me parece fundamental para la investigación sociolingüística y cultural del español en los Estados Unidos en el nuevo siglo, si es que la idea de una comunidad hispanohablante realmente cuaja en este país a largo plazo. Aunque es comprensible que se hablara hace cincuenta años de una comunidad puertorriqueña en Nueva York, de comunidades chicanas en el suroeste, o de una comunidad cubana en Miami, hoy en día me resulta sumamente difícil considerar que ciudades como Nueva York, Chicago, Los Ángeles o Miami podrían constituir de alguna manera 'comunidades de habla' para cualquier grupo.[3] Tomaré como ejemplo esta última urbe, pues es la que mejor conozco. Se hace referencia muy a menudo a la 'comunidad hispana de Miami,' la 'comunidad cubana de Miami,' la 'comunidad colombiana de Miami' y así sucesivamente a los muchos otros grupos hispanoparlantes, clasificados en el censo según su origen nacional, que viven en esta ciudad. No obstante, la compleja realidad socioeconómica, cultural, étnica, política y lingüística de la ciudad refleja no una sino muchas comunidades de habla hispana en Miami, incluso dentro de los mismos grupos nacionales. En investigaciones recientes he demostrado cómo las divisiones socioculturales y políticas en la llamada 'comunidad cubana de Miami' ya discutidas por sociólogos y geógrafos (Alberts 2005; De la Torre 2003) pueden manifestarse en la variación lingüística (Lynch 2009a, 2009b). Aun entre cubanos y cubanoamericanos que comparten las mismas características etarias, socioecónomicas, políticas e históricas, se observa mucha variabilidad en el uso lingüístico. Incluso dentro de una misma familia la variabilidad llega a ser muy marcada, no solo en cuanto a la capacidad y disposición para hablar la lengua en miembros bilingües de la familia que han nacido y siempre han vivido en los Estados Unidos, sino también en el uso de modismos, formas verbales, variantes fonológicas, tonos de voz, gestos y demás. Aquí me refiero a particularidades lingüísticas que muchas veces no encuentran su explicación en influencias estructurales del inglés ni en el desconocimiento del español.

En Miami –y estoy seguro de que lo mismo se observa en otras zonas de los Estados Unidos– resulta a veces muy difícil descubrir el patrón sociolingüístico o la sistematicidad que según la teoría variacionista debería ser inherente en el uso. Dicho de otra manera, los datos lingüísticos no se conforman fácilmente con modelos probabilísticos de estadística y no se explica por qué un individuo usa una variante de particular y peculiar manera cuando nadie más en su familia o en su grupo de amistades lo hace. De ahí que uno comience a cuestionar el valor explicativo de la llamada comunidad de habla –y concomitantemente los modelos variacionistas tal como los planteaba Labov (1972) en su momento– para la indagación sociolingüística de grupos hispanoparlantes en los Estados Unidos en la actualidad.[4] A continuación explico uno de los problemas fundamentales al respecto: el de la discontinuidad lingüística.

(Dis)continuidad lingüística

Labov (1989) postuló que: "The speech community [is] an aggregate of speakers who share a set of norms for the interpretation of language, as reflected in their treatment of linguistic variables: patterns of social stratification, style shifting, and subjective evaluations. This orderly heterogeneity normally rests on a uniform structural base: the underlying phrase structure, the grammatical categories, the inventory of phonemes, and the distribution of that inventory in the lexicon" (2). El principio de uniformidad de los usos variables de la lengua supone que dentro de una comunidad de habla todos observarán las mismas reglas lingüísticas y las mismas restricciones que determinan los usos variables.

No obstante, los estudios variacionistas realizados en los últimos años han revelado subgrupos e, incluso, individuos que no conforman una colectividad en el sentido sociolingüístico. Las tendencias aparentemente no uniformes de subgrupos o individuos, las cuales se manifiestan tanto en el uso de ciertas variantes como en las restricciones morfosintácticas y semántico-pragmáticas que rigen su uso, se presentan como discontinuidades en la comunidad de habla. De hecho, Mougeon y Nadasdi (1998: 50) sugieren que tales discontinuidades podrían ser una de las características sociolingüísticas que definen a las comunidades de habla minoritarias, observando que en ellas el principio de uniformidad se falsifica muchas veces. En un estudio del habla de cinco áreas bilingües de la provincia canadiense de Ontario, estos autores clasificaron como discontinuidades en la estructura de la lengua francesa una serie de particularidades lingüísticas en hablantes cuyo uso del francés era socialmente restringido. Además de la variable elisión de formas que se usaban categóricamente en el habla de personas cuyo uso de la lengua era socialmente amplio, las restricciones lingüísticas sobre el uso de formas variables diferían en algunos casos en el habla de bilingües socialmente restringidos, a saber: (1) el empleo de la preposición locativa genérica *à* para expresar movimiento hacia la casa de alguien o localización en casa de alguien, frente al uso exclusivo de las preposiciones *chez* o *sur* en hablantes cuyo uso de la lengua era más amplio, por ejemplo, *J'ai resté pour une couple de semaines à mon grand-père*; (2) la variable elisión de los pronombres acusativos y dativos, por ejemplo, *Le monde from Battlestar Galactica ils ont aidé le monde sur l'autre planète...pis après ils (leur) ont donné (à eux) des graines pour qu'ils puissent pousser;* y (3) la sobregeneralización de variantes vernáculas a expensas de variantes más estándares: (i) uso de *à* posesivo en lugar de *de*, como en *Elle est dans la chambre à ma mère*, (ii) uso de la forma *sontaient* en lugar de *étaient* para la tercera persona plural del imperfecto de indicativo, por ejemplo, *Les tours que je jouais sontaient pas méchants*, (iii) uso de *ça fait que* en vez de *alors* como conjunción o marcador discursivo, como en *Á (l)a maison on parle tout le temps français, c'fait qu'on va, tout d'suite le mettre en français* o en *J'sais pas les mots en anglais, alors il faut qu'j'utilise mon français, comme* (48).

En el español hablado en los Estados Unidos, se observan fenómenos muy parecidos a los que describen Mougeon y Nadasdi en el contexto canadiense.[5] Consideremos primero el caso de los usos preposicionales. La preposición es por excelencia nuestra manera de concebir y expresar las relaciones espaciales a través del lenguaje, e incluso dentro del lenguaje (volamos *sobre* Miami, pasamos *por* Miami, estamos *en* Miami, las calles *de* Miami, el problema *con* Miami, etc.). Levinson (1996) argumenta que la concepción del espacio es un proceso fundamental de la cognición. Mantiene que "spatial understanding is perhaps the first great intellectual task facing the child, a task which human mobility makes mandatory, but above all spatial thinking invades our conceptualizations of many other domains as diverse as time, social structure, and mathematics" (179). Tanto Slobin (1996) como Bowerman (1996) afirman que la estructura lingüística condiciona, al menos en parte, nuestra concepción de las relaciones espaciales y afecta nuestra manera de pensar al hablar. Según Bowerman, "spatial thought –undeniably one of our most basic cognitive capacities– bears the imprint of language" (170). Se puede pensar, pues, que las preposiciones constituyen una de las bases estructurales de la lengua y que figuran entre las primeras y más fundamentales formas que adquieren los niños. En su ya clásico libro *Estudios de lenguaje infantil*, Gili Gaya (1972) observa que en niños hispanoparlantes monolingües las preposiciones *a, con, de, en, para,* y *por* "desde los cuatro años aparecen enteramente consolidadas" y que otras formas como *desde, entre, hasta, contra* y *sin* se consolidan en el uso para el primer grado de la escuela (62, 90). Bowerman también nota que en distintas lenguas las preposiciones locativas, aunque parecidas en términos de su complejidad lingüística, aparecen en el habla infantil en un orden similar (148).

Lo curioso de los usos preposicionales es que, aunque parecen constituir una de las bases conceptuales para la adquisición del lenguaje y son prácticamente invariables en la primera generación de hispanohablantes que inmigra a los Estados Unidos, se vuelven altamente variables en las generaciones sucesivas en este país. Incluso las formas que Gili Gaya (1972) identifica como "consolidadas" en el habla de niños monolingües de cuatro años presentan altos índices de variabilidad en hispanoparlantes estadounidenses. En algunos casos, el uso variable puede atribuirse a procesos de transferencia léxico-sintáctica del inglés. Algunos ejemplos de este tipo que he observado con bastante frecuencia en Miami son: *están esperando por nosotros* ["they're waiting for us"]; *me preguntó por veinte dólares* ["s/he asked me for twenty dollars"]; *todo depende en la economía* ["everything depends on the economy"]; *no pensé de eso* ["I didn't think of that"]; *no llegó en tiempo* ["s/he didn't arrive on time"]; *estoy al trabajo* ["I'm at work"]; *está enamorada con él* ["she's in love with him"]. La dirección de la influencia interlingüística en los usos preposicionales me parece ser mutua en bilingües de tercera generación en Miami, todos con el inglés como lengua dominante, ya que entre ellos se oyen en inglés a menudo frases como las siguientes: "last night I dreamt with my grandmother" [*anoche soñé con mi abuela*]; "get down from the car" [*bájate del coche*]; "he's sitting in the couch" [*está sentado en el sofá*].

La variabilidad de las preposiciones en el habla bilingüe estadounidense produce una discontinuidad lingüística –y conceptual– que repercute en el sistema sintáctico del español, especialmente en bilingües de tercera y cuarta generación. Incluso se puede considerar que ejemplos como los siguientes, tomados de otros investigadores pero que también he observado en Miami, reflejan violaciones de los patrones sintácticos inherentes al español:

- *I was thinking que es muy difícil, tú sabes, a tener hijos y trabajar en la casa.* (Entrevista 66M-N, cubana de tercera generación: Said-Mohand 2006: 196)
- *A: ¿Va a vivir allí tu compañero también?*
  B: la misma persona que estoy viviendo con ahora
  A: ¿sí?
  B: voy a vivir con él. (Entrevista 60A-N, puertorriqueño de tercera generación: Said-Mohand 2006: 186)
- *Pues yo hacía las cosas como ir a otras escuelas con el student council y representar el senior class en cosas que nosotros estábamos hablando de.* (mexicoamericano de cuarta generación: Chaston 1991: 307)

En estos tres ejemplos se pueden observar estructuras sintácticas, todas relacionadas con usos preposicionales, que no ocurren en variedades monolingües del español y que no se constatan en hablantes de primera generación en los Estados Unidos.[6]

En cuanto al segundo fenómeno destacado por Mougeon y Nadasdi –la variable elisión de pronombres acusativos y dativos– en bilingües hispanoparlantes en Estados Unidos también se constatan varios procesos que alteran el sistema pronominal y que se podrían considerar como discontinuidades. Es relativamente común oír en el habla bilingüe frases del tipo *tienes que lavar tus manos*, *pintó su pelo*, *rompí mi pierna*, o *mira mis ojos*, en las cuales se observan dos fenómenos importantes: (1) la elisión del pronombre reflexivo que es semánticamente inherente en verbos como *lavarse*, *pintarse* o *romperse* al referirse a acciones que realiza y recibe el mismo sujeto; y (2) el uso del pronombre posesivo ante partes del cuerpo (*tus manos*, *su pelo*, *mi pierna*, *mis ojos*). Silva-Corvalán (1994) supone que este tipo de construcciones es resultado de la influencia pragmático-discursiva del inglés pero no de transferencia sintáctica *per se*, lo cual me parece cierto ya que me ha resultado imposible encontrar en Miami un bilingüe que diga *mi estómago duele [my stomach hurts], *mi pie pica [my foot itches] o *sus ojos lloran [his eyes are watering]. Construcciones como estas últimas tienen verbos que nunca pueden ser reflexivos. Tal vez por eso no se ven afectadas por la aparente discontinuidad semántico-pragmática que produce la elisión del pronombre reflexivo y que repercute en la expresión a nivel léxico-sintáctico.

El último caso de discontinuidad en el francés hablado en Ontario que destacan Mougeon y Nadasdi es la sobregeneralización de variantes vernáculas. Este mismo fenómeno está ampliamente documentado en variedades del español en los Estados Unidos, tanto en el habla de la primera generación como en hispanoparlantes nacidos en este país. Este proceso se puede observar en el discurso hipotético. Sabemos que en el español coloquial de muchas partes del mundo se alternan a veces formas del condicional, el imperfecto de subjuntivo, y el imperfecto de indicativo en apódosis de las oraciones condicionales, por ejemplo, *si fueras a Miami, lo pasarías bien/ lo pasaras bien/ lo pasabas bien*. Esta última posibilidad –imperfecto de indicativo– es de uso común en variedades del español monolingüe, pero solo al referirse a sucesos o acciones que serían posibles dadas circunstancias reales, como se puede observar en los siguientes ejemplos extraídos del *Nuevo manual de español correcto* (Gómez Torrego 2002: 411-412): *si supiera que me iba a tocar la lotería, jugaba*; *si viviéramos en Madrid, estábamos mejor*; *de haberlo sabido, yo me iba ahora a Barcelona*; *si Juan encontrara trabajo, seguro que se compraba mi coche*. En todos estos casos, circunstancias reales dictan que el mundo imaginado es posible, es decir, se podría ganar la lotería porque existe y sabemos que alguien la va a ganar; existe la posibilidad muy concreta de vivir en Madrid porque existe esa ciudad y podríamos mudarnos si realmente quisiéramos, etc. Pero resultarían un tanto raras oraciones como *si este perro fuera gato, maullaba siempre* o *si las paredes hablaran, decían cosas muy interesantes*, ya que sabemos que es imposible que un perro se convierta en gato o que una pared hable.

Este tipo de oraciones, sin embargo, se pueden observar en variedades bilingües del español en Estados Unidos. Lo que comienza como un proceso de sobregeneralización de uso de la variante vernácula o coloquial en oraciones como las que nota Gómez Torrego se extiende luego a contextos más formales y a condiciones totalmente imposibles en la realidad, para aparecer luego en la prótasis también, y en cláusulas de manera hipotética encabezadas por *como si*. A continuación ofrezco tres ejemplos de un joven cubanoamericano de segunda generación de Miami:

- *Si yo personalmente ganaba la lotería, le daba casi todo a mis padres y les ponía seguramente un dinero para mi hermano para cuando entre a la universidad para que ya esté pagado. Y yo me pagaría ya la universidad entera y seguía en la escuela.... So a lo mejor cambiar, la vida cambiaba un poco, vivía mejor.*
- *Si yo era Obama, decía la misma cosa y hacía la misma cosa.* (refiriéndose a la política de Obama sobre reforma sanitaria)
- *Miran a Obama como si podía hacer milagros, pero él también es un hombre como nosotros.*

Aparte de la discontinuidad en el sistema verbal producida por el uso de formas del indicativo en prótasis de oraciones condicionales o al referirse en el discurso hipotético a posibilidades inconcretas (como en el caso de uno imaginarse que es Obama o imaginarse que un perro es un gato), también se observan discontinuidades en cuanto al modo y aspecto verbales. Aparecen en el habla bilingüe en Miami formas del indicativo en cláusulas encabezadas por verbos de volición, por ejemplo, *quiero que me llamas esta noche, espero que vas a venir con nosotros, necesito que me ayudas*, etc., y también en cláusulas subordinadas que expresan propósito: *para que entiendes, para que sabes, para que preparas,* etc. (Lynch, 1999). Documentan lo mismo Silva-Corvalán (1994) en Los Ángeles y Zentella (1997) en Nueva York. El uso del indicativo en tales contextos –indocumentado en hablantes monolingües o inmigrantes de primera generación en Estados Unidos– tiene que considerarse como un caso de discontinuidad lingüística.

Algunos podrían pensar que este fenómeno es producto de la falta de formas del subjuntivo en inglés, lo cual en principio parecería ser una hipótesis lógica. Pero la explicación no puede ser tan simple, pues la influencia del inglés –si es que realmente se da– estribaría no en la falta de formas de subjuntivo en inglés en el plano lingüístico sino en la falta de distinción de modos verbales en el plano conceptual o cognoscitivo (cf. Slobin 1996). Dicho de otra manera, si se tratara realmente de una influencia lingüística del inglés, no se daría una elevada frecuencia de formas morfológicas del indicativo a expensas de las del subjuntivo, sino usos erráticos de las dos formas, ya que el angloparlante no discriminaría entre estas formas en la inmensa mayoría de los contextos. Mucho más convincente es la hipótesis de que se trata de un proceso de sobregeneralización en el plano semántico-pragmático, el cual comienza en contextos semánticamente variables que pueden regir tanto indicativo como subjuntivo según las circunstancias, por ejemplo, *aunque sea/es rica yo no me caso con ella, quiero una casa que tenga/tiene muchas ventanas, dicen que hablemos/hablamos español* (Silva-Corvalán 1994). Pero la tesis referente a la sobregeneralización también carece de cierto valor explicativo, pues no da cuenta de por qué ocurre en determinados contextos en el habla de las generaciones nacidas en Estados Unidos una forma que es completamente inusitada en esos mismos contextos en el habla de la primera generación y en los medios de comunicación.

En verdad, la aparición del indicativo en contextos semánticos que rigen categóricamente el subjuntivo y en las oraciones condicionales, tanto como la elisión de pronombres reflexivos y la variabilidad de los usos preposicionales, no son fenómenos paulatinos en el plano social, ya que se pueden observar en hispanohablantes de segunda generación –incluso a veces en aquellos que no emigraron a Estados Unidos hasta los nueve o diez años de edad– cuyo uso de la lengua es socialmente muy amplio.[7] Tampoco se pueden considerar como resultados de un proceso continuo, pues se evidencia en determinados contextos del habla de algunos hablantes pero no en otros, ni uniforme, ya que la uniformidad del sistema gramatical se falsifica, tal como afirman Mougeon y Nadasdi. Estos autores explican que en comunidades de habla mayoritarias, los factores externos que determinan la adquisición y difusión de variantes lingüísticas son constantes y están entrelazados, es decir, para la mayoría de los miembros de la comunidad, sin importar su experiencia o edad, se usa para la escolarización, el trabajo, y la interacción con amistades la misma lengua que se adquiere en el hogar. Por otro lado, en comunidades minoritarias, estos importantes factores extralingüísticos son variables, lo cual crea la posibilidad de que en un determinado punto del continuo bilingüe los hablantes no usen ciertas variantes y que las restricciones sociales o estilísticas que determinan el uso de variantes desaparezcan o se manifiesten de otra forma (1998: 53).

Queda siempre el crucial interrogante de la transmisión generacional: ¿los hijos, nietos y bisnietos de los hablantes bilingües de segunda, tercera y cuarta generación que hoy día contemplamos van a adquirir y usar el español? La mayoría de los sociólogos y sociolingüistas que han respondido a esta pregunta concluye rotundamente que no (Otheguy 2003 y Zentella 1997 en Nueva York; Potowski 2003 en Chicago; Cashman 2003 en Detroit; Merino 1983 en San Francisco; Rumbaut, Massey y Bean 2006 en Los Ángeles y San Diego; Porcel 2006 en Miami). Pero no se puede ignorar el fuerte impacto de la (in)migración en las últimas décadas, pues a pesar de que los estudios nos indican ya durante casi un siglo que el español desaparece o "se pierde" en el suroeste (cf. Espinosa 1975), la lengua sigue allí en boca de muchos millones de personas bilingües hoy día. García (2003), por ejemplo, nota que Los Ángeles es mucho más hispanoparlante que hace treinta años debido a la inmigración masiva de México y Centroamérica. Mora, Villa y Dávila (2005), basándose en datos del censo estadounidense, observan que los niños mexicoamericanos radicados en los estados fronterizos con México hablaban más español en el hogar en el año 2003 que en 2000, y McCollough y Jenkins (2005) también notan un acusado cambio en la correlación estadística entre la retención del español y el ascenso socioeconómico al comparar datos de los censos de 1980, 1990 y 2000 en Colorado, a saber: en 1980 había una correlación negativa entre estas dos variables (mayor nivel socioeconómico implicaba menor uso del español) pero ya para 2000 no se daba esa misma correlación. Sánchez (1994) ya observaba en las décadas de 1970 y 1980 cómo los factores socioeconómicos hacían que la total asimilación angloparlante de los chicanos bilingües del suroeste fuera en realidad mucho más difícil y compleja de lo que los datos sociológicos sugerirían en teoría; yo comenté lo mismo hace poco más de una década para el contexto sudfloridano (Lynch 2000).

Conclusión

Lo único cierto es que nadie sabe con seguridad cuál será el futuro de la lengua española en los Estados Unidos. Mucho dependerá de cómo se desenvuelvan las relaciones con los otros países del mundo hispanoparlante, la situación política y económica tanto de esos países como del nuestro, los flujos (in)migratorios en años venideros, la normalización de la educación formal en español y, sobre todo, la percepción y la recepción de grupos hispanoparlantes –y de ahí la lengua española– en la sociedad.[8] Creo que las demandas de una economía global y la cultura popular, en especial la música y los medios de comunicación, jugarán un papel fundamental en la evolución del español en la vida y el imaginario estadounidenses en el siglo XXI, y que las actitudes sociales hacia el español en la joven generación seguirán siendo positivas (cf. Lynch y Klee 2005).

Hay que afirmar que el español goza hoy día de más visibilidad mediática y viabilidad económica que nunca en la historia de la nación, pero los índices de transmisión generacional son bajos en gran parte del país y su uso como lengua vehicular en la educación formal se limita a poquísimos programas bilingües que en muchos casos sirven a una élite de niños de clase socioeconómica media o alta de zonas urbanas. Hay que clasificar al español como lengua secundaria en Estados Unidos, de uso social restringido. Las restricciones sociales *de facto* sobre el uso de la lengua producen dos fenómenos sociolingüísticos concomitantes: a nivel micro, la adquisición parcial o incompleta del español en niños hispanoparlantes que nacen o se crían en este país (Silva-Corvalán 2003, 2006); y a nivel macro, la discontinuidad del sistema lingüístico.

Precisamente por eso me resisto a la idea de que exista en los Estados Unidos una singular o unitaria 'comunidad hispanoparlante' y cuestiono el verdadero significado de los referentes de términos como 'español *de* Estados Unidos' o 'español *en* Estados Unidos.' Si el primero me parece incorrecto desde el punto de vista de la sociolingüística tradicional –que se aferra a los criterios que plantean los estructuralistas como Saussure o variacionistas como Labov–, el segundo no resulta mucho más adecuado ya que denota un objeto de estudio aparentemente trasplantado o aislado dentro del contexto nacional, como si la lengua estuviera poéticamente de visita en este país y que algún día se pudiera marchar. Este es otro ejemplo de por qué las preposiciones son tan problemáticas en la conceptualización del espacio y de cómo los límites del espacio geográfico van adquiriendo nuevas connotaciones en la época global.

NOTAS

[1] Aquí me refiero al 'texto' según Fairclough (2006: 30): "...for the discourse moment of social events, meaning not just written texts (the everyday sense of 'text'), but also speech as an element or moment of events, and the complex 'multimodal' texts of television and the internet, where language is used in combination with other semiotic forms...."

[2] Vale la pena notar que Estados Unidos no tiene lengua oficial a nivel federal.

[3] Tras un análisis cuantitativo de la expresión del pronombre de sujeto en dos generaciones de hispanoparlantes en Nueva York oriundos de seis países distintos, Otheguy, Zentella y Livert (2007) encontraron evidencia de la evolución de una comunidad de habla más claramente delimitada entre hispanohablantes de la segunda generación (los que nacieron y se criaron en Nueva York) que entre hablantes de la primera. No obstante, Otheguy *et al.* concluyeron que: "Because the bilingualism of...NYC Latinos tends to last for only two or three generations, settings of [this] sort...have not been favored in the search for the structural consequences of bilingualism" (797).

[4] Opino lo mismo que Moreno Fernández (1998), quien afirma que "no está claro...que este modelo conceptual sea realmente explicativo o el más adecuado para llegar a un buen conocimiento de los hechos sociolingüísticos" (20).

[5] Supongo que en algunos sentidos la trayectoria histórica del español en Estados Unidos ha sido parecida a la del francés en Canadá: se trata de una lengua europea de una larga tradición literaria y cultural, implantada y ampliamente hablada en determinados territorios en la época colonial, que compitió por el dominio político pero terminó siendo subordinada ante la hegemonía del inglés en la evolución de la nación y posteriormente quedó relegada a los ámbitos domésticos y eclesiásticos, más presente en las poblaciones rurales y la clase obrera (ver Sánchez, 1994, sobre el suroeste). Pero con la llamada *révolution silencieuse* de la década de los 1960 en Canadá y los movimientos separatistas a partir de los 1970 en Quebec, donde para 2006 el 79% de la población tenía el francés como lengua materna y solo el 10% hablaba principalmente inglés en casa (Statistics Canada, 2006), el francés cobró nuevas fuerzas políticas y, con la aprobación de la *Charte de la langue française* (*Bill 101* del Partido Quebequense) en 1977, se impuso como única lengua oficial de la provincia y principal vehículo de la educación formal en las escuelas públicas. Es aquí donde las trayectorias históricas del francés y del español en Norteamérica se bifurcan significativamente. Conforme el francés iba renovándose y ganando prestigio sociopolítico en el contexto canadiense –el quebequense en particular–, el español se veía cada vez más desprestigiado en Estados Unidos frente a un enérgico movimiento nacional impulsado por el senador californiano S.I. Hayakawa por la exclusividad oficial del inglés, el cual dio como resultado el actual panorama geopolítico con veintiséis de cincuenta estados que tienen esta lengua como la única oficial, entre ellos California (1986), Colorado (1988), Arizona (1988, 2006), y Florida (1988), donde se concentran grandes poblaciones hispanoparlantes. El sentimiento xenófobo y antiinmigratorio que se generalizó durante los años de la recesión económica de la presidencia de Reagan fue implícitamente contrarrestado por el posterior *boom* económico que vivió el país bajo Clinton y la creciente demanda por la marca *latina* en los años 1990, en la música, el baile, el cine, los medios de comunicación, la comida, etc. La inmigración masiva procedente de países hispanoparlantes ha servido para fomentar esta tendencia de la cultura popular estadounidense en las dos últimas décadas. No obstante, los atentados terroristas del 2001 dieron lugar a renovados y a veces muy apasionados debates sobre el estatus de lenguas 'no inglesas' en los Estados Unidos y sobre el tema de la seguridad nacional frente a una suerte de preocupaciones sociales que se asocian en la percepción popular y en algunos medios

de comunicación estadounidenses con el mundo hispanoparlante, entre ellos la inmigración "descontrolada" en la frontera de México, la nueva "amenaza" del socialismo en varios países sudamericanos y, en el caso venezolano, su aparente alianza con Irán, la violencia propagada en las grandes urbes del país por llamados 'gangueros' o pandilleros con raíces en México y Centroamérica, y el narcotráfico entre México, Colombia y los Estados Unidos. El francés no conlleva semejante suerte de preocupaciones o controversias sociales en el contexto nacional canadiense.

[6] Silva-Corvalán (1994) postula que los hispanohablantes estadounidenses de segunda y tercera generación simplifican o generalizan ciertas reglas gramaticales pero no introducen elementos que causen cambios 'radicales' en la estructura de la lengua. Según la definición de 'radical' que uno proponga, creo que construcciones como estas son discutibles.

[7] La integración de marcadores discursivos del inglés, por ejemplo *so, I mean, you know*, se observa hasta en hablantes de primera generación que llevan relativamente poco tiempo en Estados Unidos y que tienen un conocimiento limitado del inglés (cf. Torres 2002; Lipski 2005).

[8] A mi parecer, uno de los factores que condiciona más fundamentalmente el desplazamiento del español en niños bilingües hispanos en Estados Unidos es la falta de escolarización y socialización en el ámbito escolar en esa lengua. Aun en grandes ciudades mayoritariamente hispanoparlantes como Miami, El Paso, y el Este de Los Ángeles, los programas de educación bilingüe son escasos y, en muchos casos, son mal implementados. Son casi siempre de tipo transicional, es decir, tienen como meta darles a los niños funcionalmente monolingües en español el apoyo necesario para adquirir el inglés, con el fin de que lo tengan como única lengua vehicular de los estudios. A nivel secundario, me consta que en el sur de la Florida son poquísimos los programas verdaderamente bilingües, o sea, aquellos en que la mitad de las asignaturas son en español y la otra mitad son en inglés. Hasta que no se normalice la educación formal en español en los Estados Unidos, no se va a estabilizar su uso entre los jóvenes bilingües. Y aun así, bien podría ser que se estabilizara su uso solo para propósitos académicos y no para la interacción social, como ha sucedido con las otras lenguas de España (Lynch 2011).

OBRAS CITADAS

Alberts, Heike. (2005). "Changes in Ethnic Solidarity in Cuban Miami." *The Geographical Review* 95: 231-48. Impreso.

Anderson, Benedict. (1991). *Imagined Communities: Reflections on the Origin and Spread of Nationalism.* New York: Verso. Impreso.

Bowerman, Melissa. (1996). "The Origins of Children's Spatial Semantic Categories: Cognitive versus Linguistic Determinants." *Rethinking Linguistic Relativity.* Ed. John J. Gumperz y Stephen C. Levinson. Cambridge: Cambridge UP. 145-76. Impreso.

Caffarel, Carmen. (2009). "Estados Unidos: presente y futuro del español." *Enciclopedia del español en los Estados Unidos. Anuario del Instituto Cervantes 2008.* Ed. Humberto López Morales. Madrid: Santillana. 19-21. Impreso.

Cashman, Holly. (2003). "Red social y bilingüismo (inglés/español) en Detroit, Michigan." *Revista Internacional de Lingüística Iberoamericana* 2: 59-78. Impreso.

Chaston, John. (1991). "Imperfect Progressive Usage Patterns in the Speech of Mexican American Bilinguals from Texas." *Sociolinguistics of the Spanish-Speaking World: Iberia, Latin America, United States*. Ed. Carol A. Klee y Luis A. Ramos-García. Tempe, AZ: Bilingual P/Editorial Bilingüe. 299-311. Impreso.

Chomsky, Noam. (1957). *Syntactic Structures*. The Hague: Mouton. Impreso.

De la Torre, Miguel. (2003). *La lucha for Cuba. Religion and Politics on the Streets of Miami*. Berkeley: U of California P. Impreso.

Del Valle, José. (2007). *La lengua, ¿patria común? Ideas e ideologías del español*. Frankfurt/Madrid: Vervuert Iberoamericana. Impreso.

Espinosa, Aurelio. (1975) [original 1917]. "Speech Mixture in New Mexico: The Influence of the English Language on New Mexican Spanish." *El lenguaje de los chicanos*. Ed. Eduardo Hernández-Chávez, Andrew Cohen y Anthony Beltramo. Arlington, VA: Center for Applied Linguistics. 99-114. Impreso.

Fairclough, Norman. (2006). *Language and Globalization*. London: Routledge. Impreso.

Fishman, Joshua, Robert Cooper and Roxana Ma. (1971). *Bilingualism in the Barrio*. Bloomington, IN: Indiana U. Impreso.

García, MaryEllen. (2003). "Speaking Spanish in Los Angeles and San Antonio: Who, Where, When, Why." *Southwest Journal of Linguistics* 22: 1-21. Impreso.

Giddens, Anthony. (1991). *Modernity and Self-Identity*. Cambridge: Polity. Impreso.

Gómez Torrego, Leonardo. (2002). *Nuevo manual de español correcto II: morfología y sintaxis*. Madrid: Arco/Libros. Impreso.

Gumperz, John. (1968). "Linguistics: The Speech Community." *International Encyclopedia of the Social Sciences*. New York: Macmillan. 381-86. Impreso.

——. (1996). "Introduction to Part IV." *Rethinking Linguistic Relativity*. Ed. John J. Gumperz y Stephen C. Levinson. Cambridge: Cambridge UP. 359-73. Impreso.

Gumperz, John y Stephen Levinson. (1996). "Introduction: Linguisic Relativity Reexamined." *Rethinking Linguistic Relativity*. Ed. John J. Gumperz y Stephen C. Levinson. Cambridge: Cambridge UP. 1-18. Impreso.

Jameson, Fredric. (1998). *The Cultural Turn: Selected Writings on the Postmodern, 1983-1998*. London: Verso. Impreso.

Labov, William. (1972). *Sociolinguistic Patterns*. Philadelphia: U of Pennsylvania. Impreso.

——. (1989). "The Exact Description of the Speech Community: Short *a* in Philadelphia." *Language Change and Variation*. Ed. Ralph Fasold y Deborah Schiffrin. Washington, DC: Georgetown UP. 1-57. Impreso.

Levinson, Stephen. (1996). "Relativity in Spatial Conception and Description." *Rethinking Linguistic Relativity*. Ed. John J. Gumperz y Stephen C. Levinson. Cambridge: Cambridge UP. 177-202. Impreso.

Lipski, John. (2005). "Code-switching or borrowing? No sé *so* no puedo decir, *you know.*" *Selected Proceedings of the Second Workshop on Spanish Socio-linguistics.* Ed. Lofti Sayahi y Maurice Westmoreland. Somerville, MA: Cascadilla. 1-15. Impreso.

Lynch, Andrew. (1999). "The Subjunctive in Miami Cuban Spanish: Bilingualism, Contact, and Language Variability." Disertación doctoral, U of Minnesota. Impreso.

——. (2000). "Spanish-Speaking Miami in Sociolinguistic Perspective: Bilingualism, Recontact, and Language Maintenance among the Cuban-Origin Popula-tion." *Research on Spanish in the United States: Linguistic Issues and Challenges.* Ed. Ana Roca. Somerville, MA: Cascadilla. 271-83. Impreso.

——. (2009a). "A Sociolinguistic Analysis of Final /s/ in Miami Cuban Spanish." *Language Sciences* 31: 767-90. Impreso.

——. (2009b). "Expression of Cultural Standing in Miami: Cuban Spanish Discourse about Fidel Castro and Cuba." *Revista Internacional de Lingüística Iberoamericana* 14: 21-48. Impreso.

——. (2011). "Spain's Minoritized Languages in Brief Sociolinguistic Perspective." *Untying Tongues: Literatures in Minority and Minoritized Languages in Spain and Latin America.* Ed. Emilio del Valle Escalante y Alfredo J. Sosa-Velasco. Número especial de *Romance Notes* 51: 15-24. Impreso.

Lynch, Andrew, y Carol A. Klee. (2005). "Estudio comparativo de actitudes hacia el español en los Estados Unidos: educación, política y entorno social." *Lin-güística Española Actual* 27: 273-300. Impreso.

Martín-Barbero, Jesús. (2002). "La globalización en clave cultural: una mirada lati-noamericana." *BOGUES.* Web. 15 de diciembre, 2011.

McCullough, Robert y Devin Jenkins. (2005). "Out with the Old, In with the New? Recent Trends in Spanish Language Use in Colorado." *Southwest Journal of Linguistics* 24: 91-110. Impreso.

Merino, Barbara. (1983). "Language Loss in Bilingual Chicano Children." *Journal of Applied Developmental Psychology* 4: 277-94. Impreso.

Mora, Marie, Daniel Villa y Alberto Dávila. (2005). "Language Maintenance among the Children of Immigrants: A Comparison of Border States with Other Re-gions of the U.S." *Southwest Journal of Linguistics* 24: 127-44. Impreso.

Moreno Fernández, Francisco. (1998). *Principios de sociolingüística y sociología del lenguaje.* Barcelona: Ariel. Impreso.

Mougeon, Raymond, y Terry Nadasdi. (1998). "Sociolinguistic Discontinuity in Mi-nority Language Communities." *Language* 74: 40–55. Impreso.

Otheguy, Ricardo. (2003). "Las piedras nerudianas se tiran al norte: meditaciones lingüísticas sobre Nueva York." *Ínsula* 679-80: 13-19. Impreso.

Otheguy, Ricardo, Ana Celia Zentella y David Livert. (2007). "Language and Dia-lect Contact in Spanish in New York: Toward the Formation of a Speech Community." *Language* 83: 770-802. Impreso.

Porcel, Jorge. (2006). "The Paradox of Spanish among Miami Cubans." *Journal of Sociolinguistics* 10: 93-110. Impreso.

Potowski, Kim. (2003). "Spanish Language Shift in Chicago." *Southwest Journal of Linguistics* 23: 87-116. Impreso.

Pujolar, Joan. (2007). "Bilingualism and the Nation-State in the Post-National Era." *Bilingualism: A Social Approach*. Ed. Monica Heller. Basingstoke, UK: Palgrave Macmillan. 71-95. Impreso.

Rumbaut, Rubén G., Douglas S. Massey y Frank D. Bean. (2006). "Linguistic Life Expectancies: Immigrant Language Retention in Southern California." *Population and Development Review* 32:448-460. Impreso.

Said-Mohand, Aixa. (2006). "A Sociolinguistic Study of the Discourse Markers como, entonces, and tú sabes in the Speech of US Hispanic Bilinguals." Disertación doctoral, U of Florida. Impreso.

Sánchez, Rosaura. (1994) [original 1983]. *Chicano Discourse: Socio-Historic Perspectives*. Houston: Arte Público. Impreso.

Saussure, Ferdinand de. (1916). *Cours de linguistique générale*. Paris: Payot.   Impreso.

Silva-Corvalán, Carmen. (1994). *Language Contact and Change. Spanish in Los Angeles*. Oxford: Clarendon. Impreso.

——. (2003). "El español en Los Ángeles: aspectos morfosintácticos." *Ínsula* 679-680: 19-25. Impreso.

——. (2006). "El español de Los Ángeles: ¿adquisición incompleta o desgaste lingüístico?" *Estudios sociolingüísticos del español de España y América*. Ed. Ana María Cestero, I. Molina y F. Paredes. Madrid: Arco Libros. 121-38. Impreso.

Slobin, Dan. (1996). "From 'Thought and Language' to 'Thinking for Speaking'." *Rethinking Linguistic Relativity*. Ed. John J. Gumperz y Stephen C. Levinson. Cambridge: Cambridge UP. 70-96. Impreso.

Statistics Canada. (2006). *Population by Mother Tongue and Age Groups* y *Population by Language Spoken Most Often at Home and Age Groups*. Web. 20 oct.2009.

Torres, Lourdes. (2002). "Bilingual Discourse Markers in Puerto Rican Spanish." *Language in Society* 31: 65-83. Impreso.

Urry, John. (1998). "Contemporary Transformations of Time and Space." *The Globalization of Higher Education*. Ed. Peter Scott. Buckingham: SRHE/Open UP. 1-17. Impreso.

Vossler, Karl. (1959). *Espíritu y cultura en el lenguaje*. Trans. Aurelio Fuentes Rojo. Madrid: Ediciones Cultura Hispánica. Impreso.

Yúdice, George. (2003). *The Expediency of Culture: Uses of Culture in the Global Era*. Durham, NC: Duke UP. Impreso.

Zentella, Ana Celia. (1997). *Growing Up Bilingual*. Malden, MA: Blackwell. Impreso.

LA CUARTA GENERACIÓN: ¿PUNTO DE RETORNO AL ESPAÑOL O DESPLAZAMIENTO CONTINUO?

Susana Rivera-Mills
Oregon State University

Introducción

Es imposible ignorar la influencia que la lengua española ha tenido en la cultura estadounidense a lo largo de la historia. Hoy en día, la población hispana en Estados Unidos sigue creciendo a un ritmo asombroso año tras año; sin embargo, también notamos un incremento en el número de aquellos que ya no hablan la lengua de herencia. Para muchos hispanos de Estados Unidos que van perdiendo la lengua española, esto no es simplemente una adaptación lingüística, sino la pérdida de una herencia y una identidad de valor incalculables.

Gracias a la abundancia de estudios que han abordado el tema de la conservación o pérdida del español en los Estados Unidos, los expertos han podido identificar, con un alto grado de precisión, los factores que muestran una fuerte correlación con la conservación o pérdida del español en ciertas comunidades lingüísticas. Uno de los factores más estudiados es el de generación. Estudios como los de Bills, Hernández Chávez, y Hudson (1995), González y Wherritt (1990), McCullough y Jenkins (2005) y Rivera-Mills (2000, 2001) han demostrado y confirmado que los jóvenes inmigrantes no conservan el español tanto como aquellos que llegaron después de cumplir los 15 años (Veltman 2000). Además, con cada generación posterior que nace en los Estados Unidos, se nota una reducción en la transmisión de la lengua materna, y como consecuencia, un desplazamiento del español por el inglés.

La evidencia que apunta al desplazamiento del español por el inglés entre los hispanohablantes estadounidenses es indiscutible, especialmente en las primeras tres generaciones. Anderson (2005) observa el contexto sociolingüístico de generaciones más allá de la tercera; no obstante, son pocos los estudios que exploran a fondo esta situación más allá de la tercera generación.

Por lo tanto, en la presente investigación exploraré la conservación y el desplazamiento del español entre hispanos de la cuarta generación dentro de una comunidad en el norte de Arizona. En particular, este estudio es una continuación de uno previo en el que examiné dicha comunidad (Mills 2005). Los resultados del trabajo anterior me motivaron a indagar más profundamente en el tema, ya que, en la muestra inicial que obtuve, descubrí que el español se conservaba fuera de las tendencias que generalmente se han encontrado en otros estudios que confirman una pérdida o desplazamiento del español en las primeras tres generaciones.

Utilizando un baremo sociolingüístico, se analiza el uso del español e inglés dentro de una muestra de veinte hispanos de cuarta generación que pertenecen a una comunidad en el norte de Arizona. Los resultados se comparan con estudios previos de muestras intergeneracionales dentro de la misma comunidad y una en California (véase Rivera-Mills 2000). Se estudian dominios específicos para determinar el uso del español e inglés por los participantes (véase Fishman 1964 para el concepto de 'dominio de uso'). Finalmente, se analizan muestras de español escrito y oral para presentar el concepto de competencia lingüística y su asociación al uso y conservación del español en la presente muestra de participantes.

La conservación del español

Una pregunta clave para el presente estudio es: ¿cómo medir la conservación o pérdida/desplazamiento de una lengua en un contexto de lenguas en contacto? Varios estudios muestran que no es suficiente la existencia de un gran número de miembros de un grupo étnico para asegurar la retención de la lengua (Hurtado y Vega 2004). Por ejemplo, el alto porcentaje de hispanos en un estado como Nuevo México, casi el 47 % de la población (US Census 2010), no significa que se conserve el español en dicho estado. Alan Hudson, Eduardo Hernández Chávez y Garland Bills (Hudson *et al.* 1995) muestran que tampoco es válido basarse únicamente en el recuento de hispanohablantes (el número bruto) ni en la proporción de hispanohablantes dentro de la población en general (la densidad). Respecto al número bruto, no se puede decir que el español se mantiene en Los Ángeles observando simplemente que el censo de 2010 documenta más de cuatro millones y medio de hispanos en esa ciudad. Aun el añadir una perspectiva histórica al número bruto no contextualiza el estado de la conservación o desplazamiento del español. Un aumento del 30 % en el número de hispanohablantes entre dos censos puede ser significativo, pero no demuestra que se conserve la lengua. La densidad de personas de habla española, es decir, su proporción dentro de la población general, tampoco es una medida segura de la conservación del español (Bills 2005). A la vez, es importante señalar que algunos estudios muestran resultados contrarios a los que se han mencionado. Alba *et al.* presentan una estrecha relación entre la densidad de hablantes y la conservación del español entre cubanos y mexicanos (Alba, Logan, Lutz y Stults 2002).

La conservación de una lengua se manifiesta en la estabilidad intergeneracional de sus hablantes. La dimensión histórica, es decir diacrónica, es vital para los estudios sobre el tema. Para conservar un idioma, hace falta la transmisión del mismo de una generación a otra. Si no se transmite la lengua de padres a hijos, el resultado es la pérdida del idioma. Por lo tanto, la medida de conservación o pérdida del español, en este caso, tiene que basarse o en la proporción de hispanohablantes dentro de la etnia hispana (lo que llamamos la lealtad lingüística) o, preferiblemente, en alguna faceta de la transmisión a través de las generaciones (la retención). Tales medidas pueden tomar en cuenta factores como la lengua materna, el uso de la lengua y la competencia lingüística. Esta última incluye la competencia del inglés, ya que la pérdida empieza con el bilingüismo que se inicia en la generación inmigrante, como señala Bills (2005), y como afirman Pearson y McGee para los estudiantes en Miami: "...even for first-generation immigrants, many of whom did not learn the language until they were 7 or 8, 90 % report using at least one-half English with their siblings by the time they are in their early teens" (1993: 99). En cuanto a la competencia lingüística, varios estudios apuntan a la disminución de destrezas del español o la adquisición incompleta que acompaña a la pérdida. Estos conceptos están bien documentados en estudios como los de Bayley (1999), Hurtado y Vega (2004) y Silva-Corvalán (1994). En verdad, el desplazamiento del español por el inglés se refiere a la transición del monolingüismo en español al monolingüismo en inglés, con el bilingüismo como un continuo intermedio (Veltman 1983). Silva-Corvalán afirma la existencia de un bilingüismo continuo, específicamente en cuanto a la competencia oral, describiéndolo de la siguiente manera:

> This continuum resembles in some respects a creole continuum, inasmuch as one can identify a series of lects which range from standard or unrestricted Spanish to an *emblematic* use of Spanish...Speakers can be located at various points along this continuum depending on their level of dominance... (1994: 11)

Casi todas las investigaciones de la lengua española en Estados Unidos que examinan la transmisión lingüística intergeneracional demuestran que el español se pierde después de dos o tres generaciones. La situación típica respecto a los inmigrantes es llegar al bilingüismo en la segunda generación y al monolingüismo en inglés en la tercera generación (Pearson y McGee 1993; Valdés 1988). Sin embargo, el presente estudio demuestra que aunque es indiscutible que existe un desplazamiento del español intergeneracional, también se nota un resurgimiento del español más allá de la tercera generación. Carmen Silva-Corvalán (1994) confirma esta posibilidad refiriéndose a un 'bilingüismo cíclico,' en donde el español se llega a readquirir por generaciones jóvenes como parte de una afirmación etnolingüística.

Muestra de estudio

Veinte participantes fueron entrevistados para el presente estudio, de los cuales ocho son hombres y doce son mujeres, con edades entre los 19 y 32 años. La tabla 1 muestra el lugar de nacimiento de cada participante dentro del estado de Arizona, y todos viven actualmente en una comunidad en el norte de dicho estado. La comunidad tiene una población de aproximadamente 50 mil habitantes, de los cuales el 18 % son de herencia hispana (US Census 2010).

Los participantes se autoidentifican de diferentes maneras dentro del grupo hispano. Como se nota en la Tabla 2, diez de ellos se identificaron como hispanos, uno como mexicano-americano, uno como chicano, y los ocho restantes como americanos. Todos los participantes asisten o han asistido a la universidad, están en proceso de cursar su licenciatura o ya la tienen. Ellos son estudiantes, o trabajan como maestros, como gerentes de negocios, en oficinas o como obreros o profesionistas en negocios locales.

Lugar de nacimiento de los participantes	
Flagstaff	5
Tucson	7
Phoenix	3
Prescott	2
Otras ciudades de AZ	3
Total	20

TABLA 1. Lugar de nacimiento de los participantes

Auto-identificación	
hispano	10
mexicano-americano	1
chicano	1
americano	8
Total	20

TABLA 2. Autoidentificación de etnicidad

Todos los participantes pertenecen a la cuarta generación de hispanohablantes estadounidenses, y hablan inglés y español con una destreza en español que varía. El inglés es la lengua dominante de la muestra, pero, como se verá, varios han conservado o readquirido el español y tienen una competencia avanzada.

Instrumentos de investigación

Los datos se obtuvieron por medio de un cuestionario sociolingüístico como base para entrevistas personales. La intención fue conseguir información demográfica y datos sobre la herencia hispana del participante, la identidad, el uso de las lenguas, las actitudes lingüísticas y las perspectivas culturales. Además, a cada participante se le solicitó una muestra escrita en español. Específicamente se les pidió redactar un ensayo de dos a tres cuartillas describiendo a su familia, su herencia hispana, sus experiencias migratorias, algunos aspectos de identidad, lenguaje y cultura y, en general, sus puntos de vista sobre lo que significa ser latino/hispano y vivir en los Estados Unidos. Finalmente, cada participante realizó la entrevista de competencia oral administrada por ACTFL (American Council on the Teaching of Foreign Languages) para medir, de manera general, la competencia del español oral de cada participante.

Las entrevistas sociolingüísticas duraron aproximadamente una hora, mientras que la muestra escrita y la entrevista de competencia oral duraron de una hora a noventa minutos adicionales. La muestra escrita se realizó en presencia del entrevistador, y solo disponían de un diccionario. Algunos participantes no terminaron todas las actividades necesarias y por lo tanto no forman parte de esta investigación. Los veinte participantes descritos en el presente estudio completaron todas las actividades descritas. Una vez recogidos todos los datos, estos fueron catalogados en categorías específicas: actitudes lingüísticas, uso de la lengua, competencia lingüística, ideología de la lengua y aspectos de identidad étnica.

El aspecto de generación

Antes de continuar, es importante abordar el tema de 'generación.' En el estudio que realicé de esta comunidad de Arizona (Mills 2005) están incluidos 87 participantes, separados de acuerdo a su generación: primera, segunda, tercera y cuarta. Dado el propósito comparativo y la necesidad de mantener cierta coherencia con estudios previos, es necesario continuar con una definición similar a la usada en ellos (véase Rivera-Mills 2000).

Para el presente estudio, se continúa con las siguientes definiciones: la primera generación incluye a participantes nacidos fuera de los Estados Unidos, quienes inmigraron a los Estados Unidos después de cumplir los 15

años. Se elige esta edad debido a los resultados de estudios como los de Veltman (2000), en donde se muestra la proporción de inmigrantes agrupados en
varias edades que reportan no hablar español, y se proporciona evidencia de la
pérdida de la lengua por hablantes nativos que llegan a los Estados Unidos
antes de los 15 años. Veltman sugiere que "...the abandonment of Spanish is
a negligible phenomenon among immigrants who arrived in the United States
when they were at least 15 years old" (2000: 71). Por lo tanto, es esta la edad
que se usa para determinar, en parte, la definición de participantes de primera
generación.

En la segunda generación se encuentran las personas nacidas fuera de
los Estados Unidos que emigraron antes de los 15 años de edad (otra vez, siguiendo los datos de Veltman 2000), o las personas nacidas en los Estados
Unidos que cuentan con, por lo menos, un padre de familia que se define como de primera generación.

En la tercera generación se encuentran las personas nacidas en los
Estados Unidos que tienem, por lo menos, un abuelo que pertenece a la primera generación inmigrante.

Finalmente, los miembros de la cuarta generación son los nacidos en
los Estados Unidos, hijos de un miembro de la tercera generación de herencia
hispana. Los veinte participantes incluidos en el presente estudio forman parte
de esta última categoría.

Es importante mencionar que este tipo de categorización 'generacional' es un tema muy discutido dentro del área de conservación y desplazamiento del español en Estados Unidos. El modelo tradicional de Fishman
(1971) ya no se considera lo suficientemente adecuado para representar la
diversa población hispana en los Estados Unidos. Este modelo supone un alto
nivel de homogeneidad en los patrones de inmigración –algo que no se refleja
en la realidad hispana de los Estados Unidos hoy día. Al contrario, notamos
un alto nivel de mezcla interétnica como factor en la formación de la mayoría
de las comunidades lingüísticas. Además, la experiencia inmigrante no se
aplica de manera uniforme a todos los hispanos/latinos, ya que muchos han
vivido en el suroeste de los Estados Unidos por cientos de años y la experiencia inmigrante, reflejada en el modelo de Fishman, nunca formó parte de su
herencia (véase Villa y Rivera-Mills 2010 para una explicación completa de
estos conceptos).

Dados estos temas y la necesidad de mantener cierta coherencia en el análisis comparativo de los datos, la categorización de generaciones usada en el presente estudio incluye la realidad interétnica y, por lo tanto, solo requiere que un padre en la generación precedente sea hispano. Aunque otros investigadores han propuesto definiciones específicas (Silva-Corvalán 1994), este tema sigue siendo controversial, y debe contextualizarse de acuerdo al perfil de cada comunidad. Para el presente estudio, la categorización de generaciones se mantiene congruente con la realidad de esta comunidad y fue duplicada usando las definiciones del estudio previo en California para poder formar una base comparativa.

Presentación de datos

Varios estudios anteriores han mostrado indiscutiblemente que para conservar una lengua dentro de una comunidad o por un individuo, esta debe usarse continua y frecuentemente, y a la vez, debe ser transferida de una generación a la siguiente. En combinación con el factor generacional, el estudio de los dominios de uso, establecido por Fishman (1964), ha servido como instrumento para ayudarnos a comprender cómo es que un individuo emplea y elige emplear una lengua y no otra en ciertos lugares y de cierta manera.

Algunos estudios sociolingüísticos han mostrado que el contexto de la casa, dentro de una comunidad, es el dominio de uso que representa el último enclave para el uso y retención del español en los Estados Unidos (García *et al.*1988; González y Wherritt 1990; Ortiz 1975; Rivera-Mills 2001; Silva-Corvalán 1994). Los datos del presente estudio muestran que esta continúa siendo la situación de ambas comunidades.

Para determinar el uso del español o el inglés en el hogar, se les pidió a los participantes que indicaran en una escala gráfica la cantidad de español e inglés que utilizan en casa de manera cotidiana. La escala representa visualmente cinco niveles de uso, que son: 1= Solo inglés, 2= Más inglés que español, 3=Mitad inglés y mitad español, 4= Más español que inglés y 5= Solo español. Una vez recibidas las respuestas, los datos se analizaron calculándose el promedio de estos para determinar el uso general de las lenguas. Todos los análisis estadísticos se hicieron usando el software integrado: Statistical Package for the Social Sciences version 11 (SPSS 11 para Mac OS X).

La Tabla 3 muestra la disminución constante en el empleo del español dentro del dominio del hogar entre los grupos de generaciones tanto en la muestra de California como en la de Arizona (ambos estudios previos al presente: véase Mills 2005 y Rivera-Mills 2000).

Sin embargo, al comparar los datos intergeneracionales de la muestra original de Arizona, se nota una pausa entre la tercera y la cuarta generación. En lugar de una disminución continua, los datos muestran un aumento en el uso del español dentro del dominio doméstico por la cuarta generación. Estos resultados se confirman en el presente estudio, en donde la muestra adicional de participantes de cuarta generación también presenta una tendencia a un mayor uso del español que la generación previa. Para poder comprender más a fondo el uso del español en ciertos dominios, se calculó la media de otros dominios de uso, como se ve en la Tabla 4.

Generación	Muestra de California (N)	Muestra original de Arizona (N)	El presente estudio de Arizona (N)
I	3,44 (16)	3,87 (34)	
II	3,08 (24)	2,36 (18)	
III	2,50 (10)	1,75 (16)	
IV	n/a	2,18 (15)	2,25 (20)
V+	n/a	1,00 (4)	n/a
1= Solo inglés, 5= Solo español			
Muestras independientes p= 0,047			

TABLA 3. Uso de lenguas en el dominio de la casa-*Media*
Comparación entre muestras de estudios previos en California y Arizona
(Mills 2005, Rivera-Mills 2002)

Dominios		Media
LUGARES	Casa	2,25
	Escuela	2,12
	Trabajo	1,93
	Iglesia	1,57
	Banco	1,22
MEDIOS	Música	2,08
	TV	1,97
	Periódicos	1,75
	Libros	1,43

	Revistas	1,37
PERSONAS	Abuela	2,18
	Abuelo	2,13
	Madre	2,07
	Padre	2,05
	Persona con quien vive	1,93
	Amigos	1,92
	Vecinos	1,87
1= Solo inglés, 5= Solo español		

TABLA 4. Uso de lenguas por la cuarta generación en otros dominios

Aunque es obvio que el inglés domina las interacciones de este grupo en casi todos los dominios lingüísticos, también se nota un uso constante del español en varios lugares y en particular con miembros de la familia. El uso más alto del español por estos participantes de cuarta generación ocurre dentro de la casa (2,25), con abuelos (2,18, 2,13), en la escuela (2,12), escuchando música en español (2,08) y con sus padres (2,07, 2,05). Todos estos dominios, con la excepción de la música, tienden a circunscribirse al entorno de la casa o el hogar del participante.

Para explorar más a fondo la influencia que pueda tener el sentido de identidad en el uso de la lengua, se recogieron datos asociados con el nivel de aculturación e identidad. El análisis de dichos datos muestra una correlación significativa en los datos originales de la muestra de Arizona, entre el nivel de aculturación reportado por los participantes y la proporción de español hablado en casa. Dada la correlación en esta muestra previa, el mismo análisis se aplicó a la muestra del presente estudio entre participantes de la cuarta generación para verificar los resultados anteriores y determinar si se encontraría una correlación similar entre el sentido de identidad y el uso de la lengua de herencia.

La misma escala usada anteriormente volvió a emplearse con la muestra de participantes en el presente estudio para explorar el sentido de identidad hispano o 'americano' con el que el participante se asocia más. La escala se divide en cinco niveles: totalmente hispano, más hispano que americano, ambos igualmente, más americano que hispano, totalmente americano.

Debido a la complejidad de este factor de aculturación, la pregunta fue intencionalmente colocada al final de una serie de preguntas sobre actitudes lingüísticas sobre cultura, tradiciones, lenguaje y política, con el fin de calibrar el sentido de aculturación de una manera más concreta y para que el participante tuviera un contexto más completo del tema. Dentro de este contexto, se les pidió a los participantes que contestaran lo siguiente: "Dados todos los aspectos ya cubiertos hasta este momento acerca de la comida, la cultura, el lenguaje, las celebraciones, y sus perspectivas acerca de estos temas, ¿podría Ud. indicar en esta escala, qué punto lo/la describiría mejor en términos culturales? y ¿cómo se identifica en cuanto a la cultura hispana o americana?" Usando una escala gráfica, los participantes respondieron mostrando el número que mejor los describía.

La muestra original de Arizona indicó una disminución obvia en el uso de español en casa a medida que el nivel de aculturación se aproximaba al lado americano. En resumidas cuentas, mientras más americano se consideraba el/la participante, menos español reportaba hablar en casa. El resultado más revelador se encuentra entre aquellos participantes que reportaron usar exclusivamente el español en casa. Aquellos que identificaron su nivel de aculturación como hispano, o más hispano que americano, también reportaron un uso alto o exclusivo de español en casa (54 % y 38 % respectivamente). A la vez, de aquellos que identificaron su nivel de aculturación como 'más americano' o 'americano,' ninguno reportó un uso significativamente alto o exclusivo de español. Una relación inversa también se encontró con el uso de inglés en referencia al nivel de aculturación (Mills 2005: 112).

La muestra del presente estudio con participantes de cuarta generación presenta una tendencia al uso de inglés como lengua dominante sin tomar en cuenta la percepción individual en cuanto al nivel de aculturación (Tabla 5). Es decir, aun aquellos que se identificaron como hispanos, muestran un alto uso de inglés. Sin embargo, a pesar de esta fuerte tendencia hacia el inglés, el 35 % de aquellos que se identificaron como hispanos y el 23 % de aquellos que se identificaron como americanos también reportaron que utilizaban ambas lenguas equitativamente en el hogar.

Casa	Hispano	Ambos	Americano
Solo inglés	47	65	77
+ing./-esp.	18	28	0

Ambos	35	7	23
+esp./-ing.	---	---	---
Solo español	---	---	---
p=0,065	100	100	100

TABLA 5. Tabulaciones cruzadas: nivel de aculturación y uso de lenguas en casa – porcentajes

Los datos muestran un fuerte vínculo con la identidad hispana en la cuarta generación, a pesar de la pérdida en el uso del español. Dicho vínculo se forma al asociar la identidad étnica percibida por un individuo con una comunidad lingüística específica. Esta conexión forma la base de la motivación individual de retener la lengua asociada con la comunidad lingüística con la cual el individuo se identifica. Por ejemplo, si un participante se identifica como hispano y considera tener un vínculo verdadero o percibido con una comunidad hispanohablante, es posible que este vínculo con la comunidad sirva como suficiente motivación para aprender o reactivar la lengua de herencia a un nivel individual. De esta manera comenzamos a comprender el aumento en el uso del español por parte de los participantes de cuarta generación como una ruptura en el patrón tradicional del desplazamiento del español en Estados Unidos.

Junto con la aculturación de un individuo y el uso del lenguaje, existe la necesidad de usar el español cotidianamente como medio de comunicación. De los veinte participantes de cuarta generación, solamente seis reportaron necesitar el español para su comunicación diaria. Los demás explicaron que fácilmente podrían desenvolverse sin hablar español. En el estudio original de Arizona, los participantes que estuvieron de acuerdo con la declaración: "Necesito el español para mi comunicación diaria," también reportaron un alto uso de español en el hogar. Algunos de los participantes que reportaron utilizar el español diariamente, también tenían vínculos con personas residentes cerca de la frontera con México. Como se ha mostrado en otros estudios (Bills *et al.* 1995), existe una correlación entre el valor comunicativo del español y la retención de la lengua. La proximidad fronteriza a comunidades con mayor número de hispanohablantes refuerza el uso y la retención del español.

Hispano	Ambos	Americano	Total
8 (40%)	5 (25 %)	7 (35 %)	20 (100 %)

TABLA 6. Nivel de aculturación de la presente muestra

Como se puede notar en la Tabla 6, aunque el nivel de aculturación reportado por los participantes varía, notas etnográficas y observaciones cualitativas confirman que, a pesar de que la cuarta generación aún considera importantes su lengua y su cultura y con un valor afectivo (e.g., piensan que el español suena mejor, la cultura tiene mejores valores en cuanto a la familia), no perciben tener la necesidad de usarlo "when everyone can speak English and communicate just fine" (participante #17). Para resumir, los datos muestran que el valor comunicativo y la necesidad de usar el español tienen una mayor influencia en el uso real del español en comparación al nivel de aculturación de los participantes o los sentimientos que expresan hacia su propia lengua y cultura.

Datos sobre muestras escritas y verbales

Además de las medidas ya presentadas en cuanto al uso del español y su asociación con el sentido de identidad o aculturación, también se recogieron datos para averiguar la competencia oral y escrita en español de los participantes. Los resultados generales muestran que los participantes se encuentran en una transición lingüística entre una clasificación como hablantes de herencia y semejanzas con cualquier otro estudiante de español como segunda lengua. Otros estudios han confirmado esta misma observación (Lipski 1993; Lynch 2008; Montrul 2005; Silva-Corvalán 1994). Lipski (1993) afirma que "errors committed by semifluent speakers…more typically fall in line with those of foreign language learners…" (157).

Para explorar este concepto más a fondo, se entrevistó a los participantes usando la entrevista modificada para la competencia oral de ACTFL. Los resultados de esta entrevista muestran una competencia oral que varía desde aquellos participantes que se expresan con características típicas de hablantes de herencia avanzados –fluidez, mensaje claro, pocos errores léxicos, uso de cambio de código como estrategia comunicativa, algunas sobregeneralizaciones morfosintácticas (eg. *sabo* vs. *sé)* y sustitución del subjuntivo por el imperfecto– hasta participantes incipientes que no tienen la capacidad de comunicar un mensaje completo en español –marcada falta de vocabulario, largas pausas en el discurso, uso de inglés para completar lapsos en vocabulario o expresión, el pedir clarificación, pedir ayuda, sintaxis simple, alguna transferencia fonética y dificultades con conjugaciones verbales y aspectos gramaticales, en particular el uso de subjuntivo. Estas características las comparten con estudiantes de español como segundo idioma, como ha mostrado detalladamente Lynch (2008) en su estudio sobre las semejanzas entre hablantes de español como lengua de herencia y hablantes de español como segunda lengua.

En las muestras escritas –sin editar– ocurre una situación similar. Los siguientes ejemplos demuestran características comúnmente encontradas entre hablantes de herencia:

Muestra #1:

"Quizas en mi generación es cuando empezaron ser monolingues. Mis padres y sus compañeros no enseñaron sus hijos como hablar español por temor de aislamento. Por la culpa de racismo las personas que tenían el poder prohiberon que se hablaba español u otras lenguas. Las generaciones de mi familia antepasado fueron bilingues. Las lenguas que hablaron mis ascendientes fueron muchas, aun inglés desde Inglaterra.......no había castigación directo cuando llegue a la preparatoria pero era una presión de grupo y a veces la preción de sus camaradas puede ser muy fuerte, hasta que uno deja ser individual y trata ser parte del un grupo."

Muestra #2:

"Algo muy interesante que a podido imaginar por los apellidos es que Enrique Villaran y Luís Villaran fueron hermanos y eso hace que mis abuelos son primo hermanos. Años atras cuando mi mamá me dijo estaba un poca fastidiada y avergonsada. Pero mi madre me explicó que en ese tiempo no era algo raro que dos primos se enamoren que era algo comun. Y también por esta razón tengo una familia por todo lado del mundo.....Castellano fue la primera idioma hablada hace cuatro generaciones atras. Mi padre la mayoría del tiempo me hablaba inglés....ahora entiendo el idioma de mi padre pero no lo se hablar muy bien."

Muestra #3:

"...nacio en Chihuahua donde se creso aprendiendo el dialecto Taraumara en que sus papas lo enseño. Sin embargo con tiempo y escuela mi bisabuelo estaba prendiendo español. La mayoría de la gente que vivo en ese tiempo de mis bisabuelos estaba Tarahumara. Desgraciadamente, yo no más sepa de mi bisabuela, por que mi bisabuelo se muró muy joven. Mi mamas primero lenguaje fue ingles. Mi mama y papa tuve cuarto hijas que se llama Monica, Lucy, Natalie y Jenna. Mis papas enseñaron a nosotros hablar español porque ellos pensaron que es importante de saber los dos."

Estas primeras tres muestras representan errores comunes en el español de los hablantes de herencia. Se nota la falta de acentos, errores ortográficos entre el uso de s/c o la falta de 'h' al principio del verbo 'haber,' como en el ejemplo #2. También se nota la falta de determinantes, de la "a" personal, falta de concordancia y errores en las conjugaciones irregulares y aspectos verbales como la omisión del subjuntivo en estructuras gramaticales que generalmente lo requieren, como en el ejemplo #1 "…las personas que tenían el poder prohiberon que se hablaba español u otras lenguas" (ejemplos similares se encuentran en Lipski 1993:166). Sin embargo, el mensaje se comprende claramente y la comunicación no se obstaculiza. Las muestras mantienen cierta fluidez y el uso de vocabulario es bastante avanzado en la expresión de sentimientos y pensamientos mediante estructuras complejas.

Las tres muestras siguientes representan ejemplos de lo que se podría describir como características de un estudiante de español como segunda lengua:

Muestra #4:

"La llegada de los europeos tenía un efecto grande. A mi la llegada de los mexicanos en el siglo veinte tenía el efecto mismo. Para cado grupo hubo desafias sociales. Yo soy como así por que las decisiones de mis antepasados. Yo puedo encontrar mucho sobre el mundo ahora cuando que pienso en mis antepasados. Nosotros hablamos en este manera porque muchas acciones y reacciones ocurren. Una cosa me pasa interesante era que mi bisabuela cambió su nombre de Anina a Peg. Yo adivino Peg estaba acomoda para la cultura y la presión de la sociedad para cambiar su identidad a anglo era fuerte. Todos aprenden ingles y hicieron una acento que es normal hoy."

Muestra #5:

"Al lado de mi padre, mi bisabuela se llamen Anna. Ella se habló ingles pero los padres de ellas son de Prusia y hablaron alemán y después aprendió ingles cuando se inmigrar. Yo aprendo ingles y español cuando nacio. Pero me hablé los lenguas muy pocho porque me empieza un frase en ingles y acabar con español. Yo fui a un escuela que se llama Columbia por pre-jardin de infancia. Ellos enseñaba en los dos lenguas. Mi familia han influido a mi en muchos maneras. Después de que me sepa hablar ingles, ellos quisieron que me trabajaba duro para alcanzar todos mis objetivos."

Muestra #6:

"Cuando muy joven no quiere nada hacer con la lengua español. Pero ahora realizo como triste esto es. También es más difícil aprender cuando en el universitario. Decidio aprender español cuando en escuela secundario. Tengo una maestra que dígame la importancia de hablando dos lenguas. Por esto razón estudio español para mis niños hablar en el futuro y ellos me hablar con. Ahora es importante que gente hablar español en Estados Unidos por que muchos hispanos son aqui…."

Una de las diferencias principales en estas últimas tres muestras se encuentra en la falta de fluidez y dificultad en transmitir el mensaje. Las oraciones no siempre expresan un mensaje completo y las frases son breves y sintácticamente más simples que las de las primeras tres muestras. Se podría decir que si no fuera por el hecho de que estos tres participantes aún se consideran hablantes de herencia hispana, sería difícil diferenciarlos de cualquier otro estudiante de español como segunda lengua. Lynch (2008) afirma que aunque este grupo "…are rightly considered heritage learners in social and psychological terms, they may have more in common with traditional L2 learners…" (253).

Sin embargo, cuando se hizo la tabulación cruzada entre el nivel de competencia lingüística y el nivel de aculturación, no se encontró una relación significativa entre la baja competencia lingüística y la auto-identificación del participante en cuanto a aculturación o identidad cultural. Es decir, a pesar de la pérdida de la fluidez del español, la mayoría de los participantes de la cuarta generación todavía mantienen un fuerte vínculo afectivo con su lengua y su cultura. Este grupo se identifica con la herencia hispana de su familia y se percibe como parte de un colectivo hispano/latino que comparte una historia, una cultura, una lengua y una comunidad.

Conclusión

Si en efecto existe un retorno a la lengua de herencia en generaciones que tradicionalmente han perdido toda conexión con ella, los datos sugieren que la cuarta generación es el lugar propicio para tal. Quizá se encuentre la respuesta al explorar el contexto y la motivación para la retención de un idioma. En su libro, *Can Threatened Languages Be Saved?* (2001), Fishman elabora el contexto necesario para comprender más a fondo los factores que contribuyen a la retención de un idioma.

Fishman propone una escala que llama el Graded Intergenerational Disruption Scale, con ocho etapas para invertir el proceso de pérdida de un idioma (468). Aunque estas etapas se refieren específicamente a políticas y esfuerzos conscientes por parte de la comunidad, el gobierno y el sistema educativo para proteger un idioma, se debe notar que en las etapas 7-8, "reassembling the language and bringing it to adults, some of whom once learned it and still remember it marginally and others of whom never acquired it before…" (2001: 472), a un nivel individual los esfuerzos hechos para estudiar su idioma y usarlo tienen un impacto positivo en el retorno a la lengua de herencia.

Fishman resalta este concepto al referirse a la lengua desplazada como segunda lengua (*threatened language as a second language*: ThLSL), y propone que la educación académica puede servir como vínculo dentro de una secuencia intergeneracional ya establecida en donde se enseña la lengua desplazada como segunda lengua (2001: 14); lo cual es, en efecto, lo que notamos en los participantes de cuarta generación del presente estudio.

Estos datos ofrecen alguna esperanza para aquellos de la cuarta generación que parecen haber recuperado su lengua de herencia a diferentes niveles. Sin embargo, la pregunta perdura: ¿por qué es que algunos retienen un alto nivel de bilingüismo mientras otros luchan por aprender su lengua de herencia? Los datos cualitativos intentan responder parcialmente a la pregunta al mostrar que, a diferencia de los participantes de tercera y quinta generación, los veinte participantes de cuarta generación habían tomado cursos de español en la secundaria o en la universidad. Al preguntarles por qué, respondieron de la siguiente manera:

> "…it is a part of my identity…'; '…I want to be able to speak to my grandmother in her language…'; '…if you live here in the South west, it's important to be able to speak it…'; and '…my parents never taught me the language…I think that was wrong."

Además, aquellos que tenían una competencia lingüística más alta también reportaron que oían español hablado en casa, que sus parientes los animaban a hablar y aprender español, que escuchaban música en español y tenían acceso a la televisión y otros recursos en español. Por otro lado, aquellos con una competencia más baja no oían hablar español en casa, no tenían tantos recursos en español y habían optado por aprender el español formalmente tomando cursos en la escuela. Como afirma Lynch (2008), no hay duda que "the restricted social use of minority languages in a situation of language contact leads to a grammatically simplified system….that is, non-normative…at the lexical and discourse levels" (253).

Sin embargo, a pesar del alto nivel de aculturación a la vida estadounidense y la lucha para mantener una competencia comunicativa en español, las declaraciones de los participantes muestran una fuerte conexión afectiva asociada con la lengua y la cultura de herencia. Esta perspectiva les ayuda a formar un vínculo importante con la comunidad hispanoparlante, lo cual indica un comienzo hacia la restauración de una lengua perdida. En efecto, el presente estudio ha proporcionado datos que nos ayudan a definir la retención de una lengua como un proceso cíclico y dinámico, en vez de lineal y con un fin inevitable. A medida que el individuo se aleja de la experiencia de la primera generación y el uso de la lengua materna en casa, un alto número de variables externas (e.g., valor comunicativo, contacto con hispanohablantes, acceso a recursos en español, cursos en español, medios de comunicación) adquieren un papel mucho más importante en la retención o pérdida de la lengua. Tal vez no estemos a punto de declarar la existencia de un español *de* Estados Unidos, pero sí parece existir una comunidad hispanohablante utópica a la que aquellos que han perdido su lengua de herencia quieren pertenecer y lo están haciendo por medio de un proceso de readquisición de esta misma.

OBRAS CITADAS

Alba, Richard, John Logan, Amy Lutz y Brian Stults. (2002). "Only English by the Third Generation? Loss and Preservation of the Mother Tongue among the Grandchildren of Contemporary Immigrants." *Demography,* 39.3: 467-84. Impreso.

Anderson-Mejías, Pamela. (2005). "Generation and Spanish Language Use in the Lower Rio Grande Valley of Texas." *Southwest Journal of Linguistics* 24: 1-12. Impreso.

Bayley, Robert. (1999). "The Primacy of Aspect Hypothesis Revisited: Evidence from Language Shift." *Southwest Journal of Linguistics* 18: 1-22. Impreso.

Bills, Garland. (2005). "Las comunidades lingüísticas y el mantenimiento del español en Estados Unidos." *Contactos y contextos lingüísticos: El español en los Estados Unidos y en contacto con otras lenguas*. Ed. Luis Ortiz López y Manel Lacorte. Madrid/Frankfurt: Iberoamericana/Vervuert. 55-83. Impreso.

Bills, Garland, Eduardo Hernández Chávez y Alan Hudson. (1995). "The Geography of Language Shift: Distance from the Mexican Border and Spanish Language Claiming in the Southwestern U.S." *International Journal of the Sociology of Language* 114: 9-27. Impreso.

Fishman, Joshua. (1964). "Language Maintenance and Language Shift as a Field of Inquiry". *Linguistics* 9: 32-70. Impreso.

——. (1971). *Advances in the Sociology of Language, Vol. I*. The Hague: Mouton. Impreso.

——. (2001). *Can Threatened Languages be Saved?* Clevedon: Multilingual Matters. Impreso.

García, Ofelia, Isabel Evangelista, Mabel Martínez, Carmen Disla y Bonifacio Paulino. (1988). "Spanish Language Use and Attitudes: A Study of Two New York City Communities." *Language in Society* 17: 475-511. Impreso.

González, Nora, e Irene Wherritt. (1990). "Spanish Language Use in West Liberty, Iowa.". *Spanish in the United States: Sociolinguistic Issues*. Ed. John Bergen. Washington, D.C.: Georgetown UP. 67-78. Impreso.

Hudson, Alan, Eduardo Hernández Chávez y Garland Bills. (1995). "The Many Faces of Language Maintenance: Spanish Language Claiming in Five Southwestern States." *Spanish in Four Continents: Studies in Language Contact and Bilingualism*. Ed. Carmen Silva-Corvalán. Washington, DC: Georgetown UP. 165-83. Impreso.

Hurtado, Aída, y Luis A. Vega. (2004). "Shift Happens: Spanish and English Transmission Between Parents and Their Children." *Journal of Social Issues* 60.1: 137-55. Impreso.

Lipski, John. (1993). "Creoloid Phenomena in the Spanish of Transitional Bilinguals." *Spanish in the United States: Linguistic Contact and Diversity*. Ed. Ana Roca y John Lipski. Berlin: Mouton de Gruyter. 155-82. Impreso.

Lynch, Andrew. (2008). "The Linguistic Similarities of Spanish Heritage and Second Language Learners." *Foreign Language Annals* 41.2: 252-81. Impreso.

McCullough, Robert E., y Devin Jenkins. (2005). "Out with the Old, In with the New?: Recent Trends in Spanish Language Use in Colorado." *Southwest Journal of Linguistics* 24: 91-110. Impreso.

Mills, Susana V. (2005). "Acculturation and Communicative Need in the Process of Language Shift: The Case of an Arizona Community." *Southwest Journal of Linguistics* 24: 111-26. Impreso.

Montrul, Silvina. (2005). "Second Language Acquisition and First Language Loss in Adult Early Bilinguals: Exploring Some Differences and Similarities." *Second Language Research* 21: 199-249. Impreso.

Mora, Marie, Daniel Villa y Alberto Dávila. (2006). "Language Shift and Maintenance among the Children of Immigrants in the U.S.: Evidence in the Census for Spanish Speakers and Other Language Minorities." *Spanish in Context* 3: 239-54. Impreso.

Ortiz, Leroy. (1975). "A Sociolinguistic Study of Language Maintenance in the Northern New Mexico Community of Arroyo Seco." Disertación doctoral. U of New Mexico. Impreso.

Pearson, Barbara y Arlene McGee. (1993). "Language Choice in Hispanic-background Junior High School Students in Miami: A 1988 Update." *Spanish in the United States: Linguistic Contact and Diversity*. Ed. Ana Roca y John Lipski. Berlin: Mouton. 91-102. Impreso.

Rivera-Mills, Susana V. (2000). *New Perspectives on Current Sociolinguistic Knowledge with Regard to Language Use, Proficiency, and Attitudes among Hispanics in the U.S.: The Case of a Rural Northern California Community*. Lewiston, NY: E. Mellen P. Impreso.

——. (2001). "Acculturation and Communicative Need: Language Shift in an Eth-
   nically Diverse Hispanic Community." *Southwest Journal of Linguistics* 20:
   211-23. Impreso.
Silva-Corvalán, Carmen. (1994). *Language Contact and Change: Spanish in Los
   Angeles*. Oxford: Clarendon P. Impreso.
U.S. Census. (2010). [Data for]Flagstaff city, Arizona; New Mexico; Los Angeles,
   California. Web. 5 de diciembre, 2011.
Valdés, Guadalupe. (1988). "The Language Situation of Mexican Americans." *Lan-
   guage Diversity: Problem or Resource? A Social and Educational Perspec-
   tive on Language Minorities in the United States*. New York: Newbury
   House. 111-39. Impreso.
Veltman, Calvin. (1983). *Language Shift in the United States*. Berlin: Mouton.
   Impreso.
——. (2000). "The American Linguistic Mosaic: Understanding Language Shift in
   the United States". *New Immigrants in the United States: Readings for Se-
   cond Language Educators*. Ed. Sandra McKay y Sau-ling Cynthia Wong.
   Cambridge: Cambridge UP. 58-93. Impreso.
Villa, Daniel, y Susana Rivera-Mills. (2010). "An Integrated Multi-Generational
   Model for Language Maintenance and Shift: The Case of Spanish in the
   Southwest." *Spanish in Context* 6.1: 26-42. Impreso.

HACIA UNA DIALECTOLOGÍA DEL ESPAÑOL ESTADOUNIDENSE

John Lipski
The Pennsylvania State University

Introducción: ¿cuántas personas hablan español en los EE.UU.?

A pesar de que la lengua española carece de estatus oficial en los Estados Unidos, en ese país vive una de las poblaciones hispanohablantes más grandes del mundo. El censo oficial del 2010 reconoció una población hispana de 50,5 millones, de una población total de 308,7 millones, o sea un 16,4% de la población nacional (www.census.gov). Esta cifra representa un índice de crecimiento de la población hispana de 43 % entre 2000 y 2010; durante el mismo intervalo la población nacional creció en un 9,7 %, lo cual indica que la tasa de crecimiento de la población hispana es 4,4 veces más grande que el promedio nacional. En el mismo censo se estimaba que 37 millones de hablantes hablaban español en los Estados Unidos en 2010. Para comienzos de 2012 la población de Estados Unidos es alrededor de 312,9 millones (un incremento del 1 % sobre la cifra oficial de 2010), así que la población hispana sería aproximadamente de 52,7 millones y la cantidad de hispanohablantes de unos 38,6 millones. Las cifras verdaderas serán más altas, sobre todo en lo que respecta a los inmigrantes que no reúnen los documentos migratorios necesarios para establecer la residencia legal. Algunas personas que responden al censo prefieren no revelar el uso de otras lenguas, por una variedad de motivos, lo cual resulta en cifras subestimadas. También hay que reconocer que la población hispana inmigrada desde el exterior crece más rápidamente que la población hispana nacida dentro de los Estados Unidos; esto significa que el número que hispanohablantes crece aún más rápidamente que el crecimiento de la población hispana en general. Finalmente, es necesario tener en cuenta que los datos del censo sobre el dominio lingüístico no incluyen a personas menores de cinco años de edad. Una cifra confiable de la cantidad de hablantes nativos del español en Estados Unidos estaría por encima de los 45 millones. Desde una perspectiva global y de acuerdo a los estimados de las Naciones Unidas,[1] Estados Unidos puede estar efectivamente empatado en segundo lugar mundial con la Argentina, España y Colombia en cuanto al número de hablantes nativos de español, siendo superado solo por México. Y si se añaden las personas de origen no hispano que han aprendido el español como segunda lengua por motivo de estudios, trabajo, matrimonio, servicio social u otras razones, Estados Unidos bien puede ocupar el segundo lugar.

Orígenes nacionales de los hispanohablantes en Estados Unidos

La mayoría de las comunidades hispanohablantes estadounidenses provienen de países vecinos con fuertes lazos históricos con los Estados Unidos. Los hablantes de origen mexicano representan casi dos tercios (63%) de los hispanohablantes estadounidenses; siguen después personas de origen puertorriqueño (9 %), cubano (3,5 %), salvadoreño (3,3 %), dominicano (2,8 %), guatemalteco (2,1 %) y colombiano (1,8 %). Las principales corrientes migratorias han sido canalizadas por eventos sociopolíticos específicos que servían tanto como fuerza de expulsión de los países de origen como de atracción hacia los Estados Unidos.

México: Aunque los mexicanos entraban al territorio estadounidense desde el momento en que las dos naciones (Estados Unidos y el Virreinato de Nueva España) compartieron una frontera (con la transferencia del territorio de Luisiana de Francia a Estados Unidos en 1803), la primera gran ola de inmigración –unos 1,5 millones de mexicanos– surgió como resultado de la Revolución Mexicana de 1910-1920. Los programas de reclutamiento de braceros agrícolas que empezaron en 1942 atrajeron por lo menos a 8 millones de mexicanos, muchos de los cuales permanecieron en los Estados Unidos, y el flujo de trabajadores migratorios ha continuado desde entonces.

Puerto Rico: Aunque Puerto Rico llegó a ser territorio de Estados Unidos a raíz de la guerra con España en 1898, los puertorriqueños radicados en la isla no tuvieron nacionalidad estadounidense hasta 1917. Antes de aquella fecha solo entraban a los Estados Unidos como extranjeros. Los primeros puertorriqueños que emigraron a otros territorios estadounidenses llegaron a Hawaii a partir de 1900 para trabajar en la zafra azucarera, y todavía la mayoría de los 121 000 hispanos de Hawaii son de origen puertorriqueño. La inmigración masiva de Puerto Rico a los Estados Unidos continentales empezó en 1948 al iniciarse el programa de industrialización conocido como Operación Fomento (en inglés "Operation Bootstrap"), que resultó en el desplazamiento de unos dos millones de obreros puertorriqueños a los estados nororientales.

Cuba: La inmigración cubana a los Estados Unidos empezó aún antes de la Guerra Hispano-Americana (1898), y para finales del siglo XIX ya había más de 100 000 cubanos en los Estados Unidos, sobre todo en Tampa, Florida, y la ciudad de Nueva York (García y Otheguy 1988: 166). Otra ola de inmigración cubana ocurrió durante el régimen dictatorial de Fulgencio Batista (1951-1958), cuando más de 63 000 cubanos se exiliaron en los Estados Unidos. La llegada masiva de cubanos al territorio estadounidense adquirió proporciones aún más importantes a partir de la Revolución Cubana de 1959 (llegaron más de 300 000 cubanos a Estados Unidos entre 1960 y 1980), y experimentó otro auge durante el puente marítimo de Mariel en 1980, cuando más de 125 000 cubanos alcanzaron tierras estadounidenses.

Centroamérica: Las sangrientas guerras centroamericanas de la década de 1980 ocasionaron la llegada de casi un millón de salvadoreños y 250 000 guatemaltecos así como un fuerte contingente de más de 200 000 nicaragüenses que huían del régimen sandinista y, posteriormente, de los grupos contrarrevolucionarios respaldados por el Gobierno estadounidense.

República Dominicana: La inmigración dominicana actual refleja la erosión económica de esa nación durante las últimas décadas (Baez Evertsz y D'Oleo Ramírez 1985; Bailey 2002; Bullock y Toribio de próxima publicación; Toribio 2004).

Ubicación regional de los hispanohablantes en EE.UU. de acuerdo al país de origen

De acuerdo a los patrones migratorios ya establecidos, cada grupo de inmigrantes hispanohablantes tiende a radicarse en regiones específicas: los dominicanos y puertorriqueños en las ciudades industriales del noreste, los cubanos en el sur de la Florida y el área metropolitana de Nueva York, los nicaragüenses en la Florida y California, los salvadoreños en Texas, California y Washington, D.C. y los guatemaltecos en la Florida, California y el noroeste. La inmigración mexicana se ha expandido más allá del suroeste para alcanzar los estados centrales, sudorientales y más recientemente nororientales. Lipski (2008) presenta un panorama lingüístico de las comunidades hispanohablantes en los Estados Unidos. Entre los trabajos monográficos anteriores figuran Barnach Calbó (1980), Ramírez (1992), Alvar (2000) y los trabajos incluidos en López Morales (2009).

Según el censo de 2010, el 75 % de los hispanos viven en ocho estados:

California (27,8 %)
Texas (18,7 %)
Florida (8,4 %)
Nueva York (6,8 %)
Illinois (4 %)
Arizona (3,8 %)
Nueva Jersey (3,1 %)
Colorado (2,1 %).

De hecho más de la mitad de la población hispana en Estados Unidos reside en solo tres estados: California, Texas y Florida. Los hispanos representan el 42 % de la población total de Nuevo México, el 32 % de Texas y California, el 25 % de Arizona, y casi el 20 % de Nevada. La regionalización de los hispanohablantes de acuerdo a sus países de origen es igualmente marcada:

> 61 % de la población de origen mexicano vive en California y Texas
> 41 % de los puertorriqueños viven en Nueva York y Florida
> 68 % de los cubanos viven en Florida
> 48 % de los dominicanos viven en el estado de Nueva York
> 32 % de los guatemaltecos residen en California y casi la mitad de los salvadoreños viven en California y Texas.

Grupos hispanohablantes absorbidos por la expansión territorial

También existen variedades del español en los Estados Unidos que no provienen de la inmigración. Durante la masiva expansión del territorio estadounidense que ocurrió en el siglo XIX varias comunidades de habla española fueron absorbidas por la nación que crecía.

Luisiana. Con la incorporación del territorio de Luisiana en 1803 quedaron bajo soberanía estadounidense los descendientes de colonos canarios que habían llegado hacia finales del siglo XVIII (Coles 1999; Lipski 1990a; Mac Curdy 1950) así como unos descendientes de los soldados de Nueva España (México) que fueron abandonados por el gobierno colonial español en las primeras décadas del XVIII (Lipski 1990b; Pratt 2004).

México y Nuevo México. Como resultado de la independencia de Texas en 1836 y la guerra entre México y los Estados Unidos en 1848, unos 80 000 hablantes de español se convirtieron en ciudadanos estadounidenses, lo cual se refleja en el dicho "nosotros no cruzamos la frontera, la frontera nos cruzó a nosotros" [en inglés "we didn't cross the border; the border crossed us"] que se oye aún en las comunidades mexicoamericanas. Las conquistas territoriales del siglo XIX incorporaron a los Estados Unidos la variedad hispanoamericana más antigua, el dialecto tradicional de Nuevo México (Bills y Vigil 2008), que se remonta a los asentamientos españoles de 1598.

Puerto Rico. Puerto Rico llegó a ser territorio de los Estados Unidos a partir de la guerra con España en 1898, aunque la inmigración de la isla a los estados continentales no se produjo en forma masiva hasta medio siglo más tarde.

Posibles impedimentos a una dialectología hispanoestadounidense

A pesar de la impresionante cantidad de hispanohablantes que residen en los Estados Unidos, las investigaciones lingüísticas han enfocado las comunidades de habla hispánicas en Estados Unidos con el "guion," es decir, desde la perspectiva de sus respectivos países de origen. Abundan los trabajos sobre el español "mexicoamericano," "cubanoamericano," de los "salvadoreños en los Estados Unidos," del habla de los "nuyoricans" y "dominico-York" y así sucesivamente. No deja de ser curioso que el habla de hasta 45 millones de personas que viven en el mismo país no se reconozca como un fenómeno integral, a pesar de la presencia de hispanohablantes en todas las regiones del país, sino como un mosaico de enclaves monolíticos incomunicados entre sí.

A raíz de esta visión de una nación anglohablante salpicada de brotes lingüísticos foráneos, raras veces se ha contemplado la posible existencia de una realidad lingüística panestadounidense que sea algo más que la alternancia de códigos (es decir el empleo de ambas lenguas dentro de la misma conversación) y una serie de préstamos léxicos del inglés. Esta situación es insólita: en ninguna otra parte del mundo una población de más de 40 millones de seres humanos que hablan la misma lengua dentro de los límites del mismo territorio se ve reducida a un colofón lingüístico sin una dialectología propia. Antes de postular la viabilidad de una dialectología hispanoestadounidense, es útil considerar algunos factores que a primera vista podrían impedir la inclusión de Estados Unidos dentro de la dialectología hispánica.

Llegada masiva en menos de un siglo

Tal vez la rapidez de la expansión de las comunidades hispanas en Estados Unidos sea el factor más difícil de reconciliar con el postulado de una variedad estadounidense del español que no sea simplemente un mosaico de los dialectos de origen representados entre los inmigrantes. No existe un consenso con respecto al tiempo requerido para la formación de una zona dialectal nueva, precisamente porque no se trata de criterios discretos y abruptos sino del potencial de una evolución continua que comienza cuando el inmigrante se encuentra por primera vez en un entorno lingüístico distinto. Ya se ha demostrado, por ejemplo, que surgen diferencias microdialectales entre emigrantes que retornan con frecuencia a su región de origen y hablantes que no han salido de la comunidad (p. ej. Matus-Mendoza 1999, 2002, 2004). Por lo tanto no sería sorprendente que emergiesen variantes dialectales nuevas en menos de una generación, siempre que las circunstancias sociodemográficas fueran favorables. Por lo tanto no se puede descartar la posibilidad de zonas dialectales estadounidenses del español por el simple hecho del poco tiempo transcurrido desde la llegada de los primeros hablantes a las comunidades donde circula la lengua española.

Llegada, como lengua nueva, a nivel nacional

Con la excepción de las variedades más antiguas de Luisiana y Nuevo México, el español llegó y arraigó en un país donde una lengua nacional ya estaba establecida y se empleaba entre casi toda la población. En estas circunstancias es más usual que las lenguas de inmigración desaparezcan después de una o dos generaciones sin llegar a cuajar en variedades dialectales nuevas; en los Estados Unidos esto ha ocurrido con el italiano, el polaco, el sueco, el húngaro, el checo y muchas otras lenguas que en un momento circulaban dentro de grupos étnicos homogéneos. Cuando se alcanza una masa crítica, sin embargo, las lenguas de inmigración pueden mantenerse por un tiempo indefinido; basta citar los casos del alemán, el chino, el coreano y el vietnamita en los Estados Unidos, el tagalog en Guam, el finlandés en Suecia y el japonés en Brasil.

Comunidades de habla divididas entre personas nacidas dentro del país y personas nacidas en el extranjero

Según los datos obtenidos en el último censo poblacional de Estados Unidos, más de la mitad (51 %) de los hispanohablantes ha nacido dentro del país y el resto proviene de inmigración desde el exterior. Este perfil demográfico es similar al de Cuba en vísperas de la guerra de 1898; casi la mitad de los cubanos habían nacido en España (Galicia y Canarias fueron las dos regiones más destacadas), pero ya existía una variedad cubana del español que no era simplemente una amalgama de los rasgos dialectales de los inmigrantes. Hoy en día la distribución de haitianos en la República Dominicana es similar a la proporción de hispanos nacidos dentro y fuera de los Estados Unidos, y si bien no se ha reconocido todavía una variante dialectal del *kreyòl* para los haitianos nacidos en la República Dominicana, sí se ha descrito un dialecto haitiano del español, hablado entre haitianos nacidos en Haití y algunos nacidos en tierra dominicana (Ortiz López 1999a, 1999b, 2001 *inter alia*). Aunque no existen datos confiables, es probable que la distribución demográfica de los braceros jamaicanos (conocidos como *cocolos*) en la República Dominicana también refleje proporciones semejantes.

Comunidades de habla geográficamente separadas

Los hablantes del español en los Estados Unidos están concentrados en núcleos poblacionales repartidos a lo largo del país y separados por comunidades que no hablan español. Esta configuración es similar a la distribución de los enclaves de habla alemana en Sudamérica y los Estados Unidos (véase por ejemplo Keel 2006), del quichua en Ecuador, Perú y Bolivia, del francés en Canadá (sobre todo en las provincias centrales) y del reto-romance ("romansch") en Suiza e Italia. Tal vez el caso más extremo sea el español sefardí (judeo-español), que se remonta a la expulsión de los judíos de España a partir de 1492 y que posee una notable unidad dialectal a pesar de su distribución entre varios continentes. En ninguno de estos casos se descarta la posibilidad de incluir a las comunidades de habla no contiguas dentro de una misma clasificación dialectal.

Regionalización

El español es en efecto una lengua nacional de los Estados Unidos aunque no goza de reconocimiento oficial, pero al mismo tiempo su distribución favorece ciertas regiones geográficas, tal como se ha explicado en un apartado anterior. Esta distribución es comparable al estatus del italiano en Suiza, el flamenco (holandés) en Bélgica, el marathi, bengali y gujarati en la India, el yoruba, el igbo y el hausa en Nigeria, entre otros casos documentados. El confinamiento regional de una lengua no afectar su clasificación dentro de las variedades dialectales de aquella lengua.

La distracción del inglés: ¿qué hacer con el espanglish?

Cada uno de los factores arriba mencionados podría representar un posible obstáculo a la elaboración de una dialectología hispano-estadounidense; sin embargo ninguno carece de ejemplos parecidos en comunidades de habla que cuentan con un perfil dialectológico aceptado. Las consideraciones expuestas hasta ahora revelan que no existen criterios científicos que justifiquen el rechazo *a priori* del concepto de un español estadounidense. La escasez de planteamientos en favor de una dialectología hispano-estadounidense se debe en gran medida a la preocupación por la presencia del inglés en el repertorio lingüístico de los hispanohablantes en Estados Unidos y a la ecuación equivocada ESPAÑOL + INGLÉS = ESPAÑOL DETERIORADO. En el exterior es generalizada la opinión de que las hablas hispanonorteamericanas son el resultado de una comunidad que habla en español a la vez que piensa en inglés. Acosta-Belén (1975: 151) observó que "[s]peakers of the non-defined mixture of Spanish and/or English are judged as 'different,' or 'sloppy' speakers of Spanish and/or English, and are often labeled verbally deprived, alingual, or deficient bilinguals because supposedly they do not have the ability to speak either English or Spanish well" [los hablantes de la mezcla no definida de español y/o inglés son considerados como "diferentes" o hablantes "descuidados" del español y/o inglés; se les llama alingües o bilingües deficientes porque se supone que no poseen la habilidad de hablar bien ni el inglés ni el español –trad. mía]. Es más: existe una fuerte subcorriente ideológica que equipara la compenetración del inglés y el español en los Estados Unidos y la tantas veces criticada postura imperialista de los Estados Unidos frente a las naciones hispanoamericanas (y en 1898 también contra España).

Estereotipos y parodias

"Espanglish" sugiere una procreación ilegítima, una mezcolanza de español e inglés considerada como enfermedad lingüística de consecuencias mortales para la vitalidad de la lengua española. Algunos escritores han creado quimeras lingüísticas que pretenden ser auténticas muestras del habla bilingüe, como las grotescas parodias del periodista puertorriqueño Salvador Tió (1954: 64; 1992), p. ej. *treepar* 'subir a un árbol,' cruzando *tree* 'árbol' y *trepar,* y la "traducción" del primer capítulo del *Quijote* al espanglish por el escritor mexicano radicado en Estados Unidos Ilan Stavans (2000, 2002, 2003). Por ejemplo: "In un placete de La Mancha of which nombre no quiero remembrearme, vivía, not so long ago, uno de esos gentlemen who always tienen una lanza in the rack, una buckler antigua, a skinny caballo y un grayhound para el chase." Estas parodias no tienen nada que ver con la producción espontánea de los hispanohablantes bilingües; ni siquiera se aproximan a los textos literarios escritos en un lenguaje legítimamente entretejido (p. ej. Alurista 1995; Carrillo 2004; Fernández 1981; Hinojosa 1984; Laviera 1992). En efecto las caricaturas solo refuerzan los estereotipos negativos y las opiniones equivocadas que contribuyen al rechazo del español estadounidense.

Manifestaciones de un bilingüismo normal

Es cierto que con la excepción de los inmigrantes recién llegados, casi todos los hispanohablantes en los Estados Unidos también hablan inglés, pero su producción lingüística se caracteriza por los mismos fenómenos de contacto que se encuentran en otras comunidades bilingües a través del mundo (p. ej. Lipski 1985a), todos los cuales respetan la integridad lingüística de ambas lenguas. Dejando al lado el español parcialmente adquirido de los hablantes bilingües de herencia o de transición (p.ej. Lipski 1996) no hay evidencia de la convergencia del español hablado como lengua nativa y el inglés en los Estados Unidos, ni de otras manifestaciones de reestructuración gramatical de la lengua española (p.ej. Pousada y Poplack 1982; Silva-Corvalán 1994; Otheguy y Zentella 2012). Sin embargo, como consecuencia de los malentendidos sobre la verdadera situación lingüística de los Estados Unidos, es frecuente que se aplique el vocablo 'espanglish' al habla de los bilingües hispanos en los Estados Unidos, un término que sugiere una "tercera lengua" que no existe en realidad (Fairclough 2003; Lipski 2007; Otheguy y Stern 2011). Aun en los casos más extremos de alternancia de lenguas, tanto los segmentos en inglés como los constituyentes en español suelen ser gramaticalmente aceptables en las respectivas lenguas; el habla bilingüe no contiene combinaciones ajenas a las dos lenguas.

Entre las múltiples acepciones de espanglish figuran por lo menos las siguientes manifestaciones lingüísticas (Lipski 2004, 2007, 2008), cada una de las cuales son típicas en casi todas las comunidades bilingües del mundo:

El espanglish como alternancia de lenguas

El cambio de código se refiere a la alternancia entre dos lenguas en el transcurso de la misma conversación, no solo con distintos interlocutores sino también con un solo interlocutor. El fenómeno, que se produce de alguna manera en cada comunidad bilingüe, se tipifica en el título de un artículo clave (Poplack 1980) sobre el análisis sintáctico de la alternancia de códigos: *Sometimes I'll start a sentence in Spanish y termino en español*. El cambio de lengua en medio de las oraciones parece ser un proceso caótico pero una amplia serie de investigaciones ha demostrado que el proceso está regido por restricciones detalladas, tanto sintácticas como pragmáticas (p. ej. Lipski 1985a; Poplack 1980; Toribio y Rubin 1996; Belazi, Rubin y Toribio 1994; y los trabajos en Bullock y Toribio 2009).

Algunos investigadores y activistas han sugerido que tal vez el espanglish, en el sentido de los frecuentes cambios de código, sea la caracterización más acertada del habla de los hispanos en Estados Unidos (p.ej. Stavans 2000, 2003; Morales 2002; Zentella 1997), pero es más usual que la palabra espanglish conlleve una connotación despectiva (Lipski 2007; Milán 1982:202-3) y la insinuación falsa de que el bilingüismo español-inglés en los Estados Unidos difiere de manera cualitativa de otros entornos bilingües en el mundo.

El empleo de préstamos integrados y no integrados del inglés

Los préstamos léxicos son palabras de una lengua introducidas en otra lengua, por ejemplo el empleo de palabras inglesas como *post office* 'oficina de correo' o *day care* 'guardería infantil' en el español estadounidense, y la inserción de palabras españolas como *tapas, piñata* y *Cinco de Mayo* en el inglés hablado en los Estados Unidos. El empleo de préstamos integrados del inglés ocurre en muchas variedades del español, aun en países alejados de los Estados Unidos. En Hispanoamérica, por ejemplo, la palabra *lonche* 'comida ligera del mediodía' se extiende por lo menos hasta la mitad septentrional de

Sudamérica. El *lonche* (del inglés *lunch* 'almuerzo'), comida rápida consumida en un restaurante modesto o en el lugar de trabajo, difiere del *almuerzo* o la *comida*. Dentro de los Estados Unidos, la cantidad de préstamos del inglés integrados al español aumenta, a veces para matizar un concepto ambiguo, y en otros casos por el simple hecho de estar en contacto dos lenguas (Mendieta 1999). Así es, por ejemplo, que *troca* 'camión de carga' (inglés *truck*) se utiliza no solo en las comunidades mexicoamericanas sino también en amplios sectores de México, ya que en el español mexicano la palabra *camión* sin calificativo se refiere a los autobuses de transporte público.

Los calcos de modismos ingleses

Los calcos son traducciones literales de modismos cuyo sentido no se puede deducir directamente de su estructura; por ejemplo la expresión inglesa *to call back* ('devolver una llamada telefónica') se traduce como *llamar para atrás* entre hablantes bilingües (Lipski 1987; Otheguy 1993). Los mismos individuos bilingües pueden decir *to change a check* ('cambiar un cheque') en inglés en vez de usar el verbo *to cash*. Los calcos han entrado al español durante toda su historia, por ejemplo *si Dios quiere* e *hidalgo* (*hijo de algo*) (del árabe) y *no hay de qué* (del francés). El hablante bilingüe catalán-español puede *colgar* ('acostar') a sus hijos en un dormitorio *atacado a* ('al lado de') la cocina; el hablante bilingüe quichua-español en la sierra ecuatoriana le pide a su hijo que le *dé comprando* (compre) un periódico; el bilingüe guaraní-español en Paraguay lamenta que *se murió un poco* su mascota [calco de una expresión de lástima en guaraní]. El denominador común de los calcos sintácticos es que no violan ninguna regla sintáctica o de selección léxica del español, sino que se injertan fácilmente en el repertorio de modismos y giros sintácticos regionales. Si no se supiera el origen de las expresiones en la lengua inglesa y si no se conocieran las circunstancias difíciles que rodean la incorporación de muchos grupos de inmigrantes hispanohablantes en los Estados Unidos, no serían motivo de asombro estas expresiones, sino que serían consideradas simples regionalismos de origen desconocido pero pintoresco.

Las desviaciones gramaticales producidas por hablantes que sufren la erosión de una lengua de herencia familiar

Un factor clave en la evaluación del español estadounidense y los dialectos latinoamericanos contemporáneos es el dominio idiomático a nivel individual y el grado de integración de las varias comunidades hispánicas. En cuanto al primer punto, hay que reconocer la existencia de hispanohablantes vestigiales o de herencia familiar, que son las personas en cuyas familias se ha producido un desplazamiento idiomático del español al inglés en el transcurso

de una o dos generaciones, y donde existe una competencia lingüística de-
sequilibrada, o sea inclinada hacia los conocimientos receptivos o pasivos.
Estas personas pueden producir combinaciones agramaticales, por ejemplo
lapsos ocasionales de concordancia de género gramatical (masculino-
femenino) y concordancia verbo-sujeto, la eliminación de artículos definidos,
el empleo del infinitivo en vez de las formas verbales conjugadas y la eliminación ocasional de los pronombres relativos. Los fenómenos del habla vestigial poco tienen que ver con el habla cotidiana de las grandes comunidades de
habla hispánica radicadas en Estados Unidos; provienen de una situación muy
especial de rápido desplazamiento idiomático al margen de las principales
comunidades hispanohablantes (Lipski 1985b, 1986, 1993, 1996; Martínez
1993; Montrul 2004, 2006).[2]

Los errores encontrados en el español hablado y escrito como se-
gunda lengua

Hoy en día, el español es reconocido como la segunda lengua *de facto*
de los Estados Unidos (a pesar de los esfuerzos –tan ridículos como ineficaces– de instaurar el inglés como única lengua del país) y millones de norteamericanos lo han aprendido por razones prácticas: lo necesitan en su trabajo,
en sus estudios, en sus relaciones personales, o en el área donde viven. El español empleado como segunda lengua no representa una sola variedad dialectal ni se caracteriza por una serie de rasgos uniformes ya que representa distintas trayectorias de adquisición individual. Algunas personas han aprendido
una variedad regional; otros hablan un lenguaje que refleja la enseñanza formal. De acuerdo al nivel adquirido sobresalen huellas del inglés; no es justo
evaluar la legítima presencia del idioma español en los Estados Unidos a partir de los errores cometidos por hablantes no nativos.

Dado el perfil público cada vez más extenso del español estadounidense en las últimas décadas, muchos personajes destacados en los Estados
Unidos han tomado la palabra en español sin que esta sea su lengua nativa, ni
siquiera una lengua hablada con soltura. No es insólito escuchar pronuncia-
mientos en español de gobernadores, senadores y diputados, alcaldes, conce-
jales, jueces y funcionarios apenas capaces de expresarse en español. Millares
de usuarios anónimos del español como segunda lengua han traducido documentos oficiales, letreros, avisos, anuncios publicitarios y propaganda política
en una lengua que no es la suya. A pesar de que el país cuenta con traductores
competentes, muchas empresas, organizaciones y dependencias gubernamentales conceden poca importancia a la corrección idiomática al asignar la traducción de documentos y avisos a empleados inexpertos que apenas conocen
la lengua española. El resultado es una proliferación de textos en un lenguaje

malogrado que parece ser una parodia del buen hablar, un espanglish de ínfima calidad.

Hacia una verdadera dialectología hispanoestadounidense

Las observaciones anteriores confirman que no se ha formado una nueva lengua en Estados Unidos, llámese espanglish, "Tex-Mex" o cualquier otro nombre basado en el mestizaje español-inglés. Al contrario, la convivencia del español y el inglés ha conllevado las mismas consecuencias que se observan en otras comunidades bilingües del mundo sin que ni el español ni el inglés pierdan su integridad lingüística. Si se deja a un lado toda consideración de los cambios de código, el lenguaje residual empleado por hablantes hispanos que sufren la atrición lingüística y las aproximaciones al español producidas por aprendices de habla inglesa, es posible sentar las bases para una dialectología del español estadounidense que no sea simplemente una enumeración de comunidades de inmigrantes. Se presentan a continuación algunos aspectos de la presencia de la lengua española en los Estados Unidos en comparación con las comunidades de habla en otras naciones, con el fin de justificar la inclusión de Estados Unidos en el esquema dialectológico del español.

Nivelación según las grandes concentraciones urbanas

Al igual que en otros países de habla española, los focos de dispersión lingüística en los Estados Unidos son los centros urbanos. Debido a las corrientes migratorias históricas, el perfil dialectal varía de acuerdo a la ubicación geográfica de las principales ciudades del país, pero en la mayoría de las áreas urbanas los flujos demográficos han cambiado en las últimas décadas, lo cual produce un impacto en la variación de la lengua española. En las ciudades industriales del noreste, como por ejemplo en la ciudad de Nueva York, la presencia hispana tradicional provenía de Puerto Rico, principalmente de áreas rurales. A partir de la década de 1960 se inició una masiva inmigración cubana, que representaba las clases medias de La Habana y otras zonas urbanas, y que se asentaba lejos de las comunidades puertorriqueñas. Posteriormente, las corrientes migratorias favorecieron a colombianos y centroamericanos, y en la actualidad el grupo de más rápido crecimiento es de origen dominicano, con un fuerte componente mexicano en estrecho contacto vecinal. Esta convivencia de variedades dialectales muy diversas entre sí ya ha dado señales de nivelación (p. ej. Zentella 1990; Otheguy et al. 2007; Otheguy y Zentella 2011), de manera que es lícito hablar de un español estadounidense neoyorkino en vez de enumerar simplemente las varias comunidades étnicas de forma aislada. De igual manera, los hispanohablantes de origen mexicano y puertorriqueño en Chicago muestran algunos rasgos nivelados (Ghosh Johnson 2005); sucede lo mismo entre salvadoreños y mexicanos en Houston, Texas (Hernández 2002, 2007) y entre varios grupos hispanos en el norte de California (Rivera-Mills 2000).

Rasgos característicos de cada región urbana

Aún se pueden detectar características dialectales de los países de origen ancestral entre la mayoría de los hispanos nacidos en Estados Unidos, pero sucedió lo mismo durante varias generaciones en el caso del inglés regional estadounidense, por ejemplo entre los descendientes de irlandeses e italianos en el noreste, entre los descendientes de polacos y suecos en el sector norte-central, y entre descendientes de chinos en la costa occidental del país. Como consecuencia, las variedades urbanas del español pueden reflejar el predominio de una región hispanoamericana p.ej. San Diego y El Paso [mexicano], Miami [cubano], Washington, D. C. [salvadoreño], Providence, Rhode Island [dominicano]), de dos regiones (Detroit y Chicago [mexicano y puertorriqueño]) o de muchas (Nueva York), sin que esto disminuya su carácter de variantes regionales del español estadounidense.

Perfil según la variación sociolingüística

Uno de los criterios dialectológicos de mayor relevancia para el español estadounidense es la estratificación sociolingüística, es decir la variación que se observa entre distintos estratos socio-culturales. Los estudios descriptivos más tempranos del español en los Estados Unidos, que se remontan a las primeras décadas del siglo XX, se enfocaban en variedades rurales habladas por individuos de poca o ninguna formación escolar: por ejemplo, los trabajos clásicos de Espinosa (1909, 1911-12, traducidos como Espinosa 1930, 1946) sobre el español de Nuevo México, un territorio que había carecido en toda su historia de un sistema educativo en lengua española. De igual manera, los estudios de Fishman *et al.* (1975) realizados entre puertorriqueños residentes en Nueva Jersey se enfocaban en personas de poca escolaridad, en su mayoría de origen rural.

Una comparación de los datos presentados en estos ensayos y el habla culta de los respectivos países de origen crea la impresión del español estadounidense como un caos de incorrecciones, arcaísmos y términos rústicos que provocan reacciones de risa y aun de lástima entre lectores de habla española. Aunque bien es cierto que han llegado a los Estados Unidos grandes cantidades de inmigrantes hispanoamericanos que reúnen las condiciones ya expuestas, los patrones sociolingüísticos del español dentro de los Estados

Unidos también reflejan la presencia inconfundible de variedades urbanas y de mayor relieve socioeconómico.

Variación sociolingüística dentro de cada comunidad hispano-hablante

A lo largo de su historia, Estados Unidos ha acogido a centenares de millares de hispanohablantes refugiados de regímenes autoritarios, fugados de zonas de guerra y emigrados por razones económicas y marginalidad socio-cultural. José Martí y sus discípulos fomentaban su rebelión anticolonial desde los Estados Unidos; la Revolución Mexicana fue motivo de emigración masiva de terratenientes y burgueses al suroeste estadounidense; y la industria tabacalera de Tampa contaba con una comunidad cubana de clase media cuya manera de hablar escasamente se distinguía de sus homólogos radicados en Cuba. Los masivos éxodos demográficos que acompañaban la Revolución Cubana y la insurrección sandinista de Nicaragua fortalecieron los sociolectos profesionales y la difusión del español más allá de los pequeños enclaves de trabajadores agrícolas y barrios urbanos marginados.

Para dar cuenta de la variedad sociolingüística del español estadouni-dense es necesario ampliar los parámetros de investigación más allá de las capas socioculturales periféricas. Así por ejemplo, Sánchez (1983) advertía que lo que figuraba como español "chicano" (de origen mexicano) en varios trabajos descriptivos era en realidad una serie de variantes estigmatizadas que solo se encontraban entre personas de origen rural y de escasa preparación formal. En realidad, el conjunto de variantes microdialectales derivadas del español mexicano engloba toda la gama de variación que se espera de una población de más de 25,3 millones de hablantes.[3]

Sucede lo mismo en referencia a las otras comunidades de habla española vinculadas a varias naciones hispanoamericanas: el perfil sociolingüístico no es monolítico sino que refleja un amplio espectro de variación. El perfil sociolingüístico de los puertorriqueños ha cambiado con la formación de amplios sectores suburbanos de clase media (Torres 1997), y los estudios basados en el habla de inmigrantes rurales de baja escolaridad no representan la realidad actual.

A pesar de estas consideraciones, muy pocos estudios del español en los Estados Unidos se basan en la estratificación social dentro de la misma comunidad de habla, la cual se considera un componente esencial en trabajos realizados en países reconocidos como hispanohablantes. La investigación de la realidad sociolingüística de cada comunidad de habla es de prioridad máxima para la creación de una dialectología hispano-estadounidense.

El aprendizaje y uso cotidiano del español por personas de origen no hispano

Aunque el número de sistemas escolares que emplean el español como lengua de instrucción es muy reducido, el español es la lengua "extranjera" más popular en los programas de educación primaria, secundaria y universitaria (Lipski 2002), y la cantidad de estadounidenses de origen no hispano que han estudiado algo del español bien puede alcanzar –o aun superar– el número de hablantes nativos. Los materiales didácticos empleados en la enseñanza del español en Estados Unidos no favorecen variedades nacionales (aunque cada profesor puede aportar su perspectiva personal) pero tampoco se pretende negar la existencia de variantes estadounidenses que difieren de los patrones lingüísticos que tipifican el habla de otras naciones (Lipski 1997, 2009; Vilar García 2000). La difusión masiva de la lengua española a través de los programas de educación fortalece su presencia como lengua de alcance nacional a la vez que incrementa el número de usuarios, quienes a su vez matizan el español adquirido como segunda lengua y contribuyen a la formación de variedades estadounidenses híbridas que se alejan de simples imitaciones de variedades extraterritoriales.

Conclusiones

En las secciones anteriores se ha planteado el concepto de Estados Unidos no solo como un país donde residen varios millones de personas de habla española, sino como nación hispanohablante *de facto*. Ha llegado la hora de asignarle a Estados Unidos una casilla propia dentro de la dialectología hispánica, en vez de considerar a los casi 45 millones de hispanohablantes estadounidenses meramente como pasajeros en una enorme balsa que flota sin rumbo. Es notable que los primeros trabajos monográficos sobre variedades estadounidenses del español –los estudios de Aurelio Espinosa sobre el español de Nuevo México– hayan aparecido en la Biblioteca de Dialectología *Hispanoamericana* (énfasis nuestro), junto con trabajos sobre el español en la Argentina, la República Dominicana, Chile, México y América Central.[4] En el siglo transcurrido desde la obra de Espinosa, el estudio del español en Estados Unidos se ha acompañado de un guion –tanto metafórico como explícitamente expresado– que restringe el debate sobre la comparación entre los hispanohablantes en Estados Unidos y sus países ancestrales. Aunque en los primeros momentos este guion era en realidad un cordón umbilical que sostenía a una población de inmigrantes desde sus respectivos países de origen, la lengua española en Estados Unidos ha logrado una autonomía lingüística tanto en términos de una masa crítica de hablantes como en su propia naturaleza dialectal.

El reconocimiento del español estadounidense como zona dialectológica propia no conlleva un rechazo de los aportes de otras naciones hispanohablantes; al igual que los vínculos culturales entre España e Hispanoamérica y entre Gran Bretaña y los Estados Unidos, el español estadounidense es producto de la reproducción y diversificación natural de una lengua de inmigración en nuevas tierras. El Número Dos de la lengua española a nivel mundial reúne todas las condiciones necesarias para librarse del "guion" y colocarse plenamente dentro del marco de la dialectología hispánica.

NOTAS

[1] www.un.org/esa/population/publications/wpp2008/wpp2008_text_tables.pdf

[2] En un extenso estudio de las variedades del español habladas en Los Ángeles, California, Silva-Corvalán (1994) observa que muchos hablantes bilingües nunca producen oraciones agramaticales en español,pero sí evitan las configuraciones sintácticas que no son compatibles con las construcciones homólogas del inglés. Por ejemplo la inversión sujeto-verbo se practica menos entre los bilingües que dominan el inglés, ya que el inglés requiere el orden S-V-O en el discurso no marcado. Asimismo pueden ser menos frecuentes las construcciones pasivas a base del *se* impersonal y se emplea más la verdadera voz pasiva, ya que el inglés solo cuenta con construcciones pasivas y no con configuraciones seudopasivas a base de verbos impersonalizados.

[3] Según en censo del 2010, el 63 % de la población hispana en los Estados Unidos era de origen mexicano. Por lo tanto, si aceptamos el estimado mínimo de 40,2 millones de hispanohablantes para 2010, unos 25,3 millones serían de origen mexicano.

[4] Solo el español tradicional de Nuevo México y Colorado ha podido mantener su identidad como variedad propia del español; ya existe un excelente atlas lingüístico de esta variedad (Bills y Vigil 2008).

OBRAS CITADAS

Acosta-Belén, Edna. (1975). "Spanglish: A Case of Languages in Contact." *New Directions in Second Language Learning, Teaching and Bilingual Education.* Eds. Marina Burt y Helen Dulay. Washington, DC: TESOL. 151-58. Impreso.

Alurista. (1995). *Z eros.* Tempe, Arizona: Bilingual Press/Editorial Bilingüe. Impreso.

Alvar, Manuel. (2000). *El español en el sur de Estados Unidos.* Alcalá de Henares: U de Alcalá. Impreso.

Báez Evertsz, Franc, y Frank D'Oleo Ramírez. (1985). *La emigración de dominicanos a Estados Unidos: determinantes socio-económicos y consecuencias.* Santo Domingo: Fundación Friedrich Ebert. Impreso.

Bailey, Benjamin. (2002). *Language, Race, and Negotiation of Identity: A Study of Dominican Americans.* New York: LFB Scholarly Publishing. Impreso.

Barnach-Calbó, Ernesto. (1980). *La lengua española en Estados Unidos.* Madrid: Oficina de Educación Iberoamericana. Impreso.

Belazi, Heidi, Edward Rubin y Almeida Jacqueline Toribio. (1994). "Code-Switching and X-Bar Theory: The Functional Head Constraint." *Linguistic Inquiry* 25: 221-37. Impreso.

Bills, Garland, y Neddy Vigil. (2008). *The Spanish Language of New Mexico and Southern Colorado: A Linguistic Atlas.* Albuquerque: U of New Mexico P. Impreso.

Bullock, Barbara, y Almeida Jacqueline Toribio (eds.). (2009). *The Cambridge Handbook of Linguistic Code-Switching.* Cambridge: Cambridge UP. Impreso.

Bullock, Barbara, y Almeida Jacqueline Toribio. (en prensa). "Dominican Spanish in the United States: The Language and Its Speakers." *Increasing Language Diversity in Linguistic Courses: Practical Approaches and Materials.* Eds. Marianna Di Paolo y Arthur Spears. Columbus: Ohio State U. Impreso.

Carrillo, Herman. (2004). *Loosing My Espanish: A Novel.* New York: Pantheon Books. Impreso.

Coles, Felice. (1999). *Isleño Spanish.* Munich: LINCOM Europa. Impreso.

Espinosa, Aurelio. (1909). "Studies in New Mexico Spanish, Part 1: Phonology." *Bulletin of the University of New Mexico* 1: 47-162. Impreso.

_____. (1911-12). "Studies in New Mexican Spanish, Part 2: Morphology." *Revue de Dialectologie Romane* 3: 241-56; 4: 251-86; 5: 142-72. Impreso.

_____. (1930). *Estudios sobre el español de Nuevo Méjico; parte I: fonética.* Trad. Amado Alonso y Ángel Rosenblat. Buenos Aires: Biblioteca de Dialectología Hispanoamericana 1: 19-313. Impreso.

_____. (1946). *Estudios sobre el español de Nuevo Méjico, parte II: morfología.* Trad. Amado Alonso y Ángel Rosenblat. Buenos Aires: Biblioteca de Dialectología Hispanoamericana 2: 1-102. Impreso.

Fairclough, Marta.(2003). "El (denominado) *Spanglish* en los Estados Unidos." *Revista Internacional de Lingüística Iberoamericana* 1.2: 185-204. Impreso.

Fernández, Roberto. (1981). *La vida es un special.* Miami: Universal. Impreso.

Fishman, Joshua, Robert Cooper y Roxana Ma Newman (eds.). (1975). *Bilingualism in the Barrio.* 2ª ed. Bloomington: Indiana U. Impreso.

Ghosh Johnson, Elka. (2005). "Mexiqueño? Issues of Identity and Ideology in a Case Study of Dialect Contact." Disertación doctoral. U of Pittsburgh. Impreso.

Hernández, José Esteban. (2002). "Accommodation in a Dialect Contact Situation." *Filología y Lingüística* 28.2: 93-100. Impreso.

——. (2007). "*Ella me dijo, seguí adelante, sigue estudiando:* Social and Semantic Differentiation in Casual Form of Address Variation." *Bulletin of Hispanic Studies* 84: 703-24. Impreso.

Hinojosa-Smith, Rolando. (1984). *Mi querido Rafa*. Houston: Arte Público P. Impreso.

Keel, W. D. (2006). *"Deitsch, Däätsch, Düütsch, and Dietsch*: The Varieties of Kansas German Dialects after 150 Years of German Group Settlement in Kansas." *Preserving Heritage: A Festschrift for C. Richard Beam*. Eds. Joshua Brown y Leroy Hopkins, Jr. Lawrence, KS: Society for German-American Studies. 27-48. Impreso.

Laviera, Tato. (1992). *La carreta Made a U-turn*. 2ª ed. Houston: Arte Público P. Impreso.

Lipski, John. (1985a). *Linguistic Aspects of Spanish-English Language Switching*. Tempe: Arizona State U, Center for Latin American Studies. Impreso.

———. (1985b). "Creole Spanish and Vestigial Spanish: Evolutionary Parallels." *Linguistics* 23: 963-84. Impreso.

———. (1985c). "Spanish in U. S. Broadcasting: Discovering and Setting the Standards." *Spanish Language Use and Public Life in the U. S.* Eds. Lucía Elías-Olivares, Elizabeth Leone, René Cisneros y John Gutiérrez. Berlin: Mouton de Gruyter. 217-33. Impreso.

———. (1986). "El español vestigial de los Estados Unidos: características e implicaciones teóricas." *Estudios Filológicos* 21: 7-22. Impreso.

———. (1987). "The Construction *pa(ra) atrás* among Spanish-English Bilinguals: Parallel Structures and Universal Patterns." *Ibero Americana* 28/29: 87-96. Impreso.

———. (1993). "Creoloid Phenomena in the Spanish of Transitional Bilinguals." *Spanish in the United States: Linguistic Contact and Diversity*. Eds. Ana Roca y John Lipski. Berlin: Mouton de Gruyter. 155-82. Impreso.

———. (1996). "Los dialectos vestigiales del español en los Estados Unidos: estado de la cuestión." *Signo y Seña* 6: 459-89. Impreso.

———. (1997). "En busca de las normas fonéticas del español." *La enseñanza del español a hispanohablantes: praxis y teoría*. Ed. Cecilia Colombi y Francisco Alarcón. New York: D. C. Heath. 121-32. Impreso.

———. (2002). "Rethinking the Place of Spanish." *PMLA (Publications of the Modern Language Association of America)* 117: 1247-51. Impreso.

———. (2004). "La lengua española en los Estados Unidos: avanza a la vez que retrocede." *Revista Española de Lingüística* 33: 231-60. Impreso.

———. (2007). "Spanish, English, or Spanglish?: Truth and Consequences of U. S. Latino Bilingualism." *Spanish and Empire*. Eds. Nelsy Echávez-Solano y Kenya C. Dworkin y Méndez. Nashville: Vanderbilt UP. 197-218. Impreso.

———. (2008). *Varieties of Spanish in the United States*. Washington: Georgetown UP. Impreso.

———. (2009) "Which Spanish(es) to Teach?" *ADFL Bulletin* 41.2: 48-59. Impreso.

López Morales, Humberto (ed.). (2009). *Enciclopedia del español en los Estados Unidos*. Madrid: Instituto Cervantes/Santillana. Impreso.

MacCurdy, Raymond. (1950). *The Spanish Dialect of St. Bernard Parish, Louisiana*. Albuquerque: U of New Mexico. Impreso.

Martínez, Elizabeth. (1993). *Morpho-syntactic Erosion between Two Generational Groups of Spanish Speakers in the United States*. New York: Peter Lang. Impreso.

Matus-Mendoza, Maríadelaluz. (1999). "Lugar y lengua: mexicanos de Moroleón (Guanajuato, México) en Kennett Square (Pennsylvania, United States)." Disertación doctoral. Temple U. Impreso.

——. (2002). *Linguistic Variation in Mexican Spanish as Spoken in Two Communities*. Lewiston, NY: Edwin Mellen P. Impreso.

——. (2004). "Assibilation of /-r/ and Migration among Mexicans." *Language Variation and Change* 16: 17-30. Impreso.

Mendieta, Eva. (1999). *El préstamo en el español de los Estados Unidos*. New York: Peter Lang. Impreso.

Milán, William. (1982). "Spanish in the Inner City: Puerto Rican Speakers in NewYork." *Bilingual Education for Hispanic Students in the United States*. Eds. Joshua Fishman y Gary Keller. New York: Columbia U/ Teachers College P. 191-206. Impreso.

Montrul, Silvina. (2004). "Subject and Object Expression in Spanish Heritage Speakers: A Case of Morphosyntactic Convergence." *Bilingualism, Language and Cognition* 7: 125-42. Impreso.

——. (2006). "On the Bilingual Competence of Spanish Heritage Speakers: Syntax, Lexical-Semantics and Processing." *International Journal of Bilingualism* 10: 37-69. Impreso.

Morales, Ed. (2002). *Living in Spanglish: The Search for Latino Identity in America*. New York: St. Martin's P. Impreso.

Ortiz López, Luis. (1999a). "El español haitiano en Cuba y su relación con el habla bozal." *Lenguas criollas de base lexical española y portuguesa*. Ed. Klaus Zimmermann. Frankfurt: Vervuert. 177-203. Impreso.

——. (1999b). "La variante hispánica haitianizada en Cuba: otro rostro del contacto lingüístico en el Caribe." *Estudios de lingüística hispánica: homenaje a María Vaquero*. Ed. Amparo Morales. Río Piedras: Editorial de la UPR. 428-56. Impreso.

——. (2001). "El sistema verbal del español haitiano en Cuba: implicaciones para las lenguas en contacto en el Caribe." *Southwest Journal of Linguistics* 20.2: 175-92. Impreso.

Otheguy, Ricardo. (1993). "A Reconsideration of the Notion of Loan Translation in the Analysis of US Spanish." *Spanish in the United States: Linguistic Contact and Diversity*. Eds. Ana Roca y John Lipski. Berlin: Mouton de Gruyter. 21-45. Impreso.

Otheguy, Ricardo, y Nancy Stern. (2011)." On So-called Spanglish." *International Journal of Bilingualism* 15: 85-100. Impreso.

Otheguy, Ricardo, y Ana Celia Zentella. (2012). *Spanish in New York: Language Contact, Dialectal Leveling, and Structural Continuity*. New York: Oxford U P. Impreso.

Otheguy, Ricardo, Ana Celia Zentella y David Livert.(2007). "Language and Dialect Contact in Spanish in New York: Toward the Formation of a Speech Community." *Language* 83: 770-802. Impreso.

Poplack, Shana. (1980). "Sometimes I'll start a sentence in Spanish y termino en español." *Linguistics* 18: 581-618. Impreso.

Pousada, Alicia, y Shana Poplack. (1982). "No Case for Convergence: The Puerto Rican Spanish Verb System in a Language-Contact Situation." *Bilingual Education for Hispanic Students in the United States*. Eds. Joshua Fishman y Gary Keller. New York: Columbia U/Teachers College P. 207-40. Impreso.

Pratt, Comfort. (2004). *El español del noroeste de Luisiana: pervivencia de un dialecto amenazado*. Madrid: Verbum. Impreso.

Ramírez, Arnulfo. (1992). *El español de los Estados Unidos: el lenguaje de los hispanos*. Madrid: MAPFRE. Impreso.

Rivera-Mills, Susana. (2000). *New Perspectives on Current Sociolinguistic Knowledge with Regard to Language Use, Proficiency, and Attitudes among Hispanics in the U.S.: The Case of a Rural Northern California Community*. Lewiston, NY: E. Mellen P. Impreso.

Sánchez, Rosaura. (1983). *Chicano Discourse*. Rowley, MA: Newbury House. Impreso.

Silva-Corvalán, Carmen. (1994). *Language Contact and Change: Spanish in Los Angeles*. Oxford: Clarendon P. Impreso.

Stavans, Ilan. (2000). *Spanglish para millones*. Madrid: Colección Apuntes de Casa de América. Impreso.

——. (2002). "'Traducción' al *espanglish* del primer capítulo del *Quijote*." *La Vanguardia* 5-6. 3 de julio de 2002. Impreso.

——. (2003). *Spanglish: The Making of a New American Language*. New York: Harper-Collins. Impreso.

Tió, Salvador. (1954). "Teoría del espanglish." *A fuego lento, cien columnas de humor y una cornisa*. Río Piedras: U de Puerto Rico.50-65. Impreso.

_____. (1992). *Lengua mayor: ensayos sobre el español de aquí y de allá*. Madrid: Plaza Mayor. Impreso.

Toribio, Almeida Jacqueline. (2004). "Linguistic Displays of Identity among Dominicans in National and Diasporic Settlements." *English and Ethnicity*. Eds. Catherine Evans Davies, Janina Brutt-Griffler. New York: Palgrave. 131-56. Impreso.

Toribio, Almeida Jacqueline y Edward Rubin. (1986). "Code-switching in Generative Grammar." *Spanish in Contact*. Eds. John Jensen y Ana Roca. Somerville, MA: Cascadilla P. 203-26. Impreso.

Torres, Lourdes. (1997). *Puerto Rican Discourse: A Sociolinguistic Study of a New York Suburb*. Mahwah, NJ: Lawrence Erlbaum. Impreso.

Vilar García, Mar. (2000). *El español como segunda lengua en los Estados Unidos: de su enseñanza como idioma extranjero en Norteamérica al bilingüismo*. Murcia: Universidad de Murcia. Impreso.

Zentella, Ana Celia. (1990). "Lexical Leveling in Four New York City Spanish Dialects: Linguistic and Social Factors." *Hispania* 73: 1094-105. Impreso

——. (1997). *Growing Up Bilingual: Puerto Rican Children in New York*. Malden, MA: Blackwell. Impreso.

CONVERGENCIA CONCEPTUAL Y LA SOBRESTIMACIÓN DE LA PRESENCIA DE ELEMENTOS ESTRUCTURALES INGLESES EN EL ESPAÑOL ESTADOUNIDENSE

Ricardo Otheguy

Graduate Center of the City University of New York

Introducción

Una preocupación aparentemente inextinguible entre los que se interesan por el español en EE.UU. es la posibilidad de que el sistema lingüístico que subyace a las hablas hispánicas estadounidenses esté marcado, a mayor o menor grado, por estructuras sintácticas y fonológicas de origen inglés. Este interés, compartido por intelectuales, profesores, académicos y el público en general, no puede ser motivo de sorpresa, dado que una gran mayoría de la población hispanohablante de EE.UU. es bilingüe, y constituye, porque es normal que así lo sea, ancho puente por el que entran al español de EE.UU. vocablos de uso tan generalizado como *apoinmen, bil, bildin, cash, lonch* y *jáiscul*, cuyos orígenes en la orilla inglesa del río léxico del bilingüe parece indiscutible (cf. ing. *appointment, bill, building, cash, lunch, high school*). Y si ese puente representado por el bilingüe ha facilitado esta afluencia de vocabulario procedente del inglés, es lógico suponer que, por el mismo camino por donde han entrado los elementos léxicos, seguramente habrán hecho su entrada también elementos fonológicos y gramaticales. Así, se ha arraigado la creencia en la 'mezcla' y el 'espanglish,' conceptos que reflejan el convencimiento entre muchos de que una de las características fundamentales del español de los hispanos de EE.UU. es el hallarse en él numerosísimos rasgos sintácticos y fonológicos provenientes del inglés. Y no es solo el nutrido léxico de origen inglés el que da calor a esa creencia, sino la práctica, tan fácil de constatar, del constante ir y venir de una lengua a la otra por parte de muchos bilingües estadounidenses. En un hablante en quien esta alternancia de códigos es normal y en cuya habla es corriente oír frases como *Te aviso desde ahora that tomorrow I'll be late,* se suele pensar que la sintaxis y la fonología del español tendrán también que estar muy pobladas de rasgos ingleses. Así, son conclusiones ineludibles que el material léxico no puede haber entrado sin que lo hayan acompañado la fonología y la sintaxis, y que el insistente y repetido cambiar de una lengua a la otra, y de vuelta a la primera y vuelta otra vez, tiene que estar dejando en el español la huella estructural del inglés.

Pero, ¿es así? ¿Es cierto que, vertebrando las hablas hispánicas que se oyen y se escriben en EE.UU. existen elementos subyacentes de lengua, sintácticos y fonológicos, que han cruzado del sistema inglés de los bilingües a su sistema español, y que, dispersándose más allá de ellos, han llegado a formar parte del andamiaje estructural en el que se apoyan las hablas de la mayoría de los hispanounidenses, ya sean bilingües o monolingües? Es esta la pregunta de la que tratamos en este estudio. Nos interesa explicar por qué la cuestión tiene que manejarse con mucho más cuidado de lo que suele hacerse, y proponer que, cuando la pregunta se formula con el debido rigor, la respuesta es mucho más compleja de lo que suele pensarse.[1]

El español en EE.UU. y lo que se dice en español en EE.UU.

Empecemos por una distinción que es fundamental en este asunto. Cuando hablamos de influencias del inglés sobre el español, nos referimos a influencias *gramaticales*, en el sentido cognitivo de la palabra, que abarca la fonología, la morfología, el léxico y la sintaxis, pero *excluye* el discurso. (Insistamos que en este sentido estricto de competencia cognitiva, la gramática incluye también el léxico. Pero la presencia de vocablos de origen inglés en el español de EE.UU. es tan indiscutible y tan fácil de observar, que no puede dar lugar a debate; lo que tiene que aclararse es que, al hablar de 'gramática,' incluimos sintaxis y fonología, pero no discurso.) Sigue siendo aquí utilísima la distinción clásica de Saussure (1916) entre *lengua* (el sistema lingüístico subyacente, que ya desde Saussure se reconoce no solo como entidad social, sino como propiedad interna y cognitiva del hablante), y *habla* (el discurso externo, la fraseología, lo que el hablante dice, entiende, escribe y lee, todo lo cual es posibilitado por la lengua, pero no es la lengua). La distinción entre lengua y habla tiene que tenerse en cuenta, no solo porque la han confirmado todos los grandes teóricos que han seguido en el tiempo a Saussure (Jakobson, Trubetzkoi, Bloomfield, Diver, Chomsky y muchos más), sino porque sin ella es imposible abordar de forma coherente ninguna pregunta de índole lingüística, entre ellas la de la presencia de rasgos sistémicos ingleses en el español de EE.UU.

No se trata, por tanto, de preguntarnos sobre si grandes porciones del discurso de los hispanohablantes en EE.UU. hunde sus raíces en la cultura fraseológica estadounidense; la respuesta a esa pregunta es muy sencilla, y es sin duda afirmativa. Está claro, para el que quiera oír, que mucho de lo que se dice, se escribe, se oye y se lee en español en EE.UU. viene 'del inglés,' pero solo si por 'inglés' entendemos contenidos discursivos y no rasgos estructurales. No cabe duda que lo que se dice en EE.UU., cuando se habla en español, es muy frecuentemente muy distinto de lo que se dice en Latinoamérica y en España (y muy parecido a lo que se dice en EE.UU. cuando se habla en inglés), y esto se hace patente, no solo cuando escuchamos el discurso de los bilingües, sino también el de los monolingües, y no solo el discurso de los hispanohablantes nacidos en EE.UU., sino también el de los que han inmigrado de Latinoamérica o España. En las universidades estadounidenses los profesores cargamos contra el *presidente* en vez de, como hacen nuestros colegas allende el mar y el Río Grande, en contra del *rector*; al aparato que recibe mensajes telefónicos le llaman muchos la *máquina de contestar* en vez de, como suele decirse en España y Latinoamérica, *contestador automático*; muchos hablan de un libro *de tapa dura* en vez de *encuadernado en tela*; frecuentemente nos decidimos a *perder peso* en vez de a *adelgazar*; y es normal para muchos prometer *llamarte para atrás* en vez de, como suele decirse en otros países hispanohablantes, *devolverte la llamada*. Del mismo modo, y adentrándonos ya en innovaciones discursivas que para muchos lingüistas involucrarían también innovaciones gramaticales, una jovencita se jacta de que ese muchacho *se enamoró conmigo* en vez de *se enamoró de mí*; y en casa oímos que alguien no puede estar para almorzar porque dice que *tengo que ir a ver Rebecca*, en vez de *ir a ver a Rebecca*. Cuando en tantísimas porciones de discursos en los EE.UU., las palabras y frases como estas, y muchísimas otras, se suceden en cadena constante (y en alternancia con frases en inglés), puede parecer, sobre todo para el que viene de fuera, que la mezcla y el espanglish tienen que ocupar un lugar primerísimo en nuestra comprensión del español de EE.UU.[2]

Estos elementos de habla (de los que solo hemos dado una pequeñísima muestra), tan transparentemente norteamericanizados, constituyen un tema, claro está, de gran interés, pero no puede ser nuestro tema si verdaderamente queremos responder a la pregunta sobre la incidencia del inglés en el español en EE.UU. Si esa es la pregunta, y más allá de señalar que estas frases son en cierto sentido 'traducciones' de *president, answering machine, hard-cover book, lose weight, call you back, fall in love with* y *have to see Rebecca*, lo que tenemos que preguntarnos es cuáles de estas frases se han ensamblado utilizando herramientas sintácticas y fonológicas procedentes del inglés. Tiene que estar claro que, para nuestro tema, la palabra 'inglés,' no puede referirse a pautas que guían el contenido de lo que se dice y la forma de conceptualizar las referencias; eso son normas culturales que encauzan las prácticas discursivas, pero no son rasgos lingüísticos. Lo que tenemos que preguntarnos, insistimos, es cuáles de estas frases están forjadas (y cuáles no) con instrumentos sintácticos y fonológicos que solo se encuentran en el español de EE.UU. y provienen del inglés. La pregunta que no tenemos que hacernos es cuáles de ellas expresan peculiaridades discursivas del mundo estadounidense, que eso lo hacen todas.[3]

La aclaración que consideramos fundamental se reduce a esto: para debatir el tema de la influencia del inglés sobre el español en EE.UU., los términos 'inglés' y 'español' tienen que tener referentes concebidos estrictamente en su sentido cognitivo-lingüístico, tienen que remitirnos al sistema, a la lengua; si por 'inglés' y 'español' queremos entender amplios universos fraseológicos y discursivo-culturales, si los vocablos 'inglés' y 'español' nos remiten al habla, entonces no hay nada que debatir, porque en EE.UU. la aculturación del habla española al 'inglés,' así pensado, es fuertísima e indiscutible. Resumimos: para contestar la pregunta sobre la influencia del inglés sobre el español, lo que tenemos que decidir, caso por caso, es si lo que está detrás del *discurso culturalmente norteamericanizado* que frecuentemente se oye en EE.UU. es una *lengua estructuralmente anglicada*. Son dos preguntas distintas, y gran parte de la confusión reinante, y de la insistente referencia a mezcla y espanglish, se deben a confundir una cosa con la otra.

Los préstamos léxicos

Y si pensamos así, ¿qué hay que decir del vocabulario de los hispanounidenses, el cual, sin duda, forma parte de su lengua, aun en el sentido más estrictamente sistémico de la palabra? Hay que decir lo que todos pueden observar, que es que en el componente léxico del sistema del español estadounidense hay muchos elementos del inglés, tales como los ya citados *bil, bildin, lonch*, etc., muchos de ellos muy generalizados. En una conversación en español entre extraños en Nueva York, por ejemplo, nadie duda de hablar de hacer una *aplicación* para acceder a un proyecto o puesto de trabajo, o de preguntar, antes de llegar a una reunión, por la estación del *sobbuey* que quede más cerca, cuando seguramente en casi toda Latinoamérica o España se hablaría de una solicitud, no de una *aplicación*, y de una parada de metro y no de una estación de *sobbuey*. Aunque es cierto que, cuando se han hecho sondeos estadísticos serios, este vocabulario de origen inglés forma una parte muy pequeña del acervo léxico del hispanounidense (Moreno Fernández 2007; Varra 2007), también es cierto que representa un claro ejemplo de influencia inglesa y un rasgo que marca diferencias con otras partes del mundo hispanohablante.

Pero en el hecho de poseer un importante elemento léxico de origen extrahispánico, el español de EE.UU. es igual al de todas partes, pues tan extrahispánicas son en su etimología la *aplicación*, el *bildin* y el *lonch* estadounidenses como lo son el *zacate* mexicano, el *gurí* uruguayo, el *closet* cubano y la *palta* peruana, vocablos todos muy arraigados en sus respectivas comunidades. La interrogante que nos ocupa, pues, no tiene nada que ver con que el español estadounidense (la *lengua* española), admita o no préstamos léxicos provenientes de su lengua vecina, el inglés, pues esto, aunque es evidentemente cierto, no distingue al español hablado en EE.UU. del hablado en ningún otro sitio. En todas partes se cuecen estas habas léxicas, y en todas partes del mundo se cuecen frecuentemente a calderadas. La pregunta sobre la anglicación del español de EE.UU., por lo tanto, descuenta necesariamente al léxico y al discurso, y solo tiene sentido cuando nuestra interrogante focaliza las estructuras sintácticas y fonológicas.

El español de EE.UU.

Venimos hablando en este trabajo de 'el español de EE.UU.' simplemente para entendernos, no porque pensemos que la apelación sea muy coherente, si con ella se quiere aludir a hablas unitarias y muy sujetas a normas, ya sean normas tácitas de una sociedad que en sí esté muy regida por cánones sociolingüísticos compartidos, o normas explícitas formalizadas en libros y manuales. Sabemos, en tesis general, que el afán de delimitar dialectos y variedades, el ponerles fronteras y pensar sobre la lengua con categorías como 'el español de México,' 'el español de España,' 'el español del Caribe,' 'el español rioplatense,' 'el español de EE.UU.,' etc. es una actividad gravemente apriorística, que rara vez resulta avalada por los hechos lingüísticos, y que es casi siempre, en la rotunda afirmación del lingüista dominicano Orlando Alba, 'tarea vana e imposible' (Alba 1992). Y si esto es así para sitios donde la población es de asentamiento secular, mucho más lo será para los EE.UU., donde aproximadamente la mitad de los hispanohablantes son inmigrantes, y donde sus hijos nacidos en EE.UU., aunque demuestren en su español cierta convergencia lingüística, mantienen muchos rasgos distintivos de las regiones natales de sus padres. Aún más que en otros países, el español en EE.UU. es un habla sumamente variada, estructurada por una lengua heterogénea también, caracterizada

133

por sus muchos rasgos divergentes, importados de los distintos países desde donde han emigrado los hispanounidenses. Sería una exageración decir que en EE.UU. no ha habido ningún desarrollo de comunidad lingüística y que cada cual 'habla a su manera'; los préstamos léxicos de origen inglés, por ejemplo, al ser compartidos por todos, sirven de elemento cohesionador. Y las investigaciones sobre nivelación dialectal han demostrado que, aun en la fonología y la sintaxis, la convergencia en lugares como Houston y Nueva York entre hablantes de diferentes nacionalidades es un fenómeno muy real (Aaron y Hernández 2007; Hernández 2002; Otheguy, Zentella y Livert 2007; Otheguy y Zentella 2012). También en la prensa hispana y en las numerosísimas traducciones al español de documentos de todas clases encontramos elementos unitarios (Molinero 2012). Pero esta igualación no ha avanzado lo suficiente como para borrar las diferencias dialectales de origen. Si a esto le añadimos el hecho de que la instrucción escolar en español para hispanohablantes está todavía muy poco extendida en EE.UU., comprendemos que no existen elementos suficientes como para que cobre sentido, ni siquiera al poco grado que lo tiene en otros países, la expresión 'español de EE.UU.' Nuestro tema de las influencias estructurales del inglés se plantea, por tanto, como una interrogante con aplicación muy amplia a muchísimos hispanohablantes de EE.UU., sin que sea necesario, para plantearlo, inscribir el tema dentro de un dialecto o variante estadounidense, concepto este al que, al igual que en otros lugares, puede atribuírsele muy poca validez.

Divergencias conceptuales

Para la pregunta sobre si los muchos rasgos léxicos de origen inglés del español en EE.UU. tienen como contrapartida una nutrida lista de rasgos sintácticos, conviene recordar posturas teóricas, clásicas en la lingüística, tendientes a reforzar la distinción básica entre tres cosas: (1) los contenidos semánticos o significados estables, inherentes a los elementos de una lengua; (2) los contenidos conceptuales comunicados por medio de expresiones individuales y contextualizadas que contienen esos significados; y (3) los objetos o conceptos externos a la lengua con los que el hablante asocia estos significados y estas expresiones. La distinción entre lo lingüístico, que es solamente el (1) de nuestra lista, y lo externo a la lengua, el (2) y el (3), la han señalado lingüistas y filósofos a lo largo del tiempo, con diferentes matices teóricos sobre los que no podremos detenernos. El filósofo alemán Gottlob Frege (1892) la adumbraba en su binomio *sentido* y *referencia*, que aunque capta algo de la distinción en rasgos generales, tiene la desventaja de limitar lo externo, en la lectura de Frege que hacen muchos, a objetos. Más útiles son otros acercamientos, como el de Ogden y Richards (1923), bajo los cuales el *referente* puede ser un objeto, pero puede también ser un concepto o condición más abstracta. Otros términos muy generalizados en la lingüística son quizás menos útiles para este propósito, por no delinear con la claridad necesaria la distinción entre lo lingüístico y lo externo. Es el caso del vocablo *denotación*, que para algunos investigadores cae del lado lingüístico, del (1) de nuestra lista, y es 'el significado básico de una palabra' (Martínez de Sousa 1995), mientras que para otros tiene una ubicación más ambigua, al ser la *relación* entre lo lingüístico y lo externo (Lyons 1977). Mejor, para nuestros fines, es su pariente cercano *denotatum*, que suele entenderse de forma más consistente como el (3) de nuestra lista; así lo hace John Lyons, para quien *denotatum* quiere decir 'las personas, cosas, lugares, propiedades, procesos y actividades externos al sistema lingüístico' a los que el sistema remite (Lyons 1977:207).[4] Y quizás la terminología más útil, porque son tres cosas las que hay que distinguir, sea el tríptico de William Diver, quien habla de *significados*, el (1) de la lista, que son los contenidos semánticos constantes de los elementos lingüísticos; de *mensajes*, el (2) de la lista, que son los contenidos conceptuales contextualizados, que caen ya fuera de la lengua, inferidos por los oyentes en emisiones de habla específicas; y de *escenas*, el (3) de la lista, que son las situaciones referenciales concretas relacionadas con estos mensajes (Diver 1975 [2012]).

Los ejemplos favoritos de Frege eran las expresiones utilizadas para nombrar el planeta Venus, *estrella de la mañana* y *estrella de la tarde*, que obviamente comparten un mismo referente, diría Frege, o una misma escena, diría Diver, pero que se han construido con palabras que tienen contenidos lingüísticos distintos (distintos significados) y que, como consecuencia, contribuyen a la comunicación de diferentes mensajes sobre esa misma escena. Es fácil añadir más ejemplos a los de Frege. Las expresiones *mi mujer* y *la madre de mis hijos* pueden tener el mismo referente pero comunican dos conceptos distintos, se utilizan para dos mensajes diferentes. Lo mismo pasa con las expresiones *Gabriel García Márquez* y *el autor de Cien años de soledad*. Se ha hecho la misma referencia, pero se han comunicado diferentes mensajes, se han expresado diferentes conceptualizaciones de esa referencia. O pasando ya a las 'actividades' o 'situaciones' de Lyons, las frases *me acosté a las 12* y *me metí en la cama a las 12* pueden describir la misma escena pero han utilizado diferentes significados y sirven para comunicar pequeñas diferencias a nivel del mensaje.

Lo único interno a la lengua en todos estos ejemplos son los elementos propiamente lingüísticos: los ítemes léxicos y morfosintácticos y sus significados individuales (y además, si nuestra teoría admite una sintaxis autonómica, las reglas sintácticas que rigen sus combinaciones). Lo comunicado, el contenido conceptual de emisiones de habla particulares, cae ya fuera de la lengua, es ya el mensaje global externo del todo, no el contenido reglamentado interno de cada una de las partes. En el ejemplo de *mi mujer* y *la madre de mis hijos*, tenemos, dentro del sistema lingüístico, los significados de los elementos léxicos y morfosintácticos de las dos expresiones. Del lado externo, y ya fuera del sistema, se hallan los dos mensajes, las dos diferentes conceptualizaciones que el hablante propone en situaciones concretas de habla. Y también fuera de la lengua encontramos el referente único y singular al que las dos expresiones nos remiten en muchos casos (la esposa del hablante).

Para los fines del presente trabajo, y sin adentrarnos más en lo que tendría que ser la muy compleja valorización de diferentes propuestas de la semántica teórica, lo importante es recordar que expresiones de la lengua que se han construido con elementos léxicos y morfosintácticos que contienen significados muy diferentes y que, como consecuencia, se diferencian en los mensajes que por medio de ellas se comunican, nos pueden remitir, en muchísimos casos, a lo que es el mismo referente o *denotatum* concreto o abstracto. Lo que tienen en común todos estos ejemplos es que las diferentes expresiones sirven para presentar una misma realidad referencial conceptualizada de maneras distintas. En un caso, el astro se conceptualiza como matutino, en el otro, como vespertino; en un caso, la relación es entre la mujer y el hablante, en el otro, entre ella y sus hijos; en un caso, el nombre del autor, en el otro, la autoría de un libro; en un caso, el movimiento físico sin especificación locativa, en el otro, el detalle de dónde se mete el hablante. Este fenómeno de distintos elementos del sistema lingüístico interno utilizados para externalizar diferentes mensajes conectados con la misma escena, es, en todas las lenguas, pan nuestro de cada día y no exige mucha más explicación, más allá del simple hecho de registrar su alta frecuencia.

Si dejamos ahora la situación observada dentro de la misma comunidad de habla, y nos adentramos en la comparación de los discursos de diferentes comunidades, como por ejemplo las comunidades hispanohablantes en España y Latinoamérica versus las anglohablantes en los EE.UU., estas diferencias de conceptualización a nivel de mensaje que apuntan a la misma denotación, escena o referente se hacen aún más notables. La comunidad hispanohablante suele decir *Ministro de Relaciones Exteriores*, mientras que la anglohablante de los EE.UU. le llama al cargo *Secretary of State*;

aquí el sentido hispánico alude a conexiones y exterioridades, el norteamericano, no. Lo referencial es básicamente igual, pues los cargos, si no iguales, son altamente homólogos, pero están conceptualizados diferentemente en las dos comunidades. De igual manera, la comunidad anglohablante no hace la referencia a ese otro funcionario diciendo *Presidente del Banco Central* sino *Chairman of the Federal Reserve*; para lo que es, en lo esencial, el mismo cargo (con funciones, si no iguales, homólogas), la conceptualización de la comunidad hispana incluye centralidad y banca, la de la comunidad estadounidense, no. Aclaremos lo que nos interesa de estos ejemplos. Sabemos, claro está, que las frases *Ministro de Relaciones Exteriores* y *Secretary of State* se han formado con ítemes léxicos y morfosintácticos de significados diferentes, provenientes de diferentes sistemas lingüísticos. Pero lo que nos interesa, más allá de este hecho obvio, es que, al nivel del mensaje conceptualizado, las frases comunican dos ideas muy diferentes, inscritas en dos culturas gubernamentales y políticas distintas, aunque estas dos ideas apunten, al nivel de la escena referencial, a lo que es básicamente el mismo cargo, el del funcionario que se ocupa de interactuar con otros países.

Estas diferencias de conceptualización para la misma realidad referencial que practican las diferentes comunidades de habla hacen su aparición a diario, en las conversaciones más llanas y sencillas, como por ejemplo en las frases ya mencionadas al principio de este artículo. La comunidad hispanohablante mundial conceptualiza, para el dispositivo telefónico, instrumentalidad y automaticidad (se le llama *contestador automático*), pero no máquinas, mientras que el sentido norteamericano utilizado para llegar a esa referencia destaca la máquina pero no la automaticidad (se le llama *answering machine*). Muchas comunidades hispánicas conceptualizan las llamadas de respuesta como devoluciones (*te devuelvo la llamada*), mientras que la comunidad norteamericana las conceptualiza, no como devoluciones, sino como regresos hacia atrás (*I will call you back*). De forma similar, los hispanohablantes suelen decir *todavía me cuesta trabajo lavarme la cabeza porque el mes pasado me rompí el brazo*, mientras que los anglohablantes suelen decir *I still find it hard to wash my hair because last month I broke my arm*; la actividad es idéntica, pero la conceptualización en el discurso de la comunidad de habla hispánica suele ser sobre el aseo de la cabeza, mientras que en el de la comunidad norteamericana suele ser sobre el pelo; en las hablas hispánicas se suele hablar de *el brazo* y *el pelo*, sin posesión, mientras que entre los norteamericanos se suele hablar de *my arm* y *my hair*, con posesión. Los distintos discursos, guiados por diferentes normas discursivo-culturales, han presentado la misma actividad de forma diferente, han dicho cosas distintas sobre la misma realidad referencial.[5]

Cuando detectamos diferencias conceptuales (diferencias a nivel de mensaje externo a la lengua) relacionadas con lo que son en lo esencial las mismas actividades, situaciones, o referentes (también externos a la lengua), ya sea dentro de una misma comunidad o entre dos comunidades distintas, *no estamos ante diferentes grupos de hablantes que dicen lo mismo de diferente manera*. No, insistimos, no es eso lo que hemos venido explicando. No es decir lo mismo de distinta manera. Estamos ante hablantes que dicen *cosas distintas* (para describir la misma escena). Decir *estrella de la mañana* no es decir *estrella de la tarde* de otra manera; no es lo mismo, no es comunicar la misma idea, no es proponer al oyente el mismo sentido. Ni decir *mi mujer* es decir *la madre de mis hijos* de distinta manera, aunque las referencias puedan ser idénticas; es decir otra cosa. Del mismo modo, decir *lavarse la cabeza* y *romperse el brazo* no es decir lo mismo, no es proponer la misma conceptualización, que decir *wash my hair* o *break my arm*, aunque la actividad de la escena sea la misma. En todos estos casos, se están expresando diferentes sentidos, diferentes conceptualizaciones, aunque se esté describiendo el mismo objeto o actividad referencial, la misma escena. Aclarado, entonces, lo que son las *diferencias* conceptuales, estudiemos lo que son las *convergencias* conceptuales.

Convergencias conceptuales

¿Qué pasa cuando leemos en *El País* de Madrid, en español, referencias a los cargos de los funcionarios norteamericanos como *Secretario de Estado* y *Presidente de la Reserva Federal*? Estamos ante un caso de convergencia conceptual, pues el periodista ha expresado, en español, la conceptualización norteamericana del cargo, diciendo una cosa distinta a lo que suele decirse para ese tipo de cargo en las comunidades hispánicas. Igual pasa cuando el periodista del *New York Times*, refiriéndose, en inglés, a cargos en gobiernos latinoamericanos, escribe *Minister of External Relations* o *President of the Central Bank*. El periodista neoyorquino, escribiendo en inglés, ha adoptado la conceptualización que de estos cargos tiene la comunidad hispanohablante. Los periodistas, conocedores de las dos culturas, han expresado, utilizando los significados lingüísticos de una comunidad, los contenidos conceptuales a nivel de mensaje de la otra; ha habido convergencia conceptual.[6]

La motivación de la convergencia conceptual es clarísima, y no nos cuesta trabajo alguno entender la posición del periodista que escribe en

138

español sobre puestos gubernamentales estadounidenses, o la del que escribe en inglés sobre cargos insertos en las estructuras gubernamentales hispánicas. Aunque el periodista madrileño esté escribiendo en español cuando dice *Secretario de Estado*, está describiendo un cargo que se conceptualiza de forma muy particular dentro de la cultura norteamericana, y encuentra que la comunicación es más efectiva y auténtica si, en vez de hablar de ministros, habla de secretarios, y encuentra que prefiere prescindir de relaciones y exterioridades y, cediendo a la conceptualización que utilizan los estadounidenses para realizar esa referencia, decide expresarse en términos de estados y de secretarios. Y también entendemos al periodista del *New York Times* que escribe en inglés pero sobre un tema latinoamericano o peninsular. El periodista neoyorquino decide que capta mejor el sentido latinoamericano si habla de *ministers* y de *external relations* que si insiste en la conceptualización de estados y secretarios, y mejor si se adapta a la concepción hispánica de bancos y centralidad sin insistir en la idea de una reserva o de algo federal.

Entendamos bien el problema que enfrentan nuestros periodistas, que es esencialmente un desfase entre habla y cultura. El escritor de *El País*, aunque está escribiendo en español *Secretario de Estado*, lo hace recurriendo a conceptos formulados de forma distinta porque pertenecen a otra cultura (la de los EE.UU.), y resuelve este cruce entre lengua y cultura practicando la convergencia conceptual. Al escritor del *New York Times* le pasa lo mismo, pero al revés. Está escribiendo en inglés *President of the Central Bank*, pero lo hace sobre conceptos pertenecientes a una cultura que no es estadounidense, y decide adaptarse a las conceptualizaciones de esa otra cultura. Cuando la lengua y la cultura que rige las conceptualizaciones están en desfase, encontramos frecuentemente esta adaptación por medio de la convergencia conceptual, utilizando la lengua de una comunidad pero realizando las referencias, describiendo las escenas, por mediación de los contenidos conceptuales de la otra. Es una forma muy efectiva de resolver el cruce, haciendo más auténticos los contenidos (el periodista del *New York Times* quizás sienta que el vetusto edificio madrileño junto a Cibeles tiene que llamarse, aun en inglés, por favor, *the Bank of Spain*, o a más, *the Central Bank of Spain*, pero nunca *the Federal Reserve of Spain*).

Es característica importantísima de estas convergencias conceptuales, y razón principal por la que nos hemos detenido en ellas, que, al expresar los contenidos y sentidos de la otra cultura, se han seguido utilizando las estructuras de la lengua propia. A nadie se le ocurriría pensar que el escritor madrileño ha anglicado su lengua, ha importado significados o rasgos sintácticos ingleses, por el simple hecho de llamarle al cargo *Secretario de Estado de EE.UU.* y no, 'como debiera,' *Ministro de Relaciones Exteriores de EE.UU.* Lo que ha hecho el periodista es importar elementos de contenido de la cultura norteamericana (su conceptualización del cargo), no elementos léxicos o estructurales de la lengua inglesa. El cruce de lengua y cultura se resuelve, en todos estos casos, por medio de adaptación discursivo-cultural, sin adaptación cognitivo-lingüística. Está perfectamente claro, por ejemplo, que las palabras *de, la, presidente, reserva, y federal* son todas españolas, dotadas de significados léxicos y gramaticales españoles, así como son españoles los rasgos sintácticos (fijarse que el periodista madrileño no escribió 'presidente de la federal reserva,' con sintaxis inglesa); y está igual de claro que *of, the, president, bank, y central* son palabras inglesas con significados ingleses, ordenadas acorde a la sintaxis inglesa (el periodista neoyorquino no escribió 'president of the bank central,' con sintaxis española).

Convergencia conceptual entre los hispanohablantes de los EE.UU.

Los hispanohablantes de los EE.UU. están en la misma situación que nuestros periodistas, pues viven en un constante cruce entre lengua y cultura; hablan en español pero viven insertos dentro de la cultura estadounidense. Y al igual que nuestros periodistas, resuelven el desfase recurriendo a la convergencia conceptual, expresando contenidos norteamericanos por medio de significados y estructuras lingüísticas españolas. La diferencia radica en que el periodista representa un fenómeno individual a pequeña escala, mientras que el hispanounidense está participando en un fenómeno comunitario de gran envergadura. Así, la convergencia conceptual en los EE.UU. es un tipo de comportamiento, frecuentísimo a nivel de habla, en el que una sub-comunidad receptora de influencias (en este caso, la comunidad hispanohablante de EE.UU.) se va alejando de lo que han sido las conceptualizaciones tradicionales de sus mensajes, compartidas con su comunidad de referencia (la comunidad hispanohablante en el resto del mundo) y se va acercando a las conceptualizaciones de la comunidad bajo cuya influencia opera a diario (la comunidad anglohablante).

En otras palabras, la convergencia conceptual se da, ahora refiriéndonos ya al fenómeno estadounidense de gran escala, cuando una comunidad receptora empieza a decir, para lo que son referentes o escenas muy parecidas, lo que dicen los de la otra comunidad, los de la comunidad con la que conviven y bajo cuya influencia hacen su vida diaria, y deja de decir lo que decían los de su propia comunidad de referencia, de la cual, hasta cierto punto, se ha separado. La convergencia, así concebida, consiste en la reducción o eliminación de diferencias discursivo-conceptuales a nivel del mensaje entre dos diferentes comunidades de habla vecinas, en este caso entre los hispanohablantes y los anglohablantes de EE.UU.

Esta convergencia entre las conceptualizaciones y las fórmulas discursivas de habla no necesariamente significa, y esto es lo importante, igualación a nivel de lengua. Así, no puede extrañar que en los EE.UU. sea muy normal oír al hispanohablante decir, en convergencia con la conceptualización norteamericana, *me rompí mi brazo, me lavé mi pelo, oí tu mensaje en la máquina de contestar, te llamé para atrás, mi último nombre es González, dejé al niño en el centro de cuidado diurno, al asesino lo condenaron a vida en prisión*, aunque en otros países hispanohablantes es más probable que se hubiera dicho, con una conceptualización distinta de la misma realidad referencial, con un mensaje diferente para la misma escena, *me rompí el brazo, me lavé la cabeza, oí tu mensaje en el contestador, te devolví la llamada, mi apellido es González, dejé al niño en la guardería, lo condenaron a cadena perpetua*. Al igual que aquel periodista madrileño que escribía *Secretario de Estado* se adaptaba a la conceptualización norteamericana expresada en *Secretary of State*, estos hablantes se adaptan a la conceptualización norteamericana expresada por *broke my arm, washed my hair, heard your message in the answering machine and called you back, my last name is González, left the child in the day-care center, sentenced to life in prison*, etc.

Lo que fue tan fácil de entender, en el caso del periodista madrileño, sobre las frases que resuelven el cruce entre lengua y cultura, debería de ser igualmente fácil de entender cuando se trata de las frases que resuelven el cruce en la comunidad hispanounidense, pues el fenómeno es exactamente el mismo. En el caso del periodista, no tendría lógica decir que *Secretario de Estado* o *Presidente de la Reserva Federal* 'no es español' porque lo que se dice en español es *Ministro de Relaciones Exteriores* o *Presidente del Banco Central*. Sabemos que esas frases están en perfecto español, porque la expresión de los elementos culturales norteamericanos (la idea de que los asistentes del ejecutivo son sus secretarios y no sus ministros, de que la autoridad monetaria nacional es una reserva y no un banco, etc.) se ha logrado con herramientas léxicas y sintácticas netamente españolas.

Lo mismo pasa con la comunidad hispanohablante estadounidense, pues tampoco tiene lógica decir que *romperme mi brazo, último nombre* o *centro de cuidado diurno* (o cualquiera de la larga lista de frases culturalmente norteamericanizadas) 'no son español' porque lo que se dice en español es *romperme el brazo, apellido* y *guardería.* En todos estos casos, las frases son netamente españolas en el sentido lingüístico de la palabra, aunque no lo sean en el sentido cultural. Pues al igual que *Reserva Federal* en vez de *Banco Central* expresa convergencia conceptual con la cultura norteamericana y no convergencia lingüística con el inglés, tenemos que *centro de cuidado diurno* en vez de *guardería, llamar para atrás* en vez de *llamar de vuelta, vida en prisión* en vez de *cadena perpetua*, y el largo etcétera del discurso hispanounidense, expresan convergencias culturales con lo norteamericano pero no convergencias lingüísticas con el inglés (no oímos 'día cuidado centro,' 'llamote detrás,' etc., que sí evidenciarían la inserción de estructuras inglesas en el español).

La comunidad bilingüe

Nos ha sido útil insistir sobre el paralelo entre, por un lado, el pequeño acto de adaptación cultural sin transferencia lingüística del periodista madrileño y, por el otro, la muy frecuente incidencia de estos mismos actos de adaptación cultural sin transferencia lingüística entre los hispanounidenses. La comparación nos ha permitido vislumbrar que lo que ha sucedido es exactamente lo mismo en los dos casos. Pero conviene también señalar que las situaciones no son completamente iguales, pues hay dos diferencias importantes.

En el caso del periodista español, la transferencia cultural se hacía desde una sociedad a otra, distinta y lejana, o, mejor dicho, desde personas situadas en una sociedad (los norteamericanos que dicen *Secretary of State* y *Federal Reserve*) a personas situadas en otra (los españoles que normalmente dirían *Ministro de Relaciones Exteriores* y *Banco Central*), pero que se adaptan muy momentáneamente por medio de la convergencia conceptual-cultural a la cultura norteamericana y dicen *Secretario de Estado* y *Reserva Federal*. Pero fijémonos que el caso de los hispanohablantes de EE.UU. no es exactamente igual, pues la convergencia conceptual que observamos entre, digamos, *day care center* y *centro de cuidado diurno*, o entre *life in prison* y *vida en prisión*, no abarca dos entornos sociales o geográficos distintos, ni siquiera dos personas distintas, sino que tiene lugar, en sus inicios, dentro de la mente del mismo bilingüe (desde donde después se disemina al resto de la comunidad), quien pertenece simultáneamente a dos comunidades.

Es por eso, porque el que está importando conceptualizaciones no las está trayendo, como el periodista madrileño, de una cultura ajena, sino de su propia cultura (porque el hispanohablante de EE.UU. no es solo hispano, sino también estadounidense), es por eso, pensamos, que estos fenómenos de transculturación discursiva son tan corrientes en EE.UU., y llaman tanto la atención al viajero hispanohablante de otros países. El viajero solo conoce estos fenómenos en pequeña escala y a larga distancia, y llega a observarlos en su forma más íntima y próxima, y en gran volumen, cuando viaja a EE.UU. Y quizás sea por eso que, a los observadores de fuera, les parezca tantas veces tan extraño el español de EE.UU., al punto de querer darle un nombre distinto, como *espanglish*. Si ese español fuera radicalmente diferente en su estructura, quizás no se notaría tanto, no dolería tanto a los observadores latinoamericanos y peninsulares. Duele y se nota, precisamente, porque el hispanounidense difiere, no en la lengua, no en las estructuras que apuntalan su decir, sino en lo que dice, en cómo conceptualiza los referentes, en las normas discursivas que aplica para organizar su habla. El hispanounidense, así, les recuerda constantemente a los hispanohablantes de otros países, y usando su propia lengua casi sin alterar, que no se le puede tomar exactamente por un hermano separado, porque de hecho es muchas veces nada más que un primo, a veces muy lejano. Ese primo comparte, no cabe duda, el mismo ADN lingüístico, pero solamente se asemeja en algunas características culturales, y es distinto en otras, sobre todo en lo tocante a las características culturales relacionadas con el habla.

El estudio individualizado de la sintaxis del español en EE.UU.

Acabamos de decir que los hispanounidenses usan la misma lengua que otros hispanohablantes 'casi' sin alterar. ¿Por qué el *casi*? Porque en esto no conviene establecer posturas dogmáticas que no se verían confirmadas por los hechos. Habíamos dicho antes que la tarea del que se plantea la interrogante sobre si operan transferencias estructurales en el seno de la lengua española de EE.UU. es dilucidar la diferencia entre la mayoría de los casos (los que hemos venido citando, de norteamericanización cultural sin anglicación lingüística) de los casos minoritarios, en donde se dan las dos cosas. Pues seguramente, en el esfuerzo del hispanohablante de EE.UU. por expresar contenidos culturales estadounidenses, al comunicar mensajes igualados con los de los norteamericanos, se van a dar también algunos casos de utilización de recursos estructurales ingleses. Pero la tarea de decidir cuál es cuál no es fácil. Se necesitan para ella expertos en el estudio de las lenguas en contacto y dominio de problemas teóricos de gran complejidad, los cuales requieren estudio especializado.

Propongamos una breve muestra de lo complejo del tema, ciñéndonos a los límites de espacio de este trabajo. Es frecuente oír, en los EE.UU., combinaciones de verbo y preposición que, evidentemente, expresan conceptualizaciones que imitan a las de la comunidad anglohablante y que bien puede que, además, estén impregnadas de algún rasgo sintáctico del inglés, y que por lo tanto nos permitan registrarlas como las dos cosas, o sea, como conceptualmente norteamericanizadas y también lingüísticamente anglicadas. El ejemplo ya citado de *se enamoró conmigo*, recogido en nuestro corpus del habla de una joven de segunda generación, nacida en Nueva York, puede que sea un caso. Pero para poder llegar a una adjudicación definitiva del asunto, tendríamos que proponer, como mínimo, que las gramáticas de los hispanohablantes en el resto del mundo y las que trajeron consigo los inmigrantes de primera generación cuando llegaron a EE.UU., contienen, en el lexicón, una sub-categorización sintáctica para el verbo *enamorar* que especifica que puede ser reflexivo, y que especifica, además, que puede regir preposición. Pero si fueran esas las únicas dos especificaciones, no podríamos registrar *se enamoró conmigo* como estructura anglicada, pues el verbo se ha usado en este caso, efectivamente, en reflexivo y con preposición. Para concluir que la frase delata estructuras subyacentes inglesas, tendríamos que suponer que las sub-categorizaciones sintácticas incluyen muy específicamente *cuáles preposiciones pueden ser regidas por cada verbo y cuáles no*, y que, para el verbo *enamorar*, su subcategorización sintáctica consiste en una lista que admite las preposiciones *a* y *de*, pero excluye la preposición *con*. Puede que haya expertos en sintaxis que tengan esa concepción hiperespecífica de la sub-categorización, pero el tema llevaría a diálogo científico y a controversia. Muy probablemente, nos digan los sintácticos que no tienen suficientes elementos para declarar categóricamente que la gramática que genera *se enamoró de mí* sea distinta de la que genera *se enamoró conmigo*.

O quizás sí puedan declararlo. Pero lo hagan o no, lo que importa es que, aunque en este caso de conceptualización convergente sospechemos que estamos también ante gramática convergente y pensemos que la sintaxis de esta joven es algo diferente a la de sus padres inmigrantes (porque tiene una subcategorización sintáctica distinta a la de sus padres para el verbo *enamorar*), llegar a esa conclusión requiere mucho más esfuerzo y consulta experta de lo que solemos encontrar entre los proponentes de la mezcla y el espanglish.

¿Por qué la convergencia conceptual?

Ya que entendemos que la diferencia entre el español en EE.UU. y en otros países estriba, básicamente, en un fenómeno de habla, consistente en las diferentes conceptualizaciones que encontramos en los dos entornos, y no, en la mayoría de los casos, en un fenómeno de lengua, consistente en diferencias de índole estructural, terminemos por ensayar una respuesta a la pregunta de por qué se da esta incidencia tan elevada de este fenómeno de habla. Pienso que la clave está en el lugar común, de origen italiano, que tilda al traductor de 'traidor.' ¿En qué consiste la 'traición' del traductor? En que, al facilitarles a sus lectores monolingües la comprensión de un texto en otra lengua, ha traicionado las conceptualizaciones del original, sin que sus lectores lo sepan, precisamente porque son monolingües. Vertiendo al español un texto inglés que trata de un juicio sobre un repugnante delito de sangre, el traductor del inglés al español, para su público latinoamericano o peninsular, podrá decir que el criminal fue sentenciado a *cadena perpetua* por matar a una joven que se encargaba de una *guardería* en la que el malhechor había ocasionado un *incendio* que se extendió hasta *la parada del metro*, y a quien la policía había *detenido* y *devuelto* al lugar del crimen. Traición, porque el traductor, correctamente según los cánones de su profesión, ha reconceptualizado el discurso de la comunidad anglohablante, transponiéndolo a las conceptualizaciones hispánicas. La 'traición' queda impune, porque los clientes del traductor en España y Latinoamérica no son bilingües (si lo fueran, no necesitarían traducción) y no saben lo que sabe muy bien el hablante bilingüe hispanounidense, que es que, en la conceptualización local donde ocurrieron los hechos, el criminal fue condenado a *vida en prisión* por matar a una mujer en un *centro de cuidado diurno* ocasionando un *fuego* que se extendió hasta *la estación del sobbuey*, y a quien la policía había *arrestado* y *llevado para atrás* al lugar del crimen. Así, el bilingüe norteamericano (y por efecto de la diseminación, la comunidad entera) se asemeja para muchos a un traductor incompetente, cometiendo constantemente el error de la torpe traducción directa, sin que nos demos cuenta de que es todo lo contrario, es un hablante que, al conocer las conceptualizaciones de las dos sociedades, decide en numerosísimas ocasiones igualarlas, pues sabe demasiado, conoce muy bien los dos mundos conceptuales de habla, para poder permitirse traiciones impunes. De esta forma, es muy posible que el habla popular norteamericana

145

siga siendo siempre así, fiel a las conceptualizaciones estadounidenses, con algo, no mucho, de transferencia lingüística. Lo cual no quita para que, el que pueda y tenga los medios para hacerlo, no deba intentar proyectos educativos que induzcan acercamientos conceptuales, que arrimen un poco más las hablas norteamericanas a las de sus colingües en Latinoamérica y España, y que así, aunque aumente la incidencia de la traición, disminuya quizás el nivel de menosprecio. Pero eso, como decimos por estas tierras, es otra historia.

NOTAS

[1] Tratamos este tema de forma más amplia en Otheguy (2011). Aspectos específicos del mismo se han estudiado en Otheguy (1993, 1995), Otheguy y García (1993), Otheguy, García y Fernández (1989). Para una crítica del concepto de *espanglish*, ver Otheguy (2008) y Otheguy y Stern (2011).

[2] Nuestros ejemplos provienen de dos fuentes. La más formal es el corpus Otheguy-Zentella del español en Nueva York (Otheguy, Zentella y Livert 2007; Otheguy y Zentella 2012); la otra es la observación informal del autor durante más de 40 años de interesarse por el español en EE.UU.

[3] Pasamos por alto los muchos casos en que estas fórmulas discursivas hacen su aparición normalmente también en los países de origen (cf. *perder peso*), y también las que han pasado ya a ser parte del discurso de esos países por efecto de la difusión cultural desde los EE.UU., pues el adentrarnos en ello representaría una complicación innecesaria. Pero sabemos que en muchos lugares, y no solo en el Caribe, no solo en Puerto Rico y República Dominicana, es perfectamente normal entre hispanohablantes monolingües oír está fraseología norteamericanizada, incluyendo, en algunos de estos lugares, para dar solo un ejemplo, el uso adverbial de *para atrás* con muchísimos verbos, entre ellos *llamar, llevar, poner, traer*, etc.

[4] Mi traducción del original inglés.

[5] Las diferencias conceptuales entre diferentes comunidades de habla han sido señaladas por numerosos investigadores dentro de la lingüística norteamericana, entre ellos Bright y Bright (1965), Hudson (1980), Hymes (1968) y, en generaciones anteriores, por Sapir (1929 [1949]) y Ullmann (1957). La idea, además, como bien señala Culler (1976), es de importancia medular en la teoría lingüística de Ferdinand de Saussure (1916).

[6] No es difícil encontrar otros casos de convergencia conceptual entre otras comunidades de habla. Quizás el ejemplo más claro sea el de los Yuroks y los Karoks en el noroeste californiano. En ambas comunidades, y como resultado de la convergencia conceptual, los puntos cardinales se expresan por igual, pero en dos lenguas distintas, en relación con la posición del hablante con respecto al río Klamath: *río arriba, río abajo, acercándose al río, alejándose del río* (Bright y Bright 1965: 261). La presentación teórica más explícita de este tema se encuentra en el concepto de *Sprechbund* (en contraposición al concepto de *Sprachbund*), que

define Dell Hymes como 'ideas compartidas sobre lo que se debe decir' (Hymes 1968: 16).

OBRAS CITADAS

Alba, Orlando. (1992). "Zonificación dialectal del español en América." *Historia y presente del español en América.* Coord. César Hernández Alonso. Valladolid: Junta de Castilla y León. 63-82. Impreso.

Aaron, Jessi Elana, y José Esteban Hernández. (2007). "Quantitative Evidence for Contact-induced Accommodation: Shifts in /s/ Reduction Patterns in Salvadoran Spanish in Houston." *Spanish in Contact: Policy, Social, and Linguistic Inquiries.* Eds. Kim Potowski y Richard Cameron. Amsterdam/ Philadelphia: John Benjamins. 329-44. Impreso.

Bright, Jane, y William Bright. (1965). "Semantic Structures in Northwestern California and the Sapir-Whorf Hypothesis." *American Anthropologist* 6: 249-58. Impreso.

Culler, Jonathan. (1976). *Ferdinand de Saussure.* New York y London. Penguin Publishing Co. Impreso.

Diver, William.(1975 [2012]). "The Nature of Linguistic Meaning." *Language, Communication and Human Behavior: The Linguistic Essays of William Diver.* Eds. Alan Huffman y Joseph Davis. Leiden y Boston: Brill Publishers. Impreso.

Frege, Gottlob. (1892 [1960]). "On Sense and Reference" (trad. del original alemán). *Translations from the Philosophical Writings of Gottlob Frege.* Eds. P. Geach y M. Black. Oxford: Blackwell Publishers. 56-78. Impreso.

Hernández, José Esteban. (2002). "Accommodation in a Dialect Contact Situation." *Filología y Lingüística* 28: 93-100. Impreso.

Hudson, R.A. (1980). *Sociolinguistics.* Cambridge UP. Impreso.

Hymes, Dell. (1968). "Linguistic Problems in Defining the Concept of Tribe." *Essays on the Problem of Tribe. Proceedings of the American Ethnological Society, Spring Meeting.* Ed. J. Helm. Seattle: U of Washington P. 23-48. Impreso.

Lyons, John. (1977). *Semantics.* Vol. 1. Cambridge: Cambridge UP. Impreso.

Molinero, Leticia. (2011). *"El español de los EE.UU.: Un nuevo punto de partida."* Discurso ante la Academia Norteamericana de la Lengua Española. 13 de octubre de 2011.

Martínez de Sousa, José. (1995). *Diccionario de lexicografía práctica.* Barcelona: Bibliograf. Impreso.

Moreno-Fernández, Francisco. (2007). "Anglicismos en el léxico disponible de los adolescentes hispanos de Chicago." *Spanish in Contact: Policy, Social and Linguistic Inquiries.* Eds. Kim Potowski y Richard Cameron. Amsterdam y Philadelphia: John Benjamins. 41-60. Impreso.

Otheguy, Ricardo. (1993). "A Reconsideration of the Notion of Loan Transla-
tion in the Analysis of US Spanish." *Spanish in the United States: Lin-
guistic Contact and Diversity.* Eds. Ana Roca y John M. Lipski. Berlin:
Mouton de Gruyter. 21-41. Impreso.
——. (1995). "When Contact Speakers Talk, Linguistic Theory Listens."
Meaning as Explanation: Advances in Linguistic Sign Theory. Eds. Ellen
Contini-Morava y Barbara Sussman Goldberg. Berlin: Mouton de
Gruyter. 213-42. Impreso.
——. (2008). "El llamado espanglish." *Enciclopedia del español en Estados
Unidos.* Coord. Humberto López-Morales. Madrid: Instituto Cervantes.
Editorial Santillana. 222-47. Impreso.
——. (2011). "Functional Adaptation and Conceptual Convergence in the
Analysis of Language Contact in the Spanish of Bilingual Communities
in New York." *The Handbook of Hispanic Sociolinguistics.* Ed.
Manuel Díaz-Campos. Oxford: Wiley-Blackwell.504-29.
Impreso.
Otheguy, Ricardo, Ofelia García y Mariela Fernández. (1989). "Transferring,
Switching, and Modeling in West New York Spanish: An Intergene-
rational Study." *International Journal of the Sociology of Language* 79:
41-52. Impreso.
Otheguy, Ricardo, y Ofelia García. (1993). "Convergent Conceptualizations as
Predictors of Degree of Contact in US Spanish." *Spanish in the United
States: Linguistic Contact and Diversity.* Eds. Ana Roca y John M.
Lipski. Berlin: Mouton de Gruyter. 135-54. Impreso.
Otheguy, Ricardo, y Ana Celia Zentella. (2007). "Apuntes preliminares sobre el
contacto lingüístico y dialectal en el uso pronominal del español en Nue-
va York." *Spanish in Contact: Educational, Social and Linguistic Inqui-
ries.* Eds. Kim Potowski y Richard Cameron. Amsterdam: John
Benjamins. 275-96. Impreso.
Otheguy, Ricardo, Ana Celia Zentella y David Livert. (2007). "Language and
Dialect Contact in Spanish in New York: Toward the Formation of a
Speech Community." *Language* 83: 770-802. Impreso.
Otheguy, Ricardo, y Nancy Stern. (2011). "On So-called Spanglish." *Interna-
tional Journal of Bilingualism* 15: 85-100. Impreso.
Otheguy, Ricardo, y Ana Celia Zentella. (2012). *Spanish in New York: Language
Contact, Dialectal Levelin, and Structural Continuity.* Oxford/New
York: Oxford UP. Impreso.
Sapir, Edward. (1929 [1949]). "The Status of Linguistics as a Science." *Language*
5: 207-14. Re-publicado en *Selected writings of Edward Sapir.* Ed. David
G. Mandelbaum. Berkeley: U of California P. 160-66. Impreso.
Saussure, Ferdinand de. (1916 [1986]). *Cours de linguistique générale.* Traducido
por Roy Harris como: *Course in General Linguistics.* La Salle, Illinois:
Open Court P, 1986. Impreso.
Ullman, Stephen. (1957). *The Principles of Semantics.* New York: Philosophical
Library. Impreso.

Varra, Rachel. (2007). "Age of Arrival, English Skills, and Regional Latin American Origin as Predictors of Borrowing Behavior in the Spanish of New York." *XXI Congreso sobre el español en EEUU. 15-18 de marzo de 2007.* Arlington, VA: George Mason U. Conferencia.

EL CONTACTO DE DIALECTOS
DEL ESPAÑOL EN ESTADOS UNIDOS

Kim Potowski
The University of Illinois at Chicago

Introducción

La población hispana en los EE.UU. es cada vez más heterogénea. Si antes se solía enfatizar que Nueva York tenía muchos puertorriqueños, Los Ángeles, muchos mexicanos, y Miami, muchos cubanos, ahora necesitamos reconceptualizar el perfil hispanohablante de estos y otros lugares, ya que en la actualidad viven en ellos altos números de hablantes de otras procedencias. La Tabla 1 presenta los cuatro grupos latinos más numerosos en varias ciudades del país.

	Número y % de la ciudad que es hispano		Grupos hispanos predominantes (% de todos hispanos)	
	2010	**2000**	**2010**	**2000**
Estados Unidos	50 477 594 (16%)	35 305 818 (12%)	mexicanos 63% otros 24% puertorriqueños 9% cubanos 4%	mexicanos 58% otros 28% puertorriqueños 10% cubanos 4%
Nueva York	2 336 078 (29%)	2 160 554 (27%)	puertorriqueños 31% otros 31% dominicanos 25% mexicanos 14%	puertorriqueños 37% otros 36% dominicanos 19% mexicanos 9%
Los Ángeles	1 838 822 (49%)	1 719 073 (47%)	mexicanos 66% otros 14%	mexicanos 64% otros 25%

			salvadoreños 13% guatemaltecos 8%	salvadoreños 7% guatemaltecos 4%
Houston	919 668 (44%)	730 865 (37%)	mexicanos 73% otros 15% salvadoreños 8% hondureños 4%	mexicanos 72% otros 22% salvadoreños 5% hondureños 1%
Chicago	778 862 (29%)	753 644 (26%)	mexicanos 74% puertorriqueños 13% otros 10% guatemaltecos 2%	mexicanos 70% puertorriqueños 15% otros 13% guatemaltecos 2%
Miami	279 456 (70%)	238 351 (66%)	cubanos 49% otros 32% nicaragüenses 10% hondureños 8%	cubanos 52% otros 34% nicaragüenses 9% hondureños 5%

TABLA 1. Orígenes de grupos latinos en EE.UU. (Censos 2010 y 2000)

A pesar de que estas cuatro ciudades tienen un solo grupo etnolingüístico que sobrepasa a los demás –aunque en Nueva York sea por muy poco– el número significativo de grupos denominados "otro" apunta hacia poblaciones cada vez más heterogéneas. Por lo tanto, en estos y muchos otros lugares del país ya no podemos referirnos a la lengua española sin plantear la posibilidad del contacto entre diferentes grupos dialectales. Efectivamente, en los últimos años han examinado este fenómeno varios estudios, los cuales repasaremos brevemente antes de pasar a una consideración del español de los individuos latinos "mixtos."

El contacto de dialectos

Cuando los hablantes de diferentes dialectos comparten el mismo espacio social, interactúan con cierta frecuencia deseando ganarse la aprobación entre sí o mostrar solidaridad, existe la fuerte posibilidad de que adopten ciertos rasgos del dialecto del otro. Esto, a primera vista, pudiera parecer extraño, dado que las variantes dialectales en contacto, por definición, son mutuamente comprensibles. ¿Por qué sentiría un hablante la necesidad de modificar su forma de hablar si los demás lo entienden bien? Giles (1973) fue quizás el primero en proponer que la gente tiende a acomodar su forma de hablar a la de sus interlocutores o, como dijo Keller (1994: 100), la gente tiende a "hablar como hablan los demás." Coupland (2008) puntualizó diciendo que "son las personas, no solo los dialectos, que están en contacto, y que las dimensiones interpersonales e intersubjetivas de la lengua son donde se encuentran las explicaciones del cambio" (2008: 268). Este proceso se conoce como la *acomodación*, y cuando las acomodaciones individuales se difunden por una comunidad de habla a lo largo del tiempo, puede dar como resultado el *nivelamiento* de dialectos. Trudgill (1986) observa que el combinar hablantes de varios grupos dialectales, a falta de una norma local de esa lengua, resulta en que los niños adquieren una mezcla de dialectos que, con el tiempo, se convertirá en un nuevo dialecto. Parece ser que, en términos muy generales, la jerarquía de rasgos lingüísticos a los cuales se acomodan más rápidamente los hablantes es primero el léxico, seguido por la morfosintaxis, y por último la fonología (Chambers 1992; Thomason y Kaufman 1988: 74-78; Trudgill 1986), aunque esto puede cambiar según las características de la lengua cuyas variantes están en contacto.

Ha recibido considerable atención académica el contacto entre diferentes dialectos del inglés (Bauer 1994; Kerswill 2002; Schneider 2003; Trudgill 1986) y también entre dialectos del español en algunos países hispanohablantes (Caravedo 1992; Cedergren 1973; Fontanella de Weinberg 1979; López Morales 1983; Martín Butragueño 1995; Pesqueira 2008; Rodríguez Cadena 2006; Serrano 2000). Probablemente el mayor número de diferentes dialectos del español en contacto, sin embargo, se encuentran en los Estados Unidos, quinto país del mundo en cuanto al número total de hispanohablantes (unos 36,9 millones según el censo de 2010, número que no comprende a los aproximadamente 9,4 millones de indocumentados). Sin embargo, el caso del español en los EE.UU. se distingue de maneras muy significativas de los estudios anteriormente citados en países hispanohablantes. Para empezar, el español en este país no es la lengua dominante de la sociedad, y, por lo tanto, se suele perder entre la tercera generación de hablantes (el desplazamiento del español hacia el inglés ha sido ampliamente documentado por Bills, Hudson y Hernández-Chávez 2000; García y Otheguy 1988; y Rivera-Mills 2001). Es decir, los hablantes de la segunda generación, aun poseyendo niveles altos de español, suelen hablar entre ellos en inglés, y los de la tercera generación muchas veces tienen competencias bastante reducidas en español. De modo que entre estos grupos de hablantes, los diferentes dialectos no tienen tanto tiempo para influenciarse. Notan Kerswill y Williams (2000) que la *koineización* en los llamados "New Towns" como Nueva Zelanda, Odda (Suecia) y Hull (Reino Unido) típicamente toma dos o tres generaciones para completarse. El español en EE.UU. no parece responder a este criterio; es un caso de lo que Otheguy y Zentella llaman "cronológicamente relativamente no profundo" (2012: 219), aunque también proponen estos autores que la ciudad de Nueva York, por la convivencia de tantos grupos dialectales, parece un "New Town" hispano (2012: 21).

Además, EE.UU. es geográficamente muy grande y sus comunidades hispanoparlantes, como se presentó en la tabla 1, son muy variadas y dispersas, lo cual hace más difícil que un solo grupo predomine. Estos factores, pero sobre todo la poca transmisión intergeneracional del español más allá de la segunda generación, parecen desmentir el surgimiento de un solo dialecto nivelado que se pudiera llamar "el español de los Estados Unidos." Y, además, hay que tener en cuenta la enorme influencia de la lengua inglesa en el español de EE.UU. Aun cuando los hablantes de la segunda y tercera generación poseen altos niveles comunicativos de español, casi sin excepción, su inglés es más fuerte. Incluso los niños criados en español de manera monolingüe, cuando comienzan en la escuela, se inclinan hacia el inglés. En otras palabras, lo que los dialectos del español en EE.UU. tienen en común, más que cualquier influencia de otras variedades del español, es el influjo del inglés (véase por ejemplo Otheguy y Zentella 2012).

Aun así, los resultados del contacto entre dialectos en EE.UU. son notables y especialmente interesantes debido al gran número de dialectos tan distintos que se encuentran en contacto. Describiremos brevemente estos estudios antes de pasar a un fenómeno aún menos estudiado: el contacto "intrafamiliar" de dialectos.

El contacto entre dialectos del español en los Estados Unidos

Presentaremos los estudios existentes sobre el contacto de dialectos del español en los EE.UU. reflejando la jerarquía de rasgos lingüísticos a los cuales se acomodan más rápidamente los hablantes (Kerswill 1986: 200): léxicos, morfosintácticos y por último fonológicos.

Resultados léxicos

Parece haber bastante acuerdo en que el léxico es lo más fácil de adquirir, tanto en situaciones de adquisición de segundas lenguas como en la adquisición de un nuevo dialecto. Hasta la fecha, han sido dos los estudios que han explorado la familiaridad léxica resultantes del contacto de dialectos del español en EE.UU. Zentella (1990) les enseñó fotos de 25 objetos diferentes a un total de 194 puertorriqueños, dominicanos, colombianos y cubanos en la ciudad de Nueva York. Les preguntó cómo se referían a esos objetos "en conversaciones cotidianas" y también si conocían términos adicionales que usaban otros grupos de hispanohablantes. Zentella descubrió que ni las diferencias de edad ni las de género, nivel de educación formal, años en EE.UU. o competencia en español e inglés se correlacionaban con las respuestas; solo el origen nacional determinaba el conocimiento léxico. Además, los resultados se dividían en cinco grupos generales: (1) Unidad mayoritaria, es decir que la mayoría de los miembros de los cuatro grupos dialectales preferían el mismo término (para *necklace, chain necklace* y *purse*), lo que significaba que estas palabras forman parte del léxico estándar de Nueva York. (2) Tres de los cuatro grupos dijeron una palabra con más frecuencia que cualquier otra, mientras que un grupo ofrecía otra palabra (*orange, mattress, earrings, pepper, money, jeans, car, desk, vase, sidewalk, bus, furniture*). En los casos de *sidewalk* y *bus*, se supuso la influencia de región dialectal, ya que los tres grupos caribeños mostraron uniformidad frente a los colombianos. (3) Dos grupos preferían un término, y los otros dos grupos preferían otro (*birthday cake, garbage can, banana, eyeglasses, half slip, pig, grocery store*); ningún patrón regional se distinguió aquí. (4) Palabras con sinónimos múltiples (*clothes pin, hair pin*). Sin embargo, estos objetos se usan cada vez menos, y este poco peso semántico junto con una posible conexión con el género femenino sugiere que no emergió una palabra "ganadora". (5) Léxico distinto para los cuatro grupos (*kite*), que tampoco tiene alta frecuencia.

Dos tendencias generales merecen comentario. Primero, los hablantes recurrían a veces al inglés para evitar confusiones; dice Zentella (1100) que los hispanohablantes en Nueva York *turn to English in order to understand each other's Spanish.* Por ejemplo, para los caribeños *guagua* significa *autobús,* pero para los colombianos es un animalito. Podríamos pensar que en Nueva York los colombianos adoptarían el significado caribeño dada la preponderancia numérica de caribeños, pero según Zentella (1100), la presencia del homónimo colombiano en otro campo semántico, así como la similitud de la palabra inglesa [bʌs] a la colombiana [bus] *may prove effective counterforces.* En estos casos, los anglicismos pueden jugar un papel neutralizador entre variantes dialectales en competición. Segundo, y más intrigante, fue que las variables sociales de clase, nivel educacional y raza parecían ganarle a la superioridad numérica. Las variantes de los hablantes más numerosos –puertorriqueños y dominicanos– *no* eran las más conocidas. Esto se reflejaba no solo en las respuestas léxicas de los participantes, sino también en las críticas hacia el español dominicano y puertorriqueño lanzadas por los cubanos y colombianos; un 35% de los mismos dominicanos decían que su dialecto era "incorrecto" o "malo." Según Zentella, las variantes léxicas usadas por la gente de mayor estatus social –en este caso los cubanos y colombianos, con mayor educación formal y piel más clara– ganaron frente a las de los grupos más perjudicados económicamente y más discriminados por su piel oscura. La autora concluyó (1097) señalando que los procesos de incorporación, pérdida o mantenimiento léxicos no son predecibles con una simple fórmula matemática, porque *a number of social and economic realities [...] impinge upon communication and linguistic change, leveling, and/or diffusion.)*

Potowski y Torres (en preparación), empleando una metodología similar a la de Zentella (1990), les enseñaron fotos de 10 objetos a un grupo de 37 mexicanos y 39 puertorriqueños en la ciudad de Chicago. Les preguntaron qué palabra asociaban con cada objeto y si conocían otra palabra para nombrarlo. Realizaron también la misma actividad con "*Homeland speakers*," es decir, 15 mexicanos que no habían salido de México y 15 puertorriqueños que no habían salido de Puerto Rico. Debido a la preponderancia numérica de mexicanos en Chicago (578 100[1] vs. 102 703 puertorriqueños en 2000, cuando se obtuvieron los datos), los autores supusieron que los puertorriqueños conocerían más léxico mexicano que al revés (a pesar de los resultados de Zentella 1990, que mostraban que las variantes de los grupos más numerosos en Nueva York no eran las más conocidas). También pensaron que los hablantes de la primera generación[2] conocerían más léxico del *outgroup* (exogrupo) que los de la segunda generación, que conocerían más léxico exogrupal que la tercera generación. Se planteó esta hipótesis porque conforme va aumentando el nivel generacional, los hablantes tienen menos contacto con el español y, por ende, con el exogrupo. Efectivamente, los puertorriqueños de Chicago empleaban significativamente más léxico exogrupal que sus homólogos mexicanos. Es cierto que los *homeland* puertorriqueños ya conocían significativamente más léxico exogrupal (sobre todo para *orange fruit, earrings* y *birthday cake*) que los *homeland* mexicanos (entre quienes solo la palabra *piscina* era conocido por unos cuantos). Pero los dos grupos de Chicago conocían más léxico exogrupal que sus homólogos *homeland*. Este resultado sugiere un efecto léxico del contacto con el exogrupo en Chicago. La hipótesis sobre generación también probó en parte, ya que la producción léxica exogrupal según grupo generacional fue de G1+G2>G3.

En un análisis de cada uno de los 10 objetos individuales, Potowski y Torres notaron que, comparados con los hablantes *homeland*, los incrementos más grandes en el léxico exogrupal de los mexicanos de Chicago se dieron en *eyeglasses, swimming pool* y *beans*, mientras que los puertorriqueños de Chicago aumentaron más su conocimiento exogrupal de *bus, eyeglasses, banana* y *beans*. Los términos para *eyeglasses* y *beans* parecen ser muy variados en Chicago –en el caso de *beans*, será porque los *frijoles* se asocian con platillos mexicanos y las *habichuelas* con la comida puertorriqueña (véase Hernán 2011 sobre la gran variación en el mundo latinoamericano para referirse a los *beans*). En el caso de *banana*, merece la pena advertir que ningún hablante puertorriqueño *homeland* mencionó *plátano* para la foto de la fruta amarilla, ya que en la isla la palabra *plátano* se refiere a lo que en inglés se conoce como *plantain*, una fruta completamente diferente. El alto conocimiento de *plátano* entre puertorriqueños de Chicago para el inglés *banana* es evidencia, pues, del contacto con mexicanos. También se vio, como en Zentella (1990), el uso del inglés para evitar confusiones entre variantes dialectales, precisamente para *bus* [bʌs] y *cake* [queic].

Resultados morfosintácticos
En el campo morfosintáctico, se ha estudiado principalmente el sistema pronominal de los hablantes de dialectos en contacto en EE.UU. Schreffler (1994) advirtió que, en una actividad de dramatizaciones (*role play*), un grupo de 60 salvadoreños en Houston hicieron menos uso del *vos* en todos los dominios menos el de la familia. Varios de los entrevistados afirmaron que para ellos era muy importante integrarse a la comunidad local mexicana.[3] En la ciudad de Nueva York, Otheguy y Zentella (2012) examinaron el uso del pronombre personal entre un total de 140 hablantes pertenecientes a seis países y de dos grupos dialectales: caribeños vs. *mainlanders*. Se formaron tres grupos: recién llegados a la ciudad, los inmigrantes establecidos y los criados en NuevaYork. Otheguy y Zentella comprobaron que tanto el contacto con el inglés como el contacto entre los dos grupos dialectales habían influido en la tasa de uso de los pronombres, pero, estadísticamente, el contacto con el inglés resultó en un cambio más significativo. En cuanto a la nivelación dialectal entre los criados en NuevaYork, los *mainlanders* se inclinaron hacia el comportamiento de los caribeños –es decir, aumentaron su uso de pronombres–, mientras los caribe-

ños se inclinaron hacia los *mainlanders*, disminuyendo su uso de pronom-bres. El grado de cambio de los caribeños fue un poco menor al de los *mainlanders*, hecho que los autores atribuyeron al mayor número de cari-beños en la ciudad.

Resultados fonológicos

La mayoría de los estudios sobre el contacto dialectal se ha enfo-cado en el sistema fonológico, quizás por ser la "última frontera" de la acomodación lingüística –la más difícil de adquirir (Kerswill 1986: 200). Siguiendo esta línea, Aaron y Hernández (2007) estudiaron la reducción de /s/ entre 12 salvadoreños en Houston. Estos investigadores notaron que los hablantes estaban conscientes de la estigmatización de la /s/ reducida sal-vadoreña, lo cual ponía presión unidireccional sobre el habla de estos hablantes. Varios de ellos confesaron que deseaban evitar burlas de los mexicanos y, en algunos casos, que querían hacerse pasar pasar por chica-nos (es decir, ciudadanos mexicoamericanos) para evitar problemas con los oficiales de Servicios de Inmigración. De los tres factores que tuvieron un efecto significativo sobre la realización de la /s/, dos eran fonológicos (el segmento fonológico precedente y el siguiente) y el otro fue la edad de llegada a Houston –mientras más jóvenes llegaban, más realizaciones de /s/ producían. La intensidad del contacto con mexicanos, medida a través de una escala de seis puntos, sorprendentemente no correlacionaba con /s/. Estos resultados sugieren que las actitudes hacia ciertos rasgos lingüísticos manifiestos pueden explicar que estos sean sitios de acomodación.

Los otros dos estudios fonológicos examinaron el contacto entre mexicanos y puertorriqueños en el Medio Oeste del país. Ghosh Johnson (2005) intentó identificar la presencia de acomodaciones de /s/ entre ado-lescentes mexicanos y puertorriqueños en Chicago, todos estudiantes en una escuela preparatoria en una zona cuya población era un 24 % mexica-na y un 19 % puertorriqueña. En vez de encontrar mayor énfasis en la pro-nunciación de la /s/ entre los puertorriqueños o mayor debilitación de /s/ entre los mexicanos, Johnson detectó una fuerte división etnolingüística entre los dos grupos. Como no se relacionaban mucho –y cuando lo ha-cían, era en inglés–, era poco probable que hubiera acomodación dialectal. En otro estudio, Ramos-Pellicia (2004) constató que, en el pueblo rural de Lorain, Ohio, los puertorriqueños gozaban de mayor prestigio que los mexicanos recién llegados. Entonces, e hipotéticamente, pensó que los mexicanos adoptarían rasgos fonológicos puertorriqueños como la laterali-zación de /r/ y el alzamiento de la vocal media /e/, pero no encontró evidencia de ninguna acomodación fonológica –sin duda debido en parte a la naturaleza estigmatizada de la lateralización de /r/.

Los estudios existentes sobre el contacto de dialectos parecen haberse limitado al caso del contacto que se da entre individuos que, al empezar a relacionarse con personas de otros grupos dialectales, se podrían considerar básicamente monodialectales en español. Sin embargo, cuando individuos de diferentes grupos dialectales tienen hijos y los crían juntos, estos últimos experimentan una forma intensa del contacto de dialectos en el hogar, situación que Potowski (2011) ha llamado el *contacto de dialectos intrafamiliar*.

El contacto de dialectos intrafamiliar: El español de los mexirriqueños

Es lógico suponer que, tarde o temprano, la convivencia de múltiples grupos latinos en los Estados Unidos dará lugar a latinos mixtos –es decir, individuos con padres de diferentes grupos dialectales. Algunos estudios en la ciudad de Nueva York revelan una alta tasa de matrimonios entre hispanos de diferentes orígenes (Gilbertson, Fitzpatrick y Yang 1996; Lee 2006), lo cual sugiere que las familias dialectalmente diversas sí emergen de esta heterogeneidad demográfica.

Poco se sabe sobre los resultados lingüísticos de este fenómeno cada vez más frecuente. ¿Cómo son, por ejemplo, el léxico, la morfosintaxis y la fonología de un individuo de madre puertorriqueña y padre mexicano, que durante su crianza escuchó hablar a sus padres en sus respectivos dialectos? Si ocurriera esta situación en Puerto Rico o en México, la predicción sería que el dialecto de la sociedad acabaría imponiéndose como el principal del niño (Kerswill y Williams 2000; Labov 1991). Pero en EE.UU., el español es una lengua minoritaria y, por lo tanto, no solo faltan presiones normativas, sino que no se habla el español tanto como el inglés. Estudiar este tipo de casos parece obedecer al llamado de Hazen (2002) de examinar la familia como un punto intermedio entre el individuo y la comunidad de habla. Sin embargo, su propuesta de que los niños resultarán lingüísticamente "como sus papás, como la comunidad o en algún punto en medio" asume que los dos papás hablan el mismo dialecto. Los casos del contacto dialectal intrafamiliar complica este escenario. Y del mismo modo que un bilingüe no representa "dos monolingües en uno" que mantenga estrictamente separados los dos idiomas (Grosjean 1998), es lógico suponer que el español de este niño no mantendría estrictamente separados los dialectos –es decir, es probable que manifieste algunas hibridizaciones de ambos dialectos.

Ha habido algunos estudios del contacto de dialectos intrafamiliar. Tse e Ingram (1987) estudiaron la adquisición de dos dialectos del cantonés por una niña entre las edades de 1;7 a 2;8. El dialecto del padre distinguía fonéticamente entre /n/ y /l/, diferencia que no compartía el dialecto de la madre (que tenía solo /l/). La niña reconocía la /n/ del patrilecto y producía este sonido con los dos papás; producía la /l/ y la /n/ en variación libre casi la mitad del tiempo; y producía muchas palabras con /n/ en vez de /l/, violando los sistemas de los dos dialectos. Los autores concluyeron que, como era muy joven, no había separado los dos dialectos. Sin embargo, en las grabaciones más tardías, mostraba señales de inclinarse más por el dialecto de su madre (confirmándose así los resultados de Roberts 1997 sobre el papel de las mujeres en el desarrollo dialectal de los niños a quienes cuidan). Por otro lado, Stanford (2000) examinó el grupo *sui*, una minoría indígena en la China rural. Las mujeres sui son obligadas a casarse con hombres de otro clan, quienes hablan un dialecto que difiere bastante en la realización de diptongos, tono y léxico. Las mujeres retienen su dialecto original, pero los hijos, con el tiempo, reemplazan el matrilecto con el patrilecto; un niño de siete años ya habla el patrilecto, y hasta puede ser objeto de burla por mantener algún rasgo restante del matrilecto. Stanford (2000) hace hincapié en el hecho de que la presión social, es decir la socialización activa para el abandono del matrilecto, lleva a este resultado.

El estudio del contacto de dialectos intrafamiliar se complica por un considerable número de variables, entre ellas el hecho de que los padres pueden empezar a adoptar rasgos del otro, y porque es difícil cuantificar la cantidad de tiempo que interactúan los niños con cada padre y con hablantes de cada dialecto. Por lo general, sin embargo, parece haber un continuo de resultados lingüísticos posibles. Por un lado, su sistema podría parecerse más al dialecto de uno de los padres, y, por otro lado, podría presentar una combinación de rasgos de los dos dialectos. Ahora nos enfocaremos en los pocos estudios del contacto de dialectos intrafamiliar sobre el español en los EE.UU.

Parece ser que el grupo de latinos mixtos que ha visto el mayor número de estudios lingüísticos son los autodenominados *"MexiRicans"* (*mexirriqueños*). Según Pérez (2003), Chicago es la única ciudad donde las comunidades mexicana y puertorriqueña han convivido durante más de 50 años, por lo cual tiene sentido que el primer estudio sobre estos individuos se haya realizado aquí. Rúa (2001), en un estudio de identidad étnica en Chicago, encontró que los mexirriqueños que entrevistó se sentían obligados a identificarse ya como mexicanos o como puertorriqueños. Dado que Chicago es el único lugar hasta la fecha que ha generado descripciones de los sistemas lingüísticos de mexirriqueños, nos detendremos un momento para describir la población latina local. Como en otras ciudades de EE.UU., se nota un claro desplazamiento del español hacia el inglés a través de las generaciones (Potowski 2004). Cuenta Chicago con la quinta población latina más grande del país, compuesta a su vez por la segunda comunidad puertorriqueña más numerosa del país después de Nueva York. Como las categorías del censo no permiten indicar más de una procedencia hispana etnolingüística, no se sabe cuántos mexirriqueños viven en Chicago, ni cuántos latinos mixtos hay en el país. A diferencia de Ghosh-Johnson (2005), que encontró una falta de interacción entre mexicanos y puertorriqueños en una escuela preparatoria de Chicago, las transcripciones de entrevistas analizadas por Potowski y Torres (en preparación), de 125 individuos (39 mexicanos, 40 puertorriqueños y 46 mexirriqueños), indican que sí hay bastante contacto social entre los mexicanos y los puertorriqueños en esta ciudad. Además, la mera existencia de los mexirriqueños indica un grado de contacto particularmente íntimo por lo menos entre algunos miembros de estos dos grupos.

A diferencia de lo que encontró Rúa (2001), los mexirriqueños estudiados por Potowski (2008) no sintieron ninguna presión por enfatizar ni esconder ninguna de sus dos afiliaciones étnicas, declarando rotundamente que "eran las dos cosas."[4] Deseando indagar sobre sus rasgos lingüísticos, Potowski y Matts (2008) recogieron muestras de 20 individuos a través de entrevistas y la repetición de un cuento corto. Analizaron las muestras fonológicas un grupo de lingüistas (entre ellos fonólogos) y unos latinos bilingües de Chicago, quienes representan las personas típicas con las cuales, día a día, tienen contacto los mexirriqueños. Los evaluadores asignaron una clasificación sobre una escala con varios puntos entre "totalmente mexicano" y "totalmente puertorriqueño", y entre ellos la opción "no puedo identificar esta muestra como puertorriqueña ni mexicana". Se buscaba determinar si uno de los dos dialectos predominaba o si había cierta hibridización de los dos. En 11 de los 20 casos, el español de estos individuos mexirriqueños se parecía más al del grupo etnolingüístico de la madre. Es decir, su español sonaba más puertorriqueño si la madre era puertorriqueña, y más mexicano si la madre era mexicana. Ninguna otra categoría investigada, como el español hablado por los amigos o en la vecindad, se correlacionaba con la clasificación asignada por los evaluadores. Todos los participantes indicaron estar conscientes de las principales diferencias entre las dos variedades del español y relataron en sus entrevistas anécdotas de cómo su propia variedad los marcaba etnolingüísticamente –es decir, a pesar de insistir que eran "las dos cosas," el español de la mayoría de ellos los marcaba claramente como uno u otro. Aunque unos cuantos dijeron tener la habilidad de cambiar ambos dialectos, la mayoría no lo podía hacer exitosamente.

Esta influencia de la madre en el desarrollo de rasgos lingüísticos en una situación de contacto dialectal, si bien poco sorprendente, merece mayor investigación. Aunque el campo del bilingüismo hace frecuente referencia a la "lengua materna," pocos estudios se han enfocado literalmente en la influencia de la madre en la transmisión de lenguas, particularmente cuando su lengua o variedad difiere de la del padre y/o la de la sociedad. Por ejemplo, Kamada (1997) encontró que en los matrimonios bilingües solo se transmitía la lengua minoritaria a los niños cuando se trataba de la lengua de la madre. Cuando la lengua minoritaria era la del padre, los niños no la adquirían. Y como mencionamos anteriormente, Roberts (1997) demostró que los niños evidenciaban en mayor grado los cambios fonológicos de la madre y otros miembros femeninos de la comunidad de habla que los de los padres. Esto, según la autora, confirma la sugerencia de Labov (1994) de que las mujeres encabezan los cambios lingüísticos debido a las asimetrías en el cuidado de niños.

El siguiente estudio de mexirriqueños en Chicago (Potowski 2008) examinó un mayor número de participantes e incluyó una actividad de identificación léxica compuesta por fotos de 16 objetos cotidianos cuyos nombres difieren en el español mexicano (por ejemplo, *la alberca, la naranja* y los *aretes*) y el español puertorriqueño (*la piscina, la china* y *las pantallas*, respectivamente). Un hallazgo interesante fue que el acento se correlacionaba con la producción léxica: la gente que "sonaba puertorriqueña" también producía más vocabulario puertorriqueño, y la gente que "sonaba mexicana" producía un mayor número de variantes mexicanas. Es decir que del mismo modo que hablamos de una lengua materna, estos datos apoyan la idea de un dialecto materno. El estudio encontró de nuevo que el español de 20 de 27 individuos manifestaba rasgos léxicos y fonológicos parecidos al dialecto de la madre –incluso cuando reportaron hablar menos español con ella que con el padre. Como ejemplo está el caso del joven que reportó hablar 90 % en español con su padre mexicano y solo 50 % del tiempo con su madre puertorriqueña, pero lingüística y culturalmente manifestó rasgos dominantemente puertorriqueños, como el uso de la palabra *bochinchar* y el pedirle *la bendición* al saludar o despedirse de la abuela. Otro ejemplo era la joven que afirmaba sentir muchísima más conexión con su padre mexicano, y cuyos amigos y preferencias musicales y culinarias eran todos mexicanos, pero cuyo español recibió el calificativo de "muy puertorriqueño."

Aun así, hay que subrayar que no fueron únicamente las madres quienes influían en el español de los mexirriqueños. En algunos casos, el padre era el único de la familia que hablaba español con los hijos, o había sido la comunidad local y/o otros miembros de la familia los que habían impuesto su variedad. Además, se debe notar que tres cuartos de los participantes (20 de 27), independientemente de si evidenciaban rasgos parecidos a, o diferentes de, los del grupo etnolingüístico de la madre, lo hacían de manera clara, recibiendo evaluaciones promedias a un lado del continuo entre mexicano y puertorriqueño. El otro 25 % estuvo compuesto de casos de hibridización dialectal tan altos que incluso los fonólogos no concordaban en sus análisis de las muestras orales de los hablantes. También se vieron muestras de habla con rasgos fonológicos puertorriqueños junto a usos léxicos claramente mexicanos. Estos resultados confirman la complejidad de los factores vinculados con la adquisición de lenguas y dialectos.

Torres y Potowski (2008) examinaron el uso de los marcadores de discurso *so* y *entonces* de 23 mexicanos, 17 puertorriqueños y 11 mexirriqueños en Chicago. Los puertorriqueños y mexirriqueños usaron *so* dos veces más frecuentemente que los mexicanos (80 % vs. 35 %), una diferencia estadísticamente significativa. Quiere decir esto que en su uso de los dos marcadores de discurso mencionados, los 11 mexirriqueños se parecían más a los puertorriqueños que a los mexicanos, hecho que las autoras atribuyeron a que siete de ellos tenían una madre puertorriqueña. Este resultado avaló las conclusiones de Potowski (2008) sobre la influencia del dialecto de la madre en el español de individuos mixtos.

Por último, Potowski y Torres (en preparación) estudiaron la familiaridad léxica entre 46 mexirriqueños, 22 con madres mexicanas y 24 con madres puertorriqueñas, usando la misma actividad léxica que en Potowski (2008). El resultado fue que los participantes con madres puertorriqueñas obtuvieron un promedio más alto en léxico puertorriqueño (9,2 sobre 20) que los que tenían madres mexicanas (6,9 sobre 20), una diferencia notable que, a pesar de no llegar a ser estadísticamente significativa, apoya los resultados de Potowski (2008). En léxico mexicano, los dos grupos obtuvieron casi el mismo promedio. Por lo general, todos sacaban promedios significativamente más altos en léxico mexicano que puertorriqueño, lo que confirma los resultados de Potowski y Torres (en preparación), según los cuales los puertorriqueños demostraron mayor conocimiento del léxico mexicano que viceversa. Potowski (de próxima aparición) examina la realización de tres fonemas (/s/, /r/ y /n/) en el habla de los mexirriqueños.

Conclusiones

El contacto de dialectos del español en Estados Unidos se ha convertido en un fenómeno tan común, sobre todo en las grandes urbes, que difícilmente se puede ignorar a la hora de estudiar con rigor el español en el país. Este contacto a su vez resultará en un número cada vez más grande de latinos de etnicidad mixta. Aunque los individuos de etnicidad mixta cuentan con varias opciones para identificarse, normalmente no controlan el grado de exposición y adquisición de los dialectos que recibieron como niños. Estar expuestos a dos dialectos del español desde una edad temprana puede dar lugar a interesantes resultados lingüísticos que hasta cierto grado complican las identidades etnolingüísticas de los individuos. El futuro para este tipo de investigación es cada vez más prometedor ya que la heterogeneidad de las comunidades latinas está en aumento. También se necesitan estudios sobre la pragmática y la entonación que resultan del contacto de dialectos, tanto a nivel de la sociedad como intrafamiliar. Otra área interesante son los mismos padres de las uniones mixtas, dado que suelen hablar más español que los hijos. De hecho, varios participantes en el estudio sobre mexirriqueños (Potowski 2008) indicaron que uno de sus padres no manifestaba los rasgos típicos de su grupo dialectal; por ejemplo, que su padre mexicano había adoptado frases y locuciones puertorriqueñas. Dados los patrones de inmigración recientes, el fenómeno de los latinos mixtos se convertirá cada vez más en un tema de gran interés siempre que se estudien las características del español en los Estados Unidos.

NOTAS

[1] Hay una considerable cantidad de mexicanos que no se cuentan en los censos oficiales por consideraciones de estatus legal migratorio (Pew Hispanic Center 2011).

[2] Siguieron las definiciones sociolingüísticas siguientes: Primera generación = llegaron a EE.UU. después de los 8 años. Segunda generación = llegaron a los EE.UU. antes de los 8 años, o nacieron en EE.UU. de padres de la primera generación. Tercera generación = nacieron en EE.UU. y por lo menos uno de los padres, también.

[3] Como no se hizo ninguna comparación con la misma actividad hecha por salvadoreños en El Salvador, ni se analizaron las posibles diferencias del uso de *vos* según el número de años en Houston ni la frecuencia de contacto con mexicanos en Houston, la conclusión de que el reducido uso de *vos* se debe al contacto con mexicanos es convincente aunque tentativa.

[4] Una posible explicación es que los datos se recogieron diez años más tarde que los de Rúa (2001) y mayoritariamente en la zona norte de Chicago, donde hay mayor mezcla de estas dos comunidades; Rúa se enfocó en la zona sureña de la ciudad, donde predominan los mexicanos.

OBRAS CITADAS

Aaron, Jessi, y José Esteban Hernández. (2007). "Quantitative Evidence for Contact-induced Accommodation: Shifts in /s/ Reduction Patterns in Salvadoran Spanish in Houston." *Spanish in Contact: Educational, Linguistic, and Social Perspectives*. Eds. Kim Potowski y Richard Cameron. Amsterdam: John Benjamins. 329-44. Impreso.

Bauer, Laurie. (1994). "English in New Zealand." *The Cambridge History of the English Language, vol. 5: English in Britain and Overseas, Origins and Developments*. Ed. Robert W. Burchfield. Cambridge UP. 382-429. Impreso.

Bills, Garland, Alan Hudson y Eduardo Hernández-Chávez. (2000). "Spanish Home Language Use and English Proficiency as Differential Measures of Language Maintenance and Shift." *Southwest Journal of Linguistics* 19.1: 11-27. Impreso.

Caravedo, Rocío. (1992). "El *Atlas Lingüístico Hispanoamericano* el en Perú: Observaciones preliminares." *Lingüística Española Actual* 14: 287-99. Impreso.

Cedergren, Henrietta. (1973). "Interplay of Social and Linguistic Factors in Panama." Disertación doctoral. Cornell U. Impreso.

Chambers, J. K. (1992). "Dialect Acquisition." *Language* 68.4: 673–705. Impreso.

Coupland, Nikolas. (2008). "The Delicate Constitution of Identity in Face-to-face Accommodation: A Response to Trudgill." *Language in Society* 37.2: 267-70. Impreso.

Fontanella de Weinberg, María Beatriz. (1979). *La asimilación lingüística de los inmigrantes: Mantenimiento y cambio de la lengua en el sudoeste bonaerense*. Bahía Blanca: Universidad Nacional del Sur. Impreso.

García, Ofelia, y Ricardo Otheguy. (1988). "The Language Situation of Cuban Americans." *Language Diversity: Problem or Resource?* Eds. Sandra McKay y Sau Lin Wong. Cambridge-New York: Newbury House. 166-92. Impreso.

Ghosh Johnson, Elka (2005). "Mexiqueño? A Case Study of Dialect Contact." *Penn Working Papers in Linguistics*, 11.2: 91-104. [Selected Papers from NWAV 33]. Impreso.

165

Gilbertson, Greta, Joseph P. Fitzpatrick y Lijun Yang. (1996). "Hispanic Inter-marriage in New York City: New Evidence from 1991." *International Migration Review* 30.2: 445-59. [The Center for Migration Studies of New York.] Impreso.

Giles, Howard. (1973). "Accent Mobility: A Model and Some Data." *Anthropological Linguistics* 15: 87–105. Impreso.

Grosjean, François. (1998). "Studying Bilinguals: Methodological and Conceptual Issues." *Bilingualism: Language and Cognition* 1: 131-49. Impreso.

Hazen, Kirk. (2002). "The family." *The Handbook of Language Variation and Change*. Eds. J. K. Chambers, Peter Trudgill y Natalie Schilling-Estes. Malden, MA: Blackwell. 500-25. Impreso.

Herman, Charlie. (2011). "Goya Foods Grow with US Hispanic Population." National Public Radio, December 28, 2011. Web. 23 enero, 2012.

Kamada, Laurel (1997). *Bilingual Family Case Studies*, Vol. 2. [Monographs on Bilingualism No. 5]. Tokyo: Japan Association for Language Teaching, Bilingualism Special Interest Group. Impreso.

Keller, Rudi. (1994). *"On Language Change: The Invisible Hand in Language."* London: Routledge. Impreso.

Kerswill, Paul. (1986). "Children, Adolescents, and Language Change." *Language Variation and Change* 8: 177-202. Impreso.

——. (2002). "Koineization and Accommodation." *The Handbook of Language Variation and Change*. Eds. J. K. Chambers, Peter Trudgill y Natalie Schilling-Estes. Malden, MA: Blackwell. 669-702. Impreso.

Kerswill, Paul, y Ann Williams. (2000). "Creating a New Town Koine: Children and Language Change in Milton Keynes." *Language in Society* 29: 65–115. Impreso.

Labov, William. (1991). *Sociolinguistic Patterns*. Philadelphia, PA: U of Pennsylvania P. Impreso.

Lee, Sara. (2006). "Love Sees No Color or Boundaries? Interethnic Dating and Marriage Patterns of Dominican and CEP (Colombian, Ecuadorian, Peruvian) Americans." *Journal of Latino/Latin American Studies* 2: 84-102. Impreso.

López Morales, Humberto (1983). *Estratificación social del español de San Juan de Puerto Rico*. México: Universidad Nacional Autónoma de México. Impreso.

——. (1999). *Léxico disponible de Puerto Rico*. Madrid: Arco/Libros. Impreso.

Martín Butragueño, Pedro. (1995). "Contacto dialectal en situaciones urbanas: Notas sobre algunos casos hispánicos." *Vox Romanica* 54:191-201. Impreso.

Moreno Fernández, Francisco. (2007). "Anglicismos en el léxico disponible de los adolescentes hispanos de Chicago." *Spanish in Contact: Educational, Linguistic, and Social Perspectives*. Eds. Kim Potowski y Richard Cameron. Amsterdam: John Benjamins. 41-58. Impreso.

Otheguy, Ricardo, y Ana Celia Zentella. (2007). "Apuntes preliminares sobre nivelación y contacto en el uso pronominal del español en Nueva York." *Spanish in Contact: Educational, Linguistic, and Social Perspectives.* Eds. Kim Potowski y Richard Cameron Amsterdam: John Benjamins. 273-93. Impreso.

——. (2012). *Spanish in New York: Language Contact, Dialectal Leveling, and Structural Continuity.* New York: Oxford UP. Impreso.

Pérez, Gina. (2003). "Puertorriqueñas rencorosas y mejicanas sufridas: Gendered Ethnic Identity Formation in Chicago's Latino Communities." *The Journal of Latin American Anthropology* 8.2: 96-125. Impreso.

Pesqueira, Dinorah. (2008). "Cambio fónico en situaciones de contacto dialectal: El caso de los inmigrantes bonaerenses en la Ciudad de México." *Fonología instrumental. Patrones fónicos y variación.* Eds. Esther Herrera Zendejas y Pedro Martín Butragueño. México: El Colegio de México. 171-89. Impreso.

Pew Hispanic Center. (2011). "Unauthorized Immigrant Population: National and State Trends 2010." Web. 24 jul. 2012.

Potowski, Kim. (2004). "Spanish Language Shift in Chicago." *Southwest Journal of Linguistics* 23. 1: 87-116. Impreso.

——. (2008). "'I Was Raised Talking Like My Mom': The Influence of Mothers in the Development of MexiRicans' Phonological and Lexical Features." *Bilingualism and Identity: Spanish at the Crossroads with Other Languages.* Eds. Mercedes Niño Murcia y Jason Rothman. Amsterdam: John Benjamins. 201-20. Impreso.

——. (de próxima aparición). *Inter-Latino Language and Identity: MexiRicans in Chicago.* Amsterdam: John Benjamins. Impreso.

Potowski, Kim, y Janine Matts. (2008). "Interethnic Language and Identity: MexiRicans in Chicago." *Journal of Language, Identity and Education.* 7.2: 137-60. Impreso.

Potowski, Kim, y Lourdes Torres. (en preparación). *Spanish in Chicago.* Impreso.

Ramos-Pellicia, Michelle. (2004). "Language Contact and Dialect Contact: Cross-generational Phonological Variation in a Puerto Rican Community in the Midwest of the United States." Disertación doctoral. Ohio State U. Impreso.

——. (en preparación). Ethnic Identity among MexiRicans in the Rural Midwest. Ms.

Rivera-Mills, Susana. (2001). "Acculturation and Communicative Need: Language Shift in an Ethnically Diverse Hispanic Community." *Southwest Journal of Linguistics* 20: 211-23. Impreso.

Roberts, Julie. (1997). "Hitting a Moving Target: Acquisition of Progress by Philadelphia Children." *Language Variation and Change* 9: 249-66. Impreso.

Rodríguez Cadena, Yolanda. (2006). "Variación y cambio en la comunidad de inmigrantes cubanos en la ciudad de México: Las líquidas en coda silábica." *Líderes lingüísticos. Estudios de variación y cambio*. Ed. Pedro Martín Butragueño. México: El Colegio de México. 61-87. Impreso.

Rúa, Mérida. (2001). "Colao Subjectivities: PortoMex and MexiRican Perspectives on Language and Identity." *Centro Journal* 13 .2: 117-33. Impreso.

Serrano, Julio. (2000). "Contacto dialectal (¿y cambio lingüístico?) en español: el caso de la /t∫/ sonorense." *Estructuras en contexto. Estudios de variación y cambio*. Ed. Pedro Martín Butragueño. México: El Colegio de México. 48-78. Impreso.

Schreffler, Sandra. (1994). "Second Person Singular Pronoun Options in the Speech of Salvadorans in Houston, TX. *Southwest Journal of Linguistics* 13: 101-19. Impreso.

Schneider, Edgar W. (2003). "The Dynamics of New Englishes: From Identity Construction to Dialect Birth." *Language* 79: 233-81. Impreso.

Stanford, James. (2000). "A Sociotonetic Analysis of Sui Dialect Contact." *Language Variation and Change* 20: 409-50. Impreso.

Thomason, Sarah, y Terrence Kauffman. (1998). *Language Contact, Creolization, and Genetic Linguistics*. Berkeley: U of California P. Impreso.

Torres, Lourdes, y Kim Potowski. (2008). "A Comparative Study of Bilingual Discourse Markers in Chicago Mexican, Puerto Rican, and MexiRican Spanish." *International Journal of Bilingualism* 12.4: 263-79. Impreso.

Tse, Sou-Mee, y David Ingram. (1987). "The Influence of Dialectal Variation on Phonological Acquisition: A Case Study on the Acquisition of Cantonese." *Journal of Child Language* 14: 281-94. Impreso.

Trudgill, Peter. (1986). *Dialects in Contact.* Oxford: Blackwell. Impreso.

Zentella, Ana Celia. (1990). "Lexical Leveling in Four New York City Spanish Dialects: Linguistic and Social Factors. *Hispania* 73: 1094-105. Impreso.

EL "RECONOCIMIENTO" DEL LÉXICO ESPAÑOL DEL ESTUDIANTE HISPANO BILINGÜE EN LOS ESTADOS UNIDOS

Marta Fairclough
University of Houston

Introducción: Los hispanos en los Estados Unidos

Los datos del último censo nacional (US Census Bureau 2011) indican que la población hispana en Estados Unidos alcanzó los 50,5 millones en el año 2010. Dicha cifra representa aproximadamente un 16% del total de la población del país y refleja un aumento del 43% en el número de hispanos desde el censo del año 2000. Se espera que para el 2050 ese número se triplique. Más de la mitad de la población hispana en Estados Unidos se concentra en tres estados: California, Texas y Florida. La pujante inmigración hispana sumada a la alta tasa de natalidad dentro del grupo hispano dan cuenta del continuo aumento demográfico del grupo minoritario más numeroso en los Estados Unidos.

Sin embargo, el conocimiento de la lengua española va deteriorándose de una generación a otra, en gran parte debido al contacto con el inglés (Fishman 1991; Hernández-Chávez 1993; Veltman 2000, entre otros), pero también a causa de ciertos factores sociodemográficos. Carreira (2003) anticipa que "[t]he projected drop in the percentage of foreign-born Hispanics, along with the growing affluence of second-and third-generation U.S. Hispanics, is likely to result in an overall decline in the Spanish language proficiency of future SNS students" (68).

El aumento de hispanos en este país y la proyectada disminución de las habilidades lingüísticas en la lengua de herencia dan lugar a nuevos desafíos en el ámbito académico. En el salón de clases, el docente no solo encuentra estudiantes de español como segunda lengua sino también un considerable número de estudiantes hispanos bilingües (denominados *Hispanic Heritage Language Learners* o 'estudiantes de herencia hispana,' de ahora en adelante, EHH)[1] que ingresan a los programas universitarios de español y que presentan características sociales y lingüísticas muy diversas. Estos factores explican la variada habilidad en la lengua de herencia de estos estudiantes, que se extiende desde un conocimiento principalmente receptivo a un excelente dominio del idioma (Carreira 2003; Fairclough 2005; Valdés 2000).

El conocimiento léxico

Si bien durante los últimos años numerosos estudios han examinado las diferentes habilidades lingüísticas de esta población estudiantil, es relativamente poco lo que se sabe del conocimiento léxico que los EHH poseen en su lengua materna. Schmitt *et al.* (2001) señalan que "[v]ocabulary is an essential building block of language and, as such, it makes sense to be able to measure learners' knowledge of it. This is equally true whether we are interested in pedagogical assessment in classrooms or in language acquisition research" (55). Varios investigadores (Cameron 2002; Laufer 1998; Mochida y Harrington 2006, entre otros) explican la diferencia entre el tamaño o cantidad de vocabulario que posee una persona y la calidad o profundidad de dicho conocimiento. Es decir, el conocimiento de un ítem léxico puede oscilar entre el conocimiento receptivo, a través del cual el individuo simplemente reconoce una palabra, hasta un conocimiento productivo profundo que incluye aspectos como el conocimiento ortográfico y la información gramatical contenida en el ítem, como poder traducirlo, asociarlo a otras palabras, usarlo en el contexto apropiado, etc. Eyckmans (2004: 12) indica que en el proceso de aprendizaje de una palabra, por lo general, el conocimiento productivo va precedido del conocimiento receptivo. A esto, Cameron (2002) agrega que

> [a]cknowledging that word recognition measures can only tap into a small part of the complexity of vocabulary development does not imply that such measures are not important. Vocabulary size estimated through word recognition counts will give a guide to the outer limits of vocabulary knowledge, since words that are understood or used with any depth of meaning should be recognized. (150)

Un buen número de estudios han obtenido altos coeficientes de correlación entre el conocimiento léxico y otras habilidades lingüísticas (ej. Lafford *et al.* 2003; Meara 2003; Meara y Buxton 1987; Meara y Jones 1988; Mochida y Harrington 2006; Read 2000; Schmitt *et al.* 2011). Cameron (2002) explica que "[i]f vocabulary levels do reflect language development more generally, and if existing tests can be shown to be valid and reliable, then vocabulary testing might offer a relatively quick and easy way for researchers and schools to monitor progress in language development" (151). Otros estudios que muestran correlaciones entre la habilidad léxica y el conocimiento gramatical son el de Polinsky (2006), cuyos participantes fueron hablantes de herencia de origen ruso en los Estados Unidos, y el de Polinsky y Kagan (2007), en el cual documentan el mismo tipo de correlación entre ambos tipos de conocimiento en varias lenguas de herencia, incluyendo el español, el ruso, el coreano, el lituano y el polaco. Las investigadoras proponen que se utilicen los resultados de pruebas léxicas, que son relativamente fáciles de obtener, como medida equivalente a la de un conocimiento más general de la lengua en cuestión.

En algunos idiomas se ha calculado el número aproximado de palabras de alta frecuencia. En francés, el número de voces que se utiliza habitualmente alcanza las 7 000 u 8 000 palabras (Pinoche 1994: 48); en inglés, las 2 000 palabras de mayor frecuencia de uso dan cuenta de más del 80 % de todas las palabras en los textos orales y escritos (O'Keefe *et al.*, 2007: 48). Si bien el vocabulario del español cuenta con unas cien mil voces en los diccionarios generales y la competencia de un hablante culto alcanza a unas treinta mil palabras, "el léxico medio de una comunidad, el que emplean todos sus miembros, puede establecerse entre 3 000 y 5 000 términos, si bien no disponemos de datos fiables a este respecto" (Alvar Ezquerra 2004: 21). Juilland y Chang Rodríguez (1964) aplican una serie de fórmulas y establecen que el vocabulario básico de la lengua española consta de 5 024 ítems, que de acuerdo a Alvar Ezquerra "deberán constituir la base de la enseñanza del léxico" (2004: 33). Davies (2005) sugiere que "a frequency list with about 4 000 words total would cover about 90 % of all words that would be heard in a typical conversation…" y que "one would need about 7 000 words to achieve 90 % coverage in fiction writing, and nearly 8 000 words for non-fiction" (110). En cuanto a estudiantes de segunda lengua, el conocimiento de las cinco mil palabras de mayor frecuencia debería permitir la lectura y comprensión de textos auténticos (Schmitt *et al.*, 2001: 56).

Aunque es obvia la importancia del vocabulario en la adquisición de una lengua, Lafford *et al.* (2003: 130-1) señalan que la investigación en esta área no ha recibido la atención que merece, sobre todo cuando la lengua a estudiar es el español, ya que, por lo general, se favorecen otros aspectos lingüísticos. En cuanto al (re)conocimiento léxico, la mayoría de los estudios se ha llevado a cabo en inglés, con algunas investigaciones en francés y holandés (Eyckmans 2004). En español, en un estudio piloto, Fairclough y Ramírez (2009) hallaron una alta correlación entre una prueba de decisión léxica y un *cloze-test*, lo cual sugeriría que dicha prueba podría ser una herramienta válida y confiable que permitiría calcular el conocimiento lingüístico general del EHH; instrumentos de este tipo permitirían diferenciar entre los distintos niveles de habilidad en la lengua. Otro estudio (Fairclough 2011) notó, además de una correlación moderadamente alta entre el conocimiento receptivo de vocabulario y otras medidas de conocimiento gramatical, marcadas diferencias en los resultados de las pruebas de decisión léxica de los EHH y los estudiantes de español como segunda lengua. Estos últimos reconocieron o rechazaron palabras de acuerdo al nivel de exposición en las clases; los EHH, en cambio, eligieron un número mucho mayor de palabras reales, lo cual era de esperarse por haber estado expuestos a la lengua más que los pertenecientes al otro grupo. Una situación similar se encontró en el caso de las pseudopalabras; como estas seguían las reglas morfofonológicas del español, en contadas instancias confundían a los EHH, pues estos las seleccionaban pensando que eran palabras reales.

El presente estudio tiene como fin extender dicha línea de investigación. El propósito es: (a) tratar de calcular el "reconocimiento" léxico del estudiante bilingüe receptivo en Estados Unidos y (b) comparar dicho conocimiento con el que poseen los estudiantes pertenecientes a niveles más avanzados en el continuo bilingüe. El análisis de los resultados permitirá no solamente comprobar ciertas habilidades léxicas de los EHH, sino también contribuirá a la consolidación de una tipología de este grupo de estudiantes, lo que a su vez conducirá a un mejor entendimiento de sus necesidades pedagógicas.

Metodología. Participantes

El grupo de participantes estuvo conformado por un total de 183 estudiantes bilingües (véase Tabla 1) –135 mujeres y 48 hombres– que estaban cursando primero, segundo, tercero o cuarto año de español en la Universidad de Houston durante los dos semestres del año académico 2007-2008. Aproximadamente la mitad de los estudiantes había nacido en los Estados Unidos, y el resto en distintos países de habla hispana (aunque un alto porcentaje era de origen mexicano). La mayoría (68%) tenía entre 18 y 25 años de edad.

Grupo	2007	2008	N	(%)
G1 (Primer año)	11	17	28	(15,3 %)
G2 (Segundo año)	21	68	89	(48,6 %)
G3 (Tercer año)	24	14	38	(20,8 %)
G4 (Cuarto año)	28	0	28	(15,3 %)
Total	84	99	183	(100%)

TABLA 1. Distribución de los participantes: número y porcentaje en cada grupo

Los porcentajes reflejan la distribución de los estudiantes en los cursos de español. Se observa una mayoría (48,6 %) en los cursos de segundo año, nivel que los estudiantes deben completar para cumplir con el requisito de lengua. Relativamente pocos estudiantes hispanos entran a primer año (15,3 %); el examen de ingreso los ubica, por lo general, directamente en segundo año. Los porcentajes de tercer y cuarto año nos dan una idea del número de estudiantes que continúa especializándose en español en la institución en la que se llevó a cabo el estudio.

El Grupo de Control estuvo formado por 16 participantes nacidos en Argentina, Colombia, España, México, Nicaragua, Panamá, Paraguay, Perú y Estados Unidos, cuya(s) lengua(s) materna(s) era(n) español o español e inglés; todos ellos se encontraban cursando estudios de maestría y doctorado en el programa de español de la Universidad de Houston.

Instrumentos

Además de un cuestionario para obtener información sobre los participantes (país de origen del estudiante, sus padres y abuelos, primera lengua(s), estudios previos en español, contextos en los que utiliza el español, etc.), los estudiantes completaron una prueba de reconocimiento léxico de 120 palabras reales seleccionadas de *A Frequency Dictionary of Spanish: Core Vocabulary for Learners* de Davies (2006) que incluye las cinco mil palabras de mayor frecuencia del español. Dicho diccionario se creó en base a un corpus de veinte millones de lexemas de diferentes tipos de textos contemporáneos, tanto orales como escritos, de España y Latinoamérica. Se excluyeron las primeras 114 entradas por tratarse de lexemas funcionales de bajo contenido semántico. Luego, de forma aleatoria, se seleccionaron 24 palabras de cada nivel; es decir, 24 vocablos dentro de los mil más frecuentes, otros 24 entre mil y dos mil, y así sucesivamente, hasta completar un total de 120, que sirven como muestra de las cinco mil palabras de mayor frecuencia en el español. A las 120 palabras reales se agregaron 80 pseudopalabras que se inventaron teniendo en cuenta las restricciones morfo-fonológicas del español. Los 200 ítems léxicos se combinaron de manera aleatoria y se les dio diez minutos a los estudiantes para que marcaran aquellas palabras cuyo significado podrían explicar a un amigo. Los siguientes son ejemplos de la lista de palabras: *perder, calle, *temporante,*[2] *cuadrado, *monedir, *pelamente, estirar, debidamente, valioso.*[3]

Procedimiento

Se eligieron al azar clases enteras y todos los estudiantes completaron la prueba de reconocimiento léxico y el cuestionario de datos para comprobar que eran de origen hispano y que el español (o español e inglés) había sido su primera lengua. Luego se codificaron todas las respuestas obtenidas en base a la matriz que aparece en la Figura 1 y se creó un banco de datos.

Posibilidades

		Sí	No
	Palabra	RESPUESTA CORRECTA *(HIT)*	RESPUESTA INCORRECTA
Ítems	Seudopalabra	RESPUESTA INCORRECTA *(FALSE ALARM)*	RESPUESTA CORRECTA

FIGURA 1.

Todos los ítems se codificaron en primer lugar como (a) palabra o (b) pseudopalabra. Luego se asignó un punto a cada palabra real reconocida (*hits*) y a cada pseudopalabra marcada erróneamente como palabra real (*false alarms*), y cero a todas las demás respuestas.

Para computar los resultados de la prueba de reconocimiento léxico se utilizó el método basado en la Teoría de Detección de Señales (*Signal Detection Theory,* Beeckmans *et al.* 2001; Huibregtse *et al.* 2002), el cual ajusta los resultados teniendo en cuenta los casos en que los estudiantes simplemente adivinan la respuesta. La fórmula utilizada fue la siguiente (Figura 2):

174

$$I_{SDT} = 1 - \frac{4h(1-f) - 2(h-f)(1+h-f)}{4h(1-f) - (h-f)(1+h-f)}$$

I_{SDT} = Índice de la Teoría de Detección de Señales (*Signal Detection Theory*)

h = *hits* → (reconocimiento de una palabra real)

f = *false alarms* → (marcar como real una pseudopalabra)

FIGURA 2. Fórmula basada en la Teoría de Detección de Señales.

Análisis de los resultados

En términos generales, los EHH reconocieron un alto número de palabras de la lista seleccionada de las 5 000 palabras de mayor frecuencia del español: un promedio de 103,51 palabras del total de 120, con una desviación estándar del 18,36. También marcaron erróneamente como palabras reales un promedio de 18,30 de las 80 pseudopalabras (desviación estándar 12,57). Con el fin de verificar que la prueba léxica mide el constructo *conocimiento pasivo del vocabulario*, se llevó a cabo una prueba de coherencia interna basada en el número de palabras y pseudopalabras seleccionadas por los participantes. Se obtuvo un coeficientes *alfa* de Cronbach (α) = 0,971 para las palabras reales y de 0,940 para las pseudopalabras. Ambos valores confirman el alto grado de confiabilidad de la prueba.

Las siguientes estadísticas descriptivas (Tabla 2) se desprendieron del análisis de los datos utilizando la fórmula presentada en la sección anterior:

Media	0,658
Error típico de la media	0,012
Mediana	0,682
Moda	0,837
Desviación estándar	0,166
Asimetría	-0,449
Curtosis*	-0,337
Mínimo	0,220
Máximo	1,000

* Este término designa al indicador de la forma de la curva en forma de campana (*bell-shaped curve*).

TABLA 2. Estadísticas descriptivas de la muestra (Basada en I_{SDT}, n = 183)

La distribución de la muestra cae dentro de los parámetros considerados normales. La media, mediana y moda son similares, y la distribución resulta ser bastante simétrica, si bien los valores tienden a agruparse hacia la derecha de la curva. Esta asimetría algo negativa indica que para un buen número de los participantes, la prueba fue relativamente fácil. Las estadísticas descriptivas básicas aparecen ilustradas en la Figura 3.

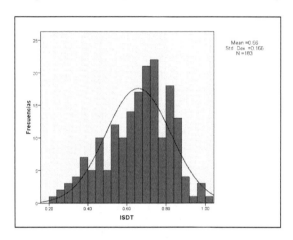

FIGURA 3. Estadísticas descriptivas de la muestra (Basada en I_{SDT}, n =183)

Los resultados de la prueba de reconocimiento léxico se calcularon usando el índice de la Teoría de Detección de Señales (I_{SDT}). La distribución de los resultados por grupo se muestra en la Tabla 3.

Grupo	Media	DE	Min.	Máx.
G1 (n = 28)	0,44	0,14	0,22	0,81
G2 (n = 89)	0,68	0,12	0,37	0,90
G3 (n = 38)	0,70	0,15	0,36	1,00
G4 (n = 28)	0,75	0,16	0,37	0,99
Control (n = 16)	0,97	0,08	0,75	1,00

$F (3, 179) = 31,416, p = 0,000$-

TABLA 3. Resultados de la prueba de reconocimiento léxico basados en la formula I_{SDT} (valor máx. = 1,00)

176

El resultado máximo que podía obtenerse con la fórmula era 1,00. Como se evidencia en la tabla 3, la media aumenta de manera gradual de un grupo al siguiente, desde 0,44 en el Grupo 1 a 0,75 en el Grupo 4, hasta llegar a 0,97 en el Grupo de Control. El rango oscila entre 0,22 (el mínimo en el primer grupo) hasta el máximo (1,00). La distribución de los promedios por grupo se puede observar claramente en la Figura 4.

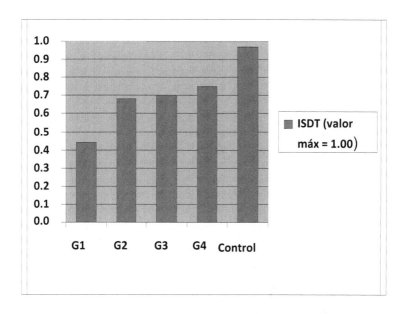

FIGURA 4. Distribución de los promedios por grupo

Los resultados de una prueba ANOVA unidireccional, comparando los cuatro grupos, indican que hay un efecto significativo de grupo (F (3, 179) = 31,416, p = 0,000). Una prueba subsecuente (*Post Hoc* Bonferroni) muestra con exactitud dónde están las diferencias. La prueba léxica revela diferencias significativas al nivel 0,01 entre el primer año y los demás. Los promedios de la prueba léxica de segundo, tercero y cuarto años no difieren significativamente entre sí desde el punto de vista estadístico.

Asimismo se cuantificó el número de palabras reales por nivel de frecuencia que seleccionó cada estudiante. Los porcentajes por grupo se pueden observar en la tabla 4.

Grupos

Banda de Frecuencia	G1 (n = 28)	G2 (n = 89)	G3 (n = 38)	G4 (n = 28)	Control (n = 16)
0 000-1 000	86%	99%	98%	98%	100%
1 000-2 000	70%	94%	96%	98%	100%
2 000-3 000	52%	90%	94%	97%	99%
3 000-4 000	53%	82%	86%	92%	99%
4 000-5 000	48%	79%	87%	91%	97%
Media	**62%**	**89%**	**92%**	**95%**	**99%**

TABLA 4. Porcentajes de selección de palabras reales en cada grupo según el nivel de frecuencia de uso (24 palabras de cada nivel)

La Tabla 4 muestra claramente que, a medida que disminuye el nivel de frecuencia (la banda de 0 000-1 000 incluye las palabras más frecuentes), disminuye el porcentaje total de palabras reales elegidas en todos los grupos, aun en el Grupo de Control. También se puede notar la marcada diferencia en los porcentajes del Grupo 1 (62 %) de las 5 000 palabras, o sea alrededor de 3 000, comparado con los demás grupos (G2 = 89 %, G3 = 92 %, y G4 = 95 %) que superan las 4 500. El Grupo de Control, como era de esperarse, obtiene un resultado casi perfecto (99 %), mostrando un dominio casi total de las 5 000 palabras de mayor frecuencia.

Comentarios y conclusiones

Del estudio se obtuvieron los siguientes resultados:

(a) una correlación significativa entre los resultados de la prueba léxica y las demás pruebas (el *Cloze Test* y la Prueba de actividades múlti-ples), lo que indicaría una estrecha relación entre el conocimiento pasivo del vocabulario y el conocimiento general de la lengua.

(b) un aumento gradual de un grupo al siguiente en las medias de la prueba de conocimiento léxico (al aplicarse la fórmula se obtuvieron los siguientes resultados: G1 = 0,44, G2 = 0,68, G3 = 0,70 y G4 = 0,75. El Grupo Control alcanzó un promedio de 0,97).

(c) la frecuencia de uso refleja el nivel de dificultad del lexema, lo cual confirma la validez de la prueba.

(d) una diferencia entre los grupos estudiados que solamente resulta significativa al comparar el primer grupo con los restantes.

Con respecto a (d), un léxico de cinco mil palabras no es lo suficientemente amplio como para diferenciar con precisión entre los grupos más avanzados. Como se indicó en la primera parte de este trabajo, parecería que el límite entre palabras de alta y baja frecuencia en español se encuentra en los 5 000 ítems léxicos. Teniendo en cuenta los resultados de este estudio, se puede afirmar con seguridad que muchos de los EHH ya poseen un amplio conocimiento receptivo que incluye la mayor parte de las 5 000 palabras de mayor frecuencia. Por lo tanto, haría falta una lista de palabras más extensa para poder medir de manera más precisa el conocimiento léxico de los grupos más avanzados y así poder distinguir entre ellos. Si bien a través de los años se han publicado varias listas y diccionarios de frecuencia del español, la mayoría presenta un sinnúmero de limitaciones debido a que están basados en un dialecto específico o exclusivamente en datos escritos, o bien se trata de material antiguo (Davies y Face 2006: 133-134 ofrecen una reseña de las listas y los diccionarios de frecuencia más conocidos en español). Lamentablemente, el diccionario de Davies basado en el *Corpus del Español* (www.corpusdelespanol.org) que se publicó electrónicamente en 2002, se limita a 5 000 palabras, lo cual restringe los tipos de estudio que pueden llevarse a cabo.

(e) la presencia de una división muy clara entre los estudiantes receptivos (G1) y los demás.

De los resultados se desprende que los estudiantes receptivos parecerían reconocer hasta un 60 % de las 5 000 palabras, o sea, tendrían un léxico pasivo de hasta 3 000 ítems, si bien la mayoría de esas palabras pertenecen a las bandas de mayor frecuencia (alrededor de dos terceras partes de las 2 000 palabras más frecuentes y solo la mitad de las de menor frecuencia del corpus). Los demás grupos reconocen alrededor del 90 % (es decir, unas 4 500 palabras) de las 5 000 palabras de mayor frecuencia del español.

Los resultados de este estudio sugieren que para poder ingresar a cursos de español para hispanohablantes de nivel intermedio, en los cuales se espera que el estudiantado pueda leer textos bastante extensos en español y escribir composiciones, es necesario que los EHH posean un conocimiento pasivo promedio que se acerque al número establecido por los investigadores (Alvar Esquerra 2004; Davies 2006; Juilland y Chang Rodríguez 1964) para el vocabulario básico de la lengua española, es decir alrededor de 5 000 ítems. Este hecho fue confirmado con los resultados del presente estudio y coincide además con la cifra establecida para el inglés (véase la sección 1.2). Esto nos conduce a su vez a proponer que los EHH principiantes, generalmente bilingües receptivos que ingresan a cursos de primer año, si bien reconocen un número considerable de palabras de alta frecuencia, deberían aumentar y consolidar su conocimiento léxico para poder desempeñarse de manera exitosa en cursos más avanzados de español.

En estudios llevados a cabo en inglés, Schmitt *et al.* (2011) proponen la existencia de una relación lineal entre la cantidad de vocabulario que posee un individuo y el grado de comprensión de lectura. Kondo-Brown (2010) señala que no existen estudios cuantitativos relacionados con vocabulario y comprensión de lectura realizados con estudiantes de español como lengua de herencia, a excepción del de McQuillan (1996), un estudio cuasi experimental que examina el efecto positivo de la lectura libre en el aprendizaje de vocabulario académico por parte de los estudiantes de herencia. Sin embargo, un estudio piloto reciente llevado a cabo con dos cursos completos de EHH del nivel intermedio en la Universidad de Houston (Velázquez, sin publicar) concluye que

> [e]l conocimiento del vocabulario es solo uno de los aspectos que contribuye a una mejor comprensión de lectura; sin embargo, juega un papel decisivo ya que para demostrar una comprensión satisfactoria de un texto académico (de 70 puntos de un total de 100 en una prueba de comprensión de lectura), los participantes deben tener una cobertura de alrededor del 98 % de su vocabulario. Esta cifra indica que debe prestarse más atención a la enseñanza/aprendizaje del vocabulario.

La autora añade que también existen varios otros factores, tales como la capacidad de inferencia, el manejo de la estructura discursiva, el conocimiento de la gramática, entre otros, que no deben descuidarse ya que forman parte integral del proceso de lectura, y que en muchos casos es posible que los instructores den por sentado cierta transferencia de habilidades del inglés al español, que en la práctica no está sucediendo.

Estudios adicionales llevados a cabo con EHH de otras áreas geográficas de los Estados Unidos, sumados a investigaciones sobre la producción léxica de esta población, permitirán no solo comprobar ciertas habilidades lingüísticas sino también contribuirán a la consolidación de una tipología de este grupo de estudiantes, lo que a su vez conducirá a un mejor entendimiento de sus necesidades pedagógicas.

.

NOTAS

[1] Según Valdés (2000) "a heritage language learners is a student who is raised in a home where a non-English language is spoken, who speaks or merely understands the heritage language, and who is to some degree bilingual in English and the heritage language" (1).

[2] Los ítems precedidos de un asterisco (*) son las pseudopalabras.

[3] La lista completa de palabras aparece en el Apéndice 1 y la de pseudopalabras en el Apéndice 2.

[4] Conjuntamente con la prueba de reconocimiento léxico y con el propósito de validarla, se les pidió a los participantes que completaran un *Cloze Test* (Subgrupo 2007, n = 84); este consistió en un párrafo en el que se elidió cada quinta palabra, dejando 23 espacios en blanco que el estudiante debía completar, y una prueba de actividades múltiples (Subgrupo 2008, n = 99), que consistía en una traducción parcial, un dictado, un párrafo para completar con la forma correcta del verbo y una sección de respuestas múltiples que incluía diferentes aspectos gramaticales. La correlación entre la prueba de reconocimiento léxico y las otras pruebas resultó significativa ($p < 0,01$): para el *Cloze Test* el resultado del Pearson r *(84)* ≈ 0,786, y para la prueba de actividades múltiples, el Pearson r *(99)* ≈0,584. Una correlación estadísticamente significativa es señal de una estrecha relación entre el conocimiento pasivo del vocabulario y el conocimiento general de la lengua, y sirve para validar la prueba léxica.

OBRAS CITADAS

Alvar Ezquerra, Manuel. (2004). "La frecuencia léxica y su utilidad en la enseñanza del español como lengua extranjera." *Actas del XV Congreso Internacional de ASELE*, 19-39. Web. 4 junio 2011

Beeckmans, Renaud, June Eyckmans, Vera Janssens, Michel Dufranne y Hans Van de Velde. (2001). "Examining the Yes-No Vocabulary Test: Some Methodological Issues in Theory and Practice." *Language Testing* 18: 245-74. Impreso.

Cameron, Lynne. (2002). "Measuring Vocabulary Size in English as an Additional Language." *Language Teaching Research* 6.2: 145-73. Impreso.

Carreira, María. (2003). "Profiles of SNS Students in the Twenty-first Century: Pedagogical Implications of the Changing Demographics and Social Status of U.S. Hispanics." *Mi Lengua: Spanish as a Heritage Language in the United States*. Ed. Ana Roca y M. Cecilia Colombi. Washington, D.C.: Georgetown UP. 51-77. Impreso.

Davies, Mark. (2006). *A Frequency Dictionary of Spanish: Core Vocabulary for Learners*. London: Routledge. Impreso.

Davies, Mark, y Timothy L. Face. (2006). "Vocabulary Coverage in Spanish Textbooks: How Representative Is It?" *Selected Proceedings of the 9th Hispanic Linguistics Symposium*. Ed. Nuria Sagarra y Almeida Jacqueline Toribio. Somerville, M.A.: Cascadilla Proceedings Project. 132-43. Impreso.

Eyckmans, June. (2004). "Measuring Receptive Vocabulary Size: Reliability and Validity of the Yes / No Vocabulary Test for French-speaking Learners of Dutch." Disertación doctoral. Utretch: LOT, Landelijke Onderzoekschool Taalkunde. Impreso.

Fairclough, Marta. (2005). *Spanish and Heritage Language Education in the United States: Struggling with Hypotheticals*. Madrid / Frankfurt: Iberoamericana Libros-Vervuert. Impreso.

——. (2011). "Testing the Lexical Recognition Task with Spanish/English Bilinguals in the United States." *Language Testing* 28.2: 273-97. Impreso.

Fairclough, Marta, y Carlos Ramírez. (2009). "La prueba de decisión léxica como herramienta para ubicar al estudiante bilingüe en los programas universitarios de español." *Íkala: Revista de lenguaje y cultura* 14.21: 85-99. Impreso.

Fishman, Joshua A. (1991). *Reversing Language Shift*. Clevedon, UK.: Multilingual Matters. Impreso.

Hernández-Chávez, Eduardo. (1993). "Native Language Loss and Its Implications for Revitalization of Spanish in Chicano Communities." *Language and Culture in Learning: Teaching Spanish to Native Speakers of Spanish*. Ed. Barbara J. Merino, Henry T. Trueba y Fabián A. Samaniego. London: The Falmer P. 45-57. Impreso.

Huibregtse, Inike, Wilfried Admiraal y Paul Meara. (2002). "Scores on a Yes-No Vocabulary Test: Correction for Guessing and Response Style." *Language Testing* 19.3: 227-45. Impreso.

Juilland, Alphonse, y Eugenio Chang Rodríguez. (1964). *Frequency Dictionary of Spanish Words*. London-The Hague-Paris: Mouton. Impreso.

Kondo-Brown, Kimi. (2010). "Curriculum Development for Advancing Heritage Language Competence: Recent Research, Current Practices, and a Future." *Annual Review of Applied Linguistics* 30: 24-41. Impreso

Lafford, Barbara A., Joseph G. Collentine y Adam S. Karp. (2003). "The Acquisition of Lexical Meaning by Second Language Learners: An Analysis of General Research Trends with Evidence from Spanish." *Spanish Second Language Acquisition: State of the Science*. Ed. Barbara A. Lafford y Rafael Salaberry. Washington, D.C.: Georgetown UP. 130-59. Impreso.

Laufer, Batia. (1998). "The Development of Passive and Active Vocabulary in a Second Language: Same or Different." *Applied Linguistics* 19.2: 255-71. Impreso.

McQuillan, Jeff. (1996). "How Should Heritage Languages Be Taught? The Effects of a FreeVoluntary Reading Program." *Foreign Language Annals* 29: 56–72. Impreso.

Meara, Paul M. (2003). "Designing Vocabulary Tests for English, Spanish and Other Languages." *Dynamics of Language Use: Functional and Contrastive Perspectives*. Ed. Christopher S. Butler *et. al*. Philadelphia, PA: John Benjamins. 271-85. Impreso.

Meara, Paul M., y Barbara Buxton. (1987). "An Alternative to Multiple Choice Vocabulary Tests." *Language Testing* 4: 141-54. Impreso.

Meara, Paul M., y Gareth P. Jones. (1988). "Vocabulary Size as a Placement Indicator." *Applied Linguistics in Society*. Ed. Pamela Grunwell. London: Center for Information on Language Teaching and Research. 80-87. Impreso.

Mochida, Akira, y Michael Harrington. (2006). "The Yes / No Test as a Measure of Receptive Vocabulary Knowledge." *Language Testing* 23.1: 73-98. Impreso.

O'Keeffe, Anne, Michael McCarthy y Ronald Carter. (2007). *From Corpus to Classroom: Language Use and Language Teaching*. Cambridge, UK: Cambridge UP. Impreso.

Picoche, Jacqueline. (1994). *Précis de lexicologie française. L'étude et l'enseignement du vocabulaire*. Paris: Nathan. Impreso.

Polinsky, Maria. (2006). "Incomplete Acquisition: American Russian." *Journal of Slavic Linguistics* 14: 161-219. Impreso.

Polinsky, Maria, y Olga Kagan. (2007). "Heritage Languages: 'In the 'Wild' and in the Classroom." *Language and Linguistic Compass* 1:5: 368-35. Impreso.

Reed, John. (2000). *Assessing Vocabulary*. Cambridge, UK: Cambridge UP. Impreso.

Schmitt, Norbert, Diane Schmitt y Caroline Clapham. (2001). "Developing and Exploring the Behavior of Two New Versions of the Vocabulary Levels Test." *Language Testing* 18.1: 55-88. Impreso.

Schmitt, Norbert, Nan X. Jiang y William Grabe. (2011). "The Percentage of Words Known in a Text and Reading Comprehension." *Modern Language Journal*, 95.1: 26-43. Impreso.

U.S. Census Bureau. (2011). "The Hispanic Population: 2010." *2010 Census Briefs*. Web. 15 nov. 2011.

Valdés, Guadalupe. (2000). "Introduction." *Spanish for Native Speakers: Volume I, AATSP Professional Development Series. Handbook for Teachers K-16*. Fort Worth, TX: Harcourt Publishers. 1-20. Impreso.

Velázquez, Edna Viviana. (2011). "Vocabulario y comprensión de lectura: un estudio con hablantes de español como lengua de herencia." Ms.

Veltman, Calvin. (2000). "The American Linguistic Mosaic: Understanding Language Shift in the United States." *New Immigrants in the United States*. Ed. Sandra L. McKay y Sau-ling Cynthia Wong. Cambridge, UK: Cambridge UP. 58-93. Impreso.

APÉNDICES

Apéndice 1: Lista de palabras reales por nivel de frecuencia

0-1 000	1 000-2 000	2 000-3 000	3 000-4 000	4 000-5 000
vivir	matrimonio	colgar	encendido	caridad
perder	acontecimiento	aceite	cazar	indudable
mil	ajeno	selva	cemento	cuidadoso
calle	tren	valioso	enfermero	vejez
morir	cadena	cuadrado	descargar	poblar
pagar	silla	copa	reemplazar	ida
comer	fuego	ruso	prisa	mármol
aprender	pegar	judío	lástima	parroquia
esfuerzo	verdaderamente	desarrollado	pauta	cima
lleno	seguido	amable	cocinar	conejo
escuela	beber	pelota	despacio	apurar
joven	rendir	despacho	reparto	abanico
lanzar	amarillo	trozo	martes	encabezar
mar	mezcla	remontar	incierto	dichoso
precio	cocina	mediodía	puño	congelado
junto	playa	húmedo	liso	desayunar

carne	tiro	madurez	estirar	burro
debajo	suave	novio	prescindir	caldo
mío	desprender	enterrar	cuna	bicho
derecho	encerrar	convivencia	reposo	adentrar
vino	dulce	obrero	desbordar	buey
salud	muro	presionar	desechar	desconcertado
llamada	lentamente	cabello	aula	veintidós

Apéndice 2: Lista de pseudopalabras

ropecer	tarjetar	confúnfuro
a cotal de	consentianza	festivar
inmuestro	inoro	tiblio
caliudo	carretante	conspiretas
verdarizante	nisernita	recalto
belingente	disalejante	benefocio
pajano	abucar	camindate
calpurria	churruminos	recelto
encandente	eguero	gustamete
sagón	larguir	sapuntia
monedir	rechil	llaveno
espinajes	pelamente	traqueno
paritramos	robonente	releerizate
compostir	alcanaban	billetar
soñarezco	reprendizaje	alabazante
saboritir	olvidencia	aprestor
partanada	bellarizante	calorar
jaldo	por lo jaste	con descuerdo a
partativa	canupia	confundizante
tradizo	paujón	errórico

LA ILUSIÓN DE UNA LENGUA: EL *SPANGLISH* ENTRE REALIDAD Y UTOPÍA

Silvia Betti

Alma Mater Studiorum-Università di Bologna y *ANLE*

¿ILEGAL EN WASHINGTON DC?

[...]
Así hoy se *introdujo* el *rufero*
llegando en su *trocka* a mi casa,
para *fixear* el viejo techo
que por las lluvias ya *likeaba*.

Al escuchar esas palabras
¡cuántas penas me invadieron!
Hicieron de mi orgullo hispano
casi del todo un esqueleto.
[...]
Poema de Luis Alberto Ambroggio

Introducción

En 1933, el escritor H.G. Wells predecía en su novela *La forma de las cosas por venir* que para el siglo XXI el español y el inglés se convertirían en "lenguas entrecruzadas." Y, efectivamente, como escribía este famoso autor de ciencia ficción hace muchos años, actualmente, en los Estados Unidos el español y el inglés conviven y comparten, en muchos casos, los mismos espacios.

Todo eso no puede extrañarnos, ya que, si consideramos los datos del censo estadounidense[1] publicados en el sitio del Pew Hispanic Center el 24 de marzo de 2011, podemos observar que los latinos[2] han llegado a la sorprendente cifra de 50 478 millones (54 166 049 incluyendo a Puerto Rico), es decir, el 16,3 % de la población de los Estados Unidos:

The 2010 Census counted 50.5 million Hispanics in the United States, making up 16.3% of the total population. The nation's Latino population, which was 35.3 million in 2000, grew 43% over the decade. The Hispanic population also accounted for most of

189

the nation's growth –56%– from 2000 to 2010. (Cohn, Passel, y López 2011: 1)

Se trata de una población, pues, claramente importante, con una lengua y una cultura diferentes de la anglosajona, en evidente expansión y que se desarrolla en el país más poderoso del mundo. "Su importancia por eso es aún mayor para el futuro de la lengua de lo que sería en otro marco de referencia" (Garrido Moraga 2001).

La importancia de la lengua española y de la cultura latina en los Estados Unidos

Según la Oficina del Censo estadounidense[3], en 2009, de una población total de estadounidenses mayores de 5 años de 285 797 349, se calculaba que hablaban español en sus hogares 35 468 501 personas, es decir, el 12,4 % de la población de los Estados Unidos; el resto o eran menores de 5 años, o hablaban el español como segunda lengua, o hablaban solo inglés. Estos datos muestran que en los Estados Unidos la lengua española ha adquirido a lo largo de los años una vitalidad creciente. En relación con el aspecto lingüístico, se observa que la comunidad hispana se compone de anglohablantes, hispanohablantes y bilingües (más o menos equilibrados). Noya *et al.* (2008: 112) opinan que la lengua representa un elemento fundamental, integrador, en relación con la reproducción y la continuidad de la comunidad en el tiempo, "el cemento social que une a las distintas nacionalidades." Sin embargo, para estos autores, las grandes oleadas migratorias producen actualmente una falsa ilusión sobre el futuro del español en los Estados Unidos, ya que se pierde entre la primera y la segunda generación "aunque ahora por cada hispanohablante que se pierde llegan dos nuevos inmigrantes" y observan que

> [e]n términos agregados, el español ahora mismo se mantiene por reemplazo, no por socialización. En el "cementerio de lenguas" que es EE.UU., la segunda generación habla mayoritariamente inglés. El español se usa sólo en casa y el bilingüismo perfecto es minoritario. En el mejor de los casos, se da la diglosia. En la segunda generación, sólo lo habla el 40% de los adolescentes. (112)

La vitalidad de la lengua española en los Estados Unidos, en todo caso, es tan pujante que en algunos estados de la Unión, con una importante presencia hispana, nació en los años 80 el movimiento denominado *English Only* (1983), que luchaba contra el bilingüismo, contra la difusión del español en los territorios estadounidenses, en defensa de la lengua inglesa y con la intención de suprimir incluso la educación bilingüe:[4]

> En el año 2002, el Congreso rechazó la Ley de Educación Bilingüe, que había financiado el desarrollo de programas, la formación de profesores y los servicios de apoyo durante más de treinta años. La ley que la reemplazó, Ley de Adquisición de la Lengua Inglesa, elimina todas las referencias al bilingüismo e incluye provisiones concebidas para desanimar la instrucción en la lengua nativa. (Fernández Ulloa y Crawford 2006: 3)

Muchos políticos siguen esta misma línea. El mismo Gingrich, por ejemplo, quien se postuló en cierto momento como candidato republicano en las elecciones presidenciales de 2012, insiste en que favorece el inglés como lengua común y unificadora, a pesar de usar el español para dirigirse a los votantes latinos. Cabe recordar que la mayoría de los latinos en los Estados Unidos desean que sus hijos aprendan bien el inglés, considerado *clave* del éxito en este país, y se integren (o, en otros casos, se asimilen) en la sociedad estadounidense. Efectivamente, Criado (2004: 133) advierte que hay un punto en el que coinciden padres, educadores y políticos, es decir, que el dominio del inglés es esencial para avanzar en la sociedad estadounidense; pero, al mismo tiempo, agrega esta investigadora (2004: 147), hay una importante mixtificación de la lengua inglesa. Adoptar el inglés, en efecto, es "*símbolo* y *garantía* de que se está en el camino de –o se ha cumplido con– la tan *deseada* (como *inevitable*) asimilación." Es verdad, prosigue Criado, "que es condición necesaria para desenvolverse en la sociedad y acceder a mejor posición y empleo, pero es evidente también que su mayor dominio no garantiza estos logros: ahí están los datos de pobreza de los puertorriqueños, por ejemplo, sin olvidar los de los afroamericanos." (147) Noya *et al.* (2008) subrayan que los hispanos no comparten solo la lengua, sino también otros aspectos que los diferencian de los anglosajones, entre ellos, por ejemplo, el catolicismo frente al protestantismo, la importancia de la familia frente al individualismo estadounidense, otra cultura del cuerpo... Estos grupos étnicos son heterogéneos, formados por identidades sociales muy diferentes y muestran una gran complejidad: una notable riqueza de razas (mestizos, negros, etc.), de clases (nuevos pobres y nuevos ricos) y, como es sabido, de generaciones (primera, segunda, tercera...) (Noya *et al.* 2008). Otra característica que diferencia a los latinos de la población estadounidense, destacan Álvarez y Barberena (2008), es la juventud. Según los datos de estos autores, la edad promedio es de 28 años (la del resto es de 37); otro dato importante es que la edad promedio de los hispanos nacidos en Estados Unidos es de 17. Por lo que atañe al país de origen, dos de cada tres hispanos (65 %) son de origen mexicano y le siguen de lejos los puertorriqueños, los cubanos y los dominicanos. Además, el 60,1 % de los hispanos nació en los Estados Unidos, por lo que es incorrecto, explican Álvarez y Barberena, considerar extranjero al hispano. Según este estudio, hablar español, de todas formas, no es un requisito indispensable para que una persona se identifique como hispana: tres de cada cuatro hispanos hablan sobre todo español en su casa, mientras que el 22 % solo habla inglés en su hogar. El español, como se desprende de estos datos, es el idioma principal, pero el uso del inglés aumenta "de acuerdo con las circunstancias, pues llega a ser el más utilizado en el ámbito laboral" (2). El 53,7 % es bilingüe, es decir, declara que habla español e inglés "muy bien" o "bien," mientras que el 60,7 % de los hispanos afirma hablar inglés muy bien o solo habla inglés. Desgraciadamente, uno de los aspectos que más diferencia a los *hispanounidenses* del resto de la población norteangloamericana es la educación. "Mientras que el 23,8 % de los hispanos mayores de 25 años completó menos de nueve años de estudios, entre la población total en Estados Unidos ese porcentaje es de apenas 6,5" (Álvarez y Barberena 2008: 2-3). Por lo que concierne a la cultura, según una encuesta de *impreMedia* (2010), la compañía líder hispana en noticias e información, el 63 % de los latinos entrevistados respondió que, en los Estados Unidos, tanto la cultura como la lengua española son más aceptadas actualmente que hace cinco años. En esta encuesta se explica, por ejemplo, cómo la cultura de las comunidades latinas influye en las otras comunidades estadounidenses no solo en el tipo de comidas, sino también en la música de las emisiones de radios, en los deportes y en el tipo de productos que adquiere los consumidores. Los latinos que contestaron en español declararon "ver el futuro con más optimismo que aquellos que respondieron en inglés." Además, el 67 % de los encuestados manifestó que "la cultura y la tradición que traen de sus países es muy importante para ellos y que planean transmitir e inculcar dicha tradición a sus hijos. Cuando se les preguntó a los participantes si se sentían orgullosos de ser latinos, el 72% respondió afirmativamente."[5]

El cambio de códigos entre el inglés y el español en los Estados Unidos: ¿*spanglish*?

Varios estudios realizados sobre todo en comunidades de hablantes de inglés-español en los Estados Unidos señalan la complejidad de ese comportamiento lingüístico y demuestran que el cambio de códigos se rige por una serie de elementos que permite practicar este cambio solamente a quien conoce bien ambas lenguas (Poplack 1980; Lipski 1982; Silva-

Corvalán 1989; Myers-Scotton 1993; Medina López 1997; Scannavini 1994; Zentella 1998; Appel y Muysken 1996; Berruto 2005, entre otros). Gimeno Menéndez (2001), por su parte, escribe que este cambio de códigos aparece frecuentemente en los hablantes hispanos bilingües, sobre todo en las modalidades mexicomericanas y puertorriqueñas. El cambio de códigos y la mezcla de códigos entre el inglés y el español se consideran, entre otras, manifestaciones lingüísticas típicas del fenómeno que se define popularmente como *spanglish*.[6] El *spanglish* se puede describir como un sistema de comunicación familiar, que *no* representa ni el español *en* los Estados Unidos ni el español *de* los Estados Unidos, sino una estrategia expresiva natural, reflejo de una sociedad y de las personas que lo hablan, que da la posibilidad de comunicarse pasando simultáneamente de un código a otro, del inglés al español o viceversa, o de mezclar estas dos lenguas en los discursos dialógicos espontáneos, o incluso de inventar nuevos términos. De todos modos, creemos que es más que una hibridación lingüística, para algunos latinos es una especie de barrera protectora, de autodefensa contra un mundo ajeno, pero sobre todo es una señal de identidad y, por lo tanto, se trata de un fenómeno más complejo de lo que parece, como se ve, por ejemplo, en la literatura de muchos escritores latinos, donde ese *tercer código* (Lipski 2004) canaliza su mestizaje en sentido amplio. Según Lipski (2008: 70), en cambio, el término carece de sentido, ya que encierra fenómenos lingüísticos dispares:

> In particular, Spanglish in any of its many avatars does not meet the definitions of true mixed or intertwined languages: that is, languages containing lexical category items (nouns, adjectives, etc.) from one language and functional elements (inflectional morphemes, prepositions, articles, etc.) from another. Rather, Spanglish is an overly facile catchphrase that has been used to refer to so many disparate and inaccurately described language phenomena as to have become essentially meaningless.

Lo mismo opina Otheguy (2009: 222), que rechaza este vocablo también por ser portador de una carga ideológica. Otheguy prefiere hablar de "español popular de los Estados Unidos," es decir, aquella habla que todos los hispanos utilizan en los momentos más informales, el habla de la familia, de la tienda, de la iglesia, de la calle, "sobre todo cuando es usada por hispanohablantes que normalmente leen y escriben en español con poca frecuencia, pero que lo utilizan con regularidad y fluidez en sus formas orales." Es normal, en palabras de Otheguy, que las palabras adquieran significados locales, distintos de los de la lengua general. También Silva-Corvalán (2001: 302) aboga por el más neutral "U.S. Spanish." Sin embargo, a pesar de comprender la posición de Otheguy, Lipski y Silva-Corvalán, entre otros, la dificultad de describir este fenómeno tan complejo reside en el hecho de que no se trata solo de una hibridación lingüística, sino también de un comportamiento comunicativo e identitario, como mencionamos, que refleja la realidad social del país. Se trata, para una parte de los latinos, de una manera de vivir, de una identidad que no para de formularse, resultado de comunidades en movimiento que generan nuevos referentes culturales. Según algunos autores, significa libertad de expresión y una elección lingüística que puede servir para relacionarse socialmente. "I am my language," afirmó la novelista Gloria Anzaldúa.

Una posible explicación del fenómeno *spanglish*

En un trabajo reciente, Antonio Torres Torres (2009: 83-84) afirma que "la situación del español en la Unión reviste un gran dinamismo y no puede separarse del contacto con el inglés, la lengua dominante." Y agrega que entre dos extremos, es decir, monolingües en español y monolingües en inglés, se encuentra "un continuo bilingüe representado por hablantes que se sitúan en distintos puntos de la cadena, y que se dirigen inexorablemente desde el español hacia el inglés." Torres Torres observa que "en estas condiciones de contacto de lenguas y de culturas, se producen transformaciones en los individuos, en su sentido de identidad." Otros estudios (Torres 1997) han demostrado que es en la propia condición bilingüe donde se ven los principales signos de identidad etnolingüística y no en la lealtad o preferencia hacia una de las dos lenguas. De ahí que fenómenos del discurso bilingüe como la conmutación de códigos desempeñen un papel decisivo (Blas Arroyo 2005: 360) y sean una de las manifestaciones más significativas del bilingüismo y del plurilingüismo (Berruto 2005). Además de la conmutación de códigos, la invasión de anglicismos en el español general de los Estados Unidos permitió crear el término *spanglish,* que se refiere, como acabamos de ver, a lo que popularmente se considera como una variedad mixta entre los dos idiomas (Blas Arroyo 2005: 390).[7] *Spanglish* es el término actualmente más generalizado, pero se conocen también las formas espanglish (incluido recientemente, a instancias de la Academia Norteamericana de la Lengua Española, en el *Diccionario de la Real Academia Española), espanglis* o *espanglés*. Existen, además, los vocablos *slanglish, casteyanqui, ingleñol, bilingo, chicano, Tex-Mex, tejano, pocho, caló, pachuco, papiamento gringo, español bastardo, español mixtureado, spanglés, angliparla,* etc. (Moreno Fernández 2006; Torres Torres 2004), pero, por ejemplo, *Tex-Mex, caló, pachuco, pocho,* entre otros, según algunos autores, no se pueden considerar sinónimos de *spanglish*. Villegas (2006) propone también el término *gringa-ñol*. A pesar de las citadas denominaciones, cabe especificar que el térmi-no *spanglish* es lingüísticamente impreciso, ya que agrupa el empleo de préstamos lingüísticos, calcos de la lengua inglesa en el discurso en espa-ñol, creación de vocablos nuevos,[8] conmutación de códigos y mezcla de códigos..., entre otros. Hay estudiosos que prefieren hablar de un estilo bilingüe (*spanglish*) que rompe con el canon de "pureza gramatical." A menudo, el contacto entre dos lenguas diferentes se manifiesta solo a través de préstamos léxicos de una lengua a otra, lo que representa una influencia superficial desde el punto de vista lingüístico (López Morales 1989: 163). Etiquetar este fenómeno lingüístico, pues, no es sencillo, ya que depende del punto de vista de cada estudioso. López Morales (2008: 183; 2010: 345), por su parte, se pregunta: "¿Qué es el *espanglish*, si es que es algo? ¿Hay un solo *espanglish* o existen variedades dialectales? ¿Cuál es el soporte demográfico del *espanglish*? ¿Se dan situaciones digló-sicas en las que el *espanglish* sea la variedad baja y el inglés la alta?" Es-tos interrogantes, como se puede comprobar, no tienen actualmente una respuesta unívoca. López Morales explica que hoy en día la sola respuesta posible a la primera pregunta es que el *spanglish* es una etiqueta que se usa para "señalar un español muy transferido, sobre todo en el plano léxico, por el inglés, y además, a situaciones de alternancias de códigos entre es-pañol e inglés" (López Morales 2010: 346). Otheguy (2007: 5-6) lo com-para al *unicornio*, caballo mitológico, que no existe en la vida real. Y en otro trabajo reciente (2009: 240), este mismo autor observa:

> Pero no porque la distinción sea acertada podemos aceptar que los usos y prácticas del bilingüe tengan que tener un nombre, ni que sea aconsejable que ese nombre sea *espanglish*, pues el uso del vocablo desemboca, siempre, en confusiones y equívocos, inducidos por la forma de la palabra, equívocos de los cuales no están exentos los lingüistas y educadores, ni siquiera los mismos autores que insisten en que, para ellos, *espanglish* no es el nombre de una lengua híbrida sino de prácticas lingüísticas bilingües.

Mientras que para Lipski (2008: 71) se trata de una definición que se aplica a la modalidad de habla de las clases inferiores: "I suggest that Spanglish, as most commonly used, is no more than the latest addition to the list of epithets and slurs applied to the speech of the underclasses, and that the true nature of the Spanish-English interface must be sought from an additive rather than a substractive viewpoint." En su discurso de ingreso en la Real Academia Española, el 22 de noviembre de 1981, titulado

Utrum Lingua An Loquentes? (*Sobre las presuntas dolencias y carencias de nuestro idioma*), Emilio Lorenzo, hablando sobre el español utilizado en los Estados Unidos y el *spanglish*, aclaraba:

> Conocido es el intento –no enteramente frustrado– de facilitar a la minoría puertorriqueña de Nueva York el acceso inmediato a servicios municipales y estatales, previstos para angloparlantes, mediante esa lengua híbrida conocida como *spanglish,* basada en muchos usos extendidos entre la densa población hispánica de aquella gran ciudad. El hecho ha sido suficientemente comentado y censurado, pero debe recordarse que, en principio, se trataba de un ensayo bien intencionado de las autoridades para resolver sin demora situaciones de urgencia médica, administrativa o jurídica en que estos ciudadanos unilingües se hallaban en patente inferioridad.

Lorenzo ponía también de relieve que en California el acercamiento a los hispanohablantes era además político, y el español en que se redactaban estos textos de orientación representaba un "producto idiomático híbrido que delata precipitación e ignorancia." De todas formas, a pesar del *spanglish*, el idioma español en los Estados Unidos, para este estudioso, gozaba –y goza, agregamos nosotros–, de muy buena salud. Se trata, además, de un español que empieza a presentar rasgos propios, como explica Leticia Molinero (2011) en su artículo "El español de los Estados Unidos, un nuevo punto de partida." Domnita Dumitrescu[9] sobre el tema del español y del *spanglish* en este país advierte que es fundamental tratar este tema

> precisamente porque la percepción general de la gente común y corriente es que *el español estadounidense* es el *spanglish*. No nos servirá de nada elaborar y tratar de imponer una norma culta sin desbaratar primero este mito, y esto se hace no ignorando el problema, sino explicándolo a fondo. Es imposible disociar lo escrito de lo hablado, ya que el español en este país [Estados Unidos, n.n.] es primeramente lengua hablada (destreza activa) y solo después lengua leída (destreza pasiva). [*Nuestra la cursiva*]

En palabras de Garrido Medina (2007: 176) "si el término que se suele aplicar a ese español *supuestamente empobrecido* es el de *spanglish* (o *espanglish*), precisamente su presencia en las llamadas 'modalidades literarias' puede dar carta de naturaleza de lo que es sobre todo *adaptación a la sociedad en que se vive"* [*Nuestra la cursiva*] y prosigue explicando que "[e]ste bilingüismo adaptativo suele ser denominado *spanglish"* (2007: 179). Fairclough (2003) lo considera un fenómeno natural y, por eso, no se puede ni detener, ni imponer. Otheguy (2009), en cambio, insiste en que no se puede hablar de *espanglish*,[10] vocablo que este investigador juzga 'desafortunado,' inoportuno, sino que se trataría, simplemente, de expresiones típicas del español estadounidense, muy comunes entre los hispanos que allí viven. Además, Otheguy (2009: 222) afirma que cuando se habla de *espanglish*, "la referencia, aunque sea de forma implícita, es siempre al español popular de los Estados Unidos, no a sus manifestaciones cultas." Lipski (2008: 72), por su parte, opina:

> Urgently needed is a greater public awareness of the reality of the US Latino language, and if Spanglish is allowed to creep into the (re)education of the American public, I fear the results of any remediation. [...] From the perspective of a linguist who has spent more than three decades studying the Spanish language in its US setting, Spanglish will always be a signpost in the wrong road, a road whose many way stations range from misunderstanding to intolerance.

Cabe recordar, de todos modos, que el (denominado) *spanglish*, según algunos estudios llevados a cabo en comunidades latinas de los EE.UU., se extiende en los enclaves latinos y agrupa ya a un significativo porcentaje de jóvenes. "Según una encuesta del *Cultural Access Group* ["A Tale of Two Cultures: LA's Latino Youth" 2002. *n.n.*] entre jóvenes latinos de 14 a 24 años en Los Ángeles y Nueva York, alrededor del 74 % han incorporado el *spanglish* de modo regular a su vida" (Criado 2003: 16, nota 43). Esta encuesta, basada en entrevistas a 250 hispanos, revelaba que estos jóvenes vivían en un mundo bicultural y que un número considerable (casi las tres cuartas partes de los encuestados) hablaban con frecuencia *spanglish*. Guerra Vázquez (2010) sostiene que no debe preocupar este fenómeno ya que es normal en determinadas situaciones y lugares fronterizos en los Estados Unidos, así como al otro lado del Río Grande, como demuestran los ejemplos siguientes:

> Es el idioma que quienes habiendo nacido en lugares como Tijuana, Mexicali, Ciudad Juárez etc. alteramos entremezclando con palabrillas del inglés cotidiano. Ejemplo: "hay que *parkiar* el carro," por decir "hay que estacionar el auto"; o "vamos a *wachar* la *movie*", por decir "vamos a ver la película"; o "en el *party* nos toma-

mos unas *birrias*" por decir "en la fiesta nos tomamos unas cervezas" (2010: web).[11]

Esta estudiosa manifiesta que es necesario aprender a respetar este fenómeno, ya que muchas personas "se encuentran en situación de comunicarse mezclando el idioma." Cambiar de códigos, en efecto, responde a las exigencias de una comunidad que vive en una situación de lenguas en contacto. Para muchos jóvenes hispanos el empleo del *spanglish* es un acto inevitable. Los raperos, por ejemplo, en sus canciones, utilizan artísticamente el *spanglish* para dar voz a las identidades juveniles que viven en los Estados Unidos, pero que mantienen una conexión con la cultura hispana. Morales (2002) lo considera como metáfora de la identidad latina en los Estados Unidos; y Burgos, que vive en Los Ángeles y escribe un blog en *spanglish*,[12] afirma: "es un código, porque si hablas *spanglish* y conoces a alguien que también lo habla inmediatamente sabes que esa persona es bilingüe y que te puedes comunicar en un nivel más profundo porque también es bicultural" (citado en González 2010). Moreno Fernández (2009b: 282) explica que

> su apreciación desde dentro del grupo no es tan negativa, al menos desde la perspectiva del prestigio encubierto. En una investigación preliminar realizada para conocer la actitud de los jóvenes hispanos universitarios de la ciudad de Chicago, comprobamos que una de las manifestaciones más típicas del *espanglish,* la alternancia de lenguas, si bien no es valorada tan positivamente como el uso homogéneo del español o el inglés, tampoco es despreciada de modo absoluto y suele asociarse a lo coloquial, a lo joven y a lo familiar.

Con el término *spanglish* muchos estudiosos, como por ejemplo Morales (2002), quieren encarnar el mestizaje cultural de las poblaciones hispanas que viven en los Estados Unidos, en una sociedad de referencias culturales dobles, de culturas híbridas. El *spanglish* llega a ser un mediador emblemático de interculturalidad. Esta estrategia verbal, pone de relieve Torres Torres (2002), es una expresión informal, producto del bilingüismo, del *bisensibilismo*[13] y del biculturalismo de las comunidades latinas que viven en espacios fronterizos, en la "cicatriz" donde el sur y el norte se encuentran (o chocan). Según Moreno Fernández (2004; 2009a; 2009b), se trata de una "media lengua social," una "variedad de mezcla bilingüe" (2009a: 220), fruto de movimientos migratorios de gran intensidad, que cubre un amplio espectro de manifestaciones lingüísticas, que van desde el empleo del español salpicado de anglicismos, al uso de un inglés salpicado de hispanismos, "con presencia creciente de préstamos, calcos, alternancias y mezclas aleatorias a medida que nos situamos en las áreas intermedias de ese continuo bilingüe" (220). Además, el *spanglish* es diferente según el origen de los hispanos que lo usan (mexicano, puertorriqueño, cubano…) y a esta diversidad, prosigue Moreno Fernández, cabe añadir la del modo "en que se producen los calcos, los préstamos, las transferencias gramaticales o las alternancias de lenguas" (2009a: 221). Desde un punto de vista socio-histórico, nace en un grupo étnico que "se resiste de algún modo a la completa asimilación al grupo dominante" (2009a: 220). Se trata de un caso sociolingüísticamente complejo, sostiene este investigador –y coincidimos con él–, porque las lenguas protagonistas se encuentran más alejadas en su forma y porque conviven en una sociedad muy compleja como la estadounidense, donde, ante todo, "lo hispano o hispánico porta valores diferentes según el territorio de los Estados Unidos de que se trate: no es lo mismo la frontera con México, que Florida, Nueva York o Chicago" (2009b: 282). Y agrega que las cuestiones de identidad que proceden de todo ello "afectan a muchos aspectos de la presencia hispana en los Estados Unidos, incluido el nombre preferido para autodenominarse como grupo social: latino/hispano (Gracia 2000)" (2009b: 282):

> En nuestra opinión, cuando el *espanglish* es producido por hispanohablantes, cabe incluirlo bajo el concepto genérico de lengua española, por muy en su periferia que se sitúe. Es cierto que a otros hablantes de español les puede resultar extraño, incluso incomprensible por momentos, pero sigue teniendo el 'aire de familia' de la comunidad hispánica. (Moreno Fernández 2004; 2009a: 221)

El *spanglish* tiene también un valor político "como antídoto y rebeldía tanto frente a la cultura dominante monolingüe anglosajona como a la hispanohablante" (Gómez-Peña, cit. por Valero 2009: 173). Vivir en *spanglish*, escribe Torres Torres (2006: 87), supone vivir una combinación de lenguas que representa, metafóricamente, la mezcla de razas: "un espacio de identidad que se abre brecha frente a las oposiciones o dicotomías tradicionales." Según un estudio del Pew Research Center (2009: 33-34), usan el *spanglish* (que los investigadores del Centro definen como "an informal hybrid of English and Spanish") sobre todo los jóvenes y la segunda generación de hispanos que viven en los Estados Unidos:

Over time, the bilingual preferences and proficiencies of so many

Hispanics have led to the development of 'Spanglish,' an informal hybrid of English and Spanish. While being bilingual in Spanish and English implies the ability to read, write and converse in either language, using Spanglish typically implies using Spanish and English words interchangeably within one conversation or piece of writing. Survey respondents were asked how often, if at all, they used Spanglish when speaking with their family or friends. Some 23 % of youths report using Spanglish most of the time, and an additional 47 % report using it some of the time. There are some small variances in these patterns by immigrant generation. More than two-in-ten (22 %) immigrant youths report using the language hybrid most of the time, and 47 % report using it some of the time. Adoption of Spanglish peaks in the second generation; 26% report that they use it most of the time, and 53 % report that they use it some of the time. The likelihood of using any Spanglish is lower among the third generation, though 20 % use it most of the time, and 37 % use it some of the time.

En este estudio del Pew Research Center, el *spanglish* se considera como la capacidad de un hablante bilingüe de leer, escribir y conversar en ambas lenguas, y de usar indistintamente palabras del español o del inglés durante la interacción oral, o la comunicación escrita. Como se puede observar en la tabla (adaptada al español por la autora del presente estudio), el *spanglish* es una modalidad de comunicación real entre los hispanos de las diferentes generaciones, una exhibición de su pertenencia a ambos mundos. De hecho, Ana Flores (2010), periodista y coautora del blog *Spanglish Baby*, para padres con niños bilingües, pone de relieve que cuando conoce a una persona que también practica el *spanglish*, se crea una conexión inmediata con ella: "Los bilingües conocemos el mundo en muchas dimensiones porque sabemos que todo tiene más de una manera para expresarse, todo tiene más de un nombre" (en Pereda 2010). Soler Espiauba (en Betti 2008: X) opina que la 'mala reputación' del *spanglish*, "difícil de erradicar entre los puristas, le vendría de su actitud contracultural" y también de "su postura rebelde de búsqueda de una identidad en millones de personas que se han visto obligadas a abandonar su cultura y su lengua, inmersas en un entorno anglosajón no siempre acorde con su visión del mundo" (X). El *spanglish* encarnaría esas identidades compuestas, *hyphenated-identities* como se definen en inglés, evocaría la idea de libertad, de una estrategia comunicacional que puede expresar todas las peculiaridades de estas comunidades, sin que todo esto signifique hablar una "nueva lengua." Para algunos, es simplemente una forma cómoda de hacerse entender (Medina 2008), para otros, una manera de compartir la complejidad de vivir simultáneamente en más de una cultura y una lengua, un modo de imponer el signo de su identidad y cultura a una sociedad que lentamente se hace cada vez menos *WASP*. Vizcarra (2005: 69-70), a propósito de esta conducta expresiva, subraya que el caso de los migrantes

> nos muestra cómo los ámbitos de construcción y expresión de las identidades más identificados por los estudiosos, como son el territorio, la etnia, el parentesco y la lengua, hoy revelan algunos síntomas de mutación acelerada: desterritorialización y reterritorialización de las prácticas culturales, redefinición de lo étnico, recomposición de lo familiar, metamorfosis tanto de las redes sociales como de las relaciones de intimidad, reinvención de la lengua (como el *espanglish*), y otras transformaciones significativas que conviven y se fraguan con aquellos rasgos identitarios que permanecen, o mejor dicho, que poseen otro ritmo de cambio.

Es interesante, por otro lado, leer el folleto que escribieron Ana Celia Zentella (1998: 7-8) y sus estudiantes, un manual bilingüe en el que podemos ver cómo se apoya el bilingüismo inglés-español en los niños hispanos, sin condenar el *spanglish,* que representa un modo de compartir la identidad dual de los latinos:

> El poder hablar y contar una historia en dos idiomas demuestra el dominio de esos idiomas. Los bilingües en todo el mundo a veces mezclan los idiomas; los lingüistas le llaman a esto 'cambio de códigos'. En los EU la mezcla del inglés y el español se conoce como Spanglish, y muchos lo critican injustamente. La verdad es que los bilingües jóvenes acostumbran hablar el inglés con gente que domina ese idioma, y el español con aquellos que prefieren el español, pero a menudo mezclan ambos idiomas en situaciones informales, ej., "Porque mira, *you go out*, y todo el mundo lo sabe" (Zentella 1997: 99). El Spanglish también toma prestadas palabras del inglés como 'lonchar', y 'la chaqueta', al igual que el inglés incluye préstamos del español como 'patio' y 'macho'. Para algunos latinos, el Spanglish es una manera de reflejar que pertenecen a dos mundos, de lo cual están orgullosos. Otros piensan que la mezcla debe evitarse, porque creen que pueden confundir a los niños, atrasarlos, y hacer que se les vea como 'clase baja' o 'ignorantes'. Sin embargo, para los hispanos bilingües, hablar el español, el inglés, y el Spanglish con los amigos y la familia es una forma de expresar, disfrutar, y compartir su identidad bicultural.

Lo importante, subrayan Zentella *et al.* (1998: 8), es poder ofrecer oportunidades que permitan a los hispanos expresarse en un español formal: "Si a los niños se les da la oportunidad de hablar un español formal, y si aprenden cuál idioma deberían hablarle a quién y cuándo, el alternar los dos idiomas puede ayudar a desarrollar su bilingüismo, y su orgullo en su herencia valiosa y especial." Juan Luis Cebrián (2005), por su parte, advierte: "En la medida en que esta jerga se incorpore al castellano será una riqueza; pero si sigue viviendo por sí misma hasta convertirse en un idioma perderemos presencia en una comunidad tan importante como ésa" (cit. por Monserrat 2005). A propósito del *spanglish*, López Morales (2008: 183) subraya que si no se sabe a ciencia cierta a qué llaman *spanglish* los estudiosos en este tema, es muy difícil acercarse a otros puntos relacionados, como, por ejemplo, la vitalidad actual de su uso, entre otros aspectos. Vizcarra (2005: 83) observa que "[e]l *spanglish* es un ejemplo vivo de la naturaleza dinámica y heterogénea de las identidades, y de cómo al adaptarse a nuevas condiciones de existencia los latinos en Estados Unidos transforman creativamente su principal vehículo de expresión: la lengua." Este estudioso pone de relieve que la yuxtaposición del inglés y el castellano es "un testimonio de la expansión de los géneros impuros, alentados por los intensos procesos de fusión cultural que traen consigo la globalización, la comunicación masiva y los movimientos migratorios" (83). Roman (2005) cree que también la publicidad en los Estados Unidos dirigida a la población hispana tendría que utilizar el *spanglish*, ya que es un código que los latinos conocen y que pueden usar con otros hispanos, que los distingue y que conlleva, naturalmente, connotaciones emotivas (en Betti 2008a: 97):

> Ads targeted to the U.S. Hispanic population *should utilize Spanglish* because this code *connects culturally with more Hispanics* than any other code would. Ads *in Spanglish* would not only be understood by both Hispanics primarily proficient in English and Spanish, *but* because *Spanglish* was created *by the U.S. Hispanic population*, it is a code that *culturally connects* with the target market.[14]

Pero es en la literatura donde el *spanglish* adquiere su legitimidad,[15] dando a esa estrategia de expresión autoridad y verosimilitud, gracias a escritores chicanos, *nuyoricans*, puertorriqueños, cubanoamericanos, dominicanos, mexicanos, entre otros. El valor y alcance de estos autores residen en sus posibilidades expresivas, y su identidad se refugia en una lengua que algunas veces se convierte en mestiza, híbrida, rebelde, pero siempre expresión de una vida *fronteriza* (una frontera que no es solo física, sino psicólogica, de género...) que les hace únicos (Betti 2008a). Esmeralda Santiago (1994: XVII) describe perfectamente su realidad entre estos tres espacios comunicativos:

> Cuando escribo en inglés tengo que traducir del español que guarda mis memorias. Cuando hablo en español tengo que traducir del inglés que define mi presente. Y cuando escribo en español, me encuentro en medio de tres idiomas, el español de mi infancia, el inglés de mi adultez, y el *espanglés* que cruza de un mundo a otro tal como cruzamos nosotros de nuestro barrio en Puerto Rico a las barriadas de Brooklyn.

El mestizaje lingüístico y, naturalmente, cultural, social, político y psicológico es algo característico de muchos escritores latinos que viven en los Estados Unidos. Una identidad latina expresada sólo en inglés podría resultar 'falsa' para algunos de ellos. El *spanglish*, por tanto, no se puede considerar solamente una modalidad comunicacional marginal, de gentes pobres que no dominan el inglés, el español, o ambos, sino un posible *tercer código* (Lipski 2004), que permite a estos escritores comunicar su alma dividida utilizando un medio expresivo que confiere a esos escritos un carácter único e insustituible. Los escritores chicanos y *nuyorriqueños* en los años 60 y 70 lo convirtieron "en símbolo de identidad de sus propuestas ideológicas y estéticas" (Prieto Osorno 2004: web), signo de rebeldía ante el entorno anglosajón dominante, especie de lenguaje secreto y mítico que los diferenciaba de los latinoamericanos y de los demás estadounidenses. Lipski (2004: 16-17), en relación con esto, pone de relieve:

> El cambio de códigos se usa más que nada para reflejar el ambiente bicultural de las comunidades hispanas en los Estados Unidos, así como el sentido de rechazo y la ambivalencia frente a la sociedad anglonorteamericana, a la vez rico suministro de bienes de consumo y feroz trilladora de culturas ajenas. Podemos describir el lenguaje de estos textos como '*spanglish*' ya que la audencia [*sic*] principal consiste en lectores bilingües y biculturales, y un lector que sólo habla inglés o español no podría comprender la totalidad del contenido. *No se trata de un lenguaje deficiente,* sino –en la opinión de la mayoría de los escritores e investigadores– de un '*tercer código*' que requiere un alto grado de competencia bilingüe así como una considerable agilidad lingüística para entretejer las lenguas a lo largo de un discurso. Huelga decir que cada individuo que emplea el lenguaje intercalado en el habla espontánea o en la literatura es completamente capaz de hablar enteramente en español (o bien en inglés) siempre que las circunstancias y los interlocutores lo requieran.[16]

Como bien destaca este estudioso, el cambio de códigos refleja este mundo bicultural y bilingüe, y el *spanglish* puede convertirse en un medio narrativo y poético que presupone una competencia bilingüe ideal, así como una viveza lingüística que permite alternar o mezclar las lenguas (Betti 2008a, 2009). Para muchos latinos el *spanglish* representa también la lengua del exilio. Encarna una forma dual de escribir que refleja el ser de un pueblo dentro de otro pueblo (Limón 2001), una narrativa fruto de experiencias de vida complejas, del bilingüismo, de la diglosia, que revela un alma latina dentro del contexto estadounidense, una dicotomía lingüística y narrativa exclusiva que denuncia, reivindica, infringe límites, un estilo rico en matices, sugerente, capaz de conmover o indignar, de vehicular sentimientos y rebeliones... Para muchos de ellos es también el medio gracias al cual pueden reivindicar su ser fuera del *barrio* (Betti 2009: 116), un tercer espacio mestizo de intercultura. Es una manifestación expresiva[17] que puede permitir las lecturas de viejos y nuevos conflictos relacionados con los problemas de identidad, adaptación, integración y asimilación a una cultura diferente; un medio de comunicación que sirve a estos latinos de espejo para verse ellos mismos y para ver al otro (Goldemberg 2001). Por eso consideramos necesario empezar a estudiar seriamente este fenómeno y reconocerlo como una nueva posibilidad expresiva que permite comunicarse en contextos informales utilizando las expresiones que mejor ilustren lo que se quiere decir. Para Vizcarra (2005: 84) el *spanglish*

> como otras formas culturales mixtas, ha puesto en crisis la legitimidad y el prestigio cultural de las instituciones dedicadas a conservar los erarios de la identidad nacional. Pero no hay por qué preocuparse. El castellano, lejos de extinguirse, se reinventa a sí mismo y, consecuentemente, reinventa a los nuevos actores de la sociedad estadounidense. Según los pronósticos, para 2050 la tercera parte de la población norteamericana será de ascendencia hispánica.

Algunas reflexiones finales...

Un país tan poderoso y tan diverso como los Estados Unidos no puede tenerle miedo a otro idioma, ya que es natural que a lo largo del tiempo la población inmigrante vaya a hablar la lengua mayoritaria. Por eso es necesario pensar en una educación bilingüe, ya que pretender la uniformidad lingüística o la homogeneización significa marginar a los hablantes de español, "arrancarles sus raíces, desconocer su enorme potencial expresivo y cultural y perder una capacidad que debe valorarse convenientemente en un mundo laboral muy globalizado" (Fernández Fernández 2008: 338). La educación bilingüe y bicultural, de hecho, representa siempre una ventaja, desde el punto de vista no solamente lingüístico, sino cultural y humano; por eso, la misión de la Academia Norteamericana de la Lengua Española (ANLE) es el estudio, la elaboración y la implementación de las reglas normativas del español de los Estados Unidos de América y también:

> Preservar el uso de la lengua española estableciendo, difundiendo y promoviendo entre los hispanounidenses los criterios de propiedad y corrección mediante normas que justifiquen y clarifiquen ese uso. Cuidar que, en su constante adaptación a las necesidades

particulares de los hablantes, el uso de la variante hispanounidense no afecte la unidad y comprensión del idioma en el ámbito hispánico. (2011)

Además de eso, como explica Criado (2004: 153), "a medida que los latinos alcancen mejores posiciones y el español se afirme socialmente, es factible que aumente la cifra de quienes reivindiquen esa herencia." Al mismo tiempo, visto que en los Estados Unidos el inglés y el español conviven, cabe recordar que el cambio de códigos es un fenómeno común, que puede ocurrir a nivel intraoracional o interoracional y se utiliza en zonas de amplio contacto entre el inglés y el español. Pese a ello, hasta la llegada de la moderna sociolingüística este fenómeno de cambio de lenguas se había considerado, generalmente, como un evidente ejemplo del "vicio" al que pueden conducir las situaciones más desordenadas del contacto de lenguas. Blas Arroyo (2005: 620) señala que esta idea ha empezado a desaparecer del mundo científico, pero no de otras esferas más profanas, en las que esta estrategia comunicacional sigue generando actitudes muy negativas. De todas formas, según varios investigadores, el cambio de códigos no se puede considerar una manifestación del hispanohablante que aparece de una manera caótica, sino que parece seguir un patrón lingüístico preciso y desempeña un papel único en la comunicación entre los hispanos bilingües, precisamente como alternativa a la comunicación en un solo idioma (Piña-Rosales 2008). Pero, ¿qué es el *spanglish*? Como explica Zentella (2003: 40) –con quien estamos totalmente de acuerdo–, el *spanglish* es un "nombre incorrecto si da la impresión de que se ha creado una tercera lengua." El *spanglish* puede llegar a ser un medio comunicacional eficaz en determinados contextos y situaciones, un signo, para una parte de los latinos, de hibridación, además de un "modo de vida" que refleja un tercer espacio fusión de dos culturas e identidades; identidades que son dinámicas, y que por eso cambian como cambian las formas de expresarse. Como hemos visto a lo largo del presente trabajo, existen estudiosos que opinan que *spanglish* es el nombre que se da a una serie de fenómenos, desde los cambios de códigos de los bilingües, a préstamos y calcos del inglés, a la creación de nuevos términos, a variedades de español anglicadas e inglés hispanizadas, como, por ejemplo, el español *chicano* y el inglés puertorriqueño. Pero el significado que se da a las expresiones *cambio de códigos, conmutación de códigos, alternancia de códigos, mezcla de códigos* y al mismo término *spanglish* varía según los investigadores. Por lo que se refiere a estas estrategias lingüísticas no existe de momento una terminología generalmente aceptada, y las investigaciones sobre esta forma comunicacional a menudo no coinciden. La relativa anarquía terminológica de estas definiciones es una consecuencia de los importantes problemas de caracterización que aún presentan las alternancias de lenguas (Blas Arroyo 2005: 622). De todos modos, los cambios en el idioma "responden a necesidades expresivas, y si una palabra satisface esa necesidad, se adopta rápidamente, sin pensarlo dos veces, sea cual sea su procedencia, o se inventa y se utiliza como neologismo hasta que acaba imponiéndose o desapareciendo" (Fornet 2009: web). El aspecto más importante es que el español sobreviva en los Estados Unidos, a pesar de su contacto cotidiano con el inglés, que lo obliga a adaptarse a nuevas circunstancias y a reinventarse (Stavans 2001). Esta simbiosis de lenguas, culturas y sensibilidades no va a amenazar necesariamente al español, ni al inglés. Naturalmente, creemos que la condición ideal de los Estados Unidos del futuro sería una sociedad realmente bilingüe y bicultural (intercultural y pluralista) y opinamos que, para ello, la educación de los hispanos es un factor clave. Es por eso por lo que la misión de la Academia Norteamericana de la Lengua Española (ANLE) es, entre otras, "[p]rocurar que el español usado por todo hispanounidense sirva de base para el fortalecimiento de un bilingüismo auténtico que enriquezca la cultura de los EE.UU." Desgraciadamente, señala Gerardo Piña-Rosales (2011), director de la ANLE, el índice de deserción escolar entre los jóvenes hispanos sigue siendo muy alto. "Por eso es fundamental que los políticos, hispanounidenses o no, luchen por que proyectos de ley, como el del *Dream Act*, no sean borrados de un plumazo por una cáfila de senadores hispanófobos." En efecto, es gracias a la escuela, a docentes preparados y a los medios de comunicación, entre otras cosas, que se pueden dotar a los hablantes de recursos expresivos adecuados a los diferentes contextos y formar una conciencia sobre el buen uso de la lengua oral y escrita (Moreno Fernández 2006: 19). Por eso, no podemos, ni queremos afirmar que el *spanglish* llegue a ser el idioma futuro de los Estados Unidos, pero al mismo tiempo no podemos tampoco decir que el *spanglish* desaparezca, ya que las lenguas y las hablas son elementos dinámicos y las alternancias y transferencias lingüísticas son inevitables en cualquier situación de contacto. El *spanglish*, pues, perdurará tanto como continúe la coexistencia del español y el inglés (Moreno Fernández 2006: 19), pero lo importante es que, si se desea que los hijos de hispanos hablen bien el español y el inglés deberían participar "tanto en actividades formales e informales (por ejemplo, en la iglesia y la playa)" para que sean conscientes de las distintas maneras de hablar de la gente. "Enséñeles cuándo/dónde es apropiado hablar el inglés, el español, el *spanglish*" (Zentella *et al.* 1998: 8). Como escribe Dora Sales (2001-2002), "[l]a educación es la mejor perspectiva de futuro. Enseñemos a conocer, asimilar, aceptar y defender la diversidad mediante acciones educativas. Conocer para comprender, conocer para iniciar un verdadero diálogo." A pesar de que el *spanglish* resulta todavía para muchos estudiosos un peligro, consideramos que sería oportuno estudiarlo manteniendo una actitud intermedia respecto a esta modalidad comunicacional, que no la sobrevalore, ni le otorgue menos valor del que posee. Sin embargo, opinamos que sería superficial considerarlo solamente como una moda efímera, sin tener en cuenta los aspectos socioculturales, psicológicos, pragmáticos, políticos e identitarios que subyacen a esta estrategia verbal: "Tongues-twisting: *spanglish, slanglish, ingleñol* –whatever you call it, we talk the talk *y somos lo que hablamos.* It's fun *y, además,* very *creativo*" (Prida 2003: 60).[18] El *spanglish*, para algunos, representa, pues, no solamente la capacidad de expresarse en dos idiomas, sino la capacidad de pensar, sentir, vivir, emocionarse en dos lenguas y culturas: "somos lo que hablamos," nuestra manera de expresarnos como representación de nuestro ser. En definitiva, pensamos que los hispanounidenses deben poder manejar perfectamente el inglés y el español estándar, así como sus variedades (entre las cuales algunos autores incluyen el *spanglish*). Además, queremos aclarar que el *spanglish*, como estrategia verbal, si para la clase media-alta puede ser una opción, para la clase trabajadora podría resultar una trampa, ya que saber el inglés en los Estados Unidos es fundamental para ascender en la escala social. Somos conscientes de la dificultad que este tema conlleva, a partir de su denominación, de su naturaleza lingüística, cultural, identitaria, social, pragmática y humana, pero al mismo tiempo es un fenómeno natural, producto de la migración y también vehículo de sentimientos y nostalgias ya que refleja la realidad de aquellos hispanos que así se expresan, reafirmando su peculiar identidad... En el presente trabajo hemos hecho algunas reflexiones sobre esta realidad comunicacional y cultural presente en los Estados Unidos, y que ya ha sobrepasado las fronteras de este país, sin pretender escribir una historia del *spanglish* o de los hispanos en los Estados Unidos, ni hacer una descripción minuciosa del fenómeno del cambio de código o del bilingüismo. Hemos presentado las diferentes posturas de los estudiosos del tema, algunas a favor, muchas otras en contra. Nuestra posición sobre el tema, lo reiteramos, es clara: consideramos que se trata de un fenómeno muy complejo, una realidad lingüística que *no* podemos definir como "lengua," pero necesaria como lo son la utopía y los sueños para poder evolucionar hacia otras realidades vinculadas a la identidad y que, por eso, merece toda nuestra atención y estudio.

NOTAS

[1] En el sitio de la Oficina del Censo estadounidense (http://www.census.gov), actualmente en línea (diciembre 2011), podemos leer: "Definition of Hispanic or Latino Origin Used in the 2010 Census: "Hispanic or Latino" refers to a person of Cuban, Mexican, Puerto Rican, South or Central American, or other Spanish culture or origin regardless of race."

[2] En este estudio utilizaremos indistintamente los términos latino e hispano, a pesar de ser vocablos controvertidos y no sinónimos. Asimismo, desde el punto de vista teórico, cabe precisar que el empleo de los términos lengua y lenguaje no debe entenderse en estas páginas en sentido estricto. Nosotros usaremos, entre otros, estos términos para referirnos al *spanglish*, precisando que son términos a menudo utilizados como sinónimos, pero no son equivalentes. Usaremos los términos lengua, dialecto, jerga, mezcla y demás, sin ninguna valoración; tan solo desde el punto de vista lingüístico.

[3] Fuente: *U.S. Census Bureau.* (2009). *American Community Survey.* Web: http://factfinder.census.gov/servlet/ (consulta el 10 de noviembre de 2011).

[4] El problema de la educación bilingüe en los Estados Unidos ha existido en varias formas en el curso de la historia de este país, como afirma Criado (2004: 131), pero su reconocimiento a escala nacional no fue sino hasta 1968, año en que el Congreso aprueba el Acta de Educación Bilingüe. Por lo que concierne al movimiento *English Only*, cabe recordar que la famosa campaña a favor del *English Only* coincidió con la llegada de los *marielitos* [el nombre procede del puerto de Mariel en la costa noroeste de Cuba, *n.n.*] a Miami, que trajo consigo una gran publicidad negativa (López Morales 2000). Noya *et al.* (2008) explican que uno de los mayores problemas es la alta tasa de fracaso escolar y absentismo. "Como mostró el movimiento *English Only* en algunos Estados, en el sistema norteamericano de educación pública no hay todavía una apertura a lo hispano. Los niños de origen hispano sufren graves problemas de integración escolar" (111). Roca y Colombi (2003), sobre la educación, destacan que muchos estudiantes hispanohablantes se sirven del cambio de código lingüístico (por ejemplo, mezclan el inglés y el español en las conversaciones y utilizan palabras de una lengua cuando hablan la otra). El español que hablan no es *mal español*. El cambio de código es una práctica natural cuando dos lenguas están en contacto estrecho, y en algunos contextos resulta apropiado."

[5] En: http://www.imprecenso.com/censo-2010/detalleNoticia.php?n=67 (consulta el 13 de junio de 2011).

[6] Lipski (2004: 236), a propósito del término *spanglish*, explica que un sociolingüista no podría aceptar ninguna de las múltiples acepciones de esta palabra, dado que ese vocablo "tan pintoresco como tramposo" puede referirse a diferentes manifestaciones lingüísticas, por lo menos a las siguientes, según las situaciones: " el empleo de préstamos integrados del inglés en español; el empleo espontáneo y frecuente de préstamos no integrados del inglés (es decir con fonética inglesa) en español; el empleo de calcos sintácticos de modismos y circunlocuciones ingleses en español; la intercalación fluida y frecuente del español y el inglés

en una sola conversación u obra literaria –a veces dentro de la misma oración (fenómeno conocido como 'cambio de código'); las desviaciones del español gramatical encontradas entre hablantes vestigiales del español, es decir individuos de ascendencia hispana cuya competencia en español no alcanza la de un verdadero hablante nativo, debido al desplazamiento lingüístico, etc." Ver también Klee y Lynch (2009: 219) y Betti (2008a, 2008b; 2009; 2009-2010; 2010; 2011a, 2011b, 2011c; 2012a; 2012b).

[7] Blas Arroyo (2005) señala que en algunas sociedades los propios hablantes han inventado definiciones específicas para referirse a ciertas variedades híbridas en las que el intercambio de códigos o el préstamo léxico masivo ocupan un lugar destacado, como, por ejemplo, *Tex-mex* que se ha difundido entre los chicanos de Texas, o *pachuco* que se refiere al término que designa el dialecto original de la ciudad fronteriza de El Paso (Texas), trasladado luego a California. Otra denominación es la de *español del barrio*, que se emplea en los suburbios de grandes ciudades californianas (por ejemplo, Los Ángeles), o *cubonics*, referido a los hablantes de origen cubano que residen en Florida.

[8] Por ejemplo, términos como *rufa o rufo, carpeta, bildin, broder, tique, bisi, waifa, boila, muvi, maus*, etc.

[9] Comunicación personal enviada el 27/03/2011.

[10] Forma que Otheguy prefiere a la de *spanglish*.

[11] Otheguy (2009: 233), sobre las expresiones "en *spanglish*," escribe: "El llamar *espanglish* a estas frases, de las que existen miles en el español popular estadounidense, con la clara connotación de mezcla sistémico-lingüística que el término implica, delata un alarmante desconocimiento del simple hecho de que un sistema lingüístico no está formado por una lista de usos, que tendrán que ser siempre nuevos y distintos cuando el medioambiente cultural así lo sea, sino por un entramado abstracto de vocablos y mecanismos sintácticos que subyace a estos usos."

[12] El *blog* se titula "Life in Spanglish". Web: http://lifeinspanglish.wordpress.com (consulta el 21 de marzo de 2009).

[13] Término acuñado por el escritor chicano Tino Villanueva.

[14] La cursiva en la cita del texto y en la nota es nuestra. A este respecto, Roman (2005) sigue subrayando: "It is a code that only Hispanics understand, and is *uniquely ours*. Just as some Hispanics researched in Korzenny and Korzenny noted that they have an emotional connection with the Spanish language, U.S. Hispanics identify *with Spanglish* because it is something that *we can only speak with other Hispanics*. The same way that the English and Spanish languages have emotional connotations; words in *Spanglish* do, too. For older U.S. born Hispanics, it may remind them of their childhood when mom made *arroz con pollo* for their birthday and the kids who barely spoke Spanish in their homes ate it as if it was their favorite. *Spanglish* is also *suggestive* of the *duality that U.S. Hispanics grow up with. We are never one, or the other; we are both.*"

[15] Cabe recordar, por ejemplo, que el escritor dominicano Junot Díaz ganó en el mes de abril 2008 el Premio Pulitzer con la obra de ficción *The Brief Wondrous Life of Oscar Wao* (*La prodigiosa vida breve de Oscar Wao.*) En la

novela, Díaz usa ambas lenguas, por lo que algunos críticos literarios escribieron que se trataba de una novela en *spanglish*.

[16] La cursiva en la cita es nuestra. Lipski (2004: 17) a este respecto agrega: "Ha sido demostrado que los cambios de lengua espontáneos pueden derivarse de la anticipación de una palabra o concepto en la otra lengua o de un repentino gesto de identidad etnolingüístico; casi nunca se debe a la pobreza lexicosemántica ni mucho menos a la confusión de idiomas."

[17] Junto con el inglés y el español.

[18] Prida (2003: 60) se autodefine: "a hyphenated American, a bilingual person who lives by dualities."

OBRAS CITADAS

Academia Norteamericana de la Lengua Española (2011). "Nuestra misión."Web. 13 de octubre de 2011.

Álvarez, Gustavo, y Manuel Barberena. (2008). "El mercado hispano en Estados Unidos: un gigante que ya despertó." *Segmento*. ITAM. agosto-octubre 08. 43. 10. Web.13 de octubre de 2011.

Appel, René, y Pieter Muysken. (1996). *Bilingüismo y contacto de lenguas*. Barcelona: Ariel. Impreso.

Badajoz, Joaquín. (2011). "Entrevista a Gerardo Piña Rosales. Miami, febrero de 2011." Web. 30 de octubre de 2011.

Berruto, Gaetano. (2005). Introduzione. "Che cosa ci insegna il 'parlare in due lingue'? Commutazione di codice e teoria linguistica e sociolinguistica." *Rivista di Linguistica* 17.1: 3-14. (Número especial: "Code Switching"). Impreso.

Betti, Silvia. (2008a). *El Spanglish ¿Medio eficaz de comunicación?* Bologna: Pitagora. Impreso.

——. (2008b). "Convivencia lingüística en los Estados Unidos. Utilidad y creatividad del *spanglish*." *Cuadernos del Lazarillo* 35: 56-69. Impreso.

——. (2009). "*Spanglish* en los Estados Unidos: Apuntes sobre lengua, cultura e identidad." *Confluenze. 'Lingua e identità'. Rivista di Studi Iberoamericani del Dipartimento di Lingue e Letterature Straniere Moderne* dell'Alma Mater Studiorum di Bologna. 1. 2: 101-21. Web. 31 de marzo de 2010.

——. (2009-2010). "La vida entre dos lenguas y culturas: reflexiones sobre el fenómeno del *spanglish*." *Boletín de la ANLE* (Academia Norteamericana de la Lengua Española). 12-13: 130-80. Impreso.

——. (2010). "Simbiosi di lingue, culture e sensibilità negli Stati Uniti: il fenomeno dello *spanglish*." *Trickster. Rivista del Master in Studi Interculturali*. Facoltà di Lettere e Filosofia. Università di Padova. 8. Web. 19 de diciembre de 2010.

——. (2011a). "*See you, brodel*: Utilità e creatività dello *spanglish*." *Lingua Materna e Lingua Matrigna. Riflessioni su diglossia, bilinguismo sociale e literacy*. Eds. Gianluigi De Rosa y Antonella De Laurentiis. Milano: Franco Angeli. 147-57. Impreso.

——. (2011b). *"Yo quería cruzar la línea..."* Migrazione, frontiera e identità. I *latinos* negli Stati Uniti." *Confluenze*. *'Migrazioni internazionali: integrazione e straniamento'. Rivista di Studi Iberoamericani del Dipartimento di Lingue e Letterature Straniere Moderne* dell'Alma Mater Studiorum di Bologna. 3. 1: 107-125. Web. 3 de noviembre de 2011.

——. (2011c). "El *spanglish* en los Estados Unidos ¿Estrategia expresiva legítima?" *Lenguas Modernas* 37: 33-54. Impreso.

——. (2012a). "Reflexiones sobre el contacto lingüístico: el *spanglish* y el caso de la revista estadounidense *Latina." Actas del XVII Congreso de la AIH* (*Asociación Internacional de Hispanistas*) (19-24 julio de 2010) Roma: Università La Sapienza. Impreso.

——. (2012b). *"Spanglish*: ¿pseudolengua o identidad?" *Estudios de Lingüística Aplicada* (*ELA*) 52. Impreso.

——. (en preparación). "Español en los Estados Unidos: ¿*español estadounidense o spanglish*?" *Descripción y proyección del español en el mundo*. Volumen de Homenaje a la Profesora Emma Martinell Gifre. Peter Lang. Impreso.

Blas Arroyo, José Luis. (2005). *Sociolingüística del español*. Madrid: Cátedra. Impreso.

Cebrián, Juan Luis. (2005). Cit. en Concha Monserrat. "Cebrián defiende el uso de Internet para aglutinar a la comunidad de habla hispana." *El País.com*. 4-10. Web. 21 de marzo de 2007.

Cohn, D'Vera, Jeffrey Passel, y Mark Hugo López. (2011). "Census 2010: 50 Million Latinos. Hispanics Account for More than Half of Nation's Growth in Past Decade." *Pew Hispanic Center*. Web.13 de noviembre de 2011.

Criado, María J. (2004). "Percepciones y actitudes en torno a la lengua española en Estados Unidos." *Migraciones Internacionales* 2 004: 123-58. Impreso.

Dumitrescu, Domnita. (2011). "El español en los Estados Unidos: crecimiento, metamorfosis y controversia." *Boletín de la ANLE* (Academia Norteamericana de la Lengua Española) 14: 261-302. Impreso.

Fairclough, Marta. (2003). "El (denominado) Spanglish en Estados Unidos: Polémicas y realidades." *Revista Internacional de Lingüística Iberoamericana* 1(2): 185-204. Impreso.

Fernández Fernández, Maximiliano. (2008). "Usos lingüísticos del castellano en España y en América: barreras para el plurilingüismo." *Dicenda. Cuadernos de Filología Hispánica* 26: 335-41. Impreso.

Fernández Ulloa, Teresa, y James W. Crawford. (2006). *"Lost in Translation*: La Educación Bilingüe en los Estados Unidos." *Congreso Internacional Educación Intercultural. Formación Del Profesorado y Práctica escolar*. Madrid, UNED 15-17 marzo. Web. 21 de enero 2010.

Flores, Ana. (2010). Cit. en Cristina F. Pereda. "El Spanglish es cosa de bilingües." *El País.com*. 14 de julio. Web. 8 de noviembre de 2011.

Fornet, Ambrosio. (2009). Cit. en *Momarandu.com*, *Diarionline*. "Cambios en el idioma responden a necesidades expresivas." Web: 21 de marzo de 2010.

Garrido Medina, Joaquín. (2007). "El español en Estados Unidos: *Spanglish*, bilingüismo adaptativo y lengua española como modelo de tipos de textos y discursos." *Vernetzungen. Bedeutung in Wort, Satz und Text. Festschrift für Gerd Wotjak zum 65*. Coord. Juan Cuartero Otal y Martina Emsel. Geburtstag (1). Frankfurt: Peter Lang. 175-86. Impreso.

Garrido Moraga, Antonio. (2001). "El español en Estados Unidos." *Unidad y diversidad del español. La situación actual. Centro Virtual Cervantes. Congreso de Valladolid*. Web. 21 de marzo de 2010.

Gimeno Menéndez, Francisco. (2001). "El desplazamiento lingüístico del español por el inglés en la prensa hispana de Estados Unidos." *Unidad y diversidad del español. La situación actual. Centro Virtual Cervantes. Congreso de Valladolid*. Web. 21 de marzo de 2010.

Goldemberg, Isaac. (2001). "Lección 5: 'Los pronombres reflexivos'." *Unidad y diversidad del español. El escritor hispano. Centro Virtual Cervantes. Congreso de Valladolid*. Web. 21 de marzo de 2010.

González, Ana Lucía. (2010). "No Spanish, please." *BBC News*. Jueves 10 de junio. Web. 20 de septiembre de 2010.

Gracia, Jorge E. (2000). *Hispanic / Latino Identity*. Oxford: Blackwell. Impreso.

Guerra Vázquez, Elizabeth. (2010). "Spanglish: entre costumbre y sabor hispano." *HispanicLA*. 19 de abril. 8. Serie *Spanglish*. Ed. Aurelia Fierros. Web. 20 de septiembre de 2010.

ImpreMedia. (2010). Web.13 de junio de 2011.

Klee, Carol A., y Andrew Lynch. (2009). *El español en contacto con otras lenguas*. Washington D.C.: Georgetown UP. Impreso.

Limón, Graciela. (2001). "El impacto del español sobre el inglés en la literatura chicana." *Unidad y diversidad del español. El escritor hispano. Centro Virtual Cervantes. Congreso de Valladolid*. Web. 19 de septiembre de 2005.

Lipski, John M. (1982). "Spanish-English Language Switching in Speech and Literature. Theories and Models." *Bilingual Review/Revista Bilingüe* 9: 191-212. Impreso.

——. (2004). "La lengua española en los Estados Unidos: avanza a la vez que retrocede." *Revista Española de Lingüística* 33: 231-60. Impreso.

——. (2008). *Varieties of Spanish in the United States*. Washington D.C.: Georgetown UP. Impreso.

López Morales, Humberto. (1989). *Sociolingüística*. Madrid: Gredos. Impreso..

——. (2000). "El español en la Florida: Los cubanos de Miami." *Anuario 2000. Centro Virtual Cervantes*. Web. 20 de enero de 2008.

——. (2008). "Precisiones en torno al llamado *espanglish*." *Español o espanglish ¿Cuál es el futuro de nuestra lengua en los Estados Unidos?* Ed. Maricel Mayor Marsán. 173-85. Miami, Florida: Ediciones Baquiana. Impreso.

——. (2010). *La andadura del español por el mundo*. Madrid: Taurus. Impreso.

Lorenzo Criado, Emilio. (1981). *Utrum Lingua An Loquentes?* (*Sobre las presuntas dolencias y carencias de nuestro idioma*). Discurso de recepción en la RAE, leído el 22 de noviembre de 1981. Web. 10 de noviembre de 2011.

Medina, Elinet. (2008). "Spanglish: la tendencia de nuestro tiempo". *Español o espanglish ¿Cuál es el futuro de nuestra lengua en los Estados Unidos?* Ed. Maricel Mayor Marsán. 145-55. Miami, Florida: Ediciones Baquiana. Impreso.

Medina López, Javier. (1997). *El anglicismo en el español actual.* Madrid: Arco Libros. Impreso.

Molinero, Leticia. (2011). "El español de los Estados Unidos, un nuevo punto de partida." Web. 12 de marzo de 2012.

Monserrat, Concha. (2005). "Cebrián defiende el uso de Internet para aglutinar a la comunidad de habla hispana." *El País.com.* 4-10. Web. 21 de marzo de 2007.

Morales, Ed. (2002). *Living in Spanglish. The Search for Latino Identity in America.* New York: St. Martin's Press. Impreso.

Moreno Fernández, Francisco. (2004). "El futuro de la lengua española en los EEUU." *Real Instituto Elcano. ARI* 69. Web. 23 de abril de 2007.

———. (2006). "Sociolingüística del español en los EE.UU." *E-Excellence.* Web. 23 de abril de 2007.

———. (2009a). "Dialectología hispánica de los Estados Unidos." *Enciclopedia del español en los Estados Unidos. Anuario del Instituto Cervantes 2008.* Coord. Humberto López Morales. Madrid: Santillana. Instituto Cervantes. 200-21. Impreso.

———. (2009b). *Principios de sociolingüística y sociología del lenguaje.* Barcelona: Ariel. Impreso.

Myers-Scotton, Carol. (1993). *Duelling Languages. Grammatical Structure in Codeswitching.* Oxford: Clarendon P. Impreso.

Noya, Javier *et al.* (2008). "La imagen de España en Estados Unidos." *Real Instituto Elcano. Documento de trabajo* 44. 27/10/2008. Web. 20 de enero de 2009.

Otheguy, Ricardo. (2007). "La filología y el unicornio. El verdadero referente del vocablo *spanglish* y su función como adjudicador de posiciones de poder en la población de origen hispano en los EEUU." *La incidencia del contexto en los discursos. LynX: A monographic Series in Linguistics and World Perception, Annexa* 14. Ed. Enric Serra Alegre. Valencia: Universitat de València. 5-19. Impreso.

———. (2009). "El llamado *espanglish." Enciclopedia del español en los Estados Unidos. Anuario del Instituto Cervantes 2008.* Coord. Humberto López Morales. Madrid: Santillana. Instituto Cervantes. 222-43. Impreso.

Pereda, Cristina F. (2010). "El Spanglish es cosa de bilingües." *El País.com.* 14 de julio. Web. 8 de noviembre de 2011.

Pew Research Center, Pew Hispanic Center. (2009). "Between Two Worlds. How Young Latinos Come of Age in America." 11 de diciembre. Web. 8 de noviembre de 2011.

Piña-Rosales, Gerardo. (2008). "Presente y futuro de la Academia Norteamericana de la Lengua Española. Homenaje a Odón Betanzos Palacios." *Boletín Informativo de la Academia Norteamericana de la Lengua Española* 2. Web. 30 de octubre de 2011.

——. (2011). Cit. en Joaquín Badajoz. "Entrevista a Gerardo Piña-Rosales." Miami, febrero de 2011. Web. 30 de octubre de 2011.

Poplack, Shana. (1980). "Sometimes I'll start a sentence in Spanish *y termino en español*: toward a typology of code-switching." *Linguistics* 18. 7/8: 581-618. Impreso.

Prida, Dolores. (2003). "Tongues-twisting." *Latina*. 7.7: 60-62. Impreso.

Prieto Osorno, Alexander. (2004). "Spanglish: una patria, una identidad." Web. 21 de marzo de 2007.

Roca, Ana, y María Cecilia Colombi. (2003). "Español para hispanohablantes: ¿Por qué iniciar y mantener un programa de español para hablantes nativos?" *La enseñanza bilingüe en EE.UU.* Instituto Cervantes de Chicago. Web. 4 de marzo de 2008.

Roman, Daylin. (2005). "The Ideal Language That Reaches All Hispanics." *HispanicAd*.com. 20 de octubre. Web. 30 de enero de 2007.

Sales, Dora. (2001-2002). "Reflexiones en torno a la supervivencia trascultural: leer el mundo bajo nuestros pies." *Debats*, *Quadern* 75. Invierno. València: Institució Alfons el Magnànim/Diputació de València. 115-126. Web. 30 de enero de 2007.

Santiago, Esmeralda. (1994). *Cuando era puertorriqueña*. New York: Vintage Books. Impreso.

Scannavini, Anna. (1994). "Le frontiere della lingua. La commutazione di codice nella letteratura portoricana in inglese." *Ácoma*. 1: 49-57. Impreso y Web. 4 de marzo de 2004.

Silva-Corvalán, Carmen. (1989). *Sociolingüística: Teoría y análisis*. Madrid: Alhambra. Impreso.

——. (2001). *Sociolingüística y pragmática del español*. Washington D.C.: Georgetown UP. Impreso.

Stavans, Ilán. (2001). "Entrevista con Ilán Stavans, profesor de español en EE.UU." Redacción de *Cuadernos Cervantes*. Impreso y Web. 3 de marzo de 2009.

Torres Torres, Antonio. (2002). "La identidad del Spanglish." *El Periódico de Catalunya*. 20. Impreso.

——. (2004). "El Spanglish, un proceso especial de contacto de lenguas." Web.15 de octubre de 2006.

——. (2006). "Fronteras lingüísticas y literarias. La expresión de los latinos en los Estados Unidos." *La frontera entre límits i ponts*. Eds. Montserrat Ventura i Oller, Ariadna Lluís i Vidal-Folch, y Gabriela Dalla Corte. Barcelona: Casa Amèrica Catalunya. 85-93. Web. 21 de marzo de 2011.

——. (2009). "Expresión lingüística e identidad en los latinos de los Estados Unidos." *Confluenze. 'Lingua e identità'. Rivista di Studi Iberoamericani del*

Dipartimento di Lingue e Letterature Straniere Moderne dell'Alma Mater Studiorum di Bologna. 1. 2: 81-100. Web. 8 de enero de 2011.

Torres, Lourdes. (1997). *Puerto Rican Discourse: A Sociolinguistic Study of a New York Suburb.* Mahwah (NJ): Lawrence Erlbaum. Impreso.

U.S. Census Bureau (2011). Web.10 de noviembre de 2011.

Valero, Arnaldo. (2009). Res. de *Bitácora Del Cruce (Textos Poéticos Para Accionar, Ritos Fronterizos, Videografitis, y Otras Rolas y Roles)*, por Guillermo Gómez-Peña. *Contexto. Revista anual de Estudios Literarios.* Segunda etapa. 13. 15. enero-diciembre. Web. 10 de noviembre de 2011.

Villegas, Álvaro. (2006). "El espanglés y la utilidad del español neutro." *Panace@.* VII. 24. diciembre. 318-21. Web. 10 de enero de 2008.

Vizcarra, Fernando. (2005). "En busca de la frontera: identidades emergentes y migración. Apuntes para un aproximación reflexiva." *La frontera interpretada. Procesos culturales en la frontera noroeste de México.* Eds. Everardo Garduño *et al.* Mexicali: Baja California. Universidad Autónoma de Baja California. 65-86. Impreso.

Wells, Herbert G. (1933). *The Shape of Things to Come.* Book The Second: *The Days After Tomorrow*: The Age Of Frustration. § 12. *America in Liquidation.* Impreso y Web. 22 de noviembre de 2011.

Zentella, Ana C. (1997). *Growing Up Bilingual: Puerto Rican Children in New York.* Malden: Blackwell Publishers. Impreso.

——. (1998). "Would you like your children to speak English and Spanish?" / "¿Quieren que sus hijos hablen el inglés y el español?" Web. 22 de noviembre de 2011.

——. (2003). "Recuerdos de una *Nuyorican*". *Insula. Revista de Letras y Ciencias Humanas* julio-agosto, 679-680. 37-40. Impreso.

IDENTIDAD Y CONFIANZA LINGÜÍSTICA
EN JÓVENES LATINOS EN EL SUR DE CALIFORNIA

Ana Sánchez-Muñoz
California State University, Northridge, y ANLE

Introducción

¿Somos lo que hablamos o hablamos lo que somos? Esta pregunta ha sido y sigue siendo objeto de estudio, de discusión y de inspiración artística. Recordemos a modo de ejemplo al profesor Higgins que, en la obra teatral de Bernard Shaw *Pygmalion*, se propone hacer pasar por duquesa a una muchacha pobre de clase baja simplemente cambiando su manera de hablar. Sea posible o no encontrar respuesta a tal pregunta, lo que sí parece indiscutible es que la identidad étnica y la identidad lingüística están íntima e intrínsecamente relacionadas.

En los Estados Unidos, donde hay una gran diversidad étnica y lingüística, nos enfrentamos al dilema de cuál debe ser la lengua de instrucción en la educación general básica obligatoria. Tradicionalmente el mensaje ha sido de homogeneización a favor del inglés, lengua que ocupa en territorio estadounidense posición de poder y prestigio sobre otras lenguas. Cuando nos encontramos ante prácticas educativas que refuerzan jerarquías de poder lingüístico y subordinan la identidad y las lenguas de grupos étnicos minoritarios, el resultado puede ser devastador: en lugar de favorecer el aprendizaje y la formación de la sociedad del futuro, las escuelas se convierten en lugares donde se denigra la identidad personal (del individuo) y la identidad colectiva (del grupo). Como consecuencia, los niños que llegan a la escuela hablando otros idiomas que no son el inglés se enfrentan a la realidad de asimilarse al sistema, y, normalmente, eso conlleva o el abandono de la lengua de herencia, o el fracaso de la empresa educativa y el sufrir las consecuencias de la marginación social y económica.

La gran mayoría de los sistemas de educación pública en los Estados Unidos implementan unas políticas educativas basándose en lo que se conoce como el movimiento del *English Only* (instrucción única y exclusivamente en inglés). Los estudiantes deben aprender inglés lo más rápidamente posible para no quedarse atrás en su formación académica. Pero, desgraciadamente, en este modelo educativo las instituciones no proveen ningún tipo de apoyo u oportunidad de desarrollar lenguas maternas y ancestrales, de tal modo que la lengua de herencia de los estudiantes queda estancada, innecesariamente abandonada. La falta de valoración de las lenguas minoritarias por parte de las escuelas primarias y secundarias puede afectar al bienestar psicológico de los alumnos que no desarrollan de manera saludable un sentido de sí mismos y de su identidad lingüística y étnica; irremediablemente, puede también conducir a la pérdida de la lengua (Carreira 2007; Cho y Krashen 1998; Leeman *et al.* 2011; Villa 1996; Wright y Taylor 1995).

El presente trabajo examina la relación entre el uso del español como lengua de herencia y la identidad personal y colectiva en jóvenes latinos estadounidenses. Se investigan los efectos que un curso de lengua especialmente diseñado para hablantes de español como lengua de herencia tiene en la confianza lingüística de los estudiantes. Dado que la inseguridad lingüística se ha relacionado con la pérdida de lenguas minoritarias, si podemos aumentar el nivel de confianza en el español de los jóvenes latinos a través de clases de herencia, alcanzaremos más posibilidades de promover el mantenimiento y el desarrollo del español en generaciones futuras. En los párrafos que siguen, se ofrecen primero unas consideraciones con respecto al uso del español como lengua de herencia y su relación con el desarrollo de una identidad hispana o latina. Después nos referiremos a las clases de español como lengua de herencia en general y en particular al curso en el que se ha llevado a cabo el presente estudio. A continuación se presentan la metodología y se discuten los resultados. Finalmente se ofrece una reflexión a modo de conclusión.

El español y la identidad latina en los Estados Unidos

Ni la identidad ni la lengua son estados fijos e invariables sino que se tratan de nociones dinámicas. Por ejemplo, la manera en la que percibimos nuestra propia identidad varía dependiendo de la comunidad de habla o red social con que estemos tratando, por lo cual podemos tener acceso a múltiples identidades que cambian a lo largo de nuestra vida o incluso a lo largo del día. Algunos investigadores han apuntado que la lengua que hablamos no es necesariamente un requisito para sentirnos identificados con un grupo étnico (por ejemplo, Liebkind 1999). Sin embargo es común que muchos grupos étnicos considerados minoritarios, como es el caso de comunidades no blancas, no angloparlantes en los Estados Unidos, se identifiquen con una lengua en particular que no es el inglés o al menos no un inglés estándar. En el caso de los latinos (o hispanounidenses) el español es la lengua que aúna en una identidad lingüística común a grupos diversos en cuanto a raza, nacionalidad y tradiciones culturales. El español está profundamente arraigado en la identidad cultural y personal de los latinos en los Estados Unidos, como la escritora chicana Gloria Anzaldúa describe elocuentemente en su libro *Bordelands/La Frontera: The New Mestiza*: "Ethnic identity is twin skin to linguistic identity –I am my language" (59). Esta noción del profundo arraigo de la identidad del hablante a su lengua está especialmente presente en el contexto educativo, ya que los estudiantes se encuentran en un periodo de formación y las actitudes que encuentran hacia su cultura, lengua y herencia pueden afectar profundamente al desarrollo de la autoestima y del orgullo étnico y familiar.

La lengua es un vehículo que ayuda a la construcción de una identidad cultural, según han demostrado numerosos estudios (Bucholtz 1999; García 2000; Valdés 2000; Zavala 2000; Zentella 2002). Según Bucholtz (1999), los hablantes que aceptan la identidad de su comunidad practican una estrategia de identidad positiva (*positve identity practice*), mientras que si rechazan dicha identidad entonces ejercitan un tipo de práctica de identidad negativa (*negative identity practice*). No obstante es importante considerar no solo la motivación o fuerza interna del hablante sino también el efecto de los oyentes y de la sociedad en general en la práctica de esa identidad. Debemos reconocer que existen unas expectativas por parte de nuestros interlocutores de cómo debemos comportarnos y especialmente de cómo debemos hablar para ajustarnos a esa idea de lo que se asume ser nuestra identidad étnica y cultural. Sin embargo, ambas partes no siempre coinciden, y a veces el oyente tiene una idea distinta de la identidad del hablante de lo que este último desea o espera. En esta circunstancia surge el conflicto de identidad que es particularmente problemático cuando una de las partes se encuentra en una posición de poder social con respecto a la otra. En el caso de los latinos estadounidenses se asume e incluso se espera que el español sea, si no su única lengua, al menos su lengua dominante. Este prejuicio ha sido y desgraciadamente sigue siendo práctica común en muchos distritos escolares de la nación donde se ha llegado a clasificar erróneamente a estudiantes latinos como aprendices del inglés o lo que se denomina *Limited English Proficient* (*LEP*) cuando realmente muchos de estos alumnos son bilingües o incluso hablantes de inglés monolingües (Gándara y Contreras 2009). Igualmente problemática y preocupante es la clasificación desproporcional de estudiantes latinos que son *LEP* en programas de educación especial (Fry 2003; Sparks 2007). Estas prácticas pueden confundir a los niños que hablan lenguas minoritarias, ya que encierran una contradicción inherente: por una parte se espera que hablen la lengua de su comunidad pero por otra parte se les discrimina por ello. En definitiva, ilustran una actitud negativa hacia prácticas lingüísticas y culturales fuera de la norma angloparlante.

Ante las presiones a las que se enfrentan, muchos estudiantes minoritarios se concentran en la adquisición de la lengua dominante para tratar de asimilarse y pasar desapercibidos. Pero abandonar o renunciar al uso de la lengua ancestral o de herencia, bien sea literal o simbólicamente, supone ceder al mismo tiempo una parte esencial de la dimensión personal y social de la propia identidad (Johnson 2000). En el caso de jóvenes hispanounidenses, estos se encuentran en una posición de subordinación con respecto a la mayoría anglo y frecuentemente experimentan tensiones cuando barajan la propia identidad como latinos y su uso del español. A menudo, existe un cuestionamiento de la identidad étnica del hablante si este no domina la lengua de herencia (Gándara y Contreras 2009). Dicho cuestionamiento tiene un doble origen: uno que podemos llamar "externo," por parte de la población no latina que asume que el español es la lengua materna o al menos dominante; y otro de origen "interno," por parte del grupo (otros latinos, por ejemplo), que lo considera una falta de orgullo étnico o conexión si el individuo es incapaz de demostrar un dominio nativo en español. No debe extrañar, pues, que las presiones que sufren los jóvenes adolescentes latinos en el proceso de la formación y afianzamiento de su identidad sean considerables y tengan consecuencias a veces negativas y, en ocasiones catastróficas para la salud mental y el bienestar social del individuo (Ada y Zubizarreta 2001).

Los programas de español como lengua de herencia

Un hablante de una "lengua de herencia" es aquella persona que, según Valdés (2000: 1), "is raised in a home where a non-English language is spoken by one who speaks or merely understands the heritage language, and who is to some degree bilingual in English and the heritage language." El español es la lengua de herencia con el mayor número de hablantes en los Estados Unidos, y quizás por eso también es la lengua de herencia con la tradición más larga y profusa en cuanto a número y tipos de programas específicamente diseñados para esta población que ninguna otra lengua de herencia (Sweley 2006). Anteriormente se llamaba a estos programas "español para hablantes nativos" o "español para bilingües," pero el término más usado hoy día en la investigación tanto teórica como aplicada es el término aquí adoptado: "español para hablantes de herencia."

Leeman *et al.* (2011) mencionan que la noción de la identidad está intrínsecamente unida a y es un aspecto fundacional de la educación bilingüe y de lenguas de herencia desde sus comienzos. La necesidad de una educación adecuada para hablantes de herencia nace precisamente de los infelices resultados que los programas tradicionales de español como segunda lengua o como lengua extranjera han tenido para los estudiantes latinos. El sentido de identidad del alumno latino se cuestiona en las clases de español como segunda o lengua extranjera, ya que en dichos cursos comúnmente se presta atención al desarrollo de habilidades conversacionales que los hablantes de herencia ya poseen, mientras que –al nivel intermedio/avanzado al que normalmente acceden los hablantes de herencia directamente– se presupone que los estudiantes conocen la sintaxis, la morfología y un léxico a los que sin embargo no han sido expuestos. En estas condiciones, los estudiantes "anglos" suelen desenvolverse mejor en el salón de clases, pues normalmente escriben y leen mejor que los de herencia, y por lo tanto sacan mejores calificaciones. Se desdeña directa o indirectamente la variedad "no estándar" (no educada, o de origen rural) del español de estos hablantes de herencia. Consecuentemente, los estudiantes de herencia se sienten inseguros en su propia lengua y muchos pierden interés en continuar estudiando español, ya que sienten que la experiencia es más humillante que formativa.

La mayoría de los lingüistas y educadores coinciden en que un buen programa de español como lengua de herencia debe incluir aspectos sociolingüísticos que provean al estudiante de un contexto y una serie de conocimientos críticos que le ayuden a comprender la compleja relación entre las lenguas y las estructuras sociopolíticas. Dentro del marco de la pedagogía crítica (*critical pedagogy*) se tratan temas de identidad personal y social y se recurre a instituciones educativas para que estos estudiantes se ajusten a ciertos roles y categorías sociales (Leeman 2005). De este modo, los estudiantes pueden descubrir que las jerarquías de prestigio y de poder están relacionadas con su propio uso u oportunidad de haber desarrollado o no su lengua de herencia. Se trata, dentro de este marco crítico, de identificar y desafiar las prácticas educacionales que tradicionalmente ponían al hablante de herencia en una posición de inferioridad o de abandono.

Aunque hoy en día muchas universidades ofrecen cursos de español para hablantes de herencia, aún queda mucho trabajo por hacer para conseguir implementar programas sólidamente diseñados para la población latina, especialmente en el ámbito de la escuela secundaria. Aún hay muchos distritos escolares e instituciones de enseñanza superior que únicamente ofrecen clases como lengua extranjera o segunda. La devaluación de la identidad personal y la falta de atención en la confianza lingüística de los alumnos hispanohablantes son grandes problemas con los que nos enfrentamos en programas de lengua no creados para ellos. Es, por tanto, sumamente importante que nos opongamos a prácticas educativas que refuerzan jerarquías lingüísticas establecidas y menosprecian las identidades y lenguas de los estudiantes. Esto puede contribuir a una falta de autoestima y otras consecuencias psicológicas negativas en los alumnos, además de contribuir a la pérdida de la lengua de herencia (Carreira 2007; Cho y Krashen 1998; Wright y Taylor 1995). Estos argumentos se tuvieron muy en cuenta a la hora de crear de cursos de español de herencia en la institución en la que se llevó a cabo el presente estudio. Se describe brevemente a continuación el curso del que resultaron los datos que forman la base de esta investigación.

El plan de español para hablantes de herencia que aquí se examina se compone de dos cursos de español para hablantes de herencia: CHS 101 (primer semestre) y CHS 102 (segundo semestre). CHS 101-102 es un año académico de nivel intermedio para hispanohablantes a los que se atribuye fluidez conversacional. Es decir, el estudiante típico no tiene dificultad en expresarse en español para hablar de temas cotidianos o familiares y puede comprender sin problema el español al que está expuesto/a en su comunidad, con amigos, familiares o medios de comunicación (incluyendo música, vídeos, películas y programas de televisión o radio). He aquí las características del curso:

CHS 101-102 is designed for students whose home language was Spanish. For this class, students must have had early exposure to Spanish, at home or in their community. While these students may have a higher degree of communicative proficiency than those whose first and primary contact with Spanish occurs in the classroom, they sometimes lack critical exposure to and training in Spanish morphology, syntax, and grammatical structures. This course is developed specifically to address language learning for heritage speakers and provides such training through a variety of activities that focus on the development of speaking, reading, and writing skills. This course aims to also help students attain a great er awareness of the history and importance of Hispanic and Latino communities in the U.S. Diverse sociolinguistic aspects of the langue are explored including language maintenance, loss, dialect diversity, the academic variety and bidialectalism. The class is conducted in Spanish and includes various projects based on community work. (Sánchez-Muñoz 2008, *Spanish for Chicanos/as* 101-102)

Siguiendo el trabajo de educadores e investigadores en el campo del español como lengua de herencia (Durán-Cerda 2008; Leeman 2005; Martínez 2003), en este curso se procura implementar un acercamiento crítico en el que la variedad de español del estudiante sea reconocida y valorada. Se integran las habilidades de los estudiantes en el currículo a través de actividades que hacen uso de las comunidades de habla y redes sociales y los desafían a explorar nuevos registros y situaciones discutidas previamente en la clase. Gran parte del tiempo se dedica a actividades específicamente diseñadas a reconocer diferentes variedades y registros. El objetivo principal durante las primeras semanas es el de fomentar la confianza lingüística de los alumnos, con el fin de reparar el daño a la identidad y seguridad lingüística que hayan podido sufrir a lo largo de su experiencia educativa o social. A continuación se describe con más detalle la metodología del presente estudio, incluyendo el proceso de acopio de datos y técnicas de análisis.

Metodología

En este trabajo se analizan la autoestima y la confianza lingüísticas en un grupo de estudiantes universitarios de español de herencia y se investiga la relación entre su identidad lingüística y étnica. Se desea averiguar si un curso específicamente diseñado para atender a las necesidades de esta población de hablantes ha tenido un efecto positivo en la percepción de sí mismos como latinos/as hablantes de español. Esta cuestión es de suma importancia, ya que sabemos que una confianza lingüística sólida promueve y coadyuva al mantenimiento de lenguas de herencia y al desarrollo saludable del sentido de uno mismo y del lugar en la comunidad a la que pertenecen (Ada y Zubizarreta 2001; Durán-Cerda 2008; Wright y Taylor 1995).

La población estudiantil de la clase de español para hablantes de herencia descrita anteriormente está constituida principalmente por alumnos universitarios de primer año, aunque hay alrededor de un 15 % de estudiantes de segundo año y ocasionalmente puede haber algún estudiante de ciclo superior (tercer o cuarto año). Los estudiantes pueden provenir de cualquier especialidad o disciplina universitaria. Aunque la clase es de nivel 100, dirigida primordialmente a estudiantes universitarios de primer año, no hay nada en el sistema de matriculación de la universidad que impida que estudiantes más veteranos se inscriban en este curso si cumplen los requisitos necesarios. Dichos requisitos son básicamente los siguientes: (1) el estudiante debe identificarse como latino/hispano y haber crecido en un ambiente donde el español es la lengua materna o del hogar, es decir debe tener competencia nativa o casi nativa en español; (2) el estudiante no debe haber tomado ninguna clase de español a nivel universitario con anterioridad; (3) si el estudiante nació en un país hispanohablante (fuera de los EE.UU.), no debe haber tomado en dicho país clases de español más allá de la educación elemental. La razón para este último requisito es que de admitir a estudiantes que hayan cursado la secundaria en español, estaríamos poniendo en una situación desventajosa a aquellos hablantes de herencia que usualmente no tienen un nivel de lectoescritura avanzado. En cuanto a la limitación generacional, se puede tratar de inmigrantes que llegaron a los Estados Unidos de niños o que nacieron ya en suelo estadounidense.

Seleccionamos para nuestro estudio a 25 jóvenes latinos de entre 18 a 22 años de edad. Todos completaron una serie de preguntas acerca de su perfil lingüístico, educativo, de su origen (nacionalidad de los padres y abuelos) y de su uso cotidiano del español (por ejemplo, en qué contextos o situaciones comunicativas utilizan normalmente el español, con quién lo hablan, qué tipo de actividades de ocio realizan y en qué idioma, etc.) El objetivo de este sondeo preliminar es asegurase de que los hablantes constituyen un grupo homogéneo que pueda ser comparado para la investigación de la confianza lingüística. La mayoría de estos estudiantes son mexicoamericanos de segunda generación (estadounidenses de padres mexicanos), aunque se encuentran también alumnos de otras nacionalidades: un estudiante de padres salvadoreños, un estudiante de padres guatemaltecos, uno de origen venezolano y, finalmente, uno de padres colombianos. Estos estudiantes constituyen el 16 % de la clase; el 84 % son de raíces mexicanas. De entre los no mexicanos, la alumna venezolana era la única del grupo que había nacido, crecido y estudiado en el país de origen. Como su historial educativo y lingüístico difería considerablemente del resto del grupo, sus datos no se tomaron en cuenta en el presente análisis.

La compilación de datos se realizó a través de dos cuestionarios anónimos: el primero, distribuido al inicio del año académico, y el segundo, al final. En el primer cuestionario se incluyen preguntas acerca de los patrones de uso del español, de la percepción de las destrezas de este y de la confianza lingüística de los estudiantes. En cuanto a las destrezas y la confianza o inseguridad lingüística, se especifican las cuatro habilidades: de producción oral y escrita, y de comprensión auditiva y de lectura, con preguntas que dan opción a una autoevaluación que especifique el nivel de acuerdo o desacuerdo de 0-5 (escala de tipo Likert). Asimismo, se incluyen preguntas generales para que los estudiantes reflexionen acerca de la conexión entre su identidad étnica y su dominio de español. El segundo cuestionario, distribuido al final del año académico, consiste en una serie de preguntas para que los estudiantes, en sus respuetas, declaren si sus habilidades y confianza lingüística (en producción oral, compresión auditiva, lectura y escritura) han mejorado o no tras haber tomado la clase de español para hablantes de herencia. Además, se incluyen preguntas sobre la posibilidad de que su identidad étnica haya cambiado en relación a su capacidad lingüística.

El estudio de los datos incluye tanto análisis de tipo cuantitativo como cualitativo. Se llegó a los resultados numéricos a través del cálculo de la media entre grados del 0-5 elegidos por los estudiantes para cada pregunta; de este modo se obtuvo un coeficiente de percepción de habilidades en español del 0 (muy bajo) hasta el 5 (muy alto) en los cuestionarios realizados antes y después de tomar el curso de español de herencia. Asimismo, se calculó un coeficiente de confianza y un coeficiente de conexión entre el español y la identidad como latinos (también de entre 0 y 5). Por medio del análisis cualitativo, se examinaron las respuestas de los estudiantes a las preguntas que les invitaban a considerar la motivación para estudiar su lengua de herencia, la importancia del español en diferentes aspectos de sus vidas y también a discurrir acerca de su identidad étnica en relación a su identidad lingüística. En la sección que sigue se exponen los resultados del estudio y se presentan algunas reflexiones derivadas del análisis de los datos.

Resultados y discusión

- *Perfil de uso de lenguas en distintos contextos*

En general los datos demuestran que la mayoría de los estudiantes utilizan el español o el español y el inglés con la familia. Hay más variación en el uso del español en otros contextos (amigos, escuela, trabajo), y generalmente fuera del ámbito familiar se utiliza o bien el inglés casi de forma exclusiva o el inglés y algo de español. Lo interesante es que hay correlación entre un coeficiente alto (5) de conexión personal entre la lengua y la identidad en los estudiantes que usan exclusivamente el español con su familia. De los 24 estudiantes que completaron el cuestionario, 4 de ellos asignaron el nivel más alto (5) de vínculo personal entre su identidad como latino y su habilidad para comunicarse en español; estos 4 alumnos hablaban únicamente español en el ámbito familiar.

- *Motivación para inscribirse en el curso de español como lengua de herencia*

En cuanto a la motivación que condujo a los hablantes de herencia a matricularse en esta clase, casi todos (89 %) mencionan el deseo de mejorar su español, de aprender a hablarlo y escribirlo "bien." Por ejemplo, uno de los estudiantes escribe: "Decidí tomar esta clase para mejorar mi lenguaje, escritura y vocabulario. Espero aprender más de mi cultura y la de otros países [donde se habla español]. Aprender a escribir mejor y no tener faltas de ortografía." Este comentario ejemplifica el motivo principal por el que la mayoría de estos estudiantes se matriculan en este tipo curso. Solamente 3 estudiantes admitieron que habían escogido la clase de español de herencia para satisfacer los requisitos de lengua extranjera impuestos por su programa de estudios. Aun así, como escribe uno de ellos, esperan aprender poder hablar en español "without struggling."

- *Habilidad en español y confianza lingüística antes de iniciar el estudio del curso de herencia*

Generalmente los coeficientes de percepción de habilidad y confianza para cada destreza son similares. Es interesante notar que en los casos en que se da una diferencia entre ambos es hacia un coeficiente menor en confianza que en habilidad. Esto es lo que ocurre en todas las destrezas excepto en la producción oral, que a veces aumenta ligeramente en confianza en relación a la habilidad. La Tabla 1 ilustra los valores medios de los datos de habilidad y confianza analizados en el primer cuestionario. Recordemos que la escala Likert que se utilizó proporciona niveles de 0 a 5 para que los estudiantes elijan el valor en función de su criterio subjetivo. Huelga decir que se evalúan las habilidades de producción (oral, escritura) por debajo de las habilidades receptivas (compresión auditiva y de lectura).

Autoevaluación	Producción oral		Comprensión auditiva		Comprensión lectura		Producción escrita	
	Habilidad	Confianza	Habilidad	Confianza	Habilidad	Confianza	Habilidad	Confianza
VALOR MEDIO	3,1	3,6	4,2	4	3,3	3.1	2.5	2.2

TABLA 1. Niveles de autoevaluación de habilidad y confianza en español antes de tomar el curso de español como lengua de herencia.

- *Habilidad en español y confianza lingüística al finalizar el estudio del curso de herencia*

Los resultados demuestran que se produce un aumento tanto de habilidad como de confianza lingüística en todas las destrezas. Sin embargo, es en la escritura donde los estudiantes perciben una mejoría más clara. Evidentemente la confianza lingüística aumenta en este aspecto más que en ningún otro tras haber cursado la clase de español de herencia. Como se mencionó anteriormente, la escritura es el factor que más preocupa a los estudiantes, ya que es el área que menos han podido desarrollar al no haber recibido educación formal en español y en la que inicialmente se sienten más inseguros. De hecho, como indican los propios estudiantes, mejorar la escritura es la motivación principal para inscribirse en esta clase. La Tabla 2 muestra los niveles de autoevaluación de los estudiantes de herencia al finalizar el curso.

	Producción oral		Comprensión auditiva		Comprensión lectura		Producción escrita	
Auto-evaluación	Habilidad	Confianza	Habilidad	Confianza	Habilidad	Confianza	Habilidad	Confianza
VALOR MEDIO	3,8	4	4,4	4,5	3,6	3,7	3,1	3,2

TABLA 2. Niveles de autoevaluación de habilidad y confianza en español tras haber tomado el curso de español como lengua de herencia.

Hacia el final del curso, los estudiantes también han avanzado enormemente en otras áreas de la lengua española, por ejemplo en cuanto a la comprensión de textos académicos y a la producción oral en registros formales, técnicos y académicos. Como desde el comienzo su atención estaba dirigida principalmente hacia la corrección ortográfica, no perciben tanto la mejoría en otras áreas. Aun así, la mayoría de los hablantes de herencia encuestados demuestran un aumento de destrezas en español y declaran también un aumento en su confianza lingüística en comparación a la inseguridad relativa con la que comenzaron el curso. Los siguientes comentarios ilustran este sentimiento de progreso en el manejo del español y el fortalecimiento de su autoestima como hispanohablante: "I feel like I can speak Spanish better with people my age and we all share things in common"; "I improved my grammar and feel better about my Spanish."

- *Conexión entre el español y la identidad personal del hablante*

Los hablantes de herencia que participaron en este estudio consideran que su identidad como latino/a está considerablemente relacionada con su habilidad de comunicarse en español. En general encontramos que los estudiantes sienten una conexión *importante* (nivel 3) o *fuerte* (nivel 4) entre lengua e identidad étnica; el valor medio de todos los estudiantes es de 3,8. Cuatro de los estudiantes encuestados registraron el nivel más alto de identificación (una conexión *muy fuerte*, nivel 5) y ninguno de ellos consideró los valores más bajos (2= *conexión débil*, 1= *conexión muy débil*, o 0= *conexión nula*). A pesar de registrar valores medios, entre 3 y 4, en las reflexiones de los encuestados notamos un sentido de identidad étnica mucho más fuertemente unido a la capacidad de comunicarse bien en español, como veremos a continuación.

- *Reflexiones de los encuestados*

Los participantes en este estudio tuvieron la oportunidad de expresar sus opiniones y sentimientos en respuesta a una serie de preguntas de formato abierto acerca de la conexión entre sus habilidades en español y su sentido de identidad personal y social. En el análisis cualitativo de los datos emergen los siguientes temas comunes en las reflexiones de los estudiantes:

Primero se distingue una *fuerte conexión entre el español y la identidad étnica*. A pesar de que los resultados cuantitativos demuestran un coeficiente medio-alto de conexión entre identidad y lengua (3,8), las reflexiones de los estudiantes revelan un sentido de conexión más alto. La mayoría de ellos admiten que el español es esencial para la visión que tienen de sí mismos y de su lugar en el seno de su grupo étnico. Por ejemplo, se da una identificación entre la "latinidad" y el uso del español. Baste, como botón de muestra, este comentario: "As Mexican-American, I must know how to speak Spanish fluently. Without speaking Spanish I would not be able to speak to my elders and I would lose my culture and who I am." Además la pérdida o abandono de la lengua de herencia tiene consecuencias negativas para el individuo por parte del grupo étnico. Relacionado con este aspecto se dan comentarios como: "Your language helps you identify yourself as a person. It makes you more acceptable to your people and the people you identify yourself with." O el siguiente: "Those who are Latino but don't speak their heritage language, in my opinion, are ashamed to be who they truly are." El miedo al rechazo de su comunidad motiva a muchos estudiantes de herencia a mejorar sus habilidades en español ya que no quieren que se les tache de "agringados." A este tenor, un estudiante escribe: "I wish my Spanish was better. When I go to Mexico, my cousins laugh at me, they know I speak *mocho*, I should know more words, so sometimes I don't want to talk."

El último comentario ilustra otro tema común en muchas de estas reflexiones: *la inseguridad lingüística y el miedo al ridículo*. Esa inseguridad lingüística aparece en la mayoría de los comentarios, especialmente en cuanto a la producción oral con miembros de la familia que viven en el país de origen y también en cuanto a la producción escrita en español, área en la que los estudiantes se sienten especialmente incompetentes. La inseguridad lingüística es el motivo por el que muchos hablantes de herencia se matriculan en clases como esta. Por ejemplo, una estudiante escribe: "I [came to this class] because I felt as though I spoke a weak Spanish and never really learned how to properly write it." Sin embargo, como se nota en el comentario previo ("sometimes I don't want to talk") es también el motivo por el que muchos de estos estudiantes deciden alejarse de la lengua española, especialmente si no existe la opción de programas especialmente diseñados para ellos.

Finalmente, otro tema que aparece repetido en los comentarios de los estudiantes es el deseo y *el sentido de responsabilidad de pasar la herencia lingüística a generaciones futuras*. Casi todos los estudiantes mencionan la importancia de transmitir el español a sus hijos, por ejemplo: "I think it's important to keep your culture alive and to pass it on to future generations. I don't want my children to forget their origin or their language." A veces se nota un sentimiento apremiante de responsabilidad por mejorar la lengua con el fin de pasar ese legado a las generaciones futuras: "I want to be able to speak Spanish to my kids. Losing your language [...] means that future generations will not have a culture to identify themselves with. It is crucial that native languages are maintained."

Este mismo deseo por mejorar y desarrollar la lengua ancestral debe resonar en todos los que trabajamos en el ámbito del español como lengua de herencia. Los investigadores y educadores debemos promover programas adecuados a las necesidades de las población latina / hispana en Estados Unidos. Los datos demuestran que estos estudiantes universitarios sienten una mayor confianza lingüística tras haber tomado una clase de español como lengua de herencia, lo que es una señal esperanzadora ya que la inseguridad lingüística es una de las razones más importantes por la que muchos de estos estudiantes abandonan la lengua de sus ancestros, según han demostrado numerosos estudios (por ejemplo, Carreira 2007; Cho y Krashen 1998; Wright y Taylor 1995). La confianza lingüística es clave para su autoestima como hablantes de herencia y como individuos competentes en su comunidad.

Conclusión

En este trabajo se han examinado las nociones de identidad en relación al uso de la lengua de herencia, la confianza o inseguridad lingüística en dicha lengua y el papel que los programas específicamente diseñados juegan en el mantenimiento y desarrollo de la identidad lingüística y étnica de los hablantes.

En general, los resultados confirman que para estos alumnos hay una fuerte conexión entre su capacidad para hablar español y su identidad como latinos/as dentro de la sociedad estadounidense. La inseguridad lingüística en español es la causa de que muchos de estos estudiantes teman ser rechazados por su comunidad, especialmente por sus familiares, a quienes consideran mucho más competentes que ellos mismos. La confianza lingüística suele ser más alta en las competencias receptivas de la lengua (comprensión auditiva y de lectura), mientras que las habilidades productivas (producción oral y especialmente escrita) se evalúan mucho menos favorablemente. Estos resultados no son de extrañar, puesto que estos estudiantes han adquirido el español en un ámbito familiar y comunitario pero no académico, dadas las políticas educativas que promueven un sistema exclusivamente en inglés en gran parte de la escolarización pública en los Estados Unidos. Además, los datos revelan el vehemente deseo que tienen estos estudiantes por ampliar sus conocimientos del español para estar mejor preparados a la hora de transmitirlo a las generaciones futuras. La lengua se considera el cordón umbilical entre la cultura y las tradiciones ancestrales y la identidad personal y social de los hablantes.

Los datos recogidos al final del año académico revelan que se da un aumento en el nivel de la confianza lingüística especialmente en las habilidades de escritura. La percepción de la mejora de las competencias lingüísticas está unida al aumento en los niveles de autoconfianza. Estos resultados revelan el rol central que tienen estos cursos para hablantes de herencia en el mantenimiento del español y en el desarrollo y fortalecimiento de la autoestima y el sentido de pertenencia a su comunidad.

OBRAS CITADAS

Ada, Almar Flor, y Rosa Zubizarreta. (2001). "Parent Narratives: The Cultural Bridge between Latino Parents and Their Children." *The Best for Our Children: Critical Perspectives on Literacy for Latino Students.* Ed. María de la Luz Reyes y John J. Halcon. New York: Teachers College P. 229-44. Impreso.

Anzaldúa, Gloria. (1987). *Borderlands/La Frontera: The New Mestiza*. San Francisco: Aunt Lute Books. Impreso.

Bucholtz, Mary. (1999). "Why Be Normal?: Language and Identity Practices in a Community of Nerd Girls. " *Language in Society* 28.2: 203-25. Impreso.

Carreira, María. (2007). "Spanish-for-Native-Speaker Matters: Narrowing the Latino Achievement Gap through Spanish Language Instruction." *Heritage Language Journal* 5.1: 147-71. Web. 27 de julio de 2010.

Cho, Grace, y Stephen D. Krashen. (1998). "The Negative Consequences of Heritage Language Loss and Why We Should Care." *Heritage Language Development*. Ed. Stephen D. Krashen, Lucy Tse y Jeff McQuillan. Culver City, CA: Language Education Associates. 31-40. Impreso.

Durán-Cerda, Dolores. (2008). "Strengthening *la identidad* in the Heritage Learner Classroom: Pedagogical Approaches." *Hispania* 91.1: 42-51. Web. 9 nov. 2011.

Fordham, Signithia. (1998). "Speaking Standard English from Nine to Three: Language Usage as Guerilla Warfare at Capital High." *Kids Talk: Strategic Language Use in Later Childhood*. Ed. Susan Hoyle y Carolyn Temple Adger. New York: Oxford UP. 205-16. Impreso.

Fry, Richard. (2003). "Hispanic Youths Dropping Out of Schools: Measuring the Problem." Washington, D.C.: Pew Hispanic Center. Web. 11 de octubre 2011

Gándara, Patricia, y Frances Contreras. (2009). *The Latino Education Crisis: The Consequences of Failed Social Policies*. Cambridge, MA: Harvard UP. Impreso.

García, Eugene E. (2001). *Hispanic Education in the United States: Raíces y alas*. Lanham, MD: Rowman y Littlefield. Impreso.

Hinton, Leanne. (1999). "Trading Tongues: Loss of Heritage Languages in the United States." *English Today* 15.4: 22-30. Impreso.

Johnson, Fern L. (2000). *Speaking Culturally: Language Diversity in the United States*. Thousand Oaks, CA: Sage Publications. Impreso.

Leeman, Jennifer. (2005). "Engaging Critical Pedagogy: Spanish for Native Speakers." *Foreign Language Annals* 38.1: 35-45. Impreso.

Leeman, Jennifer, Lisa Rabin y Esperanza Román-Mendoza. (2011). "Identity and Activism in Heritage Language Education." *Modern Language Journal* 95. 4: 481-95. Impreso.

Liebkind, Karmela. (1999). "Social Psychology." *Handbook of Language and Ethnic Identity*. Ed. Joshua Fishman. Oxford: Oxford UP. 140-51. Impreso.

Martínez, Glenn A. (2003). "Classroom-based Dialect Awareness in Heritage Language Instruction: A Critical Applied Linguistic Approach." *Heritage Language Journal* 1.1. Web. 21 septiembre 2011.

Oh, Janet, y Andrew Fuligni. (2009). "The Role of Heritage Language Development in the Ethnic Identity and Family Relationships of Adolescents from Immigrant Backgrounds." *Social Development* 19.1: 202-20. Web. 19 febrero 2010.

231

Sparks, Scott. (2007). "Educators Struggle with ELL Classification." *Education Daily* 40.204. Web. 11 noviembre 2011.

Sweley, Maura H. (2006). "Heritage Language Learners: Where We Stand Today." *The Language Educator*. Web. 10 noviembre 2011.

Valdés, Guadalupe. (2000). *Spanish for Native Speakers*. New York: Harcourt College Publishers. Impreso.

———. (2001). "Heritage Language Students: Profiles and Possibilities." *Heritage Languages in America: Preserving a National Resource*. Ed. Joy Kreeft Peyton, Donald A. Ranard y Scott McGinnis. McHenry, IL y Washington, DC: Delta Systems and Center for Applied Linguistics. 37-77. Impreso.

Villa, Daniel. (1996). "Choosing a 'Standard' Variety of Spanish for the Instruction of Native Spanish Speakers in the U.S." *Foreign Language Annals* 29: 191-200. Impreso.

Zavala, Maria V. (2000). "Puerto Rican Identity: What's Language Got to Do with It?" *Puerto Rican Students in U.S. Schools*. Ed. Sonia Nieto. Mahwah, NJ: Lawrence Erlbaum Associates. 115-36. Impreso.

Zentella, Ana C. (2002). "Latin Languages and Identities." *Latinos: Remaking America*. Ed. Marcelo M. Suárez-Orozco y Mariela M. Páez. Berkeley: U of California P. 321-38. Impreso.

Agradecimientos
La autora de este trabajo agradece el apoyo recibido de la Facultad de Humanidades de la Universidad Estatal de California en Northridge (CSUN College of Humanities).

POLÍTICA E IDEOLOGÍA DEL LENGUAJE
EN LA ATENCIÓN SANITARIA
PARA HISPANOHABLANTES EN LOS ESTADOS UNIDOS

Glenn Martínez

The University of Texas Pan American

Introducción

Las divergencias en cuestiones de salud por razones étnicas y raciales han captado la atención de médicos y funcionarios públicos por igual a lo largo de la última década. En 2003, el renombrado Instituto de Medicina emitió el reporte *Unequal Treatment: Confronting Racial and Ethnic Disparities in Health Care,* que resumía unos veinte años de investigación señalando graves y marcadas divergencias en la calidad de los servicios de salud recibidos por minorías étnicas y raciales en los Estados Unidos (IOM 2003). Desde un principio, se nota que la barrera del idioma es un factor determinante en las divergencias sanitarias que aquejan a las poblaciones con conocimiento limitado del inglés. Se reporta, por ejemplo, que muchos pacientes hispanohablantes con fracturas de húmero recibían, en la sala de emergencia del hospital universitario de Los Ángeles, analgésicos en menor proporción que los pacientes angloparlantes (Todd 1993). Se destaca, además, que por cada 3 mujeres angloparlantes que reciben servicios médicos preventivos tales como la mamografía, el Papanicolaou y el examen clínico de seno, solo 1 mujer que no habla inglés recibe los mismos servicios (Jacobs 2005). Y por si esto fuera poco, la evidencia señala que los pacientes diabéticos con dominio limitado en inglés tienen el riesgo de padecer insuficiencia renal de 50 % por encima de otros pacientes (Karter 2002).

Esta divergencia sanitaria ha suscitado una serie de iniciativas e intervenciones diseñadas para mejorar la calidad de servicios recibidos por grupos de personas con conocimiento limitado del inglés. Entre ellos se encuentra la intervención de traductores e intérpretes, el uso de personal sanitario bilingüe, la creación de programas de capacitación en español para profesionales sanitarios y un acopio de materiales de salud en español disponible a través de portales electrónicos tanto del gobierno federal como de fundaciones privadas (Marcos Marín y Gómez 2009).

Las respuestas lingüísticas a las divergencias en cuestiones de salud reflejan una política del lenguaje iniciada en los albores del siglo XXI pero que tiene sus raíces en los movimientos de derechos civiles de la sexta y séptima décadas del siglo pasado. En el presente estudio me propongo trazar el desarrollo de la política del lenguaje (LP por sus siglas en inglés) en el servicio sanitario en los Estados Unidos e identificar las ideologías del lenguaje que subyacen en dichas políticas. Comenzaré con un breve resumen de LP como rama de la sociolingüística. Después, me enfocaré en LP en el contexto norteamericano y en sus efectos sobre el español en los Estados Unidos. Por último, presentaré un análisis detallado de tres documentos oficiales emitidos a lo largo de la primera década del siglo XXI por la Oficina de Salud Minoritaria del Ministerio de Salud y Servicios Humanos de los Estados Unidos. Estos documentos codifican la política federal en torno al acceso lingüístico para personas con conocimiento limitado del inglés. Proveen, a la vez, orientación e instrucción a las organizaciones sanitarias para que implementen dicha política a lo largo y ancho del país. A través de este análisis, pretendo demostrar la existencia de una dualidad ideológica que simultáneamente eleva y subordina el idioma minoritario, cuyo resultado estriba en que el hispanohablante queda en una posición de desventaja continua dentro del sistema de salud norteamericano.

Política del lenguaje

En el contexto del desarrollo nacional de los países emancipados de la colonización occidental surge la LP como una rama importantísima de la sociolingüística en la sexta década del siglo XX (Fishman 1974). Dentro de este marco, la LP se relacionaba con inquietudes sobre la formación de una identidad nacional y el fomento de un plan integral de desarrollo social, económico y cultural. En sus primeras fases, la LP se definía como "the organized pursuit of language problems, typically at the national level" (Fishman 1974: 79). Bajo esta definición, el lenguaje se entendía como una herramienta neutral capaz de someterse a procesos de diseño y desarrollo con el fin de realizar objetivos netamente ideológicos (Ricento 2000).

Durante la octava década del siglo XX, el enfoque de la LP se extendió de los países en vías de desarrollo a las naciones desarrolladas. Junta a esta expansión, la LP adquirió una nueva perspectiva ante el uso del lenguaje, no solo para crear, sino también para mantener relaciones sociales asimétricas (Ricento 2000). Tal expansión del campo dio lugar a una gama de nuevas definiciones. Tollefson, por ejemplo, define la política del lenguaje como "[t]he instrumentalization of language as a basis for distinctions among social groups. Language policy is one mechanism for locating language within social structure so that language determines who has access to political power and resources. Language policy is one mechanism by which dominant groups establish hegemony in language use" (1991: 16).

Tal definición sitúa claramente la intervención del lenguaje en manos de las élites. En esta definición, la conexión entre lenguaje y poder caracteriza la política del lenguaje como una actividad esencial en la organización social y el control político. La orientación de la política del lenguaje como el terreno de los políticamente poderosos encuentra eco en la definición de Shohamy:

> Language has become a tool for manipulation of people and their behaviors, as it is used for political agendas in the battle over power, representation, and voice … language turned from an open and free system to a tool for imposition, manipulation, and colonization, mostly by ideologues and politicians with the support of linguists and educationalists. (2006: 22-23)

La idea de la política del lenguaje como dominio exclusivo de la élite, sin embargo, ha sido rechazada por algunos lingüistas. Spolsky (2004), por ejemplo, afirma que la política del lenguaje es el conjunto de la ideología, la práctica y la gestión lingüísticas dentro de una comunidad de habla. Gracias a esta conceptualización se logra un reconocimiento de los múltiples actores y los variados intereses que intervienen en la formación e implementación de la LP.

Política del lenguaje en los Estados Unidos

La investigación de la LP en los Estados Unidos comenzó con la aparición de la obra fundacional de Heinz Kloss *The American Bilingual Tradition*, publicada por primera vez en 1977. En este libro, Kloss identifica a grandes rasgos dos tipos de políticas del lenguaje en los Estados Unidos: políticas orientadas a la promoción y políticas orientadas a la tolerancia (Kloss 1998). En resumen, Kloss afirma que la tradición bilingüe norteamericana se puede describir como una aproximación del *laissez-faire,* donde la norma ha sido la formación e implementación de políticas orientadas a la tolerancia de idiomas diferentes al inglés. Wiley (2004), por otra parte, ha notado que una dicotomía sencilla entre orientaciones de promoción y orientaciones de tolerancia no es suficiente para esclarecer las consecuencias, muchas veces inesperadas, de la política norteamericana del lenguaje. Por esa razón, reconoce al menos cinco orientaciones organizadas en un continuo que han guiado las políticas del lenguaje en los Estados Unidos.

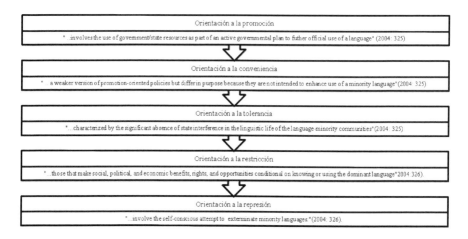

Este marco ilumina la aparente ambivalencia de la política nacional del lenguaje en los Estados Unidos, ambivalencia demostrada, por ejemplo, en la tolerancia hacia la lengua alemana, que acabó transformándose en una política restrictiva, represiva, explícita después de la primera guerra mundial (Wiley 2004: 325).

El enigma de la LP en los Estados Unidos, no obstante, parece obedecer menos a la falta de un marco teórico apropiado que a una consecuencia del tenue equilibrio entre la libertad individual y el interés nacional característico de la formación de políticas en el país. Spolsky, por ejemplo, se encara a este enigma preguntándose si los Estados Unidos tienen una política lingüística o si lo que tienen es simplemente una política de derechos civiles que ha servido como base a la intervención y gestión del idioma (2004: 92-112). Es precisamente en el marco de los derechos civiles donde se ubica la LP en la atención sanitaria de los Estados Unidos.

Política del lenguaje en la atención sanitaria

Las habilidades lingüísticas no se habían incluido inicialmente en las categorías protegidas bajo los estatutos de derechos civiles en los Estados Unidos. Tales categorías se habían reservado para el grupo racial, el género, la afiliación religiosa y el origen nacional. De modo que la tolerancia que Kloss había detectado en los años formativos de la nación fue más un reflejo de la ética del joven país que consecuencia de su jurisprudencia. Sin embargo, gracias a un fallo importante del Tribunal Supremo del país en 1974, la habilidad lingüística llegó a considerarse una categoría protegida, gracias a lo cual emergieron remedios e intervenciones específicas en los ámbitos de la educación, la participación política y, por supuesto, la atención sanitaria.

En 1970, el abogado Edward H. Steinman presentó una demanda por parte de la señora Kam Wai Lau y su hijo Kinney Kinmon Lau en contra de la directiva y el superintendente de las escuelas públicas de San Francisco. La razón de la demanda fue que el demandante y unos 2 850 niños de origen chino se atrasaban en las escuelas de San Francisco por no entender ni poderse comunicar en inglés (Moran 2009: 281-82). La demanda se presentó como una violación a los derechos constitucionales de los pequeños de origen chino, sin embargo, "although Steinman clearly hoped for a constitutional victory, he hedged his bets by including a discrimination claim based on Title VI of the Civil Rights Act of 1964" (Moran 2009: 283). El caso se apeló hasta llegar al Tribunal Supremo, el cual declaró que la falta de apoyo especial para el pequeño Kinney equivalía a negarle el acceso a los servicios educativos, en violación del Title VI of the Civil Rights Act of 1964. No se exigió remedio alguno pero sí se sentó el precedente de que la falta de servicios especiales para aquellos que no hablan inglés constituye una violación de los derechos civiles.

El fallo del Tribunal Supremo tuvo importantes consecuencias en la jurisprudencia norteamericana. En el mismo año del fallo, el Congreso de los Estados Unidos ratificó el Equal Educational Opportunity Act (EEOA) de 1974, que, según Elliot Richardson, Secretario de Salud, Educación y Bienestar, "would be a legal right to receive bilingual education ... it would mean, therefore, that in the future the refusal to provide it would be a violation of the law" (citado en Del Valle 2003: 243). El EEOA sería la pauta directriz de la educación bilingüe, y perduraría hasta el año 2000. En el año 2000, además, el Presidente Bill Clinton firmó el Executive Order 13166 bajo el rótulo "Improving Access to Services for People with Limited English Proficiency" (Spolsky 2004). Mientras que el EEOA se enfocaba exclusivamente en el área de la educación, el Executive Order 13166 fue un decreto de mayor alcance, ya que se dirigía a todas las agencias del gobierno federal junto con todas las entidades privadas o estatales que recibían fondos directamente de aquel. El propósito del decreto fue exigir que toda agencia tuviera un plan para mejorar el acceso a los servicios para las personas que no hablaran inglés. El Departamento de Justicia de los Estados Unidos proporcionó orientación a todas las agencias a través de su portal de internet *www.lep.gov* con el fin de implementar dichos planes.

El Ministerio de Salud y Servicios Humanos, bajo el liderazgo de Donna Shalala, sin embargo, reconoció el impacto excepcional del Executive Order 13166 en la atención sanitaria del país. Por lo tanto, se encomendó de inmediato a la Oficina de Salud Minoritaria la tarea de elaborar guías y orientaciones específicas para hospitales, clínicas y consultorios médicos. El resultado fue la publicación en 2001 de un documento exhaustivo titulado *Las Normas nacionales para servicios cultural y lingüísticamente apropiados en la atención sanitaria* (o CLAS por sus siglas en inglés). En este documento se consignan catorce normas dirigidas a toda organización de servicios sanitarios para el cumplimiento de los requisitos de EO 13166 y por ende del Title VI of the Civil Rights Act of 1964. Las catorce normas incluyen orientación acerca de la competencia cultural, el acceso lingüístico y el apoyo institucional a la competencia cultural. En el documento se destacan, además, cuatro normas específicas al acceso lingüístico. A diferencia de las nueve normas restantes, que son solo sugerencias, guías o ejemplos de buena práctica, las cuatro normas específicas al acceso lingüístico se consideran mandatos que deben cumplir las organizaciones que proveen servicios sanitarios a personas con conocimiento limitado del inglés. Las cuatro normas son las siguientes:

Norma 4. Las organizaciones de atención sanitaria deben ofrecer y proporcionar servicios de apoyo lingüístico, incluyendo una plantilla de personal bilingüe y servicios de intérprete sin costo para los pacientes/consumidores cuyo dominio del inglés sea limitado, en todos los puntos de contacto, de forma oportuna y durante todas las horas de operación.

Norma 5. Las organizaciones de atención sanitaria deben proporcionar a los pacientes/consumidores notificaciones verbales y/o escritas en su idioma preferente, informándoles de su derecho a recibir servicios de asistencia idiomática.

Norma 6. Las organizaciones de atención sanitaria deben proporcionar a pacientes/consumidores cuyo dominio del inglés sea limitado, intérpretes y plantilla de personal bilingüe. No se debe pedir a los familiares y amigos de los pacientes que proporcionen servicios de interpretación (excepto a petición del paciente/consumidor).

Norma 7. Las organizaciones de atención sanitaria deben tener disponibles materiales de fácil comprensión y fijar carteles en los idiomas de los grupos comúnmente consultados y/o los grupos representados en el área que se sirve. (OMH 2001: 14-18, trad. mía)

Con la formulación de estos cuatro mandatos, la Oficina de Salud Minoritaria puso las bases de uno de los proyectos de LP más ambiciosos en la historia de la nación. Jamás se había formulado antes una política de alcance nacional con las profundas implicaciones de planificación lingüística requeridas por CLAS. Para la implementación de esta política, se necesitaba elevar y normalizar el estatus subordinado y generalmente despreciado de los idiomas diferentes al inglés. Igualmente, se exigía que hubiera personal médico bilingüe en proporciones suficientes para satisfacer las demandas de las comunidades de lenguas minoritarias. Por último, se necesitaba normalizar los vocablos referentes a problemas médicos y su acompañante terapia y sintomatología entre los diferentes grupos dialectales de una sola minoría lingüística.

Siguiendo el esquema clasificatorio de Wiley, podríamos decir que CLAS constituía una política del lenguaje orientada hacia lo pragmático, ya que su propósito era el de promover el uso del idioma, no por sus méritos intrínsecos, sino más bien por su utilidad para lograr beneficios más allá de la lengua. A la vez, intentaba corregir la imperante política restrictiva que hasta ese momento había negado servicios sanitarios a aquellos que no hablaban inglés. Sin embargo, solo meses después de la publicación de CLAS, el Departamento de Justicia precisó cuáles eran los requisitos del gobierno para que las organizaciones implementaran el Excutive Order 13166 y por ende CLAS (Spolsky 2004: 108). Este documento proponía el análisis de cuatro factores que serviría para determinar la relativa responsabilidad de las organizaciones al proveer servicios de asistencia lingüística.

Recipients of federal financial assistance have an obligation to reduce language barriers that can preclude meaningful access by LEP [Limited English Proficiency] persons to important benefits, rights, programs, information, and services ... The starting point is an individual assessment that balances the following four factors: (1) the number or proportion of LEP persons eligible to be served or likely to be encountered by the program or grantee/recipient, (2) the frequency with which LEP individuals come in contact with the program, (3) the nature and importance of the program, activity, or service provided by the program to people's lives, and (4) the resources available to the grantee/recipient and costs. (Civil Rights Division 2005)

Esta disposición dio como resultado la desigual distribución de la responsabilidad a la hora de ofrecer servicios de asistencia lingüística. Las clínicas comunitarias que formaban parte del "safety net" debieron asumir una mayor responsabilidad debido a su mayor probabilidad de proveer servicios a personas con un limitado dominio del inglés. Los hospitales y clínicas de urgencia también asumieron mayor responsabilidad debido a su importancia en la vida de esas personas (Martínez 2009).

La distribución desigual, sin duda, ha impedido la implementación generalizada de las políticas del lenguaje de CLAS. Sin embargo, ha existido desde el año 2001 un movimiento lento de implementación dirigido tanto por la Oficina de Salud Minoritaria como por agencias de acreditación como The Joint Commission y por la legislación a nivel estatal. Inclusive, a lo largo de la primera década del siglo XXI, la Oficina de Salud Minoritaria hizo grandes esfuerzos en informar sobre la política de acceso lingüístico en la atención sanitaria. Entre 2001 y 2007 se publicaron tres documentos fundamentales dirigidos a clínicas, consultorios médicos y hospitales con el fin de mejorar el entendimiento y la implementación de esta política: *The National Standards for Culturally and Linguistically Appropriate Services: Final Report* de 2001, *A Patient-Centered Guide to Implementing Language Access Services in Healthcare Organizations* de 2005 y *Making the Business Case for Culturally and Linguistically Appropriate Services in Health Care: Case Studies from the Field* de 2007. En las páginas que siguen, presentaré un análisis puntualizado del contenido de estos documentos con el fin de esclarecer las ideologías del lenguaje y las aproximaciones a la gestión lingüística que subyacen en la política lingüística de atención sanitaria en Estados Unidos y su impacto particular en los hispanounidenses.

Ideología del lenguaje y gestión lingüística

La LP en la atención sanitaria en los Estados Unidos se fundamenta en la percepción de una divergencia de uso del lenguaje en las clínicas y los hospitales del país. La creciente presencia de idiomas diferentes al inglés en los hospitales estadounidenses es ubicua. La necesidad de servicios de personal bilingüe y de intérpretes y traductores se ha reconocido ampliamente. En la presentación de la normas nacionales, por ejemplo, la Oficina de Salud Minoritaria describe la racionalidad y necesidad de servicios lingüísticos como tal: "Interpretation for a non-English speaking patient/consumer is as important a diagnostic tool, or more so, than any blood test or x-ray" (OMH 2001: 68).

A pesar de su importancia, se nota que la disponibilidad del servicio es desigual en diferentes partes del país y en diferentes ramas del sistema de atención sanitaria.

The provision of medical interpretation services in the United States is marked by contrasts: highly trained and well paid professional interpreters deliver services in some communities, whereas other institutions use housekeeping staff who barely understand English or call ethnic restaurants for free, ad hoc, "interpretation." (OMH 2001: 73)

El reconocimiento de la importancia de la lengua como herramienta de diagnóstico junto con la percepción de una desigualdad en el uso de esta herramienta constituyen la práctica fundamental que se intenta modular en la LP en la atención sanitaria.

Las modulaciones de la práctica lingüística en la atención sanitaria se gestionan a partir de una serie de argumentos que giran alrededor de la eficiencia financiera y de la calidad de los servicios médicos. En la presentación de las normas nacionales surgieron varias objeciones para su implementación. La Academia Americana de Pediatras, por ejemplo, observó lo siguiente: "The Academy has concerns regarding the availability of education, training, qualified personnel, adequate reimbursement, evaluation mechanisms, and other resources required to implement and comply with standards" (OMH 2001: 31).

En respuesta a observaciones de esta índole, la Oficina de Salud Minoritaria comisionó un estudio para divulgar los beneficios económicos de la provisión de acceso lingüístico en 2007. En este estudio se demuestra, a través de múltiples casos reales, que la competencia cultural atrae a consumidores y que se asocia con la satisfacción de los consumidores con los servicios (ACHP 2007). También se notan los costos que se acumulan cuando hacen faltan servicios de acceso lingüístico: "Lack of language services cost the organization time and resources during the patient's visit" (AIR 2005: 31).

Tales costos incluyen análisis innecesarios, diagnósticos tardíos y problemas médicos que no se detectan. Además de los costos reales de la falta de servicios de acceso lingüístico, se percibe también un costo simbó-lico. Según el informe *A Patient-Centered Guide to Implementing Language Access Services*, la presencia de carteles y anuncios en el idioma minoritario, por ejemplo, provee un ambiente de mayor comodidad para los pacientes que no hablan inglés.

> Posting meaningful signage and otherwise helping patients to find their way within a healthcare organization demonstrates consumer friendliness and helps LEP patients and their families feel more comfortable in a stressful situation. (AIR 2005: 115)

Según este mismo informe, además, la notificación de pacientes acerca de los servicios de acceso lingüístico ayuda a que los pacientes se conviertan en consumidores informados y se adapten a los patrones de interacción clínica comunes en los Estados Unidos.

> Proactively notifying LEP patients of available language assistance services not only helps patients better utilize your organization's services, but also helps them learn to be more informed consumers of health care as they are able to more efficiently move through your organization and the healthcare system in general. (AIR 2005: 133)

Esta serie de argumentos revela una aproximación a la gestión lingüística que intenta arraigar el desarrollo de los servicios de acceso lingüístico en los beneficios económicos que implica un trato justo y equitativo a todos sus clientes/pacientes, inclusive aquellos que no hablan inglés.

La aproximación a la gestión lingüística que se aprecia en estos documentos revela una clara subordinación del discurso de derechos civiles al discurso superordinado de los beneficios económicos y administrativos que proveen servicios de acceso lingüístico y competencia cultural a pacientes que no hablan inglés. El argumento en torno a los beneficios económicos y administrativos, además, se acompaña de un discurso metalingüístico revelador de ideologías lingüísticas que a la vez encumbran y subordinan idiomas diferentes al inglés. Tales ideologías, aunque se aplican a todos los idiomas, parecerían haber sido formuladas principalmente en base al español, lengua que se menciona con mayor frecuencia en los documentos.

La Oficina de Salud Minoritaria esboza una visión de la autonomía del lenguaje que permite que este sea un vehículo neutral para la transmisión precisa y objetiva de ideas. Tal visión, claro está, se remonta al siglo XVII, y ha sido identificada como una de las ideas centrales de la modernidad (Bauman y Briggs 2003). Esta visión autónoma del lenguaje, sin embargo, está en consonancia con ideologías acerca del privilegio del inglés (Santa Ana 2002) para desterritorializar al español y a otras lenguas creando así un aura de alta especialización frente a la provisión de servicios de acceso lingüístico.

La visión de la autonomía del lenguaje se observa en ideas acerca de la vigilancia y el control de la comunicación en idiomas diferentes al inglés. En el informe *A Patient-Centered Guide to Implementing Language Access Services* leemos:

> The hospital had to trust that the patients were receiving correct and accurate information about discharge and post-discharge instructions. Plus, the hospital had no control over the quality or content of the instructions that patients received ... Any adverse effects of incorrect or inaccurate information could result in ineffective care that would be at least partially the hospital's liability. (AIR 2005: 52)

Estamos ante la misma ideología que insiste en el asesoramiento de la competencia lingüística de aquellos que interactúan con pacientes en un idioma que no sea el inglés. "It is important for organizations to assess the proficiency of physicians as well as anyone who interacts with patients to ensure interpretation competence" (AIR 2005: 77).

La vigilancia lingüística pareciera incluir además el asesoramiento de la competencia lingüística en inglés del personal, aunque estos no proveen servicios de interpretación sino que interactúan directamente con los pacientes.

> Bilingual clinicians and other staff who communicate directly with patients/consumers in their preferred language must demonstrate a command of both English and the target language that includes knowledge and facility with the terms and concepts relevant to the type of encounter. Ideally this should be verified by formal testing. (OMH 2001: 12)

La visión de la autonomía del lenguaje aumenta la responsabilidad de las instituciones de salud en las interacciones entre pacientes y proveedores que no hablan inglés. Se propone un nuevo régimen de control y vigilancia lingüística realizada a través del uso de exámenes formales.

A la vez que se aumenta la responsabilidad de las instituciones se disminuye la capacidad de los empleados bilingües, que son parte de la institución. En el discurso subyace un fuerte recelo tanto del doctor que aprendió el idioma como lengua extranjera como del personal que es hablante de herencia. Solo se considera capaz de proveer servicios lingüísticos con precisión y objetividad al individuo que ha recibido formación médica en el extranjero:

> Bilingual individuals, unless they were trained as health professionals in another county, generally have only conversational skills in the target language and medical terminology would need to be specifically acquired through a course of study. In addition, a bilingual individual may not have had formal training in medical interpreting skills and may risk making mistakes. (OHM 2001: 75)

En este fragmento podemos ver el recelo que existe en torno al personal bilingüe tanto por la posible falta de familiaridad con términos médicos como por la falta de entrenamiento en la interpretación. A la vez, se aprecia la posición de privilegio que se le otorga al personal educado en el extranjero ya que esto puede asegurar familiaridad con la terminología médica en el idioma nativo. El siguiente fragmento pone de relieve este privilegio al identificar las destrezas desarrolladas a través de la enseñanza del idioma, ya sea como lengua extranjera o como lengua de herencia, como insuficientes para el trato con el paciente.

> These concerns also arise when assumptions are made about bilingual staff or health professionals who communicate directly with LEP patients. These individuals may have learned the language conversationally at home, in high school or in college, but lack training in medical terminology or concepts. Almost universally, the level of true bilingual ability is never ascertained. (OMH 2001: 75)

El discurso acerca de la competencia lingüística del personal médico a la vez inspira dudas acerca de la eficacia de la capacitación lingüística:

Nevertheless, language training programs for medical/social service staff are proliferating. Given the potential for errors, health care organizations should not offer or suggest these courses as sufficient to communicate with LEP patients/consumers in clinical encounters. It can only be misleading to market 8-hour courses in "survival Spanish" to clinicians or health care administrators. Still, many medical schools offer or encourage students to take semester long or shorter courses in "medical Spanish." (OMH 2001: 76)

En conjunto, el discurso de la Oficina de Salud Minoritaria desterritorializa al español y otros idiomas diferentes al inglés al desplazar y desarraigar su desarrollo legítimo dentro de los Estados Unidos (Szurmuk e Irwin 2009). La ideología lingüística que privilegia lo foráneo y que subordina a lo doméstico se ha documentado en la mercadotecnia (Dávila 2001) y en las instituciones de educación superior (Valdés 2003). En el área de la atención sanitaria, sin embargo, es sumamente sorprendente descubrir la misma ideología. Mientras que se intenta promover la gestión de los servicios lingüísticos en el marco de la eficiencia administrativa y el beneficio económico, se adopta una ideología desterritorializadora que devalúa uno de los recursos más valiosos de las instituciones de salud: sus trabajadores, que han estudiado el idioma como lengua extranjera o como lengua de herencia. La especialización de la lengua afirmada en el discurso metalingüístico de la Oficina de Salud Minoritaria eleva el idioma minoritario pero, al hacerlo, crea barreras a la implementación de servicios lingüísticos, descalificando a los hablantes domésticos de la lengua.

Al mismo tiempo que el discurso metalingüístico producido por la Oficina de Salud Minoritaria eleva al idioma minoritario a través de la especialización lingüística, el privilegio de lo foráneo y la devaluación de los hablantes domésticos también subordina a los idiomas minoritarios a través de un sistemático privilegio de la oralidad y una reducción de la alfabetización en las comunidades de lengua minoritaria. Esta visión reduccionista surge de una preocupación explícita por la propiedad, la utilidad y la concordancia de los textos escritos disponibles para pacientes que no hablan inglés.

La siguiente exhortación se encuentra en el reporte de la Oficina de Salud Minoritario sobre las normas nacionales:

Organizations should develop policies and procedures to ensure development of quality non-English signage and patient-related

245

materials that are appropriate for their target audiences. At a minimum, the translation process should include translation by a trained individual, back translation and/or review by target audience groups, and periodic updates. (OMH 2001: 13)

En este texto se recalca que los materiales escritos deberán ser apropiados para sus lectores y que dicha propiedad se puede asegurar durante el proceso de traducción. La idea de incluir a la comunidad en el proceso de creación de materiales escritos se vuelve a sugerir en el siguiente fragmento.

Developing new materials in other languages or translating materials that meet patient needs can help patients to better understand and manage their health. Including the patient community in developing the materials can help ensure that the materials are accurate and useful. (AIR 2005: 113)

La inclusión de miembros de la comunidad –mencionados en este texto– asegura no solo que el texto sea apropiado para el lector sino que determina también su utilidad. La utilidad de los textos escritos en idiomas diferentes al inglés se mide a partir de su concordancia con la cultura y con los niveles de alfabetización de la comunidad, como se ve en el siguiente fragmento.

A healthcare organization can help ensure that its LEP patients/consumers have equal access to its services by including in its language assistance program translated materials that are written in commonly encountered non-English languages and that are consistent with the culture and literacy levels of target language groups. (OMH 2001: 78)

Mientras que la concordancia cultural no se define explícitamente, la concordancia con los niveles de alfabetización se esclarece en el siguiente párrafo:

Also, uniformity between written materials and oral communication is important. Vocabulary in written materials should match vocabulary used by staff and interpreters whenever possible. (AIR 2005: 95)

La concordancia con los niveles de alfabetización pareciera referirse, pues, a una reducción de la escritura a la oralidad.

La Oficina de Salud Minoritaria recomienda el uso de textos escritos en la atención sanitaria. Sin embargo, es obvio en el discurso presentado aquí que esa recomendación se acompaña con cierta reserva en cuanto al presunto nivel de alfabetización en la comunidad. Hay un fuerte rechazo de una traducción descontextualizada de materiales del inglés. La estrategia para lograr una traducción contextualizada es la de asegurar la paridad entre el lenguaje oral y el lenguaje escrito. Esta estrategia es reduccionista ya que deja de lado las normas de la escritura y las prácticas de lectoescritura de la comunidad. Al abogar por paridad entre el lenguaje oral y el lenguaje escrito se da por sentado que no existe una tradición y una práctica letrada en la comunidad. Mejor recomendación sería el de explorar el ambiente letrado (cf. Pucci 2003) de la comunidad y desarrollar materiales según las normas y prácticas evidentes en ese ambiente.

Los documentos de la Oficina de Salud Minoritaria presentan dos ideologías de los idiomas minoritarios. La primera eleva el idioma minoritario a través de un mecanismo de especialización lingüística que devalúa el papel del personal médico bilingüe al cerrar la brecha del idioma. La segunda subordina al idioma minoritario a través de un mecanismo reduccionista que deja de lado las normas y prácticas de lectoescritura de la comunidad para optar por prácticas letradas semejantes a prácticas orales. Esta ideología devalúa el papel de la comunidad misma al cerrar la brecha del idioma. En ambos casos, las ideologías del lenguaje presentes en la política limitan su capacidad de implementarse.

Conclusión

La política del lenguaje en la atención sanitaria en los Estados Unidos está orientada hacia la conveniencia, la cual, mientras crea oportunidades para el uso público del español y otros idiomas, no los promueve explícitamente. La motivación principal de crear estas oportunidades para el uso público del idioma en el entorno sanitario es proteger los derechos civiles de aquellos que prefieren hablar un idioma que no sea el inglés. Se sabe que la barrera idiomática es causa principal de gran parte de las divergencias en salud entre minorías étnicas en los Estados Unidos. La preservación de los derechos civiles en el uso de la lengua se convierte de ese modo en una medida para proteger la salud de millones de residentes del país.

En este estudio se analizó detenidamente el discurso de tres documentos fundacionales emitidas por la Oficina de Salud Minoritaria de los Estados Unidos con el fin de presentar una visión minuciosa de la política lingüística en la atención sanitaria. A través de este análisis se pudo observar que el lenguaje se considera una herramienta crucial de diagnóstico en el entorno sanitario y que, por eso, la barrera del idioma en la atención sanitaria constituye una desigualdad en la calidad del servicio. Junto a esta observación, notamos también un reconocimiento de la disparidad en la implementación de servicios lingüísticos en diferentes regiones del país y en distintos componentes del sistema de salud. Este reconocimiento es pues la base de las intervenciones propuestas por la Oficina de Salud Minoritaria. Aunque el fundamento jurídico de la política lingüística es el derecho civil, la Oficina de Salud Minoritaria ha preferido utilizar un argumento económico para persuadir a las agencias sanitarias que cumplan con los mandatos de acceso lingüístico. La gestión lingüística se hace aún más difícil frente a las ideologías del lenguaje que sostienen la política. En este análisis, observamos ideologías del lenguaje que simultáneamente elevan y rebajan el idioma minoritario. Ambas ideologías, además, limitan de forma significativa nuestra capacidad de erradicar el problema de la barrera del idioma en la atención sanitaria en los Estados Unidos.

La política del lenguaje en la atención sanitaria tiene importantes implicaciones para el futuro del español en los Estados Unidos y para el futuro de los hispanounidenses. Una política lingüística que de verdad promueva el uso del español en las instituciones sanitarias bien podría superar las limitaciones de la actual política de conveniencia. Dicha política se implementaría no solo en las instituciones sanitarias sino a lo largo y ancho del sistema de educación para las profesiones de la salud pública. Los programas de "español médico" no serían materias optativas sino que serían programas íntegros, que comenzarían en la educación secundaria y continuarían en la educación superior. La política también se implementaría en las comunidades a través de una promoción del uso del español para cubrir temas relacionados a la salud. Podrían existir incentivos económicos para que los periódicos y revistas existentes en español publicaran información relacionada a la salud. Esto proporcionaría una preparación en prácticas letradas para la salud en español y ayudaría a establecer normas comunitarias que les servirían a las agencias sanitarias que intentan alcanzar las comunidades hispanoparlantes por medio de la palabra escrita. El beneficio mayor de este tipo de política, sin embargo, sería la de erradicar de una vez por todas la desigualdad que existe a la hora de aplicar las leyes sanitarias en las comunidades hispanas.

OBRAS CITADAS

Alliance of Community Health Plans. (2007). *Making the Business Case for Culturally and Linguistically Appropriate Services in Health Care.* Washington, DC: Department of Health and Human Services. Web. 1 enero, 2012.

American Institutes for Research. (2005). *A Patient-Centered Guide to Implementing Language Access Services in Healthcare Organizations.* Washington, DC: Department of Health and Human Services. Web. 1 enero, 2012.

Bauman, Richard y Charles Briggs . (2003). *Voices of Modernity: Language Ideologies and the Politics of Inequality.* Cambridge: Cambridge UP. Impreso.

Civil Rights Division. (2005). *Limited English Proficiency: What Federal Agencies and Federally Assisted Programs Should Know about Providing Services to LEP Individuals.* Washington DC: Department of Justice. Web. 1 enero, 2012.

Dávila, Arlene. (2001). *Latinos, Inc.: The Marketing and Making of a People.* Berkeley: U of California P. Impreso.

Del Valle, Sandra. (2003). *Language Rights and the Law in the United States: Finding Our Voices.* Clevedon: Multilingual Matters. Impreso.

Fishman, Joshua. (1974). "Language Modernization and Planning in Comparison with other Types of National Modernization and Planning." *Advances in Language Planning.* Ed. Joshua Fishman. The Hague: Mouton. 79-102. Impreso.

Institute of Medicine. (2003). *Unequal Treatment: Confronting Racial and Ethnic Disparities in Healthcare.* Washington DC: National Academies P. Impreso.

Jacobs, Elizabeth *et al.* (2005). "Limited English Proficiency and Breast and Cervical Cancer Screening in a Multiethnic Population." *American Journal of Public Health* 95: 1410-16. Impreso.

Karter, Andrew *et al.* (2002). "Ethnic Disparities in Diabetes Complications in an Insured Population." *Journal of the American Medical Association* 287: 2519-27. Impreso.

Kloss, H. (1998). *The American Bilingual Tradition.* McHenry, IL: Center for Applied Linguistics and Delta Systems. Impreso.

Marcos Marín, Francisco, y Domingo Gómez. (2009). "Servicios médicos y hospitalarios." *Enciclopedia del español en los Estados Unidos.* Ed. Humberto López Morales. Madrid: Santillana. 978-86. Impreso.

Martínez, Glenn. (2009). "Language in Healthcare Policy and Planning along the U.S.-Mexico Border." *Español en los Estados Unidos y otros contextos: Sociolingüística, ideología y pedagogía.* Eds. Manel Lacorte y Jennifer Leeman. Madrid: Iberoamericana. 255-76. Impreso.

Moran, Rachel. (2009). "The Untold Story of Lau v. Nichols." *Español en los Estados Unidos y otros contextos: Sociolingüística, ideología y pedago-*

gía. Eds. Manel Lacorte y Jennifer Leeman. Madrid: Iberoamericana. 277-302. Impreso.

Office of Minority Health. (2001). *National Standards for Culturally and Linguistically Appropriate Services: Final Report.* Washington DC: Department of Health and Human Services. Web. 1 enero, 2012.

Pucci, Sandra. (2003). "Spanish Print Environments: Implications for Heritage Language Development." *Mi Lengua: Spanish as a Heritage Language in the United States.* Eds. Ana Roca y M. Cecilia Colombi. Washington DC: Georgetown UP. 269-90. Impreso.

Ricento, Thomas. (2000). "Historical and Theoretical Perspectives in Language Policy and Planning." *Journal of Sociolinguistics* 4: 196-213. Impreso.

Santa Ana, Otto. (2002). *Brown Tide Rising: Metaphors of Latinos in Contemporary American Discourse.* Austin, Texas: U of Texas P. Impreso.

Shohamy, Elaine. (2006). *Language Policy: Hidden Agendas and New Aproaches.* New York: Routledge. Impreso.

Spolsky, Bernard (2004). *Language Policy.* Cambridge: Cambridge UP. Impreso.

——. (2009). *Language Management.* Cambridge: Cambridge UP. Impreso.

Szurmuk, Mónica y Robert McKee Irwin. (eds.). (2009). *Diccionario de estudios culturales latinoamericanos.* México: Siglo XXI. Impreso.

Todd, Knox, *et al.* (1993). "Ethnicity as a Risk Factor for Inadequate Emergency Department Analgesia." *Journal of the American Medical Association* 269: 1537-39. Impreso.

Tollefson, James. (1991). *Planning Language, Planning Inequality: Language Policy in the Community.* London: Longman. Impreso.

Valdés, Guadalupe, Sonia V. González, Dania López García y Patricio Márquez. (2003). "Language Ideology: The Case of Spanish in Departments of Foreign Languages." *Anthropology and Education Quarterly* 7.1: 3-26. Impreso.

Wiley, Terrence. (2004). "Language Planning, Language Policy and the English-Only Movement." *Language in the USA: Themes for the Twenty-first Century.* Eds. Edward Finnegan y John Rickford. Cambridge: Cambridge UP. 319-38. Impreso.

EL ESPAÑOL EN MIAMI: EXPANSIÓN Y DESARROLLO

Ana Roca
Florida International University
y
José Ángel Gonzalo García de León
Editorial *Habla con Eñe*

Introducción

A Miami, la ciudad latina más al norte del continente americano, se la conoce también –y no precisamente de forma irónica– como la capital hispana de los Estados Unidos, *the Gateway to Latin America*. Frente a otras aglomeraciones estadounidenses con una población latina centenaria, Miami se ha convertido, en tan solo unas décadas, en una ciudad que habla no solo en inglés sino también, y sobre todo, en español. ¿Cómo ha sido posible? Es cierto que la presencia cubana ha sido el elemento esencial y clave, pero la realidad actual en pleno siglo XXI muestra que el español de Miami no es solamente el resultado de la amplia comunidad cubana y cubanoamericana que creó una ciudad en la que se habla español por doquier, sino que es hoy reflejo de un crisol de culturas que trasciende el mito de Miami como ciudad cubana nada más, y que hace que la presencia del español sea masiva, tanto en el plano familiar como en el social y el económico. En este estudio vamos a indagar sobre cómo es la ciudad de Miami en que se habla español, cómo ha llegado a serlo y cómo difiere de otras ciudades latinas de EE.UU. en lo que se refiere al uso de la lengua. También se explora la vitalidad de la lengua y del ambiente en el que los hablantes se desenvuelven tanto en español como de manera bilingüe.

Factores históricos

Hay que señalar que la Florida fue la tierra donde desembarcó tempranamente Ponce de León (1513), y que San Agustín, reconocida como la ciudad más antigua de los Estados Unidos, es el resultado del afán de los españoles por conquistar y evangelizar el Nuevo Mundo. Sin embargo, frente a esta presencia española histórica en el estado de la Florida, los hispanos no participaron en la creación de la ciudad de Miami, sino que la ciudad comenzó en 1896 su andadura gracias, en parte, al empeño de la empresaria Julia Tuttle. Poco o nada queda del deseo primigenio de esta mujer, considerada la "madre de Miami." Hoy Miami ofrece un rostro muy distinto, como consecuencia de las crisis, las guerras y, sobre todo, de las diferentes oleadas de exiliados políticos e inmigrantes que han ido modelando y creando la idiosincrasia de la ciudad en sus diferentes etapas. La singularidad histórica de Miami acaeció con el triunfo de la Revolución Cubana: la salida del poder del dictador Fulgencio Batista y la llegada de Fidel Castro y sus rebeldes a La Habana se tradujo en una llegada masiva de cubanos a tierras estadounidenses en la década de los sesenta, que ha continuado hasta hoy. Estas oleadas de cubanos que huían del nuevo sistema de gobierno antidemocrático serían seguidas por otras olas de miles de refugiados durante diferentes épocas de la interminable dictadura, como la de los "Vuelos de la Libertad," luego la de los 125 000 cubanos que arribaron en 1980 por el puerto del Mariel, la de los alrededor de más de 34 000 balseros que llegaron a la Florida a mediados de los 90, y los cubanos que van y vienen ahora que las leyes de entrada y salida son más flexibles que al principio de la Revolución.

Si bien es cierto que la dictadura de Batista ya impulsó a 63 000 cubanos a instalarse en Estados Unidos (Lipski 2008: 103), los datos del centro de refugiados cubanos indican que 448 000 exiliados llegaron a tierras estadounidenses durante la década de 1960 (Lipski 2008: 105). Este exilio, cuyos protagonistas pensaron en un principio que sería temporal, fue la semilla que germinó en lo que hoy es la ciudad con mayor número de cubanos en todos los Estados Unidos. Estos cubanos, que llegaron huyendo de la dictadura comunista, eran en su mayoría de clase media, o media-alta, aunque muchos de ellos llegaron a Miami sin recursos económicos, ya que les fueron confiscados y nacionalizados en Cuba por el nuevo régimen debido a la nueva política del gobierno de Castro. La diáspora cubana supuso un reto para las autoridades locales y para el gobierno federal estadounidense, que vieron cómo tal marea humana inundaba la ciudad de Miami, de modo se vieron obligados a dar una respuesta tanto educativa, como sanitaria o habitacional a todos aquellos que no tuvieran familiares ya en Miami que pudieran ayudarlos a establecerse; o si no, orientarlos para que se reubicaran en otros estados donde hubiera alguna oportunidad de trabajo.

Sin embargo, la mayoría no se mudó a otros estados, sino que se quedó en Miami y sus alrededores (como en Hialeah, ciudad vecina a Miami, por ejemplo). De esta manera, con las innumerables olas de miles y miles de cubanos que llegaron en diferentes décadas del siglo XX se acrisoló la percepción de Miami como "ciudad cubana." Una muestra de cómo la presencia de estos caribeños alteró urbanísticamente la ciudad se encuentra en el centro de la misma: la mayoría de estos refugiados, muy trabajadores, por ejemplo, se instaló al principio alrededor de la zona de la calle Flagler, de Coral Way y de la Calle Ocho, una calle que históricamente se ha asociado a esta comunidad, cuya masiva presencia hizo que la zona acabara conociéndose como la "Pequeña Habana." Igualmente, su presencia por la zona de la Calle Ocho tuvo consecuencias sociales, económicas y culturales. Los nuevos negocios que florecieron poco a poco, tanto a su alrededor como por otras zonas, se aprestaron a satisfacer las necesidades de esta gran comunidad. Es más, incluso los ya existentes modificaron su naturaleza para dar respuesta a esta nueva realidad. Es el caso del histórico cine *Tower Theater*, una sala de cine abierta desde 1926, y que vio alterada su programación para dar acogida a los numerosos espectadores que no sabían inglés. Por ello, desde el cine se comenzaron a proyectar películas subtituladas en español y, poco a poco, la programación incluyó películas en español. Actualmente es un cine que pertenece al Miami-Dade College y proyecta películas extranjeras, muchas en español. Más adelante se abrirían pequeñas salas de teatro, como *Las Máscaras*, donde se montaron obras en español. Algunos de estos teatros aún ofrecen representaciones hoy día. Y Miami goza hasta hoy día de un Festival Anual de Teatro Hispano, que todos los veranos trae a la ciudad una gran variedad de prestigiosas compañías de teatro de América Latina, España y Estados Unidos.

Poco a poco se abrieron muchos negocios cubanos: restaurantes como *Versailles* y *La Carreta*, farmacias como la *Farmacia Luis*, y hoy día, la cadena de farmacias *Navarro*, mercados cubanos pequeños y también los numerosos supermercados de la cadena *Sedano*, que compiten con el norteamericano *Publix*; tiendas de regalos para niños, como *El Ideal*; de ropa, como *El Encanto*; grandes mueblerías, como *El Dorado*; zapaterías, ópticas, dulcerías, panaderías y puestos de café cubano; se establecieron jardines de infancia, bufetes de abogados cubanos, agencias de viaje, una variedad de clínicas cubanas de salud, como las *Clínicas Finlay*, talleres de mecánica general de autos, mercaditos o bodegas cubanas, como *La Ferrolana* y *A-1 Market* (esta última, chino-cubana y todavía en pie tras varias décadas), heladerías cubanas, comida por entregas o cantinas de comida cubana, como *La América* y, eventualmente, hasta un banco cubano, el Republic National Bank, que durante su larga existencia ayudó a muchos empresarios a adquirir préstamos para iniciar sus negocios, en base a la reputación, carácter y pasado de Cuba del propio empresario, ya que, como exiliados, no tenían cómo o con qué garantizar un préstamo, pues no poseían propiedades que lo avalaran.

Todas estas razones sentaron las bases para hacer de la ciudad un centro de negocios donde el español, junto al inglés, poco a poco se convirtió también en un idioma de uso en el ámbito económico y público. La presencia cubana, sin embargo, no tuvo solo consecuencias económicas, sociales o culturales, sino que también influyó en la política local y estatal, Son numerosísimos los cubanoamericanos que se han destacado en la política miamense.

Trasfondo y vitalidad del español en Miami, ciudad cubana en EE.UU.

Dado el trasfondo histórico de guerra fría en el que se desarrolló la Revolución Cubana, es verdad que las autoridades estadounidenses dieron un tratamiento diferente a los cubanos al considerarlos refugiados políticos que huían de un gobierno violento y totalitario, que luego se declararía comunista. A los cubanos, entonces, se les aplicó la Ley de Ajuste Cubano, que regularizaba la situación migratoria de los recién llegados. Así, mientras otras nacionalidades han podido superar tal vez numéricamente a los cubanos en algunos momentos, estos tenían esa ventaja y otras como el hecho de que ya que la mayoría de los exiliados, al comienzo del éxodo masivo y continuo en la década de los 60, eran profesionales educados. Aunque muchos tuvieron que aceptar trabajos de todo tipo y muy por debajo de su nivel educacional y profesional (como en el caso de muchos abogados, ingenieros, médicos, arquitectos y profesores que limpiaron pisos, segaron la hierba de los patios, hicieron trabajos duros de construcción y trabajaron recogiendo tomates en Homestead y Perrine), algunos, poco a poco, pudieron acceder eventualmente, con reválidas de títulos o haciendo carreras de nuevo, con muchos sacrificios, a puestos de responsabilidad desde donde se continuaba impulsando, junto con el inglés, el uso del español

En las últimas décadas, la llegada de cubanos a Estados Unidos no ha cesado. Desde la salida de los llamados "marielitos," por haber salido por el Puerto del Mariel (un enorme éxodo, de muy diferentes características, de unos 125 000 cubanos en 1980, catalogados por el Gobierno cubano como "escoria"), y pasando por la crisis de los balseros de la década de los 90 (que ya, como muchos del Mariel, no eran principalmente de aquella clase media o media alta profesional de los 60, sino personas para quienes supuestamente se hizo la Revolución, personas que se criaron y formaron como parte de la misma), los cubanos siguieron y siguen llegando a Miami. Los balseros de 1994 –tras la caída de la antigua Unión Soviética– fueron unos 35 000 cubanos de la Cuba revolucionaria que se lanzaron al mar para escapar de la isla y llegar a las costas estadounidenses. Al mismo tiempo, a nivel nacional, ya en los 90, el español se había hecho también más visible aun en regiones y ciudades de Estados Unidos, donde normalmente se pensaba que no existía un gran número de latinos, como los estados de Georgia, Carolina del Norte y Arkansas. Mientras que algunos de esos estados sureños recibían más residentes mexicanos y mexicoamericanos, el sur de la Florida y Miami en particular se convirtieron, de facto, en zonas bilingües

En 2008, Fidel Castro renuncia a la presidencia y su hermano, Raúl Castro, asume el poder. Dos años después, el Presidente Barack Obama facilita el envío de remesas y relaja las restricciones de viajes a Cuba, lo que abre el camino para un contacto lingüístico-cultural más estrecho entre los cubanos de Cuba y los del sur de la Florida. Actualmente muchos cubanos se han naturalizado ciudadanos norteamericanos (el doble de otros grupos hispanos que llegan a estas tierras), participan en la política local, estatal y federal, logrando en la mayoría de los casos mantener el uso de los dos idiomas tanto en ámbitos personales o privados como en el ámbito público.

Con todas las diferentes olas de cubanos que han llegado y siguen llegando de Cuba o de otros países, el número de cubanos no ha dejado de aumentar anualmente, acrecentado por la continua reclamación de familiares que viven aún en la isla. Es igualmente importante señalar que numerosos grupos de cubanos repartidos por otros estados u otros países llegan o regresan a "la Meca cubana del exilio," donde cumplen sus deseos de jubilación. Según el censo del año 2010, los cubanos son más de 1,7 millones en Estados Unidos, lo que representa el 3,5 %, aproximadamente, es decir, 1,2 millones.

Aunque no se haya escrito tanto sobre la situación lingüística de los cubanoamericanos como sobre los mexicoamericanos y los puertorriqueños, se han publicado ya algunos trabajos sociolingüísticos en las últimas décadas sobre este grupo más reciente.

Los siguientes lingüistas, por ejemplo, han documentado el caso de los cubanoamericanos o aspectos lingüísticos del español en Miami en las últimas décadas: Beatriz Varela, aparte de artículos, publicó un libro sobre el *El español cubano-americano* (1992); anteriormente, encontramos, por ejemplo, los de Castellanos (1990); Resnick (1988); Otheguy y García (1988); Roca (1991); Carlos Solé (1982). Ya por los 90 y en adelante, como ejemplos de los crecientes estudios realizados sobre el español en Miami, hay ensayos o capítulos en: Lipski (2008); López Morales (2003, 2010); Lynch (2000, 2003); Otheguy, García y Roca (2000); Porcel (2006); Roca y Lipski (1993). Andrew Lynch, por ejemplo, observó ya desde 2000 (o anteriormente, en su tesis doctoral, dirigida por Carol Klee), que aunque los cubanoamericanos fallan (aunque no siempre) en el uso normativo del español, su dominio del idioma parece mantenerse mejor que en otros grupos de hispanohablantes (Lynch 2000).

Es obvio que las segundas y terceras generaciones de cubanoamericanos han adquirido ya el español en un ambiente muy diferente en muchos sentidos del que hubiera sido en su nación de origen o de sus padres, y que en la mayoría de los casos, los niños que se crían en el sistema educativo estadounidense hablando el inglés principalmente, aunque también usen español en casa y en la comunidad, no llegan a veces a dominar aspectos más complejos de la lengua –gramaticales, sintácticos, etc.–. Aun así, las personas que vienen a Miami de visita desde otros estados con alta población hispana, se asombran de la ubicua presencia de la lengua española en la ciudad. Por incompleto que sea el proceso de adquisición, el uso del español se hace evidente en las diversas conversaciones o interacciones que se oyen a diario. Por tanto, lo que parece ser más llamativo en este caso es que el español se usa junto con el inglés de forma muy natural. Igualmente interesante también es la cuestión de identidad lingüístico-cultural.

El diálogo reproducido abajo es del primer día en una de las clases de español (de la profesora Roca) para hispanohablantes, en Florida International University, en el semestre de la primavera de 2012. Es interesantísimo y muy significativo comprobar cómo los estudiantes se identifican con la nacionalidad o la "cubanía" no vivida en Cuba:

Profesora Roca: *Yo soy cubana, de La Habana. ¿Y usted?*
Estudiante: *Yo soy cubana también.*
Profesora Roca: *¿Y de qué parte es usted de Cuba?*
Estudiante: *De Miami.*
Profesora Roca: *¿Miami, Cuba?* [Nos reímos un poco todos]
(Roca 2012)

Miami, ciudad cosmopolita

Las últimas oleadas de inmigrantes han hecho que el tópico de Miami como 'ciudad singularmente cubana' quede ya diluido en comparación a cuando arribaron los primeros exiliados. Abundan ahora otras nacionalidades, como por ejemplo los más de 130 000 nicaragüenses, que primero vinieron huyendo de Somoza y luego de los sandinistas; los colombianos, guatemaltecos y salvadoreños, hondureños, dominicanos, venezolanos, argentinos, peruanos, etc., que, según su caso particular, han llegado buscando una vida mejor o huyendo de dictaduras militares, "guerras sucias" (como en Chile, Argentina, Guatemala, etc.) en los 70 y parte de los 80, o escapándose de la dura pobreza o de las crisis económicas. También llegaron huyendo del alto índice criminalidad asociada con el narcotráfico (como se ve en particular hoy en México, Guatemala, Honduras, Colombia) y la inestabilidad político-social de tantos países latinoamericanos. Como podemos observar, según las cifras del censo del año 2010, la población de la ciudad y su zona metropolitana es mayoritariamente latina: el 65 % de los habitantes en el condado de Miami-Dade son hispanos. Ahora bien, de los 1 565 410 latinos del condado, "tan solo" el 33,1 % es hoy de origen cubano.

De este modo, la realidad sociolingüística de Miami nos ofrece una escena en la que el español y el inglés se usan de forma indistinta en casi todo el territorio y no solo en unos determinados barrios o áreas, como ocurre en otras grandes ciudades de Estados Unidos, como San Francisco, Nueva York, Chicago y Washington, D.C. Desde hace ya muchos años, no puede hablarse propiamente de un "barrio cubano" o un "barrio nicaragüense," de Miami, como sí se hace en otras ciudades de los Estados Unidos. Si bien es cierto que aún se habla de la "Pequeña Habana" para referirse a un distrito, esto es más un reflejo de un hecho histórico que una realidad demográfica, dada la diversidad de nacionalidades que en la actualidad se concentran en sus calles. Lo cierto es que esta área del sur de la Florida muestra que los hispanohablantes viven en todos los rincones de la ciudad y del *Miami-Dade County*. Numerosos estudios geográficos llevados a cabo por Thomas Boswell y sus colegas han confirmado esta realidad demográfica (1983).

Muchos de estos nuevos inmigrantes han visto en Miami no solo la puerta de entrada al país sino el lugar más adecuado para establecer su residencia. Y en gran parte, gracias al extendido uso del español, con la gran variedad de acentos y registros lingüísticos de Hispanoamérica y de España.

Ya en 1987, la reconocida escritora Joan Didion reflejaba en su libro *Miami* la particularidad de la situación del español en esta ciudad, situación que sigue siendo igual décadas después:

What was unusual about Spanish in Miami was not that it was so often spoken, but that it was so often heard: in say, Los Angeles, Spanish retained a language barely registered by the Anglo population, part of the ambient noise, the language spoken by the people who worked in the car wash and came to trim the trees and cleared the tables in restaurants. In Miami Spanish was spoken by the people who ate in the restaurants, the people who owned the cars and the trees, which made on the socioauditory scale, a considerable difference. Exiles who felt isolated or declassed by language in New York or Los Angeles thrived in Miami. (Didion 1987: 63)

Factores que fomentan el uso del español

Si nos asomamos a los datos del último censo, el del año 2010, descubrimos que en Miami, el 63,8 % de la población usa el español en el hogar, frente a un 28,1 % de personas que solo se comunican en inglés. Ahora bien, de los hispanohablantes, tan solo el 35,5 % habla inglés "less than very well." ¿Cómo llegan a dominar el español tantos jóvenes hispanos miamenses que nunca han vivido en un país latino? ¿Cómo es que no no rechazan esta lengua, como ha ocurrido con otros muchos jóvenes hispanos de segunda o tercera generación en otras ciudades?

Son muchos los factores que contribuyen a que los jóvenes hispanos de Miami mantengan el español, entre ellos: la gran concentración de hispanohablantes de primera generación, el poder económico y político que ha adquirido en Miami la población latina, el nivel de educación más elevado de los primeros grupos de cubanos, muchos profesionales de clase media o media alta (que llegaron en los 60 y 70), el exigir y apoyar con sus propios profesionales en muchos casos la educación bilingüe desde los primeros cursos en la escuela primaria, para que los hijos de los exiliados no perdieran el español mientras se esperaba en aquella época a que cayera el gobierno de Castro y pudieran regresar a su patria.

El español en el hogar

No se debe omitir las actitudes positivas de los padres y los familiares hacia la lengua materna. Por ejemplo, el estado transitorio en el que pensaban los primeros exiliados que se encontraban supuso el mantenimiento y fomento del español, que no se tradujo en el rechazo al inglés. La actitud de las familias cubanas en la década de los 60 fue de apoyo al bilingüismo de sus hijos, que fácilmente aprendían el inglés en las escuelas, pero que al mismo tiempo mantenían el español lo mejor posible gracias al uso continuo en el hogar (y al estudio en las escuelas bilingües o en programas que se establecieron en las escuelas públicas, de español para hispanohablantes). Estos programas, que han tenido gran éxito a través de los años y tienen actualmente más de 100 000 estudiantes matriculados en el sistema escolar del Miami-Dade Public Schools, son hoy conocidos como 'español para estudiantes de español de herencia' o 'de lengua heredada,' o *Spanish S.* Ahora bien, en los últimos tiempos se habla de la posible eliminación de algunos de estos programas a nivel de educación pública debido a recortes presupuestarios provocados por las crisis económicas en el condado, el estado y el país.

En los años 60 y 70 se crearon una variedad de escuelas particulares y/o religiosas, como *Conchita Espinosa*, *La Salle* y *La Inmaculada*, *Lourdes Academy* y *Belén Jesuit School*. Por esta escuelas y academias han pasado y se han graduado miles de estudiantes hispanos bilingües de primera, segunda y tercera generación. Hasta escuelas tradicionales y anglosajonas de gran prestigio como la Ransom-Everglades School, por ejemplo, ofrecen cursos de español para estudiantes de español como lengua heredada, ya que a estas escuelas también asisten estudiantes latinoamericanos y nacidos y criados en Miami, que hablan español, pero que no han podido estudiarlo formalmente.

Ser bilingüe en Miami, por lo tanto, y ya desde hace tiempo, se ha convertido, para la segunda y tercera generación de inmigrantes, en la norma común, pues en verdad hay poca necesidad de hablar solamente en uno de los dos idiomas, como ya señalaban desde hace años Otheguy, García y Roca (2000):

> More than second-and-third generation Mexican Americans and Puerto Rican Americans, Cuban Americans see Spanish and English bilingualism as the norm. This is due to two factors. First, the greater socioeconomic power of Latinos in Miami-Dade gives the Spanish language a greater role in public and official life than in any other U.S. context. Second, the second-and third-generation Cuban Americans, isolated geographically in the Florida peninsula, have little familiarity with monolingual contexts of language use. They know neither the English monolingual context that is the norm in most settings in the United States nor the Spanish monolingual context that is the norm in their country of origin. Young

Cuban Americans thus have little need to speak solely in English or solely in Spanish. (177)

Las cifras reflejadas más arriba indican que, como es natural, en muchas instancias, los jóvenes aprenden el español en el hogar. Pero nuevamente, al contrario de la experiencia de otras comunidades o ciudades, el miamiense no habla un "kitchen Spanish," como explica Enrique Fernández (2008: 3): "Kitchen Spanish is one term for what many second –and third-generation Hispanics speak– good enough to ask *abuela* for a *galleta* but not to conduct business." Por otro lado, aunque el español va cambiando y perdiéndose entre los jóvenes, igual que ocurre en otras comunidades latinas, las actitudes positivas hacia el español y hacia el bilingüismo en Miami, paradójicamente y, a diferencia de otros lugares, tal y como han señalado algunos lingüistas como Roca (2011), Porcell (2006), López (2000) y otros anteriormente, tal vez influye en que el español se siga usando, aunque esté, en muchos casos, ligado al inglés, fenómeno natural dado el contacto entre las dos lenguas.

El español en los medios de comunicación

Al uso continuo del castellano en el ambiente familiar hay que añadir la presencia del idioma en las esferas públicas, como en los medios de comunicación, en la publicidad, etc. El crecimiento demográfico hispano y el poder adquisitivo de que goza esta minoría étnica en EE.UU. hacen que las grandes empresas publicitarias necesiten cambiar sus estructuras para llegar a este nuevo mercado y ganárselo en su propia lengua.

Miami es sede de dos de las principales cadenas televisivas en español de los Estados Unidos: Univisión y Telemundo. Cierto es que estas cadenas no se dirigen exclusivamente al mercado miamense, sino que abarcan a toda la comunidad latina del país. Del mismo modo, emisoras de locales, como MegaTV, salpican la parrilla con numerosos personajes populares que usan el español como vehículo de comunicación, como el cómico cubano Alexis Valdés o el controvertido periodista peruano Jaime Bayly.

Igualmente, las ondas radiofónicas se ven inundadas cada día de periodistas que hablan en español. Pareja suerte corre el periodismo escrito: la ciudad cuenta con numerosos diarios en español, si bien el más conocido, aparte del más antiguo *Diario de las Américas*, es *El Nuevo Herald*, cuya historia refleja la pujanza del español en la ciudad. Este rotativo nació como un simple suplemento de *The Miami Herald*. Desde unas pocas páginas de traducciones al español, poco a poco ganó espacio dentro de la comunidad latina que casi "exigió" un periódico de la importancia del *Herald* pero en su propio idioma. Dada la gran demanda, la empresa editora decidió crear un diario independiente. Surgió así *El Nuevo Herald*, periódico con sus propias noticias, dedicado a informar a la comunidad latina de Miami, aunque muy enfocado en la realidad cubana. Pero, como se ha explicado con anterioridad, la llegada de nuevos inmigrantes de nacionalidad muy diversa ha provocado a lo largo de los últimos años la aparición de medios impresos destinados a comunidades de nacionales específicas. Es así como surgen diversos medios como *El colombiano* o el *Semanario argentino* y una variedad de revistas publicadas ya desde hace años por Editorial América (*Hombre, Mecánica Popular, Vanidades*, etc.)

Junto a este panorama periodístico tan robusto, hay que destacar que en Miami existe un nutrido número de artistas, escritores, actores, etc. que llegan a convertirse a veces en modelos para la comunidad. Muy destacado es el papel que los cantantes han ejercido en este aspecto. Frente a otros cantantes latinos que han preferido cantar en inglés (bien porque no dominan el español o han preferido conquistar el mercado anglosajón), Miami es la cuna de numerosos artistas que han aprovechado su bilingüismo para impulsar el español: desde Enrique Iglesias, pasando por Gloria Estefan, hasta Pitbull, todos ellos se han mostrado orgullosos de la posibilidad de combinar el español y el inglés en sus discos. Esta situación, reforzada por el hecho de que Miami es residencia o lugar de continua presencia de numerosos cantantes hispanos (Alejandro Sanz, Ricardo Arjona, Paulina Rubio y otros), ha contribuido a propulsar el español entre los más jóvenes, quienes a la par que aprenden y tararean las letras de sus canciones, sienten que el español es un idioma de cultura, *su cultura*, a la que no tienen por qué renunciar por el hecho de ser capaces de expresarse igualmente en inglés.

Del mismo modo, la vida cultural de la ciudad vibra en dos lenguas en contacto y consigo misma. La población miamense ha comprendido que para poder disfrutar de toda la amplia variedad de actividades que ofrece Miami debe saber moverse en ambos idiomas. Las manifestaciones culturales en español son de lo más variopintas. Baste recordar los "Viernes Culturales de la Calle Ocho," festival de cine español, o el Carnaval de la Calle Ocho en La Pequeña Habana, etc.).

Su presencia continua en la esfera pública explica que el español no haya podido ser arrinconado por el inglés y mucho menos que su uso se considere un estigma social, como lo es claramente en otras ciudades en ciertos contextos o ambientes públicos.

El factor económico

Como ya indicamos anteriormente, la llegada de los cubanos hizo florecer numerosos comercios que utilizaban el español como idioma de negocios. Hoy, el español sigue desempeñando este papel gracias a diversos factores. Primeramente, el sustrato económico del que hemos hablado ha sido el suelo fértil sobre el que se ha desarrollado esta realidad económica, que se ha visto apoyada por los numerosos inmigrantes emprendedores de clase media y alta llegados en los últimos años, y que ha convertido así a Miami en el punto de encuentro entre los mercados estadounidenses y latinoamericanos. Numerosas empresas internacionales han establecido sus sedes en la ciudad para hacer negocios con países hispanoamericanos. El idioma en que se llevan a cabo estos negocios es, cómo no, el español. Según afirma Enrique Fernández (2008), cerca de 1 200 multinacionales se habían establecido en la Florida para 2008. Las veinte empresas más importantes emplean a 180 000 personas, y dan trabajo a cerca de 600 000 personas en el extranjero, sobre todo en América Latina. Estos datos dan fe del interés de los propios miamenses por mantener la lengua materna. De hecho, la simple experiencia refleja que la mayoría de las ofertas de trabajo en la ciudad requieren personal bilingüe, capaz de interactuar con los clientes en ambos idiomas.

Miami es la ciudad de Estados Unidos con mayor concentración de bancos internacionales del país. Entre las varias razones para ello, se está la intención de dichas entidades bancarias de expandir sus actividades a suelo caribeño y latinoamericano. Como vemos, el español no se ve desplazado por el inglés ni siquiera en el ámbito económico, tal como ocurre en otras ciudades estadounidenses.

Consideraciones finales

El uso del español en Miami es estable y continuo y se ve reforzado tanto por la llegada continua de nuevos inmigrantes, como por una percepción positiva de su uso, no solo en el ámbito familiar y empresarial, impulsada desde el establecimiento de la comunidad cubana en el exilio y los posteriores inmigrantes, así como también por el tejido económico de negocios, comercios, corporaciones internacionales de la ciudad y la presencia cultural en todos los sentidos de la palabra, incluyendo las artes, presentaciones de libros, de cine, teatro, música clásica y popular, exhibiciones artísticas en museos y festivales, etc. Tal y como observa Humberto López Morales, "las razones más importantes para que el español se siga hablando en Miami en el futuro son emotivas y prácticas" (2000: 3). Es decir, por una parte mantenemos la lengua como índice de cubanía y de la alta autoestima cultural de la comunidad; por otra, por los beneficios económicos que aporta el hablar español en el sureste de la península floridana, puesto que comunicarse en español se ha convertido en una fuente indispensable para conseguir empleo.

Sin embargo, la salud del español podría verse afectada en el futuro. Superados los primeros deseos de implantar el inglés como único idioma oficial en la ciudad y el estado (el movimiento del English Only nació precisamente en Miami, en la década de los 80), habría que implicar aún más a las instituciones en el impulso hacia una educación completamente bilingüe, pero los presupuestos no dan para que haya más y mejor acceso a estos programas limitados. La piedra de toque en el desarrollo de la formación de los niños y futuros ciudadanos en un Miami bilingüe es obviamente la educación bilingüe. Pese a que los jóvenes usan indiscriminadamente el español y el inglés, y por lo general no sienten casi ningún tipo de estigma por el uso del primero (salvo los que no lo dominan), existe una carencia importante en el uso del español escrito y formal. La segunda y tercera generación, pese a mantener bastante bien el idioma, han sido educadas en inglés, por lo que su español se limita a registros informales.

En gran medida, como se ha observado ya por años, el español que se oye y se habla en Miami refleja no solo las variantes cubana y cubanoamericana, sino también las variantes del español del mundo hispanohablante. No hay más que asistir como observador a cualquier escuela secundaria pública de Miami-Dade County Public Schools o a clases de español para hispanohablantes de la universidad estatal en Miami (Florida International University) para darse cuenta del mosaico de la población estudiantil hispana bilingüe. O entrar en un banco americano como Wells Fargo, Chase, o Bank of America, y observar que las conversaciones entre clientes y empleados son en inglés, sino en español con un pizca de *spanglish* o cambio de códigos de un idioma a otro, usado con la facilidad de un intérprete profesional, navegando de un idioma al otro, con todas sus variantes normativas o no, y entendiéndose los unos a los otros perfectamente cuando hablan del "balance" para referirse al "saldo de la cuenta," o cuando llega otro cliente y pide enviar un "transfer" por medio del "oficial del banco," que es el que puede aprobar la gestión, después que le hayan aprobado el "loan" para un nuevo "mortgage." Muchos, aun conociendo los vocablos "hipoteca" y "saldo," usan las formas no "normativas" para comunicarse; otros, por supuesto, no sabrían decir "saldo" o "hipoteca"

–pero la cuestión es que casi siempre es aparente que se comunican perfectamente en el contexto donde viven y a su ritmo–.

Aunque en Miami típicamente los que visitan la ciudad observan y comentan que se oye y se habla mucho más el español que en otras ciudades que tienen una población hispanohablante aún más numerosa, es aquí donde tal vez los hispanos se sienten más libres y dispuestos –sin pensarlo dos veces– a hablar en español, ya sea el español estándar de una abuelita de primera generación o de una jovencita que lo habla relativamente bien y principalmente en casa y en su comunidad, o el español de un cubanoamericano que empieza una frase en español y la termina en inglés y salta constantemente de un idioma a otro, como ocurre en otras ciudades bilingües.

Las corporaciones en Miami y ciudades aledañas, como Coral Gables, quieren contratar a personas que sean bilingües, pero ¿qué pasa con las escuelas que son las que deberían enseñar ambos idiomas? La realidad escolar es que se observa mucho el uso del español oral, e indiscutiblemente hay muchos estudiantes en programas excelentes en escuelas bilingües y calificadas de grado "A+," como la Coral Way K-8, famosa por ser la primera escuela de programa bilingüe (1963) en la historia contemporánea de la educación bilingüe en Estados Unidos. Estos programas, que han demostrado ser eficaces y eficientes en instruir a estudiantes que no solo hablan los dos idiomas sino que también los leen y escriben, desafortunadamente son extremadamente limitados. Su acceso, en una ciudad que debía exigir más escuelas de esta índole, es solo para unos pocos y está limitado a un puñado de centros con largas listas de espera, en una ciudad que debiera ofrecer dichas escuelas a todos los padres, hispanos o no.

En otras palabras, es el español académico el que, aun teniendo a más de 100 000 estudiantes en programas de español como lengua heredada, en las clases de las escuelas públicas, no alcanza los niveles más avanzados de forma masiva. No ayuda el que el estudio de lenguas no sea obligatorio para graduarse de secundaria, ni tampoco ayuda a desarrollar más el dominio del español formal y académico o profesional si los estudiantes no lo estudian de manera constante, año tras año o mejor todavía, en un currículo bilingüe, que al menos fuera 40 % en español y 50 % en inglés, suplementado por el programa de *International Studies Program* (ISP), patrocinado por la Oficina de Educación del Consulado de España. El ISP, un magnífico programa, ofrece una clase adicional de español avanzado, al final del día escolar, cuatro veces a la semana, con maestros provenientes principalmente de España y pagados por el gobierno español. Estas clases, que por lo general son excelentes, y ofrecen al menos una hora más de instrucción de lengua y culturas hispanas, de nuevo, no están disponibles para todos los estudiantes del condado, lo que es una pena pues definitivamente ayudan a aumentar el nivel de comunicación oral y escrita en español y el nivel de alfabetización y desarrollo del discurso académico.

Al mismo tiempo, ejecutivos de grandes corporaciones y negocios de Miami, Latinoamérica y España, muchas veces en entrevistas en los medios de comunicación se quejan del bajo nivel escrito y formal en español de las personas que contratan para trabajar en el mundo de los negocios hispanos. En contraste, es en Miami donde encuentran más personas que les "funcionan" mejor como bilingües aunque sean bilingües que necesiten "mejorar" su español para que este tenga un nivel más aceptable en ámbitos formales y profesionales. Desafortunadamente, pese a haber añadido una escuela bilingüe más (un "charter school" patrocinada por los consulados de España, Italia y Francia), el Condado Miami-Dade ha continuado sufriendo recortes presupuestarios.

Miami-Dade College, Florida International University y la Universidad de Miami son las instituciones que vuelven a "recoger" una vez más a los estudiantes hispanos que "caen" en los cursos de español como lengua heredada. Aquí es donde continúan sin interrupción o, según el caso, comienzan a veces de nuevo el estudio de la lengua que habían dejado en la secundaria –o primaria, en el nivel que les corresponda–. El intento es expandir el nivel de su lengua heredada para desarrollarla a niveles más altos o más formales (en relación a la lectura y la escritura, por ejemplo). Estas clases para hispanos bilingües de Estados Unidos se han estado impartiendo en Miami y también en muchas partes de los EE.UU durante más de 50 años, y han ayudado a muchos jóvenes hispanos bilingües a "reactivar" y desarrollar el discurso de un español académico. En muchos casos, este estudio del español les ha beneficiado a nivel personal y profesional en sus oficios o carreras posteriores, lo mismo en Miami que en otras ciudades, donde saber español, además de inglés, se traduce en más oportunidades laborales. Queda por ver cómo el español continuará desarrollándose a medida que la población hispana en la nación siga su imparable aumento.

OBRAS CITADAS

Boswell, Thomas D., y J. Curtis (1983). *The Cuban American Experience. Culture, Images, and Perspectives.* Totowa, New Jersey: Rowman and Allanheld. Impreso.

Castellanos, Isabel. (1990). "The Use of English and Spanish among Cubans in Miami." *Cuban Studies* 20: 49-63. Impreso.

Didion, Joan. (1987). *Miami.* New York: Simon & Schuster. Impreso.

Fernández, Enrique. (2008). "The Erosion of *Español.*" *The Miami Herald.* 2 de marzo, 2008: 3. Impreso.

García, Ofelia, y Ricardo Otheguy. (1988). "The Language Situation of Cuban Americans." *Language Diversity, Problem or Resource: A Social and Educational Perspective on Language Minorities in the United States.* Eds. Sandra Lee Mc Kay y Sau-ling Cyntia Wong. Cambridge, MA: Newbury House Publishers. 166-92. Impreso.

Lipski, John M.(1993). "Creoloid Phenomena in the Spanish of Transitional Bilinguals." *Spanish in the United States: Linguistic Contact and Diversity.* Eds. Ana Roca y John M. Lipski. Berlin: Mouton de Gruyter. 155-82. Impreso.

——. (1996). "Patterns of Pronominal Evolution in Cuban American Bilinguals." *Spanish in Contact.* Eds. Ana Roca y John B. Jensen. Somerville, MA: Cascadilla P.159-86. Impreso.

——. (2008). *Varieties of Spanish in the United States.* Washington, D.C.: Georgetown UP. Impreso.

López Morales, Humberto. (2003).*Los cubanos de Miami.* Miami: Universal. Impreso.

——. (2010). *La andadura del español por el mundo.* México: Taurus/ Santillana Ediciones. Impreso.

Lynch, Andrew. (2000). "Spanish-speaking Miami in Sociolinguistic Perspective: Bilingualism, Recontact, and Language Maintenance among the Cuban-origin Population." *Research on Spanish in the United States.* Ed. Ana Roca. Somerville, MA: Cascadilla P. 271-83. Impreso.

——. (2003). "Toward a Theory of Heritage Language Acquisition: Spanish in the United States." *Mi lengua: Spanish as a Heritage Language in the United States.* Eds. Ana Roca y M. Cecilia Colombi . Washington, D.C.: Georgetown UP. 25-50. Impreso.

Otheguy, Ricardo. (1993). "A Reconsideration of the Notion of Loan Translation in the Analysis of US Spanish." *Spanish in the United States: Linguistic Contact and Diversity.* Eds. Ana Roca y John M. Lipski. Berlin: Mouton de Gruyter. 155-82. Impreso.

Otheguy, Ricardo, Ofelia García y Ana Roca. (2000). "Speaking in Cuban: The Language Situation of Cuban-Americans." *New Immigrants in the United States.* Eds. Sandra Lee McKay y Cynthia Wong. Cambridge: Cambridge UP. 165-88. Impreso.

Porcel, Jorge. (2006). "The Paradox of Spanish among Miami Cubans." *Journal of Sociolinguistics* 10.1: 93-110. Impreso.

Resnick, Melvyn. (1988). "Beyond the Ethnic Community: Spanish Roles and Maintenance in Miami. " *International Journal of the Sociology of Language* 69: 89-104. Impreso.

Roca, Ana. (1991). "Language Maintenance and Language Shift in the Cuban American Community of Miami: The 1990s and Beyond." *Language Planning: Focusschrift in Honor of Joshua A. Fishman*. Ed. D.F. Marshall. Philadelphia: John Benjamin. 245-58. Impreso.

——. (2001). *Research on Spanish in the United States: Linguistic Issues and Challenges*. Somerville: Cascadilla P. Impreso.

——. (2012). Apuntes de diálogo entre estudiante y profesora (Roca). Clase de SPN 2340 Intermediate Spanish for Native Speakers. Florida International U, Miami, FL. enero 2012. Ms.

Sánchez, Isabel. (2009). "La 'crisis de los balseros', otro capítulo del éxodo." *El Nuevo Herald*. Boletín de Cuba. 12 de agosto, 2009. Web. 12 de mayo, 2011.

Solé, Carlos. (1982). "Language Loyalty and Attitudes among Cuban-Americans." *Bilingual Education for Hipanic Students in the United States*. Eds. Joshua A. Fishman y Gary D. Keller. 254-68. New York: Teachers College P. Impreso.

Varela, Beatriz. (1992). *El español cubano-americano*. New York: Senda Nueva de Ediciones. Impreso.

LA POLÍTICA DE LA EDUCACIÓN BILINGÜE EN LOS ESTADOS UNIDOS: UNA INTRODUCCIÓN

Frank Nuessel
University of Louisville

Introducción

El propósito de este estudio es examinar la política de la educación bilingüe en los Estados Unidos con respecto al español. En las secciones siguientes se tratarán estos temas: (1) los conceptos fundamentales, (2) la educación bilingüe, (3) la política de la educación bilingüe, (4) la xenofobia y (5) la estadística del censo estadounidense.

Los conceptos fundamentales

Empecemos por definir definen varios conceptos que se usan en este estudio.

La política

Según la última edición del *Diccionario de la Real Academia Española*, hay varias definiciones del término "política." La más importante para este estudio es la siguiente: "actividad de quienes rigen o aspiran a regir los asuntos públicos." Cuando se utiliza esta definición, se puede ver que son las elites de poder las que determinan lo que se puede hacer respecto a las instituciones públicas y los individuos.

En este trabajo, la política de la educación bilingüe se entiende como una acción abierta e intencionada por parte de una agencia del gobierno o de una organización independiente dedicada a un propósito específico. Cuando los reaccionarios ultraderechistas intentan influenciar a los políticos de turno, el resultado es la promulgación de leyes y estatutos que van en contra del uso de lenguas minoritarias, o bien por razones abiertamente xenófobas, o bien por medio de explicaciones científicamente inválidas, pero aceptables para un público ingenuo. Muchas veces estas razones obedecen a los llamados aspectos deseables de la asimilación del grupo minoritario al mayoritario, que supuestamente puede resultar en mejores condiciones y posibilidades económicas para aquel. Los efectos de estas leyes son, entre otros, la pérdida de la lengua materna como manifestación de la cultura; es decir lo que constitutye la esencia de un grupo étnico.

El bilingüismo

Existen varias definiciones del bilingüismo (Baker 1993: 29-46; Blooomfield 1933: 55-6; García 2009a: 42-72; Mackey 1962: 51-3; Skutnabb-Kangas 1984: 66-94; Weinreich 1953: 5). En realidad, el bilingüismo es un fenómeno complejo y difícil de definir y describir por tener tantos matices de significado y por ser de hecho un campo de estudio verdaderamente interdisciplinario.

La lingüista finlandesa Tove Skutnabb-Kangas (1984: 80-93), por ejemplo, habla de la dificultad de definir este fenómeno lingüístico. Dice que hay tantas definiciones como lingüistas que tratan de definirlo. En realidad, Baetens-Beardsmore (1986: 3-4) prefiere hablar de tipologías de bilingüismo, es decir, descripciones del uso y del ambiente en los cuales tiene lugar el uso de dos lenguas. Skutnabb-Kangas (1984: 81), sin embargo, ofrece una indicación de la complejidad del fenómeno del bilingüismo en el siguiente pasaje:

> Psychologists and psycholinguists often describe children who are originally bilingual, from the very beginning …, i.e. they use *origin* as a criterion. Linguists often do this too, but their definitions of bilingualism are more often based on *competence of* the bilingual, the way she *masters* her two *languages*. Sociologists are more often interested in what one does with the two languages, what they are *used* for or *can be* used for. They define bilingualism in terms of the *function* of the languages fulfil [*sic*] in or for the bilingual individual or in a bilingual community. Sociologists and social psychologists (and demographers) are also interested in the way in which the speaker and the people among whom she lives *react to the two languages*. They then define bilingualism in terms of *attitudes*. Some definitions make an attempt to combine at least two aspects, often those of competence and function.

De este modo, se puede hablar de definiciones del bilingüismo basadas en varios factores: la competencia, que se refiere a las destrezas específicas de los bilingües en los dos idiomas; la función, que estudia cómo cumplen las dos lenguas ciertas necesidades para el bilingüe en una comunidad bilingüe; la actitud o la identificación, que examina la reacción ante el uso de los dos idiomas en las comunidades donde viven los bilingües. El lingüista Einar Haugen (1953: 6-7) dice que el bilingüismo es un continuo, es decir, empieza "… at the point where the speaker of one language can produce *complete meaningful sentences* in the other language." Así que es mejor hablar de perfiles descriptivos en vez de definiciones estrechas.

Las ventajas del bilingüismo

Se conoce bien el valor del bilingüismo (Baker 1993: 157-87; Baker 2006: 142-65; García 2009a: 93-108). Primero, hay ventajas cognitivas: (1) la conciencia metalingüística, es decir la habilidad de comentar sobre el lenguaje mismo; (2) el pensamiento divergente y creativo, es decir, la manera de resolver problemas de un modo original e imaginativo; (3) la sensibilidad comunicativa, es decir, la habilidad de comprender los mensajes lingüísticos; (4) el refuerzo de la adquisición de otras lenguas, o el efecto propedéutico. Además, el bilingüismo ofrece ventajas de otro tipo, a saber: (1) los beneficios socioeconómicos en un mundo global y (2) la conciencia cultural de su propia cultura y de la otra. García (2009c: 421) explica claramente que el valor de la educación bilingüe reside en que ofrece "... las posibilidades de forjar un espacio múltiple e integrado y no separado y aislado, en que el español ocupe el mismo espacio y escaño que el inglés."

La diglosia

La diglosia es, según Fishman (1967: 30), el uso de dos variedades lingüísticas en un mismo territorio. Uno de los idiomas tiene prestigio, mientras que el otro no. Así lo explica Milton Azevedo (2009: 309):

La *diglosia* es la relación en que una variedad baja (B) se encuentra subordinada a una variedad alta (A), de manera que las dos se complementan, cumpliendo funciones distintas. Esa especialización fundamental delimita el ámbito de uso de cada lengua, a la vez que contribuye a una valoración social desigual de las variedades involucradas. La variedad alta (A) se usa en situaciones formales y actividades consideradas prestigiosas, como los debates en parlamento, los trámites en los tribunales, los negocios del gobierno y las actividades de alta cultura. Entre éstas cuentan la educación, la literatura, los periódicos de gran circulación y, en ciertas comunidades, también los actos litúrgicos. La variedad baja (B) se emplea en las actividades menos formales de la vida social, en el ámbito doméstico, la correspondencia privada, alguna literatura popular o folklórica y quizás algún aspecto de la instrucción elemental, habitualmente para facilitar el aprendizaje de la variedad A.

Hoy en día, la diglosia es una descripción apropiada de la situación lingüística en varias comunidades de los Estados Unidos, donde el español es una lengua de herencia que sufre porque se la percibe como un vehículo de comunicación de segunda clase, que puede resultar en su posible eliminación total. Esto sería una pérdida vergonzosa de un recurso lingüístico natural. Y la verdad es que ya es hora que los Estados Unidos empiecen a reconocer el valor de estos recursos humanos.

La educación bilingüe

Una definición de la educación bilingüe es tan difícil de formular como la del concepto mismo de bilingüismo. García (2009c; García 2009d: 166-7) habla del fenómeno en el siglo XXI desde una perspectiva global. García (2009a: 6; véase García 1997, 2009b, c, d) señala que la educación bilingüe puede ser bien diferente de la enseñanza de un idioma como segunda lengua. Sin embargo, parece que poco a poco se va integrando la enseñanza de la educación bilingüe con la enseñanza del español como L2. Por una parte, en el siglo XXI, se enseña español como una materia basada en contenido (inglés: *content-based*) (integrando los conocimientos de la lengua con los de gramática, cultura, literatura, etc.), mientras que en la educación bilingüe, el español es un medio de instrucción que se usa para enseñar otro contenido (por ejemplo para aprender a leer, escribir, solucionar problemas de matemáticas, etc.), pero con referencia a la instrucción explícita del lenguaje. García (2009a) describe la diferencia entre un programa de enseñanza de una lengua extranjera y otro de educación bilingüe. A este tenor, dice que el propósito de la educación bilingüe es "... to educate generally, meaningfully, equitably, and for tolerance and appreciation of diversity" (6). La misma autora observa que la instrucción de L2 tiene "... the narrower goal ... to learn an additional language." La realidad es que en los Estados Unidos se acepta fácilmente la enseñanza del español como una segunda lengua mientras que se acepta mucho menos la educación bilingüe, por no decir que prácticamente se la rechaza. Como observa García (2009d: 164), todavía se enseña el español como una lengua extranjera aunque es una parte cotidiana de muchas comunidades de los Estados Unidos hoy en día. Todavía se valora el inglés como la única lengua que merece respeto mientras que el español se considera más bien como una lengua exótica, y se la valora solo como tal.

Según las estadísticas de la Modern Language Association of America (Furman, Goldberg y Lusin 2011: 14), estudian español 864 986 estudiantes activos, en comparación con todas las otras lenguas extranjeras que se enseñan en los Estados Unidos (764 350). (Véase también Domínguez 2009 para un estudio estadístico detallado de la enseñanza del español.)

Baker (1993: 218-9) cita el importante y revelador estudio de Ferguson, Houghton y Wells (1977) cuando habla de los varios objetivos de la enseñanza bilingüe en diversos momentos de la historia:

1. Asimilar a los individuos y a los grupos dentro de la sociedad dominante; socializar a las personas para una plena participación en la comunidad.
2. Unificar una sociedad multilingüe; traer unidad a un estado multiétnico, multitribal o multinacional, lingüísticamente diverso.
3. Capacitar a las personas para comunicarse con el mundo exterior.
4. Ofrecer destrezas lingüísticas que sean comerciales, y que ayuden al empleo y al estatus.
5. Preservar la identidad étnica y religiosa.
6. Reconciliar y mediar entre las distintas comunidades políticas y lingüísticas.
7. Extender el uso de una lengua de colonización, integrando a toda una población en una existencia poscolonial.
8. Reforzar los grupos de élite y preservar su posición en la sociedad.
9. Proporcionar igual estatus ante la ley a las lenguas de estatus desigual en la vida diaria.
10. Profundizar en el entendimiento de la lengua y la cultura.

En su perspectiva general sobre el bilingüismo y la educación bilingüe, Tucker (1999; véase García 1997, 2009a para estudios mucho más detallados) discute tres aspectos de estos: (1) las investigaciones sobre el uso de L1 y L2 en la educación; (2) los elementos comunes en los programas de mayor éxito; y (3) los aspectos relacionados con los anteriores. Estos tres temas significan que los buenos programas de educación bilingüe deben seguir ciertas normas de presentación y de calidad.

Las investigaciones sobre los programas de educación bilingüe poseen varios factores en común: primero, reconocen que el éxito en las dos lenguas depende del dominio cognitivo fuera de casa; segundo, el desarrollo del alfabetismo deriva del uso de una lengua familiar; tercero, una vez adquiridas, las destrezas cognitivas y académicas se transmiten de una a otra lengua; cuarto, la enseñanza en una lengua familiar facilita el dominio de ambas lenguas.

Los programas exitosos tienen otros factores en común: primero, es importante tener el apoyo de los padres y de la comunidad local; segundo, los maestros deben saber hablar bien las dos lenguas; tercero, los maestros deben tener conocimientos de la cultura del material por medio de la educación continuada.

Con respecto a los temas relacionados con los programas de educación bilingüe exitosos, hay varios elementos comunes. Primero, la adquisición de conceptos de alfabetismo y de conceptos básicos de aritmética y del discurso científico (Hakuta 1986) de una lengua se transfiere a otra. Segundo, Swain (1996), por ejemplo, advierte que se deben introducir programas de educación bilingüe apropiados a situaciones específicas y no basado en teorías preconcebidas.

Tipología de los programas bilingües

Baker (1993: 219-20; véase Baker 2006: 215-6) describe dos tipos de programas o modelos de la educación bilingüe. La Tabla 1 muestra el esquema de modelos débiles de enseñanza para el bilingüismo. La Tabla 2, en cambio, muestra modelos fuertes de enseñanza para el bilingüismo y el bialfabetismo. Baker (1993: 220) nota que la elaboración de las dos tablas debe mucho a Ofelia García, quien describe detalladamente los varios tipos de educación bilingüe según su propósito esencial (García 1997).

Formas Débiles de Enseñanza para el Bilingüismo				
Tipo de programa	Tipo típico de niño	Lengua de la clase	Objetivo social y educativo	Objetivo en resultado lingüístico
Sumersión (Inmersión estructurada)	Minoría lingüística	Lengua mayoritaria	Asimilación	Monolingüismo
Transitorio con clases de retirada/inglés protegido	Minoría lingüística	Lengua mayoritaria con clases de "salida" en L2	Asimilación	Monolingüismo
Segregacionista	Minoría lingüística	Lengua minoritaria (forzada, no elegida)	Apartheid	Monolingüismo
Transitorio	Minoría lingüística	De la lengua minoritaria a la lengua mayoritaria	Asimilación	Monolingüismo relativo
General con enseñanza de una lengua extranjera	Mayoría lingüística	Lengua mayoritaria con clases L2/lengua extranjera	Enriquecimiento limitado	Bilingüismo limitado
Separatista	Minoría lingüística	Lengua minoritaria (sin elección)	Separación/ Autonomía	Bilingüismo limitado

TABLA 1. Modelos de la educación bilingüe (Baker 1993: 219).

Formas Fuertes de Enseñanza para el Bilingüismo y el Bialfabetismo				
Tipo de programa	Tipo típico de niño	Lengua de la clase	Objetivo social y educativo	Objetivo en resultado lingüístico
Inmersión	Mayoría lingüística	Bilingüe dominante en L2	Pluralismo y mejora	Bilingüismo y bialfabetismo
Mantenimiento/lengua patrimonial	Minoría lingüística	Bilingüe dominante en L1	Mantenimiento, pluralismo y mejora	Bilingüismo y bialfabetismo
Doble dirección/dos lenguas	Minoría y mayoría lingüística mixta	Minoritaria y mayoritaria	Mantenimiento, pluralismo y mejora	Bilingüismo y bialfabetismo
General bilingüe	Mayoría lingüística	Dos lenguas mayoritarias	Mantenimiento, pluralismo y mejora	Bilingüismo y bialfabetismo

TABLA 2. Modelos de la educación bilingüe (Baker 1993: 220)

Sin embargo, García (2009c: 421; véase también García 1997) propone su propia elaboración de un modelo (tabla 3) en los Estados Unidos, donde el español se usa como medio de instrucción.

Nombre del programa	De transición	De desarrollo	De dos vías/ Inmersión bilingüe/ De lengua dual
Objetivo	Asimilación lingüística	Bilingüismo	Bilingüismo
Estudiantes	Hispanos	Hispanos	Hispanos y no hispanos
Perfil lingüístico de estudiantes	Hablantes monolingües de español	Hablantes monolingües de español Hablantes bilingües	Hablantes bilingües Hablantes monolingües de español Hablantes monolingües de inglés

TABLA 3. El uso del español en la enseñanza (García 2009c: 421)

Se percibe claramente en las Tablas 1 a 3 que hay dos resultados: (1) asimilación o (2) pluralismo de lengua y de cultura. Eso quiere decir que un programa mantiene la lengua y cultura hispanas mientras que el otro trata de eliminarlas. Skutnabb-Kangas (2000: 569-70) dice que las minorías merecen el derecho de alcanzar altos niveles de bilingüismo o multilingüismo a través de su educación formal. Esta autora (570) se pregunta lo siguiente: ¿Qué clase de bilingüismo es el objetivo de la educación bilingüe? Las repuestas a esta pregunta son diversas, pero se reducen a la asimilación o el mantenimiento de la lengua y la cultura hispanas.

La política de la lengua en la educación bilingüe estadounidense

Ofelia García, experta en el campo de la educación bilingüe, ha publicado un importantísimo libro sobre la educación bilingüe en el siglo XXI. En uno de los capítulos de este volumen (2009a: 159-96), dedicado a la política del lenguaje en los Estados Unidos, García hace un minucioso repaso de la política histórica respecto al bilingüismo hasta llegar a la situación actual. En realidad, la política de la educación bilingüe en los Estados Unidos nunca fue estable, pues, ha ido cambiado según la época. En esta sección se examinan esos aspectos, partiendo de la obra de García (2009a; véase Baker 1993, 2006).

Estados Unidos es un país que goza de una rica tradición de bilingüismo y multilingüismo (Baker 2006: 188-211; Edwards 1994; Kloss 1977), pero esa tradición ha ido diluyéndose durante la última parte del siglo XX y comienzos del siglo XXI a causa de un nuevo movimiento nativista, tal vez latente, que resurge con cada nueva ola inmigratoria. En otras palabras, los estatutos y leyes que requieren el uso único del inglés en documentos públicos oficiales y en la enseñanza pública se recrudecen. De hecho, en Estados Unidos ha habido una larga historia de xenofobia, que hoy aún hoy no ha desaparecido (Cuesta 2009).

El pasado

En realidad, la educación bilingüe en los Estados Unidos depende de varios factores como el poder, la raza y la clase social. La ideología política y sociocultural ha influido en la educación bilingüe para bien o para mal.

Antes de la llegada de los europeos a Norteamérica, había más de 300 idiomas indígenas en este continente. Ponce de León llegó a la Florida en 1513, y durante el siglo XVI hubo mucha más expansión colonial española en el territorio que comprende hoy a los Estados Unidos. Lo interesante es que, como se sabe, los españoles exploraron este continente antes de que los británicos establecieran su primera colonia en la isla de Roanoke en 1587.

Según los datos de Lepore (2002, citados en García 2009a: 160), en 1790 el 25 % de la población local no hablaba inglés. Además, estas cifras no incluyen a los indígenas ni a los esclavos. Desde los principios de la nueva república estadounidense, hubo restricciones con respecto a los idiomas indígenas.

Durante el siglo XIX, el español en los Estados Unidos gozó de derechos privilegiados por haber sido la lengua de los colonizadores originales en ciertas partes del territorio estadounidense. Al principio, se usó el español en la legislación, la educación y la prensa (Baker 2006: 188-211; García 2009a: 163-4; Kloss 1977: 171-88), incluso después de la guerra entre los Estados Unidos y México en 1845, que resultó en la adquisición de casi la mitad de México por los Estados Unidos (Arizona, California, Nevada, Nuevo México, Texas, Utah y partes de Colorado y Wyoming). Pero cuando estas nuevas posesiones se convirtieron en territorios o estados, el uso del inglés se hizo ley.

Después de la guerra con México en 1845 y el Tratado de Guadalupe Hidalgo en 1848, los Estados Unidos adquirieron otros territorios. Compraron Alaska a Rusia en 1867. En la breve guerra de 1898 contra España, tomaron posesión de Puerto Rico, Guam, las Islas Filipinas (1898-1946) y ocuparon Cuba (1898) hasta su independencia formal en 1902, aunque retuvieron el derecho de inmiscuirse en los asuntos internos de ese país.

Con la llegada de inmigrantes de varios países extranjeros, la actitud hacia los idiomas extranjeros cambió. Claro que las diferencias existentes entre estos grupos (en cuanto a la religión, la raza, la etnia, la lengua, etc.; véase Levin and Levin 1982) contribuyeron a esta vigorosa y potente reacción de prejuicio (manifestada en la actitud) y discriminación (resultante en actos), en realidad no justificada.

Los estudios especializados sobre el español en los Estados Unidos no escasean. Existen breves pasajes acerca del español en los Estados Unidos en algunos libros de carácter general (Azevedo 2009: 347; Potowski y Carreira 2009: 66-7), así como también exposiciones más detalladas al respecto (Baker 2006: 188-211; Chang-Rodríguez 2009; Samper y Hernández 2009; Toscano 2009). Hay también investigaciones demográficas sobre varios grupos hispánicos en los Estados Unidos, como los mexicanos (Silva-Corvalán y Lynch 2009), los dominicanos (Alba y Gutiérrez 2009) y los que proceden de otros países, tanto de Centroamérica como de Sudamérica (López Morales 2009; Lynch 2009; Morales 2009). También hay un estudio específico de la ciudad de Chicago como microcosmo hispano (Andino López 2009). Además, hay estudios de varios académicos sobre las variedades lingüísticas del español hablado en este hemisferio, incluyendo los Estados Unidos (Azevedo 2009: 346-77; Lipski 2008; Moreno Fernández 2009a, b; Otheguy 2009; Roca y Colombi 2003).

En su perspectiva histórica general de la legislación estadounidense respecto a la educación bilingüe en el siglo XX y a principios del siglo XXI, Baker (2006: 201-2) compone una lista con los hitos más importantes en la historia de la educación bilingüe. Hay una mezcla de legislación favorable y desfavorable. La legislación a favor incluye, por ejemplo, el "Elementary and Secondary Education Act" (1965) y la decisión de "Lau v. Nichols" (1974), que estableció que los niños con un inglés limitado tenían el derecho de recibir instrucción en su lengua materna. La legislación en contra incluyó la Proposición 227 (1998), basada en una propuesta de Ron Unz, candidato republicano para la oficina gubernamental de California. También se promulgó la ley llamada "No Child Left Behind" (2002), para la enseñanza escolar solo en inglés. Además de la legislación nacional y local, hubo movimientos independientes, como US English (1983), cuyo objetivo primordial era que el inglés fuera la única lengua en el gobierno, la educación y la sociedad.

En su obra sobre la política del lenguaje, Spolsky (2004) nota que en la Constitución de los Estados Unidos no se menciona nada respecto a este asunto. Spolsky (2004: 92) cita a Marshall (1986: 11), quien afirma lo siguiente: "The Founding Fathers of our country did not choose to have an official language precisely because they felt language to be a matter of personal choice." En el mismo lugar, este autor cita también a Hernández-Chávez (1995), quien dice que el hecho de que la Constitución se haya escrito en inglés ha contribuido a la imposición del inglés y la supresión de otras lenguas. Aunque no hay nada en la Constitución estadounidense sobre una lengua oficial, este documento declara que la protección lingüística debe ser igual para todos (la enmienda 14). Al final del siglo XIX, las actitudes hacia la tolerancia del bilingüismo y multilingüismo fueron cambiándose con la llegada de cada vez más inmigrantes a los Estados Unidos.

El Tribunal Supremo de los Estados Unidos ha defendido el derecho a usar otras lenguas en la educación (Spolsky 2004: 98-9; *Meyer v. Nebraska* 1923; *Lau v. Nichols* 1974). Además, el título VI del Acta de los Derechos Civiles de 1964 provee otra ley para ayudar a los estudiantes que hablan inglés de una manera limitada. En 1968, se promulgó la Ley de la Educación Bilingüe, y permitía la instrucción en otras lenguas, pero solo estuvo vigente hasta 2002

La pregunta fundamental es esta: ¿tienen las minorías lingüísticas derechos civiles? La respuesta de Spolsky (2004: 113-32), apelando a la legislación de la Unión Europea y a la Declaración Universal de los Derechos Lingüísticos (2011), es rotundamente *sí*. La revista académica *Language Problems and Language Planning* (publicada por la editorial John Benjamins en Ámsterdam), por ejemplo, promueve la creencia de que los seres humanos tienen ciertos derechos lingüísticos fundamentales.

La actualidad

Durante los últimos treinta años el número de hispanohablantes en los Estados Unidos ha crecido enormemente. Empezando con el censo de 1980 y continuando con los de 1990, 2000 y 2007, ha habido un aumento del 210,8 %, como se ve en la Tabla 4 (Shin y Kominski 2010: 6). El rápido crecimiento del número de personas que hablan español (o el español criollo) en casa ha ido aumentando continuamente desde el censo de 1980. Esto quiere decir que a estas personas debemos ofrecerles acceso a la educación bilingüe para que en la lucha por el éxito se sientan mejor equipados. Y para ello, nada más pertinente que la defensa y el fomento del bilingüismo y el bialfabetismo, y sin que estas personas pierdan su lengua o su cultura de origen.

Característica	1980	1990	2000	2007	Porcentaje de cambio 1980-2007
Población de más de 5 años de edad que hablaba el español o el español criollo	11 116 1944	17 345 064	28 101 052	34 547 077	210,8 %

TABLA 4. El español o el español criollo hablado en casa (Shin y Kominski 2010: 6)

Esta explosión demográfica representa un aumento extraordinario de hispanohablantes en los Estados Unidos, lo que conlleva la implementación de una política estadounidense uniforme, basada en principios fundamentales derivados de la investigación académica y la práctica coordinadas.

La xenofobia

Con cada nueva ola de inmigrantes a los Estados Unidos, ha habido fuertes reacciones en contra de estos recién llegados por razones típicamente asociadas con el prejuicio y la discriminación (costumbres, religión, lengua, ropa, comida, etc.; véase Levin and Levin 1982). Esta xenofobia, o el temor a lo extranjero, es a veces llamada "nativismo." Especialmente en la última parte del siglo XX hubo una marcada reacción en contra del uso del español. Esto se evidencia en el incremento de leyes que prohibían el uso de otras lenguas que no fuera el inglés en documentos y situaciones oficiales (con ciertas excepciones). En la actualidad hay grupos que fomentan esta actitud reaccionaria. Los argumentos nativistas en contra de la inmigración y los inmigrantes son los mismos que en el pasado: el costo, el aislamiento lingüístico, el desempleo, el patriotismo, los recursos naturales, la sobrepoblación, la cultura diferente, las viviendas y la asistencia social.

En su Convención internacional sobre la eliminación de todas las formas de discriminación racial, la Asamblea General de las Naciones Unidas (en un documento aprobado por la Asamblea General el 21 de diciembre de 1965, Comité para la Eliminación de la Discriminación Racial, 2011, Artículo 1) define la discriminación racial o xenofobia de esta manera:

En la presente Convención la expresión "discriminación racial" denotará toda distinción, exclusión, restricción o preferencia basada en motivos de raza, color, linaje u origen nacional o étnico que tenga por objeto o por resultado anular o menoscabar el reconocimiento, goce o ejercicio, en condiciones de igualdad, de los derechos humanos y libertades fundamentales en las esferas política, económica, social, cultural o en cualquier otra esfera de la vida pública.

Además, en Barcelona, durante la Conferencia Mundial de los Derechos Lingüísticos, se aprobó la Declaración Universal de los Derechos Lingüísticos en junio de 1996 (Declaración Universal de los Derechos lingüísticos, 2011). Es un texto con un preámbulo y seis secciones: (1) la administración pública y órganos oficiales; (2) la educación; (3) la onomástica; (4) los medios de comunicación y nuevas tecnologías; (5) la cultura; y (6) el ámbito socioeconómico. Aunque este documento es una declaración de los derechos lingüísticos fundamentales de los seres humanos, en este caso es solo una proclamación y no tiene fuerza de ley. Sin embargo, en la sección II (Educación, Artículo 23) dice:

1. La educación debe contribuir a fomentar la capacidad de autoexpresión lingüística y cultural de la comunidad lingüística del territorio donde es impartida.
2. La educación debe contribuir al mantenimiento y desarrollo de la lengua hablada por la comunidad lingüística del territorio donde es impartida.
3. La educación debe estar siempre al servicio de la diversidad lingüística y cultural, y las relaciones armoniosas entre diferentes comunidades lingüísticas de todo el mundo.
4. En el marco de los principios anteriores, todo el mundo tiene derecho a aprender cualquier lengua.

El movimiento de English Only

El movimiento de English Only representa una fuerte reacción en contra de los inmigrantes de habla española en los Estados Unidos. García (2009a: 172-174) comenta sobre la legislación de leyes de English Only en treinta estados. Cuesta (2009) también habla de la legislación estadounidense en contra del uso del español y de otras lenguas. Cuesta (2009: 541) dice que:

A pesar de algunos antecedentes, sin duda de gran interés, los verdaderos problemas de la política lingüística en los Estados Unidos han aparecido en el último cuarto del siglo pasado. Surgen con el movimiento llamado English Only (Solo inglés) y están estrechamente ligados con una actitud antiinmigratoria, que constituye uno de los problemas políticos más graves de los siglos XX y XXI.

Efectivamente, durante los siglos XVIII y XIX, el problema de la oficialidad del inglés en los Estados Unidos había tenido carácter local o regional, ya que se había debido a consecuencias de guerras de expansión, mediante las cuales se adquirieron nuevos territorios en los que se hablaban otras lenguas europeas.

En el siglo XX, el asunto pasa al plano nacional, pero no se relaciona ya con guerras internacionales sino con el problema de la inmigración. La inmigración se asocia con el aprendizaje y uso de la lengua inglesa por parte de los inmigrantes, pero al principio tuvo un carácter religioso (anticatólico) y étnico: así la exclusión de la inmigración china (1872) y la japonesa (1907), y las campañas de americanización de los inmigrantes europeos a finales del siglo XIX y principios del XX.

Pero, a pesar de que esta campaña se exacerbó durante el período correspondiente a las dos guerras mundiales, no dio lugar a la presentación de proyectos legislativos a nivel nacional, encaminados a declarar el inglés lengua oficial del país.

Se inició el movimiento de English Only con la propuesta del Senador Samuel I. Hayakawa (Republicano, California, 1906-1992). Fue elegido al Senado de los Estados Unidos en 1976, donde sirvió por seis años (1977-1983). Fue el fundador del grupo político "U. S. English," dedicado a convertir el inglés el idioma oficial de los Estados Unidos. En el senado estadounidense propuso una enmienda a la Constitución federal para declarar el inglés la lengua oficial del país. Fracasó. Dos poderosos grupos políticos influyeron en el movimiento de English Only: U.S. English y English Plus. Estos grupos tienen cinco propuestas específicas que se enumeran a continuación (Cuesta 2009: 544; Piña-Rosales 1997):

1. Que el inglés sea la única lengua en que todos los funcionarios federales, electos o designados, se expresen en sus actividades oficiales.
2. Que todas las disposiciones legales de la Federación –leyes, decretos, ordenanzas, etc – sean redactadas y publicadas en lengua inglesa.
3. Que toda la información producida por el gobierno federal y sus dependencias, sean cuales fueren, estén redactadas y publicadas en inglés, así como toda comunicación preparada en nombre del Gobierno federal o por otras unidades u organismos.
4. Se concede el derecho de reclamar ante tribunales si las anteriores disposiciones no se cumplen, extendiéndose este derecho de reclamación tanto a la esfera del derecho público como del privado.
5. Se establecen las clásicas excepciones: diplomacia, comercio internacional, salud pública, seguridad nacional, enseñanza en lenguas extranjeras, procedimientos criminales, programas de preservación de lenguas amerindias, etc.

La Figura 1, que es una versión modificada de varios letreros que representan una actitud antiinmigratoria, muestra el fenómeno del movimiento de los que promueven el uso exclusivo del inglés en los Estados Unidos. Estos letreros son la representación gráfica de la actitud prejuiciada y discriminatoria de ciertos xenófobos ignorantes.

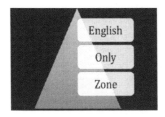

FIGURA 1. "English Only Zone".

La estadística basada en el censo oficial de los Estados Unidos y de la Modern Language Association

Según los datos del censo oficial de los Estados Unidos (2010 Census Briefs 2011: 3), los hispanos produjeron más del 50 % del crecimiento total de la población estadounidense durante la última década (2000 a 2010). En el año 2010, había 50 millones y medio de hispanos en los Estados Unidos. Eso quiere decir que los hispanos constituyen el 16,3 % de la población total, es decir, un aumento de 43,0 % en diez años. Este cambio ha sido enorme. Este grupo tendrá un poder político decisivo en el futuro inmediato.

Además del incremento en el número de hispanos en los Estados Unidos, ha habido un aumento correspondiente en el número de hispanohablantes. La Tabla 5, basada en los datos del censo para el año 2007 (Shin y Kominski 2010: 2), me exime de otros comentarios al respecto. Desde 1980 hasta 2007, hubo un cambio de 210,8 % en el español hablado en casa. Los estados de Tejas, California y Nuevo México tienen la mayor concentración de hispanohablantes.

Característica de la población de más de 5 años de edad	Número total de personas	Destreza de hablar en inglés			
Español o español criollo	34 547 077	Muy bien	Bien	No muy bien	No hablan inglés
		18 179 530	6 322 170	6 344 110	3 701 267

TABLA 5. Población de 5 años o más que hablan español o el español criollo en casa (Shin and Kominski 2010: 2).

En el mapa del español hablado en los Estados Unidos (Shin y Kominski 2010: 12; véase la Figura 2) se advierte que el territorio de los Estados Unidos que formó parte de México hasta 1848 tiene una concentración mayor de hispanohablantes. También hay otras concentraciones notables en La Florida, por razones históricas, y en las grandes ciudades norteñas (Boston, Chicago, Filadelfia, Miami, Nueva York). García (2009d: 157-8) también observa que estos datos (tabla 5) no tienen en cuenta el hecho de que hay un mestizaje lingüístico en las fronteras de los Estados Unidos.

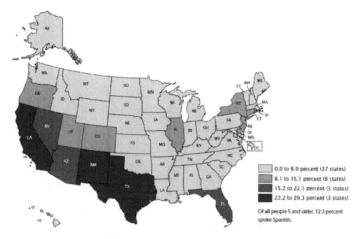

FIGURA 2. El porcentaje de la población de 5 años y mayores que hablan idiomas especificados por estado: 2007. (Shin y Kominski 2010: 12).

Kominski (1989) ha estudiado los resultados de la pregunta del censo estadounidense acerca de cómo es el inglés de los encuestados. Según Kominski, no existe una clara diferenciación entre los cuatro niveles ("muy bien," "bien," "no muy bien" y "no hablan inglés"). Sin embargo, hay una clara distinción entre los que dicen que saben hablar inglés y los que no lo saben hablar.

Siguiendo los datos del censo estadounidense, la Modern Language Association elaboró un mapa que muestra dónde se enseña el español. Se ve claramente que el español representa la lengua más enseñada en los Estados Unidos al nivel de la educación postsecundaria. Los resultados de Furman, Goldberg y Lusin (2010: 14) para el año 2009 indicaban que las matrículas a nivel universitario para estudiar español eran las más numerosas (864 986) en comparación con las todos los otros idiomas (excepto el griego antiguo y el latín clásico).

Conclusión

En este estudio, se han definido y descrito ciertos conceptos fundamentales con respecto a la educación bilingüe. Además, se ha hablado de los varios objetivos de la enseñanza bilingüe en los Estados Unidos. Las investigaciones existentes prueban el valor del bilingüismo y la educación bilingüe. En realidad, estos programas tienen al menos dos propósitos. Uno busca asimilación total a la cultura mayoritaria mientras que el otro tiene como objetivo el mantenimiento de la lengua de herencia y la habilidad de desenvolverse en la cultura de la segunda.

Los datos del censo estadounidense sobre la población hispana indican que en los Estados Unidos hay un número creciente de hispanos e hispanohablantes, lo que avala la necesidad de más programas de educación bilingüe; sin embargo, durante esta época de menos recursos financieros y de fuerte reacción, se nota mucha menos tolerancia para tales programas. Durante cualquier época de recesión o de crisis económica, hay un fuerte rechazo en contra de los inmigrantes recién llegados (Levin and Levin 1982). Lo notable y lo irónico de la reacción en contra de los hispanos es que muchos viven en territorio originalmente mexicano, pero que, por razones históricas, llegó a ser parte de los Estados Unidos en el siglo XIX.

OBRAS CITADAS

Alba, Orlando, y Franklin Gutiérrez. (2009). "Los dominicanos." *Enciclopedia del español en los Estados Unidos*. Ed. Humberto López Morales. Madrid: Instituto Cervantes, Santillana. 124-34. Impreso.

Andino López, Mario. (2009). "Un microcosmos hispano: la ciudad de Chicago." *Enciclopedia del español en los Estados Unidos*. Ed. Humberto López Morales. Madrid: Instituto Cervantes, Santillana. 161-76. Impreso.

Azevedo, Milton M. (2009). *Introducción a la lingüística española*. 3ra ed. Upper Saddle River, NJ: Prentice Hall. Impreso.

Baetens Beardsmore, Hugo. (1986). *Bilingualism: Basic Principles*. 2nda ed. Clevedon, Avon: Multilingual Matters. Impreso.

Baker, Colin. (1993). *Fundamentos de educación bilingüe y bilingüismo*. Madrid: Ediciones Cátedra. Impreso.

———. (2006). *Foundations of Bilingual Education and Bilingualism*. 4a ed. Clevedon, UK: Multilingual Matters. Impreso.

Bloomfield, Leonard. (1933). *Language*. New York: Henry Holt and Company. Impreso.

Chang-Rodríguez, Raquel. (2009). "La Florida y el suroeste: letras de la frontera norte." *Enciclopedia del español en los Estados Unidos*. Ed. Humberto López Morales. Madrid: Instituto Cervantes, Santillana. 56-74. Impreso.

Convención internacional sobre la eliminación de todas las formas de discriminación racial. *Oficina del Alto Comisionado de las Naciones Unidas para los Derechos Humanos.* Web. 24 de julio 2011.

Cuesta, Leonel Antonio de la. (2009). "La lengua española y la legislación estadounidense." *Enciclopedia del español en los Estados Unidos.* Ed. Humberto López Morales. Madrid: Instituto Cervantes, Santillana. 541-9. Impreso.

Declaración universal de derechos lingüísticos. *Universitat Jaume. Servei de Llengües i Terminologia.* Web. 25 jul. 2011.

Domínguez, Carlos. (2009). "La enseñanza del español en cifras." *Enciclopedia del español en los Estados Unidos.* Ed. Humberto López Morales. Madrid: Instituto Cervantes, Santillana. 429-48. Impreso.

Edwards, John. (1994). *Multilingualism.* London: Routledge. Impreso.

Ferguson, Charles A. (1959). "Diglossia." *Word* 15: 325-40. Impreso.

Ferguson, Charles A., Catherine Houghton and Marie H. Wells. (1977). "Bilingual Education: An International Perspective." *Frontiers of Bilingual Education.* Ed. Bernard Spolsky y Robert Cooper. Rowley, MA: Newbury House Publishers. 159-74. Impreso.

Fishman, Joshua. (1967). "Bilingualism with and without Diglossia: Diglossia with and without Bilingualism." *Journal of Social Issues* 23 (2): 29-38. Impreso.

Furman, Nelly, David Goldberg y Natalia Lusin. (2010). "Enrollments in Languages Other than English in United States Institutions of Higher Education, Fall 2010." *Modern Language Association.* Web. 19 de julio de 2011.

García, Ofelia. (1997). "Bilingual Education." *The Handbook of Sociolinguistics.* Ed. Florian Coulmas. Oxford: Basil Blackwell. 405-20. Impreso.

——. (2009a). *Bilingual Education in the 21st Century: A Global Perspective.* Malden, MA/Oxford, UK: Wiley-Blackwell Publishers. Impreso.

——. (2009b). "La enseñanza del español como lengua extranjera." *Enciclopedia del español en los Estados Unidos.* Ed. Humberto López Morales. Madrid: Instituto Cervantes, Santillana. 423-8. Impreso.

——. (2009c). "El uso del español en la enseñanza. La educación bilingüe." *Enciclopedia del español en los Estados Unidos.* Ed. Humberto López Morales. Madrid: Instituto Cervantes, Santillana. 417-22. Impreso.

——. (2009d). "Livin' and Teachin' la lengua loca: Glocalizing US Spanish Ideologies and Practices." *Language Allegiances and Bilingualism in the US.* Ed. Rafael Salaberry. Bristol, UK: Multilingual Matters. 151-71. Impreso.

Hakuta, K. (1986). *Mirror of Language: The Debate on Bilingualism.* New York: Basic Books. Impreso.

Hernández-Chavez, Eduardo. 1995. "Language Policy in the United States: A History of Cultural Genocide." *Linguistic Human Rights: Overcoming Linguistic Discrimination.* Ed. Robert Phillipson, Mart Rannut y Tove Skutnabb-Kangas. Berlin: Mouton de Gruyter. 135-40. Impreso.

Haugen, Einar. (1953). *The Norwegian Language in America: A Study in Bilingual Behavior*. 2 vols. Philadelphia: U of Pennsylvania P. Impreso.

Kloss, Heinz. (1977). *The American Bilingual Tradition*. Rowley, MA: Newbury House Publishers. Impreso.

Kominski, Robert. (1989) "How Good is 'How Well'? An Examination of the Census English-speaking Ability Question." Presentación leída en el Annual Meeting of the American Statistical Association. 6-11 de agosto. Washington, DC. *US. Census*. Web. 31 de julio de 2011.

Lepore, J. (2002). *A Is for American: Letters and Other Characters in the Newly United States*. New York: Knopf. Impreso.

Levin, Jack, y William C. Levin. (1982). *The Functions of Discrimination and Prejudice*. New York: Harper and Row. Impreso.

Lipski, John M. (2008). *Varieties of Spanish in the United States*. Washington, DC: Georgetown UP. Impreso.

López Morales, Humberto. (2009). "Introducción a la demografía hispánica en los Estados Unidos." *Enciclopedia del español en los Estados Unidos*. Ed. Humberto López Morales. Madrid: Instituto Cervantes, Santillana. 83-103. Impreso.

Lynch, Andrew. (2009). "Otros países de ámbito hispánico." *Enciclopedia del español de los Estados Unidos*. Ed. Humberto López Morales. Madrid: Instituto Cervantes, Santillana. 135-9. Impreso.

Mackey, W. F. (1962). "The Description of Bilingualism." *Canadian Journal of Linguistics*, 7: 51-85. Impreso.

Marshall, David F. (1986). "The Question of an Official Language: Language Rights and the English Language Amendment." *International Journal of the Sociology of Language* 60: 7-75. Impreso.

Morales, Amparo. (2009). "El caso de Puerto Rico." *Enciclopedia del español en los Estados Unidos*. Ed. Humberto López Morales. Madrid: Instituto Cervantes, Santillana. 140-60. Impreso.

Moreno Fernández, Francisco. (2009a). "Caracterización del español patrimonial." *Enciclopedia del español en los Estados Unidos*. Ed. Humberto López Morales. Madrid: Instituto Cervantes, Santillana. 179-99. Impreso.

———. (2009b). "Dialectología hispánica de los Estados Unidos." *Enciclopedia del español en los Estados Unidos*. Ed. Humberto López Morales. Madrid: Instituto Cervantes, Santillana. 200-21. Impreso.

Otheguy, Ricardo. (2009). "El llamado *espanglish*." *Enciclopedia del español en los Estados Unidos*. Ed. Humberto López Morales. Madrid: Instituto Cervantes, Santillana. 222-43. Impreso.

2010 Census Briefs. Overview of Race and Hispanic Origin. US Census.Web. 4 agosto. 2011.

Piña-Rosales, Gerardo. (1995). "El español y las organizaciones hispanófobas en los Estados Unidos." *Memoria del X Congreso de Academias de la Lengua Española*. Madrid: Real Academia Española. 435-41. Impreso.

Potowski, Kim, y María Carreira. (2009). "Spanish in the USA." *Language Diversity in the USA*. Ed. Kim Potowski. Cambridge: Cambridge UP. 66-80. Impreso.

Real Academia Española. *Diccionario de la lengua española*. 22nda ed. *Real Academia Española*. Web. 4 julio 2011.

Roca, Ana, y M. Cecilia Colombi (Eds.). (2003). *Mi Lengua: Spanish as a Heritage Language in the United States*. Washington, DC: Georgetown UP. Impreso.

Samper, José Antonio, y Clara Eugenia Hernández. (2009). "La Luisiana." *Enciclopedia del español de los Estados Unidos*. Ed. Humberto López Morales. Madrid: Instituto Cervantes, Santillana. 75-79. Impreso.

Shin, Hyon B., y Robert A. Kominski. (2010). "Language Use in the US: 2007." *US Census*. Web. 19 de julio de 2011.

Silva-Corvalán, Carmen, y Andrew Lynch. (2009). "Los mexicanos." *Enciclopedia del español en los Estados Unidos*. Ed. Humberto López Morales. Madrid: Instituto Cervantes, Santillana. 104-23. Impreso.

Skutnabb-Kangas, Tove. (1984). *Bilingualism or Not: The Education of Minorities*. Trad. Lars Malmberg y David Crane. Clevedon, Avon: Multilingual Matters. Impreso.

——. (2000). *Linguistic Genocide in Education –Or Worldwide Diversity and Human Rights*. Mahwah, NJ: Lawrence Erlbaum Associates. Impreso.

Spolsky, Bernard. (2004). *Language Policy*. Cambridge: Cambridge UP. Impreso.

Swain, Merrell. (1996). "Discovering Successful Second Language Teaching Strategies and Practices: From Program Evaluation to Classroom Experimentation." *Journal of Multilingual and Multicultural Development* 17: 89-104. Impreso.

Toscano, Nicolás. (2009). "La Florida y el suroeste americano." *Enciclopedia del español en los Estados Unidos*. Ed. Humberto López Morales. Madrid: Instituto Cervantes, Santillana. 32-55. Impreso.

Tucker, G. Richard. (1999). "A Global Perspective on Bilingualism and Bilingual Education." *Center for Applied Linguistics*. August 1999. EDO-FL-99-04. Web. 25 julio. 2011.

US Census Bureau. (2011). "Overview of Race and Hispanic Origin: 2010." Web. 19 jul. 2011.

Weinreich, Uriel. (1953). *Languages in Contact*. The Hague: Mouton. Impreso.

LA ENSEÑANZA DEL ESPAÑOL PARA HISPANOHABLANTES: UN PROGRAMA UNIVERSITARIO

Robert Blake
University of California, Davis, y *ANLE*
y
Cecilia Colombi
University of California, Davis

El perfil de los estudiantes de lengua heredada

La población hispana ha crecido en los Estados Unidos de manera continua en las últimas décadas convirtiéndose en la minoría mayoritaria del país y representa hoy más del 16 % de la población. La Tabla 1 nos muestra la proporción en la que ha ido aumentando.

Año	N° de habitantes	Hispanos	Porcentaje
1980	226 500 000	14 600 000	6,4 %
1990	248 709 803	22 354 059	9 %
2000	281 421 906	37 400 000	13,3 %
2010	308 745 000	50 500 000	16,3 %

TABLA 1. Población hispana en los Estados Unidos según el U.S. Census Bureau

No hay quien dude de la importancia del español en el suroeste de los EE.UU., pero la distribución demográfica actual se sale de las zonas tradicionales del suroeste para extenderse ahora a otras áreas, especialmente en los estados sureños y centrales, que han visto un aumento del 57 % y 49 %, respectivamente entre los años de 2000 a 2010 (U.S. Census Bureau 2011). El crecimiento de la población de habla hispana continúa con las migraciones (muchas veces cíclicas) que vienen del Caribe, México y otras áreas de América Central. Este constante aumento de la población hispanohablante promete atenuar hasta cierto punto el peligro de que los hispanos en los EE.UU., al llegar a la tercera generación, se olviden de su herencia lingüística, abrumados por la influencia implacable de la lengua dominante, el inglés, como les ha ocurrido antes a tantos grupos de inmigrantes (Fishman 1964, 1966).

En el pasado se ha utilizado una variedad de términos para referirse a esta población de estudiantes, tales como *bilingües, hispanohablantes, nativohablantes, estudiantes de herencia* y más recientemente *estu-*

diantes de lengua heredada.[1] Valdés (2005) usa este último término por primera vez en los años noventa para referirse a la diferencia entre una lengua extranjera y una heredada:

> In a foreign language teaching profession, the term [*heritage*] designates a student of a language *who is raised in a home where a non-English language is spoken.* (Valdés 2005: 412) (el énfasis es nuestro).

No todos los hablantes de herencia son dominantes en español, ni mucho menos, pero normalmente manifiestan suficientes conocimientos de la lengua para que se los distinga de los típicos aprendices estadounidenses monolingües en inglés. Evidentemente, cuando se hace esta diferencia entre estudiantes del español como segunda lengua (o lengua extranjera) y los estudiantes de lengua heredada a niveles universitarios es porque se espera dedicarles una atención especial teniendo en cuenta su trasfondo bicultural.

Desde luego, no resulta fácil determinar el nivel de dominio de la lengua española de cada estudiante de herencia porque existe un continuo de bilingües en el cual se sitúan entre los polos del monolingüismo español y el monolingüismo inglés, como ya ha señalado Valdés (2001 y 2005: 414). Para captar esta complejidad, esta investigadora prefiere referirse a *hablantes de L1/L2*, término con el que se hace más hincapié en el continuo y en la naturalidad de usar las dos lenguas a la vez según el contexto socio-cultural.

Como es de esperar, el tipo de bilingüismo del individuo depende mucho de las experiencias de la niñez y la adolescencia y en especial del nivel de escolarización que haya recibido en la lengua heredada. Silva-Corvalán (2006) considera que estas diferencias de dominio lingüístico son una consecuencia de un proceso interrumpido de adquisición cuando el individuo entra en contacto más intenso con el inglés y las oportunidades de uso del español escasean. En realidad, la complejidad de las experiencias individuales hace difícil hablar en general de un solo tipo de estudiante bilingüe, como se ve reflejado en los resultados de una encuesta de unos 1 732 estudiantes de herencia de 22 idiomas que llevaron a cabo Carreira y Kagan (2011).

A nivel universitario, muchos de estos hablantes de herencia no solo desean retener, reforzar y enriquecer su identidad lingüística y cultural sino que también aspiran a poder comunicarse y usar el español en contextos tanto públicos como privados. Esto implica, por supuesto, que debemos fomentar el desarrollo del *español académico*, o sea, un registro empleado y aceptado en cualquier país de habla hispana como instrumento de la comunicación profesional en los ámbitos docentes, intelectuales y oficiales. Otro término que ha servido para referirse a este concepto ha sido la *norma culta* (Asociación de Lingüística y Filología de América Latina 2003), pero tratándose de estudiantes universitarios, nos parece mejor seguir haciendo referencia al registro académico del español, puesto que el concepto de norma culta es un poco difuso en términos lingüísticos.

El español académico presenta un verdadero desafío para los estudiantes universitarios que ya se sienten, y con razón, biculturales. Valdés (1997: 14) presenta el perfil de las características sociolingüísticas de los estudiantes inscriptos en los cursos de lengua heredada según la siguiente clasificación de la Tabla 2.

Algunas características de los estudiantes que se inscriben en los cursos de español como lengua heredada (Valdés:1997) [la traducción y el énfasis son nuestros]

Tipos de estudiantes	
Recién llegados- Tipo A	Bien escolarizados en un país de habla hispana. Hablantes de una variedad prestigiosa del español.
Recién llegados- Tipo B	Poco escolarizados en un país de habla hispana. Hablantes de una variedad estigmatizada del español.
Bilingüe- Tipo A	Han recibido instrucción bilingüe en los Estados Unidos. Habilidades académicas básicas en español. **Buenas habilidades académicas en inglés**. Hablantes funcionales de una variedad de contacto del español rural.
Bilingüe- Tipo B	No han desarrollado habilidades académicas en español. **Buenas habilidades académicas en inglés.** Pueden usar una variedad de contacto

	del español rural con limitaciones.
Bilingüe- Tipo C	No han desarrollado habilidades académicas en español. **Buenas habilidades académicas en inglés.** Pueden usar una variedad de contacto del español prestigioso con limitaciones. Se observan características de lenguas en contacto.
Bilingüe- Tipo D	No han desarrollado habilidades académicas en español. **Pocas habilidades académicas en inglés.** Pueden usar una variedad de contacto del español rural con limitaciones.
Bilingüe- Tipo E	No han desarrollado habilidades académicas en español. **Pocas habilidades académicas en inglés.** Pueden usar una variedad de contacto del español rural con muchas limitaciones.
Bilingüe- Tipo F	No han desarrollado habilidades académicas en español. **Pocas habilidades académicas en inglés.** Pueden entender una variedad de contacto del español rural con limitaciones.

TABLA 2. Perfil de los estudiantes hispanohablantes (el énfasis es nuestro)

En nuestro programa, constatamos que la mayoría de los estudiantes han desarrollado los registros orales e interpersonales en sus hogares pero han recibido la mayor parte de su educación académica en inglés. En los contextos educativos sociales y culturales no han tenido suficientes oportunidades para consolidar su conocimiento de los registros académicos en la misma medida que la mayor parte de los jóvenes de países latinoamericanos. Para ser más precisos, los hablantes de herencia por lo general suelen conservar una buena fundación fonológica pero desconocen mucho vocabulario, ciertas estructuras sintácticas y otras estrategias retóricas. Mientras que el control de la fonología española exige un sistema de conocimiento implícito –que normalmente se produce después de muchos años de interacciones desde una edad temprana en la lengua española, como destaca el psicolingüista Ellis (2011), el registro académico se desarrolla solo a través de una enseñanza explícita de la lectura y la escritura, lo que generalmente se da en un contexto escolar (Colombi 2009). Es decir, la mayoría de los estudiantes poseen un léxico coloquial que refleja la variedad geográfica y social del contexto donde lo han aprendido. Por ejemplo, es frecuente encontrar el uso de arcaísmos (*haiga, naide*, etc.) y de otros términos coloquiales como *pos, nomás*, etc.; también se encuentran todos los fénomenos característicos de las lenguas en contacto como los calcos sintácticos (ej. *te llamo para atrás*), los préstamos semánticos (ej. *camino de bicicletas*) o préstamos lingüísticos (ej. *el lonche, la troca, los files*, etc.) (Colombi 1997; Otheguy 2008).

Ya contando con estos antecedentes, el programa diseñado para los hablantes de herencia a nivel universitario es el enfoque principal del presente estudio. Desde luego, el programa curricular que se describe aquí tiene muy en cuenta el valor intrínseco que se les otorga a los latinos estadounidenses cuando estos pueden relacionarse con la comunidad mundial de unos 465 millones de hispanohablantes a través de Internet, la literatura, la cultura u otros medios de comunicación. Este programa de enseñanza del español académico no parte jamás de una condena de la lengua vernácula de los hablantes de herencia, lo que algunos siguen llamando despectivamente *spanglish*[2] (Otheguy y Stern 2010). Todo país y toda comunidad lingüística goza de una lengua vernácula que responde a las circunstancias locales. Cuando hay lenguas en contacto, es normal que los diferentes códigos se mezclen; de ahí surge la noción de *spanglish*. A su vez, Otheguy y Stern (2010) han mostrado que las lenguas vernáculas o populares de todo país hispano tienen mucho en común entre sí y también con la lengua estándar. Existe en este caso, otro continuo, un continuo sociolingüístico entre lo popular/local y lo académico/universal. En la universidad, no se pretende enseñarles a los estudiantes lo que ya saben, o sea, su lengua vernácula, que corresponde a sus circunstancias locales, sino lo que no han aprendido, el español académico, con el fin de ayudarles a conocer de manera más profunda y enriquecedora su propia herencia cultural.

La situación sociopolítica del español en California y en el Suroeste

La presencia hispana es visible en todos los rincones de los Estados Unidos. El poder adquisitivo de los latinos en los EE.UU. también se ha incrementado en los últimos años. Actualmente es de 500 mil millones de dólares al año, superior a países como Argentina, Chile, Perú, Venezuela o Colombia (Tienda y Mitchell 2006). Según la revista *Business Week*, es interesante notar que la salsa ya ha sobrepasado en ventas al *ketchup* y que se venden más tortillas o burritos que *bagels* (Grow 2004). Tanto en la arquitectura como en la gastronomía, la música, el cine, el arte, los deportes y la política la presencia hispana en los Estados Unidos es evidente, y el español ya se considera la segunda lengua del país. Así, en un artículo reciente del *New York Times*, Gorney (2007) dijo que la *Association of Hispanic Advertising Agencies* había calculado un presupuesto de 928 mil millones de dólares en gastos de los consumidores hispanos, incluyendo tanto a hispanos nacidos en los EE.UU. como residentes o recién llegados. Ser bilingüe en California no es tan solo una habilidad sino que representa una ventaja y hasta una necesidad desde una perspectiva laboral. Por ejemplo, los empleados en áreas como las de la salud pública, la industria, la seguridad ciudadana, etc. reciben un suplemento mensual si saben hablar español.

Sin embargo (y probablemente por todas las razones recién enumeradas), gran parte de los latinos se encuentran a menudo expuestos a situaciones de discriminación, sospecha y rechazo. Existe una ideología monolingüe, divisiva y xenófoba, que en los años ochenta, bajo el nombre de *English Only,* logró la aprobación de varias proposiciones a favor de considerar el inglés como lengua oficial en estados como Florida, California, Colorado, etc. (todos ellos con un alto número de hispanos). Esta misma ideología monolingüe, que rechaza la educación bilingüe, persiste en la actualidad. Tuvo más éxito en algunos lugares que en otros, como por ejemplo en California (donde la Proposición 227 fue aprobada en 1998); Arizona (donde la Proposición 203 fue aprobada en 2000) frente a Colorado (donde la Proposición 31 fue rechazada en 2002). Actualmente las campañas antiinmigratorias, como las que promueve la Proposición 1070 de Arizona, también arremete contra el uso del español en todos los contextos sociales. Pero esta retórica de *Una lengua es igual a una nación* ha estado presente en todo momento con distintas máscaras y estrategias. Hill (2001) resume estas dos posiciones ideológicas con dos términos muy claros: *language pride* y *language panic*. Más allá de los desafíos que estas políticas lingüísticas presentan para la enseñanza del español como lengua heredada a nivel institucional, es importante tener en cuenta cómo pueden afectar, social y psicológicamente, a los estudiantes de lengua heredada. Es decir, cuando estos estudiantes llegan a la escuela primaria se les anuncia que *no es bueno hablar español*, y luego, cuando acceden a la universidad, se les exige que hablen otra lengua aparte del inglés, e incluso hay veces que se los acusa de haber abandonado su lengua de herencia.

El programa de UC Davis

El programa del español para hispanohablantes comenzó en la Universidad de California de Davis en el año académico de 1992 bajo la dirección de Francisco X. Alarcón. Se trata de un programa de estudio realizado durante todo un año dividido en tres trimestres, que satisface los requisitos de la preparación de *lower division* de la carrera en español, que normalmente se tiene que cumplir en siete trimestres. Es decir, se reconoce de antemano que ser hablante de herencia goza de unas ventajas muy importantes y, por consiguiente, la preparación de *lower division* de la carrera se puede hacer en menos tiempo.

Se inició el programa con una sola sección de 25 alumnos de herencia en 1992. El interés creció rápidamente, como se ve en la Tabla 3. Hoy el programa cuenta con cuatro secciones o casi 100 alumnos. Parece que la demanda está limitada tan solo por el presupuesto; es decir, una quinta sección se llenaría también, pero el departamento debe equilibrar diferentes prioridades. Es sin embargo, el único (y más numeroso) programa de español para estudiantes de lengua heredada que funciona como tal en la Universidad de California; es decir, como un programa autónomo dentro del departamento de español. Los otros departamentos tienden a tener solamente uno o dos cursos designados para estos estudiantes.

Año	95	96	97	98	99	00	01	02	03	04	05	06	07	08	09	10	11
Secciones	3	3	3	3	3	3	3	3	3	3	3	3	3	3	3	3	4
Estudiantes	66	64	77	71	52	79	69	66	74	62	75	79	72	82	72	78	95

Tabla 3: La matrícula en el programa del español de herencia, UC Davis, 1995-2011

Asimismo, vale la pena destacar que el porcentaje de los latinos matriculados en las clases de *upper division* del departamento constituye aproximadamente la mitad –entre 45 % (2005) a 54 % (2010)– de los que se especializan en español, dato que confirma la importancia de los estudiantes de lengua heredada para la lozanía de todo el departamento.

Los datos y las características de los estudiantes del programa del español como lengua heredada provienen de entrevistas demográficas y de estudios longitudinales realizados en este programa (Colombi 2002, 2003, 2006). La mayoría de los estudiantes en este programa son mexicoamericanos y centroamericanos, de primera o segunda generación; son también los primeros en su familia en alcanzar una educación universitaria. Dos tercios de los estudiantes son mexicoamericanos y los otros son oriundos de América Central (El Salvador, Guatemala y Nicaragua) y Sudamérica, especialmente de Colombia. La demografía de estos cursos refleja la población hispana de California en general. La mayoría de ellos habla español en casa con sus padres y con su familia, y muchos continúan usando el español con sus amigos y compañeros de vivienda dentro y fuera de la universidad. Están mucho más familiarizados con los registros conversacionales en español que con los académicos, pero están interesados en c estos últimos para poder usarlos en sus vidas profesionales. Tomando en cuenta los perfiles sociolingüísticos que presenta Valdés (ver la tabla 2), nuestros estudiantes por lo general pertenecen al grupo de los bilingües (tipo A, B y C); es decir, todos ellos son estudiantes universitarios que tienen una alfabetización avanzada en inglés, al mismo tiempo que han desarrollado en español los registros coloquiales tanto urbanos como rurales de su contexto familiar.

Los continuos del registro y del dialecto, a los que nos hemos referido antes, pueden ayudarnos a explicar la competencia sociolingüística de esta población estudiantil.

- Continuo del registro oral < > escrito
- Continuo del dialecto geográfico: urbano < > rural
- Dialecto social: clase trabajadora < clase media > clase alta

El continuo del registro oralidad y escritura va desde aquellos registros más orales y coloquiales hasta aquellos más escritos o formales, académicos, que se desarrollan en los ámbitos escolares. Dentro de este registro, nuestros estudiantes se encuentran dentro de los registros coloquiales, o sea, han desarrollado una competencia comunicativa interpersonal y se desenvuelven muy efectivamente en los contextos familiares y cotidianos. Su registro en español puede caracterizarse por todos los fenómenos típicos de las lenguas en contacto (cambio de códigos, uso de calcos sintácticos, préstamos lingüísticos, extensiones semánticas) y de los rasgos típicos de las variedades vernáculas (uso de arcaísmos, coloquialismos, etc.).

El continuo del dialecto (geográfico y social) describe las variedades lingüística de estos estudiantes. Dentro del continuo de la variedad geográfica cabe notar la variedad del español (ej. mexicano, salvadoreño, guatemalteco, etc.) que hablan, puesto que en los Estados Unidos confluyen hispanos de muchos lugares de Latinoamérica. Luego debemos ver su lugar de residencia (rural > urbana) o su grupo social (clase trabajadora > media > alta). Según este continuo, encontramos que en general la mayoría de nuestros estudiantes nuevamente corroboran los datos estatales y nacionales, con más del 60 % de estudiantes de origen mexicano y el resto de la población centro y sudamericana. Estos datos no parecen haber variado mucho en la última década, aunque tal vez hemos notado un aumento en la población centroamericana, especialmente la salvadoreña. Nuestros estudiantes vienen de zonas rurales y urbanas (aunque la mayoría de sus familias proviene de zonas rurales de Michoacán, Chihuahua, Sinaloa y otros) y de clase trabajadora o media.

Estos estudiantes no han recibido instrucción formal en español antes de ingresar al programa, pero lo hablan fluidamente y por lo tanto han podido inscribirse en estos cursos de hispanohablantes de nivel avanzado, cuyo propósito es desarrollar el lenguaje formal académico a nivel oral y escrito (Colombi y Alarcón 1997; Colombi 2009). En estos cursos se utiliza una pedagogía *freiriana* y se hace hincapié en la escritura como proceso; es decir, se espera que los estudiantes interactúen individual y grupalmente con los textos reescribiéndolos dos y tres veces. El curso se desarrolla en base a unidades temáticas que presentan un mismo tema con distintas perspectivas y géneros, por ejemplo: *Los latinos en los Estados Unidos*, *El rol de la mujer en la sociedad de hoy*, *La Revolución Mexicana*, etc. En estos cursos se parte de la experiencia personal de los estudiantes y luego se expande este análisis a textos más literarios y académicos.

En gran parte, el éxito del programa resulta del modelo de tutorías estudiantiles que empareja un alumno que ya ha cursado este currículum de un año con otro, novato (Ugarte 1997). El propósito de las tutorías es doble: por un lado, refuerzan el progreso académico de los estudiantes por medio de una atención individualizada; y por el otro, ayudan a valorar el español en el ámbito universitario.

Quo vadis? La carrera universitaria de español

Sin duda alguna, el futuro de la carrera universitaria de español cuenta seriamente con la presencia –que va en aumento– de estos hablantes de herencia. De una encuesta nacional de 422 instituciones, Beaudrie (2012) informa que un 43 % de ellas ofrecen por lo menos un curso para los hablantes de herencia y un 38 % de ellas brindan hasta dos cursos. Esta cifra aumenta mucho más si solo se examinan las matrículas en el suroeste, donde un 68 % de las instituciones afirman tener un programa de dos cursos. Con el aumento de la población hispana en todo el país, que alcanza a más de 50 millones de personas, con unos 35 millones que siguen hablando español (U.S.Census Bureau 2010), parece evidente que los programas para los hablantes de herencia en la enseñanza postsecundaria irán creciendo debido a la gran demanda.

Sin embargo, esa demanda depende de la visión de los departamentos de español. Es decir, ¿se tiene presente a los estudiantes de herencia como una población importante y significativa de la comunidad universitaria? ¿O siguen los profesores menospreciando la lengua vernácula por no ser igual a la lengua académica? ¿Se comprende dentro de la academia estadounidense el valor y la necesidad del español en el contexto público y social del país? Hay que llamar al pan, pan, y al vino, vino: es decir, nuestra responsabilidad como lingüistas es señalar cuál es la función y el lugar de la lengua vernácula y la función y el lugar de los registros académicos. Ambas tienen su lugar y su función. Nuestros estudiantes son los primeros en entender que no pueden usar un lenguaje académico con sus amigos y familiares puesto que serían tildados de arrogantes y engreídos. Pero al mismo tiempo se matriculan en los programas de español como lengua heredada con el propósito de estudiar –y practicar– los registros académicos del español, con el fin de usarlos en un contexto público y profesional, porque ya son conscientes de que el español que hablan no es suficiente para cumplir las demandas de los contextos públicos y académicos.

Conclusiones

Para el Departamento de Español en UC Davis, las consecuencias de implementar desde 1992 un programa de español de herencia –con la convicción de que es importante mantener la lengua vernácula mientras se desarrolla el registro académico– han sido palpables. Los estudiantes latinos se sienten cómodos, en casa, en el departamento y se matriculan en los cursos de *upper division* con una gran regularidad, si no escogen el español como su especialidad (i.e. *major* o *double-major*) (para más información sobre la importancia de las actitudes de los estudiantes en cuanto al desarrollo académico de su lengua de herencia, véase Beaudrie y Ducar, 2005). Todos los estudiantes se benefician ya que se crea un ambiente empapado de autenticidad cultural en las clases de lingüística, literatura y cultura. No es una política sino una praxis lo que les atrae. A todo el profesorado le incumbe apoyar e implementar estas finalidades de los programas de herencia.

Es importante, en el contexto sociopolítico de los Estados Unidos, que valoremos la lengua vernácula de estos estudiantes. Entendemos el lenguaje y la competencia comunicativa no como un producto que se adquiere de una vez y para siempre, sino como una serie de habilidades dinámicas que están en constante interacción con el contexto social y con el propósito de la situación (Halliday 1978). Es por esta razón que los estudiantes en nuestro programa no solo se sienten cómodos usando el español en clase sino que valoran la posibilidad de usarlo en sus ámbitos familiares y sociales. Pero al mismo tiempo están interesados en poder desarrollar aquellos otros registros académicos y profesionales que les permitirán interactuar y desarrollar su identidad profesional y pública en español, como se ve en la siguiente evaluación de uno de los estudiantes a finales del primer trimestre:

> Cuando yo decidí tomar una clase de español en la universidad fue por querer mejorar mi gramática. Pensé que la clase me iba a gustar porque soy hispanohablante pero yo no tenía la menor idea de las reglas gramaticales [sic] del español. No sabía cómo distinguir entre cognados falsos o diptongos.... Al comienzo del trimestre, las tareas se me hacían muy difíciles. Los dos tutores me ayudaron mucho y mis esfuerzos tomaron fruto cuando podía escribir un ensayo en un día en vez de una semana. *También noté que tenía más confianza en hablar el idioma.* Antes tartamudeaba mucho por miedo de no decir las palabras correctamente. Ahora no lo hago aunque unas veces sí me equivoco en palabras. *Pero ya se me fue el miedo de no sonar como hispanohablante. (el énfasis es nuestro)*

Desde luego, todos los estudiantes, en sus trabajos, siguen las directrices del español académico. Pero durante las clases a los hablantes de herencia se les permite la expresión oral mediante su lengua vernácula también. Hablando de la enseñanza de una segunda lengua, Cook (2001) aboga por el uso de ambas lenguas cuando se está estudiando la lengua heredada, es decir, como puente o transición entre las dos lenguas. En el contexto de una lengua heredada, sigue siendo válido ese acercamiento porque la finalidad es la misma: ayudar a cada estudiante a desarrollar su conocimiento de los registros académicos. O sea, la lengua de casa (ya sea el español o el inglés) se usa como puente para enseñar el registro académico. No hay nada radical en esta propuesta.

Existe otro motivo especial en el caso de los hablantes de herencia para que desarrollen el registro académico, y es que nuestro departamento forma parte de la División de Humanidades, cuyas raíces se remontan al Renacimiento. Por ello, conviene recordar que un seguidor español de Erasmo, Juan de Valdés, escribió en 1536 que *los hombres somos más obligados a ilustrar y enriquecer la lengua que nos es natural y que mamamos en las tetas de nuestras madres....* En el caso de los hablantes de herencia, el consejo de Juan de Valdés los desafía para que sigan desarrollando el conocimiento de la lengua doméstica. Pero a su vez, este humanista español recalcaba la importancia de usar el buen juicio, es decir, el criterio de selección con el que valoramos una obra de arte o un texto escrito.

Siguiendo el criterio de Juan de Valdés, no consideramos que la lengua vernácula sea *incorrecta;* todo lo contrario, partimos y validamos esta lengua como elemento indispensable de la identidad cultural de nuestros estudiantes. En vez de *imponer* una variedad *estándar* erradicando la variedad *coloquial*, reafirmamos las variedades léxicas de nuestros estudiantes, valiosos ejemplos de diversidad lingüística y cultural. Es más, para nosotros esta variedad lingüística no es tan solo deseable sino necesaria. Es algo que debemos valorar y examinar en el contexto académico. Es importante explicar cómo las variedades lingüísticas de nuestros estudiantes responden a distintos procesos de socialización y que no son resultados de *errores* lingüísticos. Es parte de nuestra misión como educadores promover una conciencia lingüística crítica en nuestros estudiantes (ese buen juicio al que se refiere Valdés), sobre las relaciones de poder existentes en las diferentes variedades del español (estándar vs. vernácula) que les permita apropiarse de los registros académicos con una actitud enriquecedora y crítica.

El buen juicio se adquiere con la experiencia y con la ayuda de otras personas que tienen buen juicio, como los tutores del modelo de UC Davis que enseñan el español a los estudiantes de herencia. Los mismos alumnos se dan cuenta de todo esto, y lo reflejan en sus respuestas cuando se les pregunta por qué se matriculan en la serie de español como lengua heredada:

Debo de aprender a leer y escribir en español porque es mi lengua materna. Me siento muy mal no poder escribir en español porque es *mi primera lengua.*

Para mi familia inmediata es muy importante mantener el idioma y aprender nuestra cultu ra. Me gustaría que mis hijos aprendieran el idioma y que aprendieran la historia de sus an tecedentes.

Yo creo que saber el español y poder mantenerlo como lengua materna *significa mantener mis raíces y cultura. (el énfasis es nuestro)*

Hay una tensión productiva entre la lengua vernácula y la lengua académica, igual a la dinámica renacentista entre el ingenio y el buen juicio. Los profesores de español debemos enseñar a nuestros estudiantes a sacar provecho de esta dinámica con la finalidad de que mejoren la retórica oral y escrita, de que reafirmen al mismo tiempo su identidad bilingüe y de que afinen su conciencia crítica. Al fin y al cabo, el bilingüismo no es una condición estática; exige que se esté alerta en todo momento (Kramsch 2000). Realizarse como ser humano constituye una de las misiones centrales de toda carrera universitaria en las humanidades. Los departamentos de español en las universidades de los EE.UU. necesitan incorporar enteramente a sus estudiantes de herencia como parte central de su misión. Así saldremos ganando todos.

NOTAS

[1] En este artículo usamos los términos: "de herencia" o "de lengua heredada" indistintamente, sin que conlleven un diferente significado.

[2] A contracorriente, Zentella (1997, 2008) usa el término *spanglish* en un sentido totalmente positivo y político para difundir el respeto de una variedad lingüística popular como emblema de identidad bicultural.

OBRAS CITADAS

Asociación de Lingüística y Filología de América Latina. (2003). "Estudio coordinado de la norma lingüística culta. Proyecto de la norma culta hispánica. Juan M. Lope Blanch". Web. 27 de julio de 2012

Beaudrie, Sara. (2012). "Research on University-based Spanish Heritage Lan guage Programs in the United States: The Current State of Affairs." *Spanish as a Heritage Language in the United States: The State of the*

Field. Eds. Sara Beaudrie y Marta Fairclough. Washington, DC: Georgetown UP. 203-22. Impreso.

Beaudrie, Sara, y Cynthia Ducar. (2005). "Beginning Level University Heritage Programs: Creating a Space for All Heritage Language Learners." *Heritage Language Journal* 3.1: 1-26. Impreso.

Carreira, María, y Olga Kagan. (2011). "The Results of the National Heritage Language Survey: Implications for Teaching, Curriculum Design, and Professional Development." *Foreign Language Annals* 44: 40-64. Impreso.

Colombi, M. Cecilia. (1997). "Perfil del discurso escrito en textos de hispanohablantes: teoría y práctica." *La enseñanza del español a hispanohablantes: Praxis y teoría*. Eds. Cecilia Colombi y Francisco X. Alarcón. Boston: Houghton Mifflin. 175-89. Impreso.

———. (2002). "Academic Language Development in Latino Students' Writing in Spanish". *Developing Advanced Literacy in First and Second Languages*. Eds. Mary J. Schleppegrell y M. Cecilia Colombi. Mahwah, NJ: Erlbaum. 67-86. Impreso.

———. (2003). "Un enfoque funcional para la enseñanza del lenguaje expositivo". *Mi lengua: Spanish as a Heritage Language in the United States*. Eds. Ana Roca y M. Cecilia Colombi. Washington, DC: Georgetown U P. 78-95. Impreso.

———. (2006). "Grammatical Metaphor: Academic Language Development in Latino Students in Spanish". *Advanced Language Learning: The Contribution of Halliday and Vygotsky*. Ed. Heidi Byrnes. London: Continuum. 147-53. Impreso.

———. (2009). "A Systemic Functional Approach to Teaching Spanish for Heritage Speakers in the United States. *Linguistics and Education* 20.1: 39-49. Impreso.

Colombi, M. Cecilia, y Francisco X. Alarcón. (Eds.) (1997). *La enseñanza del español a hispanohablantes: Praxis y teoría*. Boston: Houghton Mifflin. Impreso.

Cook, Vivian. (2001). "Using the First Language in the Classroom." *Canadian Modern Language Review* 57.3: 402-23. Impreso.

Ellis, Nick. (2011). "Implicit and Explicit SLA and Their Interface." *Implicit and Explicit Language Learning: Conditions, Processes, and Knowledge in SLA & Bilingualism*. Eds. Cristina Sanz y Ron Leow. Georgetown UP. 35-47. Impreso.

Fishman, Joshua. (1964). "Language Maintenance and Language Shift as a Field of Inquiry." *Linguistics* 9: 32-70. Impreso.

———. (1966). *Language Loyalty in the United States*. The Hague: Mouton. Impreso.

Gorney, Cynthia. (2007). "How Do You Say 'Got Milk' en Español?" *The New York Times*. September 23, 2007. Web. 27 de julio de 2012.

Grow, Brian. (2004). "Hispanic Nation." *Business Week,* March 15, 2004: 11-15. Impreso.

Halliday, M.A.K. (1993). "Towards a Language-based Theory of Learning." *Linguistics and Education* 5.2: 93-116. Impreso.

Hill, Jane. (2001). "The Racializing Function of Language Panics." *Language Ideologies.* Vol. 2. Eds. Roseann Dueñas González e Ildikó Melis. Mah - wah: LEA. 245-67. Impreso.

Kramsch, Claire. (2000). "Social Discursive Construction of Self in L2 Learning." *Sociocultural Theory and Second Language Learning.* Ed. James Lantolf. Oxford: Oxford UP. 133-54. Impreso.

Otheguy, Ricardo. (2008). "El llamado *espanglish.*" *Enciclopedia del español en los Estados Unidos.* Ed. Humberto López Morales. Madrid: Santillana. Instituto Cervantes. 222-43. Impreso.

Otheguy, Ricardo, y Nancy Stern. (2010). "On So-called Spanglish." *International Journal of Bilingualism* 15.1: 85-100. Impreso.

Silva-Corvalán, Carmen. (2006). "El español de Los Ángeles: ¿adquisición incompleta o desgaste lingüístico?" *Estudios sociolingüísticos del español de España y América.* Eds. Ana María Cestero, Isabel Molina y Florentino Paredes. Madrid: Arco Libros. 121-38. Impreso.

Tienda, Marta, y Faith Mitchell. (Eds.) (2006). *Hispanics and the Future of America.* Washington, D.C.: The National Academies P. Impreso.

Ugarte, Gueli. (1997). "Tutorías de estudiante a estudiante: un modelo que funciona para los estudiantes hispanohablantes." *La enseñanza del español a hispanohablantes: Praxis y teoría.* Eds. Cecilia Colombi y Francisco X. Alarcón. Boston: Houghton Mifflin. 83-92. Impreso.

U.S. Census Bureau. U.S. Census. (2011). "2010 Census Shows Nation's Hispanic Population Grew Four Times Faster Than Total U.S. Population." Web. 27 de julio de 2012.

U.S. Census Bureau. U.S. Census. (2010). "Profile America: Facts for Features: Hispanic Heritage Month 2010: Sept. 15-Oct. 15." Web. 27 de julio de 2012.

Valdés, Guadalupe. (1997). "The Teaching of Spanish to Bilingual Spanish-Speaking Students: Outstanding Issues and Unanswered Questions." *La enseñanza del español a hispanohablantes: Praxis y teoría.* Eds. M. Cecilia Colombi y Francisco X. Alarcón. Boston: Houghton Mifflin. 8-44. Impreso.

——. (2001). "Heritage Language Students: Profiles and Possibilities." *Heritage Language in America.* Eds. Joy K. Peyton, Donald A. Ranard y Scott McGinnis. Delta Systems/CAL: McHenry, IL. 37-80. Impreso.

——. (2005). "Bilingualism, Heritage Language Learners, and SLA Research: Opportunities Lost or Seized?" *Modern Language Journal* 85. 3: 410-26. Impreso.

Zentella, Ana Celia. (1997). *Growing Up Bilingual: Puerto Rican Children in New York.* Malden, MA: Blackwell Publishers. Impreso.

——. (2008). "Preface." *Bilingualism and Identity: Spanish at the Crossroads with Other Languages.* Eds. Mercedes Niño-Murcia y Jason Rothman. Amsterdam/ Philadelphia: John Benjamins. 3-10. Impreso.

LOS LATINOS DE LOS ESTADOS UNIDOS Y EL USO DEL ESPAÑOL ESCRITO: REALIDADES Y ASPIRACIONES*

Laura Callahan

The City College and Graduate Center of the City University of New York

Introducción

Valdés (2000) pregunta:

> ¿Son nuestras metas actuales para los hablantes del español como lengua de herencia coherentes con las metas personales y profesionales de estos jóvenes? Con demasiada frecuencia nuestras metas para los estudiantes de lenguas de herencia son dictadas por tradiciones y currículos departamentales. Respondiendo a las presiones de los colegas, solemos enfocarnos casi exclusivamente en preparar a los estudiantes para los cursos del próximo nivel. (42; trad.)[1]

Benjamin (1997) sostiene que: "[a]l enfatizar la modalidad escrita […] puede que nos encontremos en una posición incómoda. Las razones de nuestros alumnos para estudiar el español quizás no encajen con nuestras metas expresas" (2; trad.). Señala que "utilizar la modalidad escrita generalmente requiere que los alumnos utilicen la variedad de prestigio del español" (3; trad.), y se pregunta qué es lo que los estudiantes quieren obtener de sus cursos de español. La presente investigación plantea una pregunta diferente pero en la misma línea. Suponiendo que el énfasis curricular en los programas del español para hablantes nativos (SNS por sus siglas en inglés) y español para hablantes de herencia (SHS por sus siglas en inglés) seguirá basándose en la escritura y la adquisición de una variedad de prestigio,[2] me propuse descubrir con qué propósitos los miembros de un grupo de latinos de EE.UU. utilizan el español escrito, con qué propósitos lo quisieran utilizar y cuáles han sido sus experiencias en utilizarlo.

Se ha planteado el argumento de que las esferas extraacadémicas en las que los latinos de EE.UU. utilizarán el español tal vez no exigen un dominio del lenguaje escrito formal (Villa 1996). Puede que este sea el caso para algunos individuos, pero sin embargo apunta a la necesidad de preguntarles a los estudiantes mismos cómo van a emplear el español escrito. Mientras que algunos estudiantes efectivamente presentan objetivos para los que un dominio de registros formales es innecesario (Bernal-Enríquez y Hernández Chávez 2003), otros expresan un deseo explícito de adquirir dichos registros (Acevedo 2003).

En este trabajo se usarán las denominaciones en inglés SNS y SHS de manera intercambiable cuando nos refiramos a los cursos destinados a los alumnos que llegan a clase habiendo tenido un contacto previo con el español en el hogar.[3] En las investigaciones sobre la escritura en español de hablantes nativos y de herencia se han examinado enfoques pedagógicos, estrategias de escritura de los estudiantes y las reacciones de estos a los intentos de sus profesores por corregir su lenguaje oral o escrito informal. En lo que sigue, haré un repaso a los trabajos que examinan la enseñanza del español escrito a los hablantes nativos y de herencia, principalmente al nivel universitario.[4] Este breve repaso a los estudios sobre el tema no tiene por objeto establecer la dirección de mi trabajo, cuyo objetivo primordial queda indicado en el primer y último párrafo de esta introducción. Sin embargo, los artículos descritos contienen información útil para algunos problemas planteados por mis encuestados, en particular con respecto a las cuestiones de prescriptivismo y la experiencia de escribir en español.

La enseñanza de la escritura en la lengua de herencia

Chevalier (2004) propone un modelo panlingüístico para enseñar las destrezas de la escritura en la lengua de herencia. Incluye seis modos de escritura, que van desde la conversación –"componer por escrito las formas del discurso conversacional"– a la descripción, narración, evaluación, explicación y argumentación. Cada modo de escritura tiene ejemplos de los tipos de discursos y de las áreas de trabajo. Para la etapa más básica, la conversación, los tipos discursivos son diálogos y monólogos interiores, con la ortografía y puntuación como objetivos de estudio. Las áreas de este trabajo no son necesariamente exclusivas de cada paso. Por ejemplo, la necesidad para desarrollar la cohesión interoracional comieza en la segunda etapa y está presente en cada fase sucesiva.

Colombi (1997, 2000) detalla las diferencias entre el lenguaje oral y escrito, en especial los registros escritos académicos. Enfocándose en los conectores lógicos, entre otros aspectos, aboga por la instrucción explícita en la gramática funcional para ayudar a los estudiantes a lograr la transición del estilo interpersonal, que caracteriza el habla cotidiana, a la abstracción y reducción contextual de los registros académicos. Para Colombi, los registros académicos son imprescindibles para el mantenimiento del español en EE.UU.:

> El mantenimiento del español como lengua minoritaria depende del desarrollo de los registros y usos que van más allá del hogar y la comunidad, en otras palabras, si realmente queremos mantener el español como una lengua viva dentro de los Estados Unidos es importante desarrollar aspectos del discurso académico que les permitirán a sus hablantes desenvolverse en un ambiente público. (2000: 296)[5]

Investigaciones sobre los procesos de escritura de los estudiantes en la lengua de herencia

Schwartz (2003) utilizó cuestionarios, protocolos de pensamiento en voz alta y entrevistas para saber cómo estos hispanohablantes de herencia escribían un ensayo en español. Estos estudiantes usaron estrategias semejantes a las que varios de los participantes en la presente investigación también utilizaron, tales como escribir "de oído" y traducir del inglés al español. El acto de traducir desde la lengua dominante lleva al fenómeno de "alfabetización bilingüe al revés" mencionado por García (2002) y por Martínez (2007), en el cual muchos de los rasgos mecánicos y retóricos del inglés aparecen en el español escrito de estos hablantes de herencia. Martínez encontró más pruebas de la influencia del inglés en las narraciones que los estudiantes escribieron para obtener una calificación que en aquellas que redactaron durante una sesión de composición libre. Spicer-Escalante (2005) también nota diferencias en las estrategias retóricas que afectan la escritura de los hablantes de herencia.[6] Estos procesos han sido llamados *de interferencia* o *de transferencia*, y para Hornberger (1989/2003) no son necesariamente algo negativo:

> [...] (a) lo que aparenta ser interferencia de la L1 en la L2 se debe interpretar como evidencia del aprendizaje, ya que representa la *aplicación* de los conocimientos en la L1 a la L2, y (b) cuanto más fuerte sea la base y el desarrollo continuo en la L1, mayor será el potencial para mejorar el aprendizaje de la L2. (Hornberger 1989/2003: 19; énfasis de la autora; trad.)

La cuestión del primer idioma versus el segundo es un concepto impreciso en el contexto de las lenguas de herencia. Las experiencias educativas de la mayoría de los estudiantes en estas pruebas le dieron, en la modalidad escrita, prioridad al inglés. Por lo tanto, podría considerarse ese idioma como equivalente al de la L1, mientras que el español ha ocupado el lugar de la L2.

Asuntos curriculares

Benjamin (1997) sostiene la necesidad de incluir las perspectivas de los alumnos en el diseño de los cursos de SNS. Entre los seis participantes en su investigación había cinco estudiantes de quinto grado y un estudiante de la preparatoria. Por las fechas en que Benjamin llevó a cabo su estudio, la clase de quinto grado que observó estudiaba la historia de España, y el curso del estudiante de secundaria se enfocaba en temas y estilos literarios. Benjamin (1997) contrasta las metas de estos estudiantes con las de sus maestros:

> Sus objetivos fueron inmediatos: utilizar su lengua nativa para explorar quiénes eran. Las metas de sus maestros parecían ser más a largo plazo: preparar a los niños con la alfabetización y conocimientos básicos para futuros estudios en español. A tal efecto, trataban de proporcionar a sus estudiantes una identidad panhispánica más vasta. (5; trad.)

Benjamin aporta pruebas anecdóticas de estudiantes universitarios que corroboran las quejas expresadas por los alumnos más jóvenes acerca de la enseñanza de la escritura.

Potowski (2002) utilizó entrevistas de grupo y cuestionarios para investigar las actitudes de hablantes de herencia e instructores –estudiantes graduados– con respecto a la presencia de hablantes de herencia en cursos de español como lengua extranjera (SFL por sus siglas en inglés). Potowski recomendó que se intensificara la capacitación que se les daba a los instructores sobre asuntos relacionados con la enseñanza de SNS, y trajo a colación lo que sucedió en varias ocasiones cuando los estudiantes de SFL y de herencia eran compañeros de clase. A saber, los primeros se sentían intimidados por la ventaja de estos últimos en la producción oral, y los segundos se sentían desmoralizados por el mayor conocimiento analítico de la lengua de los no nativos.

Haciéndose eco de Valdés (2000) y de Benjamin (1997), citadas arriba, Schwarzer y Petrón (2005) concluyen: "Basándonos en nuestra experiencia docente, creemos que se debe alcanzar un cuidadoso equilibrio entre lo que los alumnos quieren saber y lo que los educadores quieren que sepan" (569; trad.). Estos profesores exploran las percepciones de tres estudiantes de una clase de SHS y solicitan que se elabore un diseño adecuado para el curso perfecto de español. Los autores critican un curso de SHS que era idéntico a otro, destinado a estudiantes de SFL, el cual ofrecía principalmente instrucción de gramática decontextualizada. Sin embargo, es importante señalar que, aunque esto desafortunadamente suele suceder, existen muchos cursos de SNS, conscientemente diseñados, que sí se dirigen a las distintas necesidades de instrucción de los estudiantes de herencia.

Todavía son pocos los estudios existentes sobre las aspiraciones de los latinos de EE.UU. a la hora de escribir en español. La presente investigación pretende dar un paso adelante en esa dirección, preguntándoles a los estudiantes y exestudiantes con qué propósitos específicos han utilizado, usan, y quisieran usar el español escrito. La decisión de incluir a informantes que ya no eran alumnos se tomó con el deseo de obtener un retrato más fidedigno de los fines que tienen los hispanos cuando escriben en español. Si bien los alumnos matriculados en cursos de español utilizan la modalidad escrita para trabajos académicos, los hispanohablantes también la emplean para una variedad de propósitos menos obvios.[7]

Metodología

Llevé a cabo entrevistas semidirigidas con veintidós alumnos y antiguos alumnos entre octubre de 2005 y abril de 2006. Según Rubin y Rubin, los entrevistadores "piden de sus interlocutores ejemplos, narrativas, historias, cuentos y explicaciones" (2005: 37, trad.). En mis entrevistas me concentré en el tema de la redacción en español, si bien animé a los participantes a que comentaran sobre otras experiencias, según les pareciera. El idioma de la entrevista lo decidió el cuestionado; tres entrevistas se llevaron a cabo enteramente en español y las demás se hicieron principalmente en inglés con algún que otro intercambio en español. Las preguntas básicas que se incluyeron en cada entrevista —no necesariamente en este orden— fueron:

¿Cómo llegó a saber español?
¿Con qué propósito(s) ha usado el español escrito en el pasado?
¿Con qué propósito usa el español escrito actualmente?
¿Con qué propósito le gustaría poder usarlo en el futuro?
¿Ya cuenta con todas las destrezas que necesita para usarlo con ese propósito ahora?
Si no, ¿qué piensa hacer para obtener esas destrezas?

¿Cómo reacciona a las críticas negativas a su escritura en español?
¿Cómo compararía la experiencia de escribir en español a la de escribir en inglés?
¿Cuál es el aspecto más difícil de escribir en español?
¿Cuál es el aspecto más gratificante de escribir en español?

Con estas preguntas se pretendió sentar las bases para una conversación sobre el uso del español escrito. De las respuestas de los entrevistados se desprendieron varios temas principales, sobre los que se centrará mi investigación. En la tradición cualitativa, estas preguntas son "abiertas e interesadas en proceso y significado en lugar de causa y efecto" (Bogdan y Biklen 1992; trad.), y son sustantivas en vez de teóricas. Las experiencias y perspectivas de los entrevistados serán de interés tanto para quienes se ocupan del mantenimiento del español y la educación en lenguas de herencia, en especial al nivel universitario, como para personas que contratan a profesionistas biletrados.

Siete de los participantes se reclutaron por medio de un volante que se repartió entre estudiantes en cursos avanzados de español en una universidad urbana; los quince restantes vivían en la misma área metropolitana y respondieron a un anuncio puesto en el boletín en línea *craigslist*. En el anuncio se solicitaba la participación de voluntarios de la edad de dieciocho en adelante que pertenecieran a un grupo étnico latino, que hubieran cursado toda o una parte de la preparatoria en los Estados Unidos y que pudieran hablar y escribir por lo menos algo de español.[8] Las entrevistas duraron de 30 a 45 minutos.

Se obtuvo la información demográfica usual durante la entrevista, tales como edad, país de origen, edad al llegar a los EE.UU. y lengua dominante (véase el Apéndice A). Estos datos se recogieron únicamente con propósitos informativos y no para buscar correlaciones con otras variables. Sin embargo, los datos reflejan la diversidad de una clase típica en una universidad pública en EE.UU., en la cual el medio de instrucción es el español, con respecto a edad, país de origen, generación de inmigración, clase socioeconómica, variedad de español hablada, nivel de competencia en el español y conocimiento del inglés y otros idiomas.[9] En una clase como esta, algunos alumnos de países hispanohablantes habrán recibido la educación secundaria y terciaria con el español como medio de instrucción. Muchos, sin embargo, carecen de esta experiencia, algunos porque han tenido pocas oportunidades educativas antes de emigrar, y otros porque inmigraron todavía muy jóvenes a EE.UU., donde siguieron sus estudios en inglés o en programas bilinguës con énfasis en una transición rápida al inglés; otros nacieron en EE.UU. Por lo tanto, entre estos alumnos existe gran variedad en el dominio de la modalidad escrita.

Los participantes en el presente estudio eran nueve hombres y trece mujeres, con edades entre 18 a 62 años. Diez eran estudiantes en el momento de la entrevista: siete en la universidad no residencial mencionada anteriormente y tres en otras instituciones en el mismo sistema universitario público. De los doce restantes, todos habían terminado la secundaria y la mayoría había asistido a la universidad. Todos, menos uno, habían seguido cursos de español en la secundaria, universidad o ambas. Las materias que mencionaron iban de SFL y SNS a cursos de literatura de nivel avanzado.

Chevalier (2004) hace una distinción entre "estudiantes de lengua de herencia cuya competencia va de los estudiantes dominantes en inglés sin capacidad de escritura en su lengua materna a los que tienen algunas habilidades limitadas en la modalidad escrita" y "estudiantes de lengua de herencia con un dominio nativo (oral y escrito), que buscan instrucción para mantener sus habilidades de alto nivel" (1; trad.). Mientras que a los estudiantes sin ninguna capacidad para escribir en español se les puede excluir de la presente discusión, los intentos de separar a aquellos que tienen ciertas habilidades de los que tienen habilidades de alto nivel son, para los propósitos de este estudio, poco prácticos. En instituciones terciarias en EE.UU. hay que atender a estudiantes con una amplia gama de niveles de competencia y acogerlos a todos en el mismo curso. Como nota Edstrom (2006), puede que haya hablantes cuya lengua materna no es el español y hablantes de español como lengua de herencia y que estos compartan el aula con hablantes nativos que han recibido alguna instrucción o incluso un título universitario en su país de origen.

Se transcribieron las entrevistas y se subrayaron los conceptos y temas principales (Bogdan y Biklen 1992; Rubin y Rubin 2005). Algunos de estos temas están relacionados de forma explícita con la cuestión de qué es lo que los latinos de EE.UU. en realidad hacen con el español escrito y qué es lo que les gustaría poder hacer; otros se relacionan con asuntos como las experiencias en el salón de clase, la adquisición fuera de la escuela, la posición social de diferentes variedades del español, el mantenimiento del idioma y la pérdida intergeneracional. Los temas se agruparon en cuatro categorías principales, que se examinarán en las siguientes secciones: 1) el mantenimiento y la pérdida del español, 2) el prescriptivismo lingüístico, 3) la experiencia de escribir en español y 4) los usos actuales y planificados del español.

Resultados. El mantenimiento del español y su pérdida

Es de esperar que cuando se discute sobre una lengua de herencia se hagan referencias al mantenimiento o la pérdida de dicho idioma. En las entrevistas que se hicieron para este estudio, estas referencias se manifestaron cuando los entrevistados comentaron los temas siguientes: las etapas de la vida y los usos lingüísticos, las interacciones con los padres y otros familiares, la religión, la transmisión intergeneracional del español, el mantenimiento y pérdida del vocabulario y las recompensas de escribir en español.

La fluidez temprana seguida por la pérdida lingüística, a veces seguida luego por el contacto reanudado, es un patrón común entre las lenguas de inmigrantes en los Estados Unidos (e.g. Hinton 2001; Lynch 2000). En las entrevistas se citaron ejemplos de este patrón, con descripciones de la pérdida ocasionada por la reubicación en un entorno de habla inglesa, como en el caso de una estudiante que había pasado temporadas de su niñez en países hispanos y anglohablantes. La causa típica de la pérdida lingüística es el inicio de la escolarización formal. La pérdida de la lengua de herencia en un ambiente escolar puede verse agravada si los maestros y compañeros repudian su uso. Una entrevistada describe cómo en la escuela el español se consideraba innecesario o incluso inconveniente:

> I was kind of embarrassed to speak in the language. I knew that I knew how, but since I was in an English-speaking school, […] at that time it wasn't such an accepted thing to be bilingual. (003)

Los padres son, sin ninguna duda, la influencia más importante en el mantenimiento de la lengua hablada, si bien esta influencia no siempre se extendía a la escritura. Se vio reflejado en los textos de los participantes el conocido patrón en el cual el resentimiento de la infancia se convierte en gratitud cuando el niño se hace adulto. Como lo dijo una joven, "it's like one of those skills that I never appreciated when I was younger, because when I was younger I felt like my parents were forcing me" (019).

En otros casos, los participantes expresaron arrepentimiento por no haber hecho más caso a los deseos de sus padres o por el hecho de que sus padres no hubieran insistido más en el uso del español tanto oral como escrito.

Varios participantes mencionaron la religión como una influencia importante en su conocimiento del español. La lectura de la Biblia, la asistencia a clases de catecismo y el uso de tarjetas de oración (cf. Ek 2005) les brindó una oportunidad temprana para leer y escribir en español. El único entrevistado que nunca había asistido a ningún curso de español en la escuela se había alfabetizado parcialmente en el idioma leyendo la Biblia.

Varios participantes manifestaron el deseo de poder enseñarles a sus hijos a hablar y escribir en español. Algunos mencionaron a sus propios padres o a los de otros, que no se habían asegurado de que sus hijos aprendieran a escribir en español, y juraron no cometer el mismo error. Algunos participantes describieron cómo habían iniciado a sus hijos en el español escrito, o cómo pensaban hacerlo.

Los miembros de la segunda generación reconocían el papel que habían desempeñado sus padres en sus conocimientos de la lengua española, y algunos pensaban hacer lo mismo con sus propios hijos, miembros de la tercera generación. Pero las circunstancias de la segunda generación eran distintas; no eran monolingües ni dominaban ya el español, por lo que no habían podido ofrecerles a sus hijos un entorno similar. Siguiendo el patrón común a todas las lenguas de inmigrantes en EE.UU., la disminución en el uso hogareño del español en la segunda generación conlleva la pérdida de la capacidad productiva en la tercera generación. Aunque los entrevistados señalaron que la generación posterior a la suya no aprendían el idioma, no parecían tener idea de cómo detener esta pérdida:

> [...] I'm a second generation Dominican American, and so Spanish was what we spoke at home. And when I was younger obviously I took it for granted, the fact that using Spanish or a second language was a skill or an asset. And now with my own children, and nephews and nieces, they're second and, third generation or whatever, I see how hard it is for them to learn, because we as parents now, primarily speak English. And we communicate with our wives and daughters, mothers and everyone in English, and so it's blatantly obvious they're not getting that informal training that we did. And they don't have those Spanish skills. Like, like my nieces and my daughters, they can formulate a sentence if we force them to, but they probably wouldn't have a clue how to write one. So I think that now, I mean especially with my children and passing that on, I think that I'm more cognizant of how I want to im-

plement that into my life in the present and the future. I'm not sure how, but I think I'm just more cognizant of it. At least from a speaking standpoint. (014)

Fue muy común que los participantes, la mayoría de los cuales eran anglodominantes, dijeran haber acudido a sus padres y otros familiares cada vez que debían usar el español, tanto en tareas académicas como no académicas. Algunos no mostraron ninguna preocupación por sus conocimientos limitados en español, siempre y cuando tuvieran parientes mayores que les pudieran ayudar. Otros, sin embargo, querían ser capaces de realizar ciertas tareas de escritura independientemente, y confesaron la frustración que sentían cuando tenían que pedir ayuda.

Algunos participantes, si bien eran conscientes de la pérdida lingüística actual, aún no habían adoptado medidas activas para contrarrestarla. Citaron, como causa de esta pérdida, la falta de uso regular. Al contrario que en el caso del inglés, que había sido el medio de instrucción para la mayoría de ellos, la adquisición y mantenimiento del español escrito les obligaba a ejercer un esfuerzo consciente y concertado: se habían visto obligados a invertir tiempo y dinero en cursos universitarios o estudios en el extranjero; habían tenido que buscar oportunidades para usar el español escrito; y los que no se especializaban en español habían intentado, sin éxito, tal vez por problemas de horario, matricularse en esa materia:

> I was still busy in psychology, which is what I majored in. [...] so I just had a whole bunch of psychology courses and writing twenty-page papers in English in psychology. Spanish was really at the back burner. (004)

> I wanted to, in college, but [...] the way that my business major was structured, [...] I only had three classes I could take as electives. [...] it just worked out that I ended up taking another marketing course so I could try to graduate on time. (019)

Cuando se les pidió que señalaran el aspecto más gratificante de utilizar el español escrito, los entrevistados pusieron mucho énfasis en la capacidad de escribirlo como un fin en sí mismo o como una forma de mantener o reestablecer la conexión con su cultura y herencia personal:

> I think that although it's good to, for, you know, your resume, and jobs; I think that's just a part of not losing who you are. That's ba-

sically it: I'm Dominican, and I speak Spanish. If I speak Spanish, why can't I know how to write it properly? (011)

It just makes me proud to know that I know the language of my parents, like, speak, like the fact that I'm able to actually make cohesive sentences with paragraphs, […] actually write a report in Spanish. That alone is just rewarding to me. (019)

El prescriptivismo lingüístico

En las entrevistas, los temas relacionados con el prescriptivismo surgieron en dos áreas principales: 1) la comparación del español del entrevistado con otras variedades y 2) encuentros con "expertos" en el idioma –profesores, maestros, etc.– que dictaminaban cuál era la forma correcta de la lengua. Para estos participantes, la forma incorrecta del español era las más de las veces sinónima del español en contacto con el inglés, y segundo, con otras variedades estigmatizadas tales como, por ejemplo, el español dominicano (cf. Toribio 2000).

Los entrevistados usaron el vocablo 'spanglish' como término para un español mezclado con el inglés. Cuando mencionaron el spanglish, se referían solo a las manifestaciones superficiales de la convivencia de los dos idiomas (cf. Otheguy 2003). Cuando se les pidió dar ejemplos de lo que consideraban spanglish, citaron dos fenómenos: sustantivos o verbos que se habían tomado prestados del inglés y que se habían adaptado a la fonología y morfología del español, o la alternancia de códigos entre las dos lenguas.

Los entrevistados creían que el uso de lo que llamaban spanglish era inapropiado para contextos formales. Por ejemplo, una persona dijo que no alternaba el español y el inglés cuando les mandaba mensajes de texto a sus amigos, pero que no lo hacía cuando redactaba mensajes para una cliente suya. Para evitar el uso de ambos idiomas en el mismo mensaje, escribía en un idioma o en el otro. Y cuando no podía encontrar equivalentes en español para términos de negocios en inglés, optaba por escribir totalmente en inglés.

Otra participante se refirió al ensayo que tuvo que escribir para la sección de educación bilingüe de un examen nacional de certificación de la enseñanza: "I had to write like a half a page or, you know, about this long, you know, about that program in complete Spanish, you know, no Spanglish at all" (003).

Sin embargo, algunos participantes dijeron que utilizaban cambios de código y préstamos en su escritura creativa. Los individuos que practican la escritura creativa, incluso cuando la destinan a una audiencia más allá de ellos mismos, suelen sentirse más libres que otros escritores al enfrentarse con las convenciones de la lengua (Callahan 2004a, 2004b; Montes-Alcalá 2001). No obstante, algunas de estas personas aspiraban a escribir totalmente en español, como se verá más adelante.

Los informantes que habían utilizado el español escrito antes de hacerlo en la escuela dijeron haber recibido poca o ninguna reacción a sus usos no-académicos de la lengua. Fuera de la escuela habían escrito en español mayormente su correspondencia personal, y sus lectores no eran en general demasiado críticos. Sin embargo, en la escuela sí se les había criticado su escritura para que la mejoraran.

El haber recibido consejos de los profesores con el objetivo de mejorar su escritura determinó en parte su experiencia con la instrucción formal en el idioma, ya fuera de forma positiva o negativa. Hubo también quienes tuvieron que enfrentarse con su propia variedad de español, influenciada por contacto con el inglés o por regionalismos del país de origen, llegando a pensar que no era legítima. Una persona, refiriéndose a los equivalentes en variedades sin contacto para *joldup* y *super* (en inglés *holdup* y *building superintendent*), comentó "It was very, like, shocking to me, that there were real words for these things" (003).[10]

La creencia de que solo aquellas palabras que se encuentran en los diccionarios y libros de texto son legítimas y que cualquier variación lingüística es coloquial, incluso aquella que no sea resultado del contacto con el inglés, es una noción prescriptiva común. Véase el Apéndice B para más comentarios de los entrevistados.

Los participantes estaban convencidos de que el español que se enseña en la escuela es el español correcto. Una persona esperaba seguir estudiándolo con el fin de poder enseñar a sus hijos una variedad distinta a la que ella había adquirido de sus padres:

And like, hopefully teach my own children proper Spanish. Because then I'll just be teaching them what I've learned from my parents, and you, it might not be all that proper either. They might need it more in future than, you know, it's helped me a lot, so it could help them even more. So, I would teach them, you know, the exact, proper Spanish also. (004)

Varios entrevistados estaban fascinados con la variedad léxica con la que entraron en contacto en los cursos preparatorios o universitarios. Para algunos, esta experiencia coadyuvó a que apreciaran más a otros grupos étnicos latinos; para otros, fue una buena ocasión para que un profesor o especialista en el idioma les corrigiera su uso no-estándar del español, o para contrastar su propia variedad lingüística con otra que consideraban superior. En su caracterización del español estándar, los entrevistados usaron con frecuencia el término 'castellano,' usualmente como una etiqueta general para cualquier variedad normativa, a diferencia del dialecto hablado en el centro y norte de España.

La experiencia de escribir en español

Los participantes enmarcaron sus experiencias con el acto de escribir en español en términos de estrategias, dificultades y satisfacciones. Una de las dificultades se centraba en la división entre el lenguaje hablado y escrito. Tannen (1982) considera que el habla y la escritura se encuentran en un continuo, en lugar de estar estrictamente separadas.[11] Como se pudo desprender de las reflexiones de los entrevistados, distinguir entre ellas puede convertirse en un verdadero desafío para los hablantes de herencia. Las características del discurso oral son comunes en la escritura de las personas cuya primera experiencia con un idioma ha sido oral (Colombi 1997). Los hablantes que daban por sentado que el dominio oral garantizaría una aptitud para la producción escrita descubrieron que esta suposición no era cierta: "I didn't think that there would be so much difference between writing it and speaking it, but there are people that cannot write at all" (003).

Reconocieron la necesidad de escribir de manera diferente a la forma en que hablaban, como por ejemplo utilizando palabras más sofisticadas o distintas formas de tratamiento, o evitando el lenguaje coloquial:

And I don't feel that I have that much vocabulary to write well in Spanish. Basic Spanish can get me by in conversation […] (001)

[…] that's complicated to me sometimes, because there's just some things that you'll say, but then you can't really write them the same way. [...] I think it's a little more difficult for me to write in Spanish. Depending on, because most of my experience in Spanish is verbally speaking, is with people that I know, you know, and I know that when I write, it's usually to reach a larger audience or someone that I don't know. (003)

[...] it's so different, you know, it's like when you're writing it and speaking it, sometimes you tend to say different things in terms of meanings, but with Spanish, you know, [...] it's good to know both. Speaking and writing, you know. (007)

Muchos de los entrevistados describieron prácticas de escritura que son comunes entre los estudiantes de SFL (sigla inglesa para Español como lengua extranjera): pensar primero en inglés y luego traducir, a veces palabra por palabra, al español. Una persona dijo que preferiría que se incorporara la traducción en un curso de SNS (sigla inglesa para Español para hablantes nativos) en vez de esperar a que los estudiantes escribieran directamente en español. Otra persona abogó por utilizar versiones de obras literarias tanto en inglés como en español, porque en su experiencia en un curso universitario, "if I would have known what the poem meant in English, [...] I would have been so much more appreciative of it being taught to me in the language that it was written in" (003).

Sin embargo, varios de los participantes expresaron el deseo de poder pensar directamente en español sin tener que traducir del inglés. Consideraban ese paso intermedio un obstáculo para una comunicación fluida, ya fuera hablada o escrita, y afirmaron que tener que traducir del inglés fue para ellos uno de los aspectos más difíciles de escribir en español. No obstante, escribir en español por medio de la traducción fue la estrategia que se citó con más frecuencia.

La segunda estrategia más popular entre los entrevistados era escribir lo que escuchaban, técnica que se utilizó tanto a nivel léxico como sintáctico. Con respecto al deletreo, a los participantes se les había enseñado a aprovechar la estrecha correspondencia entre la fonología y la ortografía del español. Muchos de ellos declararon que decían en voz alta una frase u oración para luego echar mano de sus conocimientos intuitivos con el fin de comprobar si era aceptable en términos de morfosintaxis y vocabulario. Una persona manifestó que hacía uso de sus propios conocimientos en español recordando palabras o frases que había oído decir a otros.

Escribir de oído les permitía a estos hablantes escribir un poco, aunque de manera muy rudimentaria. Luego vino la tarea de hacer que lo que habían escrito se asemejara a las formas normativas. La mayoría de los entrevistados señaló que la colocación del acento o tilde era el aspecto más difícil a la hora de escribir en español. Una persona sostuvo que en Colombia, su país de origen, era aceptable omitir el acento escrito, y declaró: "I didn't do the accents. Never tried it, never will" (005).[12]

Curiosamente, en un programa de maestría en español en California hace varios años, una estudiante, oriunda de México, dijo lo mismo. Esta estudiante había intentado, sin éxito, convencer a un profesor, de España, que en las escuelas de México no se le daba mucha importancia a la colocación del acento, y que por lo tanto no se le debería exigir a ella que pusiera los acentos en sus trabajos escolares. Aunque está más allá del alcance del presente trabajo, valdría la pena investigar más a fondo la cuestión de las prácticas pedagógicas en los países hispanohablantes. Como declara Villa (1996), las variedades que la clase alta habla y escribe en países latinoamericanos –o sea variedades de grupos externos– son las que suelen servir como referencia para definir la forma que el español debe tomar en las universidades estadounidenses.

Cuando los entrevistados usaron la palabra *gramática*, generalmente hablaban de aspectos mecánicos tales como la ortografía, el acento, la puntuación y, en menor grado, las conjugaciones verbales y el orden de los constituyentes. Los estudiantes cuyo contacto principal con el español había sido oral se sorprendieron al saber que el español, igual que el inglés, tuviera una estructura morfosintáctica con una terminología correspondiente. Uno de los entrevistados dijo:

> Yes, it very, it was very, like, shocking to me […] that there was actually a way to understand like the tenses and, you know, the grammatical structure of Spanish besides what I thought was, you know, the way you learned English with the pronouns and the past tense and these forms, the conjugations and things. I never saw it in that way. I just learned it through verbal, you know, communication. I didn't learn it, like, in school, you know. So, it was very shocking to me to know that there was the same format to learn. (003)

Los hablantes nativos y de herencia suelen estar en desventaja cuando deben aprender el metalenguaje de los términos gramaticales. A diferencia de los hablantes que no son nativos, ellos ya han tenido años de contacto con la lengua, y les puede resultar difícil integrar sus antiguos conocimientos intuitivos a los nuevos conocimientos analíticos. Cuando estos últimos se valoran más que los anteriores, las destrezas que poseen los hablantes de herencia pierden valor, por lo menos en el salón de clase:

> [...] it was easier for me because I came from a Spanish-speaking home, as opposed to the students who didn't have Spanish-speaking at home, it was a lot harder for them. But even being easier for me, it wasn't that easy, it wasn't that easy. Because I had to learn the grammar which I didn't know. I just spoke it, the way I learned to speak it at home, ok? So when it came to the grammar, and explaining why this was this way and why this was this way, that was hard, because I just wanted to speak it. Ok? I didn't want to deal with all the technicalities, as to why, you know, the grammar was like that. (022)

Cuando se les pidió que compararan la experiencia de escribir en español con la de escribir en inglés, varios entrevistados afirmaron que escribir en español era más difícil, debido a los factores comentados anteriormente. Sin embargo, a pesar de las dificultades, declararon que sentían una enorme satisfacción de poder escribir en español.

Usos actuales y planificados del español escrito

Correspondencia personal
Traducción
Ensayos académicos
Periodismo y redacción profesional
Escritura creativa

TABLA 1. Resumen de los usos actuales y planificados de los participantes para el español escrito.

El patrón de los usos actuales y planificados que los entrevistados mencionaron para su español escrito fue similar a lo largo del corpus. Para la mayoría, escribir en español empezó con la correspondencia personal, en notas y cartas escritas a parientes mayores en EE.UU. y a familiares de diversas edades que vivían en un país hispanoablante. Si el entrevistado había tomado un curso de español, tenía experiencia suficiente como para escribir redacciones cortas. Varios de los entrevistados dijeron que tenían planes de seguir cursos de español para refinar su escritura y poder luego alcanzar otras metas. Solo un individuo citó la escritura académica misma como posible objetivo. Otros querían mejorar su escritura, para, por ejemplo, conseguir un puesto en una empresa de publicidad hispana o para trabajar como escritor independiente para revistas en español, o incluso para dedicarse a la escritura creativa.

En gran medida, el uso más mencionado para el español escrito fue la traducción. Los entrevistados dijeron haber hecho traducciones para amigos y familiares; algunos también habían traducido ocasionalmente en el trabajo. Ahora bien, las traducciones a las que hacían referencia solían ser traducciones a la vista de formularios y correspondencia oficial del inglés al español. En otras palabras, el hablante leía un formulario o carta escrita en inglés, para luego dar una traducción oral al español. Sin embargo, algunas personas sí habían hecho traducciones escritas de formularios y cartas, generalmente de manera informal, ya que sus responsabilidades laborales oficiales no incluían la traducción, y no recibieron ninguna compensación extra por ello. Los participantes solían traducir por motivos altruistas, sobre todo fuera del trabajo. Traducían para ayudar a desconocidos en hospitales u oficinas de servicio social. Una entrevistada, que esperaba ser trabajadora social o maestra de educación especial bilingüe, aspiraba a utilizar el español escrito para mantener correspondencia con padres de familia y evitar posibles problemas, pues los había habido en el sistema local de servicios de protección infantil.

Dos entrevistados habían utilizado el español escrito para ayudar a sus padres en asuntos importantes, aunque acudieron a otras personas para que revisaran su trabajo. Por ejemplo, un joven tradujo del inglés al español un examen de empleo para su madre, y su padre y su tío lo ayudaron. Otro joven y su novia tradujeron preguntas al español para ayudar a la madre del joven a prepararse para un examen de residencia permanente. Esta había sido una de sus pocas oportunidades para escribir en español:

> I can still write in Spanish, if I chose to. I just, I haven't lived with my mother for a couple of years, so, as far as writing in Spanish, I only do things like if I show up at her house. And she was trying to get, she actually got her green card not too long ago, so I was helping her out with all that stuff. Like all the questions, like colors of the flag, and I had to translate like all these hundreds of questions into Spanish. (016)

El uso planificado o actual del español para la escritura creativa incluyía la poesía, cuentos cortos, letras de canciones, obras de teatro, novelas y guiones de cine. En un par de casos, los entrevistados consideraban que ya estaban a la altura de tales tareas, pero la mayoría aspiraba a adquirir más destreza en el ejercicio de la escritura con fines creativos. El trabajo que habían hecho o aspiraban hacer incluía escribir poesía que incorporara palabras en español a poemas en inglés, traducir cuentos cortos del inglés al español y escribir textos enteros directamente en español. Como muestran los comentarios en el Apéndice C, este último propósito era intimidante para algunos, y pensaban que, de lograrlo, sus señas de identidad serían más profundas.

Discusión

En las entrevistas, veintidós hispanohablantes nativos y de herencia examinaron el lugar que ocupaba el español escrito en sus vidas. De una u otra forma, el tema del mantenimiento del español y su pérdida era una preocupación constante, pues les afectaba a ellos o a sus hijos o nietos. Algunos afirmaron tener planes para poner freno a esa pérdida lingüística, pero la mayoría de esos planes no se habían realizado.

Todos los entrevistados se habían topado con alguna forma de prescriptivismo y en muchos casos ellos mismos abogaron por ello. Las actitudes prescriptivas surgieron en los lugares predecibles, en la escuela o en la presencia de hispanohablantes de variedades de prestigio. En especial, debido al contacto con el inglés, pero también debido a la presencia de otros tipos de variación lexica y fonética estigmatizada, algunos de los participantes diferenciaron su propia variedad del español de lo que ellos llamaban el "verdadero español."

La experiencia de escribir en español ofrecía algunos de los mismos retos mecánicos para estos latinos que para los escritores de países hispanohablantes, además de obstáculos cognitivos en el paso del lenguaje oral a la escritura. Utilizar el lenguaje escrito normalmente equivale a utilizar el dialecto que se acepte como el estándar, como se mencionó anteriormente (Benjamin 1997). Adquirir un dialecto estándar presenta un desafío adicional, en especial cuando las diferencias entre una variedad que no es estándar y la variedad prescrita para la producción del lenguaje escrito son sutiles. Cuanto menos notables sean las diferencias, o más le pueda costar al escritor percibirlas, más se retrasará la adquisición de las formas normativas (Valdés 1997).

Debido a la dificultad que esto implica, la capacidad de escribir en español probablemente ofrecía más satisfacción a estos latinos estadounidenses que a sus coetáneos en países hispanohablantes. No todo hablante es capaz de utilizar la forma escrita de un idioma, incluso en los países donde es la lengua dominante, y aún menos hablantes pueden hacerlo en una nación donde otra lengua es el medio de instrucción y de la mayoría de las comunicaciones oficiales. Por lo tanto, la capacidad de escribir en español tiene valor por su escasez relativa.

En un sentido estadístico, una muestra de veintidós personas no puede extenderse a una población mayor. Sin embargo, tampoco hay ninguna razón para creer que los miembros de este grupo sean únicos. Siguiendo a Rubin y Rubin (2005), dejé de reclutar participantes cuando empecé a enfrentarme una y otra vez con los mismos tipos de casos.

La presente investigación ha demostrado que cuando se establece la conexión entre etnicidad e idioma, la capacidad de utilizar el español escrito juega un papel primordial en la identidad de algunos latinos estadounidenses, Para la mayoría, sin embargo, el español oral es el que cumple esta función, y la forma escrita tiene un papel menor. La escritura sí se utiliza para la correspondencia ocasional y para la traducción, aunque una gran parte de esta no implica escribir, sino leer en inglés y luego proporcionar un equivalente oral en español. Un poco más de la cuarta parte de los entrevistados usaba o esperaba utilizar el español con fines creativos. Debido a la autoselección, es posible que este porcentaje sea más alto de lo que se encontraría en una muestra más amplia. Es decir, las personas que utilizan el lenguaje escrito con fines no cotidianos pudieron haber sido más propensas a querer compartir sus experiencias. Cabe recalcar que escribir en español no era esencial para la ocupación principal de ninguno de los escritores creativos, un subconjunto que incluyía estudiantes que se especializaban en dirección de empresas, en inglés y en contaduría.

Conclusión

En general, el uso del español escrito entre los latinos que residen en EE.UU. es muy limitado. Aunque algunos de los entrevistados aseguraban tener planes para escribir libros enteros en español, la verdad es que por entonces solo escribían en diarios privados. Se podría argumentar que muchos de ellos no se habrían lanzado de lleno a la escritura por sentir que su vocabulario y sintaxis no eran adecuados. Entonces tendríamos que considerar en qué medida una cosa influye en la otra: ¿hacen una actividad con menor frecuencia aquellas personas que tienen menos aptitud, o es la falta de frecuencia lo que causa su falta de habilidad? Sería lógico suponer que hubiera una relación de influencia mutua. Sin embargo, las personas de este grupo que tenían el mayor dominio del español escrito se encontraban entre aquellos que lo usaban menos de forma diaria. Otros participantes lamentaron sus pocas oportunidades para escribir en español. Creo que hay cierta urgencia en dar respuestas coherentes y prácticas a la pregunta: ¿cómo pueden los latinos de EE.UU. que desean cultivar su español escrito hacerlo, teniendo en cuenta las otras exigencias de su vida diaria?

Esta cuestión va más allá del ámbito escolar, razón por la cual no me limité a reclutar participantes del salón de clase.[13] Para la mayoría de los latinos, hay pocas oportunidades para utilizar el español escrito formal una vez que dejan de asistir a la escuela. Las modificaciones en las metodologías de enseñanza, por valiosas que sean, solo ofrecen soluciones parciales a este problema. Sin embargo, este estudio sugiere algunas implicaciones pedagógicas, de índole curricular. Los profesores que estamos en departamentos de lenguas debemos luchar por reservar un espacio para el español escrito,[14] con el objetivo de que más estudiantes puedan mantener o desarrollar plenamente sus destrezas lingüísticas que les ayudarán a ser candidatos potenciales en el mercado laboral.[15] Algunos departamentos de lenguas y literaturas ofrecen cursos en inglés, en los cuales se leen obras literarias en traducción. Estos cursos suelen encontrarse en departamentos donde se enseñan lenguas de baja matrícula y en aquellos donde no se acostumbra a dar cursos avanzados[16] en la lengua-meta. Ninguno de estos dos factores tienen relevancia en la mayoría de los programas de español en los Estados Unidos.

Las presiones administrativas, sin embargo, pueden minimizar el número de cursos dedicados a la escritura en español. Un caso en mi propia institución puede servirnos de ejemplo. Para un nuevo requisito de la llamada Educación general, se propusieron dos materias que normalmente se impartían en español. Y tras una acalorada discusión sobre los méritos de ofrecer cursos de escritura en un idioma que no fuera el inglés, se aceptaron ambos como cursos que cumplirían con el nuevo requisito. Sin embargo, en el último momento, se nos dijo que estos cursos tenían que cumplir con un requisito institucional de escritura intensiva. Y como los cursos de este tipo se destinan al mejoramiento del inglés académico, las dos materias anteriormente mencionadas tendrían que impartirse en inglés. Afortunadamente, ambos cursos tenían una matrícula lo suficientemente alta cuando se daban en español, así que los profesores decidieron retirar su solicitud del programa de Educación general, para que se pudiera continuar dictando los cursos en español, y ofrecerles así una oportunidad a los estudiantes para que cultivaran la escritura académica en dicho idioma. Desgraciadamente, los estudiantes siguieron sin la oportunidad de cumplir con dos objetivos a la vez: practicar el uso del español escrito y simultáneamente cumplir con un requisito de la educación general.

Algunas medidas curriculares tales como los llamados cursos de escritura a través del currículum (en inglés *Writing Across the Curriculum*), donde los estudiantes pueden elaborar un proyecto de investigación en un idioma que no sea el inglés, son sin duda valiosas también. Las medidas que se tomen en el ámbito escolar, por innovadoras que sean, no resuelven el problema de qué es lo que pueden hacer los hablantes con el español escrito una vez que se hayan graduado. Las medidas curriculares y pedagógicas tampoco ayudan a aquellos latinos estadounidenses que nunca asistieron a la universidad, ni a aquellos estudiantes cuyo programa académico deja poco espacio para cursos fuera de la especialización, como lo atestiguaron las entrevistas citadas.

La piedra de toque en todo esto es la primacía del inglés en todos los ámbitos de la escritura, salvo en las pocas profesiones en las que el español tiene igual o mayor importancia. Como se indicó anteriormente, a diferencia del inglés, que es no solo el medio de instrucción, sino también el idioma del lugar de trabajo para la mayoría de estadounidenses, la adquisición y mantenimiento del español escrito exigen un esfuerzo más consciente y concertado. La incapacidad para resistir la influencia del inglés es especialmente difícil en un país como Estados Unidos, donde el solo últimamente el bilingüismo ha venido a considerarse benéfico y donde hay una mínima infraestructura de apoyo al bilingüismo social.

*Una versión de este artículo se publicó por primera vez en 2010:
"U.S. Latinos' Use of Written Spanish: Realities and Aspirations." *Heritage Language Journal* 7.1: 1-27. Web.

Agradecimientos
La autora agradece el generoso apoyo del Research Institute for the Study of Language in Urban Society, del Graduate Center of the City University of New York.

NOTAS

[1] Las traducciones son mías.

[2] Un debate actual en la profesión del SNS, que está fuera del alcance de este trabajo, se centra en si es conveniente o siquiera necesario insistir en la adquisición de una variedad estándar del español, i.e., la que goza de prestigio. Los partidarios de la lingüística crítica abogan por concientizar a los estudiantes sobre temas de lenguaje y poder, y cuestionan la ética de enseñarles que determinadas variedades del español son más apropiadas en unos ambientes que otros (e.g., Leeman 2005; Martínez 2003; Villa 1996, 2002). Otros lingüistas consideran que es importante y necesario que los estudiantes aprendan una variedad del español que vaya más allá de la comunidad de origen (e.g., Colombi 1997; Porras 1997; Valdés 1997). Un debate similar se está llevando a cabo en el campo del inglés como segundo idioma. Se han expresado inquietudes acerca del poco éxito que a veces se obtiene en que los estudiantes logren el máximo control de las características de la escritura formal. Por ejemplo, Turner (2004) señala que el lector de un texto suele equiparar una deficiencia en el inglés escrito a una "deficiencia cognitiva *per se*" del escritor (25). Turner reconoce el desequilibrio de poder en la evaluación de las variedades de una lengua, y aboga por la enseñanza explícita de las pautas de la alfabetización académica, para dotar a los escritores no solo de la capacidad para participar en el ámbito académico, sino también para descubrir maneras de resistir y cambiar las normas existentes. Véanse también Hornberger y Skilton-Sylvester (2003).

[3] Sobre la evolución de los programas del SNS en los EE.UU. se puede consultar: Colombi y Alarcón (1997); González Pino y Pino (2000); Merino, Trueba, y Samaniego (1993); Roca (1997); Valdés, Lozano, y García-Moya (1981).

[4] La educación bilingüe y los programas de inglés como segunda lengua no son el foco del presente trabajo. En muchos programas que tienen un gran número de niños cuya lengua materna no es el inglés, a pesar de un aumento en la validación de definiciones más amplias de la alfabetización y de la alfabetización en las lenguas minoritarias, la enseñanza de la escritura académica con frecuencia sigue centrándose en el inglés. Según Mercado (2003: 175): "Los estudiantes latinos manifiestan sorprendentes niveles de alfabetización bilingüe en el sentido que Hornberger (1990) sugiere. Debe quedar claro, sin embargo, que nuestras actividades se han diseñado principalmente para motivar la escritura con significado personal en una variedad de géneros académicos en el inglés."

[5] El discurso académico no es en teoría sinónimo del lenguaje escrito, pero en la práctica las referencias a registros académicos casi siempre implican la escritura. Curiosamente, cuando les solicité a un grupo de estudiantes en un curso de lingüística hispánica su opinión sobre la afirmación de Colombi (en un ejercicio que no formó parte de la presente investigación), los que no estuvieron de acuerdo con ella mencionaron la inmigración continua y el gran número de hispanohablantes, pero eludieron la cuestión de si el cultivo del español académico es necesario para el mantenimiento del idioma.

[6] Con respecto a las diferencias entre el estilo retórico del español y el inglés, véanse también Callahan (2008b), y Neff-van Aertselaer y Dafouz-Milne (2008).

[7] Valdés *et al.* (2006) encontraron que entre los profesionales hispanos en California, el mayor uso del español escrito –todavía muy bajo– fue entre los académicos.

[8] Debido a un malentendido, una persona que vino para una entrevista no reunía todos estos criterios. En el momento de la entrevista era estudiante en una universidad comunitaria, pero había recibido toda su educación secundaria, así como un título universitario, en la República Dominicana. Sin embargo, decidí incluir su entrevista en el corpus porque ofrece observaciones en consonancia con las de otros participantes en cuanto al mantenimiento y pérdida de la lengua.

[9] Otros investigadores han observado esta diversidad (Carreira 2003; Colombi y Roca 2003: 4). Las clases en algunas universidades privadas en los EE.UU. pueden ser menos heterogéneas, especialmente con respecto a la edad del estudiantado. El Apéndice A muestra un grupo muy similar en composición demográfica a las clases en mi institución actual, que es parte de un sistema universitario público grande. El lugar de nacimiento de los estudiantes y sus padres sería diferente en instituciones ubicadas en otras partes del país, donde habría una mayor representación de orígenes mexicanos y centroamericanos y una menor representación de orígenes caribeños.

[10] Las palabras para estas, en una variedad sin contacto con el inglés, serían 'atraco' y 'conserje', respectivamente.

[11] Para un repaso sobre los estudios del continuo oral-escrito se puede consultar también Hornberger (2003: 11-13).

[12] Véase también Callahan (2008a).

[13] Otra razón para reclutar participantes a través de *craigslist* fue el mayor grado de anonimato que ofrecía; aunque los participantes dieron su nombre, no los conocía tan bien como hubiera conocido a estudiantes en las clases de mi programa. Convino mantener este mayor grado de distancia para evitar la aparición o percepción de la coacción ejercida por una figura de autoridad.

[14] El enfoque en la escritura del presente trabajo no significa que no deban cultivarse asimismo las destrezas orales. Como ha observado Achugar (2003), los hispanohablantes nativos y de herencia que son capaces de mantener una conversación en español pueden sin embargo tener dificultades en dar una presentación formal en dicho idioma en un ambiente académico o profesional.

[15] Se ha observado que los latinos de EE.UU. suelen carecer del nivel de alfabetización en español necesario para el sector de negocios (Carreira 2003: 70-71; Fernández 2008; Fox-Alston 2007). Por lo tanto, los empleadores se ven obligados a prescindir de la experiencia bicultural de estos individuos y contratar en su lugar a hispanohablantes criados y educados en otros países que tengan el nivel de alfabetización necesaria.

[16] Los departamentos de lenguas en las universidades típicamente ofrecen cursos de primer y segundo año para la adquisición de competencias básicas en el idioma, y cursos de tercer y cuarto año de literatura, lingüística y cultura. El espa-

ñol es el medio de la instrucción en la mayoría de estos cursos de tercer y cuarto año en universidades estadounidenses.

OBRAS CITADAS

Acevedo, Rebeca. (2003). "Navegando a través del registro formal: Curso para hispanohablantes bilingües." *Mi lengua: Spanish as a Heritage Language in the United States.* Eds. Ana Roca y M. Cecilia Colombi. Washington, DC: Georgetown UP. 257-68. Impreso.

Achugar, Mariana. (2003). "Academic Registers in Spanish in the U.S.: A Study of Oral Texts Produced by Bilingual Speakers in a University Graduate Program." *Mi lengua: Spanish as a Heritage Language in the United States.* Eds. Ana Roca y M. Cecilia Colombi. Washington, DC: Georgetown UP. 213-30. Impreso.

Benjamin, Rebecca. (1997). "What Do our Students Want? Some Reflections on Teaching Spanish as an Academic Subject to Bilingual Students." *ADFL Bulletin* 29.1: 44-47. Web. 15 dic. 2009.

Bernal-Enríquez, Ysaura, y Eduardo Hernández Chávez. (2003). "Un enfoque funcional para la enseñanza del ensayo expositivo: ¿Revitalización o erradicación de la variedad chicana?" *Mi lengua: Spanish as a Heritage Language in the United States.* Eds. Ana Roca y M. Cecilia Colombi. Washington, DC: Georgetown UP. 96-119. Impreso.

Bogdan, Robert C., y Sari Knopp Biklen. (1992). *Qualitative Research for Education: An Introduction to Theory and Methods.* Needham Heights, Massachusetts: Allyn and Bacon. Impreso.

Callahan, Laura. (2004a). "The Role of Register in Spanish-English Codeswitching in Prose." *The Bilingual Review/ La Revista Bilingüe* 27.1: 12-25. Impreso.

——. (2004b). *Spanish/English Codeswitching in a Written Corpus.* Amsterdam: John Benjamins. Impreso.

——. (2005). "'Talking Both Languages': 20 Perspectives on the Use of Spanish and English Inside and Outside the Workplace." *Journal of Multilingual and Multicultural Development* 26.4: 275-95. Impreso.

——. (2008a). "El uso del acento ortográfico en el español de los Estados Unidos, América Latina, y España: Normas periodísticas." *Itinerarios: Revista de estudios lingüísticos, literarios, históricos y antropológicos* 7: 187-98. Impreso.

——. (2008b). Rev. of *Developing Contrastive Pragmatics: Interlanguage and Cross-Cultural Perspectives,* ed. by Martin Pütz and JoAnne Neff-van Aertselaer. *Linguist List.* 19-2773. Web. 15 dic. 2009.

Carreira, María M. (2003). "Profiles of SNS Students in the Twenty-First Century: Pedagogical Implications of the Changing Demographics and Social Status of U.S. Hispanics." *Mi lengua: Spanish as a Heritage Language in the United States.* Eds. Ana Roca y M. Cecilia Colombi. Washington, DC: Georgetown UP. 51-77. Impreso.

Chevalier, Joan F. (2004). "Heritage Language Literacy: Theory and Practice." *Heritage Language Journal* 2.1. Web. 15 dic. 2009.

Colombi, M. Cecilia. (1997). "Perfil del discurso escrito en textos de hispano hablantes: teoría y práctica." *La enseñanza del español a hispanohablantes: Praxis y teoría.* Eds. M. Cecilia Colombi y Francisco X. Alarcón. Boston: Houghton Mifflin. 175-89. Impreso.

——. (2000). "En vías del desarrollo del lenguaje académico en español en hablantes nativos de español en los Estados Unidos." *Research on Spanish in the United States: Linguistic Issues and Challenges.* Ed. Ana Roca.

Somerville, Massachusetts: Cascadilla P. 296-309. Impreso.

Colombi, M. Cecilia, y Francis X. Alarcón, eds. (1997). *La enseñanza del español a hispanohablantes: Praxis y teoría.* Boston: Houghton Mifflin. Impreso.

Colombi, M. Cecilia, y Ana Roca. (2003). "Insights from Research and Practice in Spanish as a Heritage Language." *Mi lengua: Spanish as a Heritage Language in the United States.* Eds. Ana Roca y M. Cecilia Colombi. Washington, DC: Georgetown UP. 1-21. Impreso.

Edstrom, Anne. (2006). "Oral Narratives in the Language Classroom: A Bridge between Non-Native, Heritage, and Native-Speaking Learners." *Hispania* 89.2: 336-46. Impreso.

Ek, Lucila D. (2005). "Staying on God's Path: Socializing Latino/a Immigrant Youth to a Christian Pentecostal Identity in Los Angeles." *Building on Strength: Language and Literacy in Latino Families and Communities.* Ed. Ana Celia Zentella. New York: Teachers College P. 77-92. Impreso.

Fernández, Enrique. (2008). "The Erosion of Español." *Miami Herald* 1 de marzo. Web. 15 dic. 2009.

Fox-Alston, Jeanne. (2007). "Staffing Issues at Spanish-Language Publications." *Newspaper Association of America.* 15 de agosto. Web. 15 dic. 2009.

García, Ofelia. (2002). "Writing Backwards across Languages." *Developing Advanced Literacy in First and Second Languages.* Eds. Mary Schleppergrell y M. Cecilia Colombi. Mahwah, New Jersey: Erlbaum. 245-60. Impreso.

González Pino, Barbara, y Frank Pino. (2000). "Serving the Heritage Speaker across a Five-Year Program." *ADFL Bulletin* 32.1: 27-35. Impreso.

Hinton, Leanne. (2001). "Involuntary Language Loss among Immigrants." *Language in Our Time: Bilingual Education and Official English, Ebonics and Standard English, Immigration and the Unz Initiative. Georgetown University Round Table in Language and Linguistics 1999.* Eds. James E. Alatis y Ai-Hui Tan. Washington, D.C.: Georgetown UP. 203-52. Impreso.

Hornberger, Nancy H. (1989). "Continua of Biliteracy." *Review of Educational Research* 59.3: 271-96. Rpt. en *Continua of Biliteracy: An Ecological Framework for Educational Policy*. Ed. Nancy H. Hornberger. Clevedon, UK: Multilingual Matters, 2003. 3-34. Impreso.

——. (1990). "Creating Successful Learning Contexts for Biliteracy." *Teachers College Record* 92.2: 212-29. Impreso.

Hornberger, Nancy H., y Ellen Skilton-Sylvester. (2000). "Revisiting the Continua of Biliteracy: International and Critical Perspectives." *Language and Education: An International Journal* 14.2: 96-122. Rpt. en *Continua of Biliteracy: An Ecological Framework for Educational Policy*. Ed. Nancy H. Hornberger. Clevedon, UK: Multilingual Matters, 2003. 35-67. Impreso.

Leeman, Jennifer. (2005). "Engaging Critical Pedagogy: Spanish for Native Speakers." *Foreign Language Annals* 38.1: 35-45. Impreso.

Lynch, Andrew. (2000). "Spanish-speaking Miami in Sociolinguistic Perspective: Bilingualism, Recontact, and Language Maintenance among the Cuban-origin Population. *Research on Spanish in the United States: Linguistic Issues and Challenges*. Ed. Ana Roca. Somerville, Massachusetts: Cascadilla P. 271-83. Impreso.

Martínez, Glenn A. (2003). "Classroom Based Dialect Awareness in Heritage Language Instruction: A Critical Linguistic Approach." *Heritage Language Journal* 1.1. Web. 15 dic. 2009.

——. (2007). "Writing Back and Forth: The Interplay of Form and Situation in Heritage Language Composition." *Language Teaching Research* 11.1: 31-41. Impreso.

Mercado, Carmen I. (2003). "Biliteracy Development among Latino Youth in New York City Communities: An Unexploited Potential." *Continua of Biliteracy: An Ecological Framework for Educational Policy* Ed. Nancy H. Hornberger. Clevedon, UK: Multilingual Matters. 166-86. Impreso.

Merino, Barbara, Henry Trueba y Fabián Samaniego, eds. (1993). *Language and Culture in Learning: Teaching Spanish to Native Speakers of Spanish*. Washington, D.C.: Falmer. Impreso.

Montes-Alcalá, Cecilia. (2001). "Written Code-Switching: Powerful Bilingual Images." *Codeswitching Worldwide*. Ed. Rodolfo Jacobson. Berlin: Mouton de Gruyter. 193-219. Impreso.

Neff-van Aertselaer, Joanne A., y Emma Dafouz-Milne. (2008). "Argumentation Patterns in Different Languages: An Analysis of Metadiscourse Markers in English and Spanish Texts." *Developing Contrastive Pragmatics: Interlanguage and Cross-Cultural Perspectives*. Eds. Martin Pütz y Jo Anne Neff-van Aertselaer. Berlin: Mouton de Gruyter. 87-102. Impreso.

Otheguy, Ricardo. (2003). "Las piedras nerudianas se tiran al norte: Meditaciones lingüísticas sobre Nueva York." *Insula* 679/680: 13-19. Impreso.

Porras, Jorge. (1997). "Uso local y uso estándar: un enfoque bidialectal a la enseñanza del español para nativos." *La enseñanza del español a hispano-*

hablantes: Praxis y teoría. Eds. M. Cecilia Colombi y Francisco X. Alarcón. Boston: Houghton Mifflin. 190-98. Impreso.

Potowski, Kim. (2002). "Experiences of Spanish Heritage Speakers in University Foreign Language Courses and Implications for Teacher Training." *ADFL Bulletin* 33.3: 35-42. Impreso.

Roca, Ana. (1997). "Retrospectives, Advances, and Current Needs in the Teaching of Spanish to United States Hispanic Bilingual Students." *ADFL Bulletin* 29.1: 37-43. Impreso.

Rubin, Herbert J., e Irene S. Rubin. (2005). *Qualitative Interviewing: The Art of Hearing Data.* 2nda ed. Thousand Oaks, California: Sage Publications. Impreso.

Schwartz, Ana María. (2003). "¡No me suena! Heritage Spanish Speakers' Writing Strategies." *Mi lengua: Spanish as a Heritage Language in the United States.* Eds. Ana Roca y M. Cecilia Colombi. Washington, DC: Georgetown UP. 235-56. Impreso.

Schwarzer, David, y María Petrón. (2005). "Heritage Language Instruction at the College Level: Reality and Possibilities." *Foreign Language Annals* 38.4: 568-78. Impreso.

Spicer-Escalante, María. (2005). "Writing in Two Languages/Living in Two Worlds: A Rhetorical Analysis of Mexican-American Written Discourse." *Latino Language and Literacy in Ethnolinguistic Chicago.* Ed. Marcia Farr. Mahwah, New Jersey: Erlbaum. 217-46. Impreso.

Tannen, Deborah. (1982). "The Oral/Literate Continuum in Discourse." *Spoken and Written Language: Exploring Orality and Literacy.* Ed. Deborah Tannen. Norwood, New Jersey: Ablex. 1-16. Impreso.

Toribio, Almeida Jacqueline. (2000). "Nosotros somos dominicanos: Language and Self-Definition among Dominicans." *Research on Spanish in the United States: Linguistic Issues and Challenges.* Ed. Ana Roca. Somerville, Massachusetts: Cascadilla P. 252-70. Impreso.

Turner, Joan. (2004). "Academic Literacy in Post-Colonial Times: Hegemonic Norms and Transcultural Possibilities." *Critical Pedagogy: Political Approaches to Language and Intercultural Communication.* Eds. Alison Phipps y Manuela Guilherme. Clevedon, UK: Multilingual Matters. 22-32. Impreso.

Valdés, Guadalupe. (1997). "The Teaching of Spanish to Bilingual Spanish-Speaking Students: Outstanding Issues and Unanswered Questions." *La enseñanza del español a hispanohablantes: Praxis y teoría.* Eds. M. Cecilia Colombi y Francisco X. Alarcón Boston: Houghton Mifflin. 8-44. Impreso.

———. (2000). "Bilingualism from Another Perspective: The Case of Young Interpreters from Immigrant Communities." *Research on Spanish in the United States: Linguistic Issues and Challenges.* Ed. Ana Roca. Somerville, Massachusetts: Cascadilla P. 42-81. Impreso.

Valdés, Guadalupe, Joshua Fishman, Rebecca Chávez y William Pérez. (2006). *Developing Minority Language Resources: The Case of Spanish in California.* Clevedon, UK: Multilingual Matters. Impreso.

Valdés, Guadalupe, Anthony Lozano y Rodolfo García-Moya, eds. (1981). *Teaching Spanish to the Hispanic Bilingual: Issues, Aims, and Methods.* New York: Teachers College P. Impreso.

Villa, Daniel J. (1996). "Choosing a 'Standard' Variety of Spanish for the Instruction of Native Spanish Speakers in the U.S." *Foreign Language Annals* 29.2: 191-200. Impreso.

——. (2002). "The Sanitizing of U.S. Spanish in Academia." *Foreign Language Annals* 35.2: 222-30. Impreso.

APÉNDICE A

CARACTERÍSTICAS DEMOGRÁFICAS DE LOS ENTREVISTADOS

Código	Sexo	Edad	Estudiante actual	Lengua dominante	Lugar de nacimiento	Lugar de nacimiento de los padres	Edad de llegada a EE.UU.	Años de residencia en EE.UU.
001	F	35	Sí	inglés	Panamá	Panamá	6	26*
002	M	21	Sí	inglés	República Dominicana	República Dominicana	11	10
003	F	32	Sí	inglés	EE.UU.	Puerto Rico	0	32
004	F	24	No	inglés	EE.UU.	Puerto Rico	0	Vida entera
005	F	32	No	inglés	Colombia	Colombia	7	25
006	F	19	No	inglés	República Dominicana	República Dominicana	4	15

007	F	31	No	inglés	EE.UU.	República Dominicana	0	Vida entera
008	M	18	Sí	inglés	EE.UU.	Guatemala	0	Vida entera
009	F	19	Sí	inglés	Nicaragua	Nicaragua	2	Vida entera
010	M	22	Sí	inglés	Nicaragua	Nicaragua	5	17
011	F	20	Sí	inglés	EE.UU.	República Dominicana	0	Vida entera
012	M	42	Sí	inglés	EE.UU.	Puerto Rico	0	Vida entera
013	M	37	Sí	español	República Dominicana	República Dominicana	30	7
014	M	30	No	inglés	EE.UU.	República Dominicana	0	Vida entera
015	M	26	No	inglés	Venezuela	República Dominicana	1	Vida entera
016	M	26	No	inglés	EE.UU.	República Dominicana	0	Vida entera
017	F	46	No	inglés	EE.UU.	Puerto Rico	0	Vida entera **

018	M	19	Sí	español	Honduras	Honduras	16	3
019	F	22	No	inglés	EE.UU.	Colombia	0	Vida
020	F	28	No	inglés	EE.UU.	España (mat.); Cuba (pat.)	0	Vida entera
021	F	62	No	inglés	Puerto Rico	Puerto Rico	5	57
022	F	51	No	inglés	Puerto Rico	Puerto Rico	2	49

*Vivió en Panamá desde la edad de 1 a 6 y de los 11 a los 14 años. El resto de su vida lo pasó en los Estados Unidos.
** Cursó el quinto grado en Puerto Rico, a la edad de 10.

APÉNDICE B

REACCIONES PRESCRIPTIVAS A LA VARIACIÓN REGIONAL

(B1) Like, I can say I'm going to be late. And my mom would say something like *"Me voy a tardar, tanto tanto tiempo,"* which means I would be late for such and such a time. But the actual way you can say it is *"¿Cuánto tiempo te vas a demorar?"* Which means, it's like, how long is the wait time? So, I would say like *"tardar* ['to be late']" and the professor would be, like, "No, it's *demorar* ['to delay']." (004)

(B2) Well, let's say like if I would say in Spanish "Oh, *la guagua's* ['bus' in Caribbean Spanish] coming", the teacher would say "That's not how you say it; you say the *autobús*. You know, like, so to me, saying *la guagua* is slang, instead of saying the *autobús*, which is the correct way of speaking, you know? Like that. (007)

(B3) Like my boyfriend at the time, he was actually the Dominican one that used the example, it was like sophomore year, he put down something like, say [translate] "a little bit", and he put down *un chin*. And he [the teacher] was like, that's wrong. (019)

APÉNDICE C

COMENTARIOS DE LOS ENTREVISTADOS ACERCA DE LA PRODUCCIÓN DE UN TEXTO TOTALMENTE EN ESPAÑOL

(C1) Entrevistado: Well, I hope to continue in my creative writing with, I hope to keep using a bilingual form. I mean, I don't know if I can get to the point where I could completely write something in Spanish. Which is, you know, of course, a possibility, you know. I don't think I'll write prose or essays or short stories in Spanish, but there will always be a Spanish influence in what I write, in, at a creative level. […] Unless I wrote a whole book in Spanish.

Investigadora: Do you think that might be a possibility?

Entrevistado: You kind of scared me; I would just, I have, I'm such a perfectionist, I'm very meticulous about, like, I'd just criticize myself the whole entire, because I'm not that type with the Spanish. (003)

(C2) Entrevistada: Bueno, yo soy, *I'am an English major*, en literatura, so, a mí me gustaría trabajar en esta área. Y, como yo soy bilingüe, mucho de lo que yo escribo algunas veces es una combinación en inglés y español. […] Yo pienso que todo el mundo tiene una novela, *you know*, en su vida, so eso ha sido, si yo me dejo, a mí me gusta soñar, me gusta tener ilusiones de lo que yo quiero hacer, y para mí un libro fuera algo ideal. […] Yo, obviamente, yo no estoy preparado todavía para hacer, escribir un libro ni *manuscript*, ni nada de eso, pero, puedo seguir tomando clases para poder alcanzar esa meta. Yo no estoy, a mí, yo sí puedo hacer, puedo escribir algo, porque muchos de los escritores latinoamericanos siempre escriben en inglés, pero tienen palabras o frases en español, so, yo me siento cómodo haciendo eso. Si fuera algo completamente en español, yo no estoy en, de ningún modo preparado para eso. (012)

(C3) Entrevistada: I had recently submitted it to [major comercial publisher]. They said they had liked it, but they wanted like a thousand pages, and I've only written like maybe fifteen.

Investigadora: […] And so your plan for that is that's going to be entirely in Spanish.

Entrevistada: Yeah. It's something that I want to do for myself. (017)

337

ALFABETIZACIÓN AVANZADA EN ESPAÑOL EN LOS ESTADOS UNIDOS EN EL SIGLO XXI

María Cecilia Colombi y Dalia Magaña
University of California, Davis

El monolingüismo es una enfermedad curable.

El español ha estado presente desde sus orígenes en los Estados Unidos: desde la fundación de ciudades y asentamientos españoles o mexicanos antes de que los Estados Unidos se constituyeran en una nación (ej. San Agustín, 1565; Santa Fe, 1608, etc.) hasta las comunidades que hablan (y han hablado) español desde hace más de cuatro siglos (Nuevo México, Texas, California, por mencionar solo algunas). Sin embargo recién en las últimas décadas el español se ha hecho mucho más visible en los contextos públicos. En el censo del año 2010, la población latina en los Estados Unidos alcanzó un número récord con 50,5 millones, que constituyen el 16,3 % de la población total (U.S. Census Bureau 2011). Además, es importante considerar que la proporción de los latinos que tienen entre 5 y 24 años es de 37 % en comparación con 27 % de la población no hispana y que este número va en aumentar; se espera que esta población se incremente en un 82 % en los próximos 25 años (US. Census Bureau 2004). En 2008 el U.S. Census Bureau publicó la siguiente información acerca del uso del español en los contextos familiares:

One-in-Five Speak Spanish In Four States
At least one-in-five residents of Arizona, California, New Mexico and Texas spoke Spanish at home in 2007, according to new American Community Survey data released today by the U.S. Census Bureau. Nationwide, an estimated 35 million, or about 12.3 percent, *hablan español* at home. (September 23, 2008)

En California, por ejemplo, el 80 % de los estudiantes en la escuela primaria o secundaria que no hablan inglés como primera lengua son hablantes de español (Colombi y Roca 2003). Además, en una encuesta realizada por Pew Hispanic Center/Kaiser Family Foundation (2004: 2) se declara que:

Language, not surprisingly, stands out as a critical topic (in education). Latinos, like nearly all Americans, insist that the schools should teach English to students who are immigrants or the children of immigrants. *But there is also a strong view among Latinos, especially the foreign born, that the schools should help such students maintain their family's native tongue when it is a language other than English.* (el énfasis –en itálicas– es nues tro)

Pero la posibilidad de una educación bilingüe en las escuelas es constantemente atacada por un sector de la población. Por ejemplo, en los años ochenta las campañas políticas de English Only intentaron declarar el inglés lengua oficial en la mayoría de los estados con una alta población hispana como California, Florida, Colorado, Arizona, etc. Luego, en los noventa, estos grupos, fundamentalmente xenófobos y antihispanos, embistieron contra la educación bilingüe en estados con un alto número de latinos. Los resultados fueron diferentes: las Proposiciones 227 y 203 fueron aprobadas en California[1] y Arizona en 1998 y 2000 respectivamente, y la Proposición 31 fue rechazada en Colorado en 2002. Esto quiere decir que al estudiante de lengua heredada raramente se le da acceso a los registros académicos del español durante su niñez y juventud, privándolo así de la oportunidad de desarrollar un nivel avanzado de alfabetización. Una de las autoras de este trabajo –Dalia Magaña– declara al respecto lo siguiente:

Yo crecí hablando un español informal y de variedad rural mexicana en casa, mientras que en la escuela desarrollaba un inglés académico por medio de mis estudios y un inglés informal por medio de mis amigos en San José, California. Entonces, aunque empecé siendo monolingüe en español hasta los 5 años, nunca desarrollé otros registros en español en la escuela y por lo tanto solo utilizaba la variedad vernácula y rural de la casa o *spanglish* con mi familia o amigos.

Desafortunadamente, este es el caso de millones de latinos en los Estados Unidos. Especialmente en California, con más de 14 millones hispanos que componen el 37,6 % de su población, proposiciones como la 227, que prohíben la educación bilingüe en las escuelas, solo sirven para acelerar la pérdida de la lengua materna en la segunda y tercera generación, especialmente teniendo en cuenta que el desarrollo de la alfabetización en los niños es un "proceso social y cultural" (Moll *et al.*, 2001). Continúa Dalia Magaña:

Por estas razones, durante mi primer año universitario, me inscribí en cursos de español donde fueron obvios mis límites del español académico. Por lo tanto, decidí especializarme en español, lo cual me brindó varias oportunidades al desarrollar más usos del español, pude: ofrecer servicios comunitarios como intérprete y traductora en una clínica que sirve a comunidades hispanas, conseguir empleo como tutora de español para estudiantes universitarios y continuar con mis estudios en lingüística hispánica como profesión académica. Obviamente nada de esto sería posible si no hubiera tenido acceso al español académico en la universidad, ya que al terminar la escuela primaria mi competencia en inglés (sobre todo en contextos públicos y académicos) era muy superior a la del español. En otras palabras, es realmente una tragedia pensar que personas como yo que comienzan la escuela primaria comunicándose principalmente en español, pierden su lengua heredada y no es sino hasta que llegan a la universidad que pueden desarrollar su lengua materna (y ¡esto ocurre solo cuando tienen una gran motivación para mantener o desarrollar su lengua!).

Por desgracia, en las escuelas existen pocas posibilidades de desarrollar un lenguaje académico en otras lenguas que no sean el inglés. Como mencionamos anteriormente, las proposiciones en contra de la educación bilingüe, en varios estados como California y Arizona, impiden un desarrollo a nivel académico de otras lenguas causando la pérdida de las lenguas maternas y acelerando el paso a un monolingüismo en inglés (Roca y Colombi 2003). Esto tiene serias implicaciones para la posibilidad de que los hablantes bilingües puedan obtener un alto nivel de competencia académica tanto en español como en inglés; es decir, que los estudiantes bilingües raramente desarrollan un nivel avanzado de bilingüismo o bialfabetización.

El español en los contextos públicos en los Estados Unidos

El desarrollo del español académico acrecienta los repertorios lingüísticos en contextos académicos y profesionales, ofreciendo de este modo más oportunidades laborales y profesionales. Con respecto a las oportunidades de empleo, un reporte reciente de PRWeb (Emmons 2012) informa sobre la demanda de profesionales hispanos que sean bilingües en múltiples sectores públicos. Según el informe, dada esta necesidad, se ha creado el sitio web de búsqueda de profesiones "Hispanic-Jobs.com," en el cual se anuncian empleos (desde puestos para contadores hasta veterinarios) que son ideales para los hispanos bilingües. Una simple búsqueda para empleos en ventas, negocios y comercio muestra 2 193 ofertas de trabajo; para ámbitos médicos como traductores, intérpretes, doctores, asistentes médicos o enfermeras/os se encuentran 1 716 puestos en los Estados Unidos. En cuanto a los intérpretes, el Bureau of Labor Statistics proyecta un incremento del 22 % para el año 2018 en intérpretes y traductores (Emmons 2012). Esta necesidad se debe a que solo un 6 % de los doctores en EE.UU. habla español (Hass 2010). Esta demanda surge por la necesidad lingüística que tienen un gran número de pacientes hispanos en EE.UU. Un estudio de *Pew Hispanic Center* y *Robert Wood Johnson Foundation* ha demostrado que la lengua dominante de los hispanos es el español: un 41 % habla el español como lengua dominante, 35 % es bilingüe y 24 % es anglodominante (Livingstone, Gretchen; Minushkin, Susan; y Cohn, D'Vera 2008). De estos tres grupos, los que hablan el español como lengua dominante pertenecen al grupo que tiene menos acceso a información médica directamente de un profesional, el que recibe más información médica de los medios de comunicación y además es el grupo que más sigue los diagnósticos y tratamientos que recomiendan estos medios de comunicación (Livingstone, Gretchen; Minushkin, Susan; y Cohn, D'Vera 2008). Para mejorar la situación de estos pacientes se necesitan más profesionales en ámbitos médicos que no sean solo bilingües y biculturales sino que también dominen registros formales e informales en ambas lenguas.

Dada esta necesidad, no sorprenden las exigencias de cursos de español para fines específicos (por ejemplo, el español de negocios, el español de leyes, el español médico etc.) a nivel universitario. El *USA Today* informa cómo las universidades y colegios implementan cursos y programas para satisfacer la demanda de profesionales bilingües (Bonilla López 2011). Por ejemplo, la Universidad de Carolina del Norte en Chapel Hill ofrece una especialización secundaria en el "Español en las profesiones"; la Universidad Baylor ofrece un curso de español intermedio para profesiones médicas, el cual se enfoca en la comunicación con pacientes hispanohablantes, vocabulario médico y las diferencias culturales estadounidenses y latinas; la Universidad Vanderbilt también tiene un curso parecido al de Baylor, con requisitos de servicio comunitario para establecer vínculos culturales con las comunidades hispanas (Bonilla López 2011). Existen numerosos programas parecidos así como programas en planes de desarrollo en muchas universidades estadounidenses. Recientemente, en la Universidad Pan American en Texas se ha implementado un programa innovador para los hispanohablantes: una especialización en el español médico para estudiantes de lengua heredada (Martínez 2010). Los estudiantes de este programa desarrollan destrezas lingüísticas para trabajar en las áreas de la salud, ya que tienen dominio de un vocabulario médico, destrezas de traducción e interpretación en ámbitos médicos y la habilidad de entrevistar a pacientes hispanos (Martínez, 2010). Por lo tanto, es esencial que el hablante de lengua heredada pueda desarrollar los registros del español necesarios para integrarse efectivamente en los sectores públicos donde existen demandas de profesionales bilingües.

El español académico en los Estados Unidos

Más allá de las críticas que ciertas políticas lingüísticas esgrimen en contra de la educación bilingüe y la enseñanza del español como lengua heredada a nivel institucional, existen otros desafíos dentro de las escuelas mismas, causados por la variedad de niveles y competencias de los estudiantes. Los cursos de español como lengua heredada se iniciaron a fines de los años setenta también a nivel universitario. Valdés (1997), una pionera en los estudios sobre el bilingüismo, propone cuatro metas principales en la instrucción del español como lengua heredada: el mantenimiento del español, la adquisición de la variedad prestigiosa, la expansión del repertorio bilingüe y la transferencia de las destrezas de alfabetización entre una lengua y la otra. Esta última meta ha sido refrendada por estudios lingüísticos sobre el bilingüismo que demuestran cómo el desarrollo del bilingüismo y la bialfabetización les dota a los niños de ventajas cognitivas y sociales (Bialystock y Hakuta 1994; Cummins 1989; Hakuta 1986).

El desarrollo del lenguaje académico va más allá de saber leer y escribir; es necesario aprenderlo en formas que requieren un conocimiento específico del lenguaje, de los textos y de los nuevos instrumentos tecnológicos para convertirse en participantes activos en la sociedad actual. La alfabetización académica se puede investigar desde distintas perspectivas, como una habilidad individual concentrándonos en las etapas cognitivas del desarrollo, o a través de perspectivas socioculturales que se enfocan en los contextos históricos, ideológicos y en el rol de la cultura en la comunidad. En este trabajo se estudia la competencia académica de los hablantes bilingües como una capacidad de interactuar significativamente con diferentes textos e interlocutores en un contexto académico y profesional. Esta perspectiva reconoce el hecho de que una persona que ha desarrollado esta competencia puede lograr a través de la escritura y la lectura diferentes propósitos sociales; es decir, considera la alfabetización avanzada como una habilidad lingüística inserta en un contexto social. Si bien los cursos como lengua heredada ya llevan unas cuantas décadas desde que se iniciaron, no ha sido sino hasta hace muy poco tiempo que se ha comenzado a estudiar la capacitación avanzada en dos lenguas o lo que llamamos una biliteracidad en español/inglés a nivel avanzado (Achugar y

Colombi 2008; Colombi 2000, 2006; Valdés 1998). Esos altos niveles de alfabetización se caracterizan no solo por el uso lingüístico de un léxico especializado y registros formales sino también como un proceso social de aculturación de los valores y prácticas de las comunidades específicas (Lemke 2002). Es necesario comprender que una alfabetización avanzada está en continua evolución a nivel individual y social. No se puede pensar como algo que se adquiere de una vez y para siempre. Es decir, una alfabetización avanzada implica saber controlar varios recursos semióticos en diferentes contextos sociales, entendiendo cuáles son las expectativas lingüísticas y sociales de la participación en esos contextos.

Cada disciplina está continuamente desarrollando nuevas formas de percibir, investigar, discutir y evaluar el conocimiento, creando nuevos contextos y nuevas formas de significados. Estas formas novedosas imponen nuevas demandas en los individuos. El crecimiento y desarrollo individual y la habilidad de participar en las instituciones de poder de nuestra sociedad requieren un conocimiento dinámico y el control a la hora de expresar significados en contextos nuevos a través de nuevos recursos semióticos. O sea, que saber manejar los recursos básicos de la escritura (leer y escribir) es solamente el primer paso para no quedar marginado de estas instituciones. Esto tiene importantes implicaciones para nuestras escuelas, donde los estudiantes necesitan ir más allá de conocer lo básico para construir argumentos, criticar teorías, estar familiarizados con medios visuales, interaccionales, electrónicos e impresos para compartir el conocimiento, o sea para "hacer" ciencia, medicina, etc. En otras palabras, necesitan desarrollar las habilidades de una alfabetización avanzada. El desafío para los educadores estriba en posibilitar a todos los estudiantes el acceso a este tipo de alfabetización.

Muchas veces se confunde la idea de una biliteracidad avanzada con el uso del español académico, estándar, formal, o de prestigio. Sin embargo, aquí se propone el desarrollo de capacidades avanzadas como el conocimiento de varios registros del lenguaje que se utilizan efectivamente en sus contextos correspondientes. Por consiguiente, una biliteracidad avanzada se diferencia del español académico, ya que este registro es solo un uso de la lengua. El valorar la variedad lingüística del estudiante de lengua heredada a la vez que se le enseña un registro académico podrían parecer fines opuestos, sin embargo, son complementarios. Aún más, es importante trabajar con estos objetivos cuidadosamente, ya que lo que queremos es que el hablante de lengua heredada comprenda las ventajas del español académico. Ahora bien, esto no implica que se deba favorecer una variedad frente a las otras. En la siguiente cita, Carreira (2000) ejemplifica este problema:

Ideally, the standard and the vernacular must both be embraced at once by SNS [Spanish for Native Speakers], though for different reasons. The former [acquiring the standard] must be cultivated for the valuable, social, and professional opportunities it represents for U.S. Hispanics. The latter [validating the vernacular] must be cherished for its link to the personal history of students, and it must be respected for its linguistic richness and legitimacy. (341)

Antes de llegar al aula de español como lengua heredada, el estudiante solo se comunicaba usando registros informales, caracterizados por préstamos lingüísticos del inglés, calcos lingüísticos, extensión semántica y la alternancia de códigos, resultado natural dado el estrecho contacto con el inglés. Este uso del español es válido y necesario para comunicarse dentro de un cierto contexto: con la familia, con los amigos, con la comunidad etc. Por esta razón, el poseer un conocimiento avanzado del español implica que el hablante puede manejar tanto los registros académicos como los registros que tradicionalmente no tienen mucho prestigio en los EE.UU., como las variedades rurales, o las muy influenciadas por inglés, etc. De hecho, tanto la variedad vernácula del estudiante como la variedad estándar y los registros académicos contribuyen a lo que entendemos como una bialfabetización avanzada. En otras palabras, la persona que ha desarrollado una biliteracidad avanzada tiene la habilidad de poder utilizar los distintos registros lingüísticos de acuerdo a las demandas del contexto social. Por eso no debe entenderse como un conocimiento que se adquiere de una vez y para siempre sino como una habilidad dinámica y en constante interacción con el contexto social y el propósito de la situación (Halliday y Hasan 1989).

Bialfabetización avanzada en español: un ejemplo del ámbito de la medicina.

Esta bialfabetización o biliteracidad avanzada resulta especialmente necesaria en el ámbito médico para sostener una comunicación adecuada con pacientes latinos en los Estados Unidos. Según varios estudios, para numerosos inmigrantes hispanohablantes, la barrera lingüística del inglés resulta en una desventaja grave al recibir tratamiento médico (De la Torre y Estrada 2001; Martínez 2010). Los estudios epidemiológicos han revelado que algunas enfermedades afectan más a los hispanos que a otros grupos étnicos. Por ejemplo, los trabajadores de campo sufren más de enfermedades musco-esqueléticas y envenenamiento de pesticidas que los no hispanos (De la Torre y Estrada 2001), las mujeres hispanas sufren más de cáncer cervical que las mujeres no hispanas de raza blanca y los hispanos tienen más probabilidad de contagiarse del VIH, el SIDA y de morir de diabetes que los anglosajones/no hispanos (Office of Minority Health 2001). La conexión entre esta grave situación y la lengua es importante: la Office of Minority Health propone que los factores predominantes de los problemas de salud en esta población son "las barreras culturales y lingüísticas, la carencia de acceso a cuidado preventivo, y la carencia de seguro médico."

Aunque los Estados Unidos han implementado reglamentos que requieren servicios de intérpretes para pacientes que no hablan inglés, todavía hay muchos hispanohablantes en California que no reciben atención médica adecuada debido a las barreras lingüísticas. Por esta razón, es necesario que más profesionales de la salud alcancen una alfabetización avanzada en ambas lenguas con el fin de promover programas médicos que sean cultural y lingüísticamente apropiados para personas que provienen de áreas rurales de Latinoamérica. Uno de los problemas es que hay pocos estudiantes hispanos en las facultades de medicina (De la Torre y Estrada 2001). Por lo tanto, además de más médicos bilingües, se necesitan más intérpretes, enfermeras y personal médico en general que sean, además, biculturales.

Según De la Torre y Estrada (2001), la competencia lingüística debe ir más allá de la traducción e incluir material educativo que promueva información sobre la salud y que sea culturalmente apropiado al nivel de alfabetización del paciente. (101). La habilidad lingüística por sí misma no va a transmitir el mensaje apropiado, dado que la competencia intercultural tiene un rol importante en la lengua al comunicarse con inmigrantes recientes. Por lo tanto, el conocimiento intercultural para comunicarse efectivamente con los inmigrantes mexicanos de hablas rurales requiere familiaridad con los aspectos sociales, lingüísticos y culturales, los cuales también forman parte de una alfabetización avanzada.

Por estas razones, no es sorprendente descubrir en los estudios epidemiológicos sobre la intervención comunitaria que los pacientes pueden obtener numerosos beneficios cuando se implementa el sistema de las *promotoras* (trabajadoras comunitarias de salud con orígenes étnicos semejantes a los de los pacientes con los que trabajan). El sistema de promotoras ha beneficiado la salud de trabajadores del campo que sufren de diabetes (Ingram *et al.* 2007). Un estudio en particular nos informa que con la implementación de las *promotoras* se ha mejorado la comunicación con los pacientes. Por ejemplo, gracias a las *promotoras*, muchos pacientes estaban más dispuestos a hablar con su familia, amigos y doctores de sus preocupaciones emocionales sobre la diabetes (Ingram *et al.* 2007). Además, cuando se recurre a las *promotoras,* el paciente acaba teniendo un mejor control del nivel glicémico (Ingram *et al.* 2007). Como las *promotoras* y los pacientes comparten un trasfondo étnico y social parecido (vienen de lugares rurales en México), se supone que las *promotoras* gozan de competencia intercultural, lo cual contribuye al éxito en su comunicación con el paciente. Estos estudios demuestran que la conexión entre la lengua y la cultura y el contexto social es dinámica y dialéctica.

Para observar, en un plano lingüístico, esta interacción intercultural en ámbitos médicos, examinemos el discurso de las interacciones entre un doctor mexicano bilingüe y pacientes mexicanos de orígenes rurales en EE.UU. (Magaña 2012). Un ejemplo de lo que concebimos como comunicación intercultural se encuentra en la interacción entre el doctor (D) y uno de sus pacientes (P). El paciente es un mexicoamericano de 35 años de edad, soltero y, según los médicos, esquizofrénico.

Ejemplo 1: Transcripción de la entrevista médica para el paciente #13, (2 minutos y 15 segundos)

D: Y de la mente, ¿qué tienes?
P: A veces hablo cosas que no debo hablar, se me va la mente así, cuando 'taba chiquillo me caí asina, me tuvieron que hacer *surgery*, *brain surgery*.
D: ¿Te hicieron *brain surgery*?
P: Sí, allá en *Texas*, me caí de la troca de mi apá, caí asina.
D: ¿Cuántos años tenías?
P: Unos 5 años, por andar jugando en los *monkey bars*, me caí asina, estaba en una coma, no supe nomás me miré la luz y ...
D: ¿Cuánto tiempo estuviste en coma?
P: 6 horas
D: 6 horas
D: ¿Y te hicieron *brain surgery*?

En la interacción de este ejemplo, el conocimiento intercultural se demuestra cuando el doctor usa la frase *"brain surgery"* en inglés, en vez de su traducción al español. De haber traducido la frase al español, el paciente lo hubiera percibido como una corrección implícita de su uso de lengua. Esta corrección también podría implicar una marca de distancia social y de poder. Probablemente este habría sido el caso si el doctor no hubiera desarrollado una competencia intercultural para comunicarse en un contexto bilingüe. Sin embargo, el doctor no corrige al paciente, al contrario, usa la frase en inglés *"brain surgery,"* no una sino dos veces, cambiando así de registro y demostrando solidaridad con el paciente. Aquí la solidaridad se basa en entender cómo es crecer en un ambiente bilingüe y bicultural en el cual el uso simultáneo de dos lenguas es una práctica aceptable y apropiada entre las personas bilingües.

Otra instancia en la que se observa una comunicación intercultural se muestra en el ejemplo 2, donde el paciente explica sus síntomas siquiátricos: hablar con la pared, escuchar voces y ver al "diablo."

Ejemplo 2: Transcripción de la entrevista médica para el paciente #13, (3 minutos y 40 segundos)

D: ¿Miras al diablo?
P: Embeces.
D: ¿Cómo lo ves?
P: Una imagen mala.
D: Y, es ¿como qué, como humano, animal?
P: Animal .

Cuando el paciente admite haber visto al diablo, el doctor rápidamente asume familiaridad con el diablo y habla de él con indiferencia (como si esta situación fuera algo común). El conocimiento intercultural se muestra cuando el doctor pide más detalles sobre el diablo y le ofrece las opciones de la imagen del diablo como "humano" o "animal." Lo último es lo que se aplica al paciente (ve al diablo como animal). Por lo tanto, el doctor crea una situación cómoda para hablar sobre el diablo, ya que demuestra conocimiento sobre las posibles formas de este. Dada esta comodidad y solidaridad que el doctor crea por medio de una comunicación intercultural, el paciente contesta abiertamente todas las preguntas del doctor sin la menor vacilación. En otras palabras, tanto el conocimiento intercultural como la alfabetización avanzada del doctor tienen un rol importante en este sector profesional, ya que esta comunicación determina si una interacción sobre la salud del paciente es efectiva o no.

Conclusiones

El desarrollo de una bialfabetización avanzada en estudiantes de lengua heredada en los Estados Unidos es un proceso largo y continuo que solamente se desarrolla dentro del contexto educacional. Un enfoque funcional de la enseñanza del español como lengua heredada que tenga como meta el aumento de registros lingüísticos sin el menosprecio o erradicación de las variedades rurales y coloquiales es esencial para facilitar el proceso de bialfabetización y biaculturación. Un enfoque lingüístico funcional también puede ayudar a los estudiantes a reconocer cómo los elementos lingüísticos y culturales contribuyen a la presentación de las ideas y la organización de los textos, es decir cómo el lenguaje nos sirve para crear diferentes significados en distintos contextos sociales.

Nuestro desafío y responsabilidad como educadores es facilitar ese camino por medio de una instrucción explícita y funcional que incorpore nuevos registros al mismo tiempo que reconozca y estimule el uso y crecimiento de los registros interpersonales de los estudiantes. El estudiante de lengua heredada entra al salón de clase con un gran conocimiento cultural y lingüístico del español que debe ser validado y complementado con la enseñanza de un español académico; de ese modo estos alumnos bilingües alcanzarán una bialfabetización avanzada, entendida como una combinación de registros lingüísticos. Mientras más variados sean estos registros que el hablante tiene a su disposición, mayores serán sus oportunidades para participar en distintos contextos sociales y profesionales con éxito.

NOTAS

[1]En California y Texas residen más del 50 % de los latinos (U.S. Census Bureau, 2010).

OBRAS CITADAS

Achugar, Mariana, y M. Cecilia Colombi. (2008). "Systemic Functional Linguistic Explorations into the Longitudinal Study of the Advanced Capacities." *The Longitudinal Study of Advanced L2 Capacities*. Eds. Lourdes Ortega y Heidi Byrnes. New York/ London: Routledge. 36-57. Impreso.

Bialystok, Ellen, y Kenji Hakuta. (1994*). In Other Words: The Science and Psychology of Second- Language Acquisition.* New York: Basic Books. Impreso.

Bonilla López, Viviana. (2011). "Colleges Working to Meet Rising Demand for Spanish-Speaking Professionals." *USA Today*. 11 de noviembre, 2011. Web. 25 de marzo de 2012.

Carreira, María. (2000). "Validating and Promoting Spanish in the United States: Lessons from Linguistic Science." *Bilingual Research Journal* 24.4: 423-42. Impreso.

Colombi, M. Cecilia. (2000). "En vías del desarrollo del lenguaje académico en español en hablantes nativos de español en los Estados Unidos." *Research on Spanish in the United States: Linguistic Issues and Challenges*. Ed. Ana Roca. Somerville, MA: Cascadilla P. 296-309. Impreso.

———. (2003)."Un enfoque funcional para la enseñanza del lenguaje expositivo". *Mi lengua: Spanish as a Heritage Language in the United States*. Eds. Ana Roca y M. Cecilia Colombi. Washington, DC: Georgetown UP. 78-95. Impreso.

———. (2006). "Grammatical Metaphor: Academic Language Development in Latino Students in Spanish." *Advanced Language Learning: The Contribution of Halliday and Vygotsky*. Ed. Heidi Byrnes. London: Continuum. 147-53. Impreso.

Cummins, James, y Marcel Danesi. (1990). *Heritage Languages. The Development and Denial of Canada's Linguistic Resources*. Toronto: Garamond P. Impreso.

De la Torre, Adela, y Antonio Estrada. (2001). *Mexican Americans and Health: Sana, Sana*. Tucson: U of Arizona P. Impreso.

Emmons, Simone. (2012). "Bilingual Spanish-Speaking Health Care Workers Continue to Be in Demand in 2012." *PRWeb*, 28 de enero, 2012. Web. 30 de enero de 2012.

Hakuta, Kenji. (1986). *Mirror of Language: The Debate on Bilingualism*. New York: Basic Books. Impreso.

Halliday, M. A. K, y Ruqaiya Hasan. (1989). *Language, Context, and Text: Aspects of Language in a Social-Semiotic Perspective*. 2nda ed. Oxford: Oxford P. Impreso.

Hass, Jane G. (2010). "Language, a Barrier to Health." *The Orange County Register*. 8 de diciembre, 2010. Web. 3 de enero de 2012.

Hayes-Bautista, David E. (2004). *La nueva California: Latino in the Golden State*. Berkeley: U of California P. Impreso.

Ingram, Maia, Emma Torres, Floribella Redondo, Gail Bradford y Mary L. O'Toole. (2007). "The Impact of *Promotoras* on Social Support and Glycemic Control among Members of Farm worker Community on the US-Mexico Border." *Diabetes Educator* 33.6: 172S-78S. Impreso.

Lemke, Jay. (2002). "Multimedia Semiotics: Genres for Science Education and Scientific Literacy." *Developing Advanced Literacy in First and Second Languages: Meaning with Power*. Eds. Mary J. Schleppegrell y M. Cecilia Colombi. Mahwah, New Jersey: Lawrence Erlbaum . 2-44. Impreso.

Livingston, Gretchen, Susan Minushkin y D'Vera Cohn. (2008). "Hispanics and Health Care in the United States: Access, Information, and Knowledge."

Pew Hispanic Center/ Robert Wood Johnson Foundation. Web. 25 de marzo de 2012.

Magaña, Dalia. (2012). "Language, Latinos and Health Care: Discourse Analysis of the Medical Interview in Spanish: Corpus." Disertación doctoral (en curso). U of California, Davis. Impreso.

Martínez, Glenn A. (2010). "Medical Spanish for Heritage Learners: A Prescription to Improve the Health of Spanish-Speaking Communities." *Building Communities and Making Connections*. Eds. Susana. Rivera-Mills y Juan Trujillo. Newcastle Upon Tyne: Cambridge Scholars Publishing. 2-15. Impreso.

Moll, Luis C., Ruth Saenz y Joel Dworin. (2001). "Exploring Biliteracy: Two Student Case Examples of Writing as a Social Practice." *The Elementary School Journal* 101.4: 435-49. Impreso.

Office of Minority Health. (2001). *National Standards for Culturally and Linguistically Appropriate Services*. Washington DC.: U.S. Department of Health and Human Services. Web. 25 de marzo de 2012.

Pew Hispanic Center/ Kaiser Family Foundation. (2004). "National Survey of Latinos: Education." Web. 25 de marzo de 2012.

Roca, Ana, y M. Cecilia Colombi (Eds.). (2003). *Mi lengua: Spanish as a Heritage Language in the United States*. Washington, DC: Georgetown UP. Impreso.

U.S. Census Bureau (2011). "Hispanics in the United States." Web. 25 de marzo de 2012.

Valdés, Guadalupe. (1997). "The Teaching of Spanish to Bilingual Spanish-speaking Students: Outstanding Issues and Unanswered Questions." *La enseñanza del español a hispanohablantes: Praxis y teoría*. Eds. Cecilia Colombi y Francisco X. Alarcón. Boston: Houghton Mifflin. 8-44. Impreso.

Valdés, Guadalupe, y Michelle Geoffrion-Vinci. (1998). "Chicano Spanish: The Problem of the 'Underdeveloped' Code in Bilingual Repertoires." *Modern Language Journal* 82. 4: 325-53. Impreso.

EL PAPEL DEL *TRANSLENGUAR* EN LA ENSEÑANZA DEL ESPAÑOL EN LOS ESTADOS UNIDOS

Ofelia García
Graduate Center of The City University of New York

Introducción

La enseñanza del español en los EE.UU. tiene una larga trayectoria (García 1993, 2003, 2009 b, c, d). En las últimas décadas, la enseñanza del español en los EE.UU. ha tenido que responder al creciente número de hispanohablantes en el país, producto del aumento migratorio que acompaña la globalización en el siglo XXI (Potowski 2005; Valdés 1997). Este trabajo sostiene que, a pesar de que se han desarrollado nuevos programas educativos para responder a la presencia del español en los EE.UU., la pedagogía en todos los programas sigue pautas establecidas en eras anteriores. Argumento aquí que para que se deje de considerar al español como presencia extranjera *en* los EE.UU. y adoptarlo como un español *de* los EE.UU., hablado por ciudadanos bilingües, tendríamos que aceptar las prácticas comunicativas que he denominado "*translanguaging*" (García 2009a) y adoptar una metodología en la enseñanza que utilizara esas prácticas del translenguar bilingüe.

Después de definir brevemente el concepto del translenguar bilingüe, describo los diferentes programas para enseñar español en los EE.UU. en la enseñanza primaria, secundaria y terciaria –enseñanza del español como lengua extranjera, enseñanza del español como lengua de herencia, y enseñanza bilingüe–. Tras deslindar las diferencias entre estos tres programas educativos, intento mostrar cómo todos se basan en conceptos sociolingüísticos desarrollados en el siglo XX que poco tienen que ver con la situación de un mundo globalizado y postcolonial. Con ese objetivo, basándome en una crítica de la diglosia tradicional, afirmo que el uso translingüístico, es decir, el translenguar bilingüe, es lo que caracteriza al ciudadano del siglo XXI, por una parte librado del yugo colonial, por otra, en relaciones y posiciones sociales dinámicas, producto de la globalización. De esa manera, intento un acercamiento crítico a los conceptos tradicionales de ser "hablante nativo," de tener "una primera lengua" o una "segunda lengua," y explico cómo estos conceptos han contribuido a excluir al español de los EE.UU. (y también a excluir a los bilingües estadounidenses del mundo hispanohablante) y a mantener el privilegio de los que hablan inglés "nativo" o español "nativo." Adelanto también el concepto de *bilingüismo dinámico* como la noción más apropiada en el siglo

XXI que aquellos de bilingüismo aditivo o subtractivo que han esgrimido los educadores hasta ahora. Y teorizo cómo el reconocimiento del translenguar bilingüe como práctica discursiva y práctica pedagógica podría cambiar la situación sociolingüística del español en los EE.UU., otorgándole la autenticidad de ser parte íntegra de las prácticas discursivas de hablantes estadounidenses, y no simplemente de aquellos que son vistos como extranjeros, inmigrantes, inferiores, hablantes de inglés como "segunda lengua," y no hablantes "nativos" del inglés o inclusive del español. En otras palabras: "los Otros."

El translenguar

En García (2009a) he definido el translenguar como el conjunto de prácticas discursivas complejas de todos los bilingües y las estrategias pedagógicas que utilizan esas prácticas discursivas para liberar las maneras de hablar, ser y conocer de comunidades bilingües subalternas. El translenguar es diferente del denominado "code-switching" en inglés, ya que no se refiere a una alternancia o cambio de código, sino al uso de prácticas discursivas que, vistas desde una perspectiva bilingüe, no pueden ser fácilmente asignadas a una u otra lengua. Al enfatizar el acto de "lenguar" (lo que en inglés se conoce como "*languaging*," véase, por ejemplo, Shohamy 2006) y no el concepto abstracto de "lengua," el acto de translenguar destaca las prácticas lingüísticas de las personas, y no las lenguas definidas, construidas, y hasta inventadas por naciones-estados y sus instituciones (véase Makoni y Pennycook 2007).

Muchos de los conceptos con que se ha estudiado el bilingüismo y las lenguas en contacto en el siglo XX –el cambios de código, la diglosia, el concepto de primera y segunda lengua, el hablante nativo, la fosilización y la adquisición incompleta– han sido construidos con un lente monoglósico y dentro de una epistemología estructuralista, que no tienen en cuenta las prácticas bilingües locales en toda su complejidad (Pennycook 2010) y dentro de un contexto de superdiversidad (Blommaert 2010). Por lo tanto, el translenguar se construye dentro de una epistemología post-estructuralista y post-colonialista, que reconoce la heteroglosia de las prácticas discursivas de los hablantes, sobre todo los multilingües, y las características dinámicas que las definen.

Al enfatizar el aspecto "trans," el translenguar se fundamenta en el concepto de "transculturación" acuñado en 1940 por el etnólogo cubano Fernando Ortiz:

[E]n todo abrazo de culturas sucede lo que en la cópula genética de los individuos: la criatura siempre tiene algo de ambos progenitores, pero también siempre es distinta de cada uno de los dos. En conjunto, el proceso es una *transculturación* y este vocablo comprende todas las fases de su parábola. (96)

El translenguar no es por ende simplemente la adaptación pasiva a una o dos lenguas autónomas o estándares, sino el surgir de prácticas lingüísticas nuevas y complejas, producto de la mayor representación de los hablantes en un mundo globalizado, postcolonial y muy diverso.

La enseñanza del español en los EE.UU.: perspectivas históricas

En 1993, al describir la política lingüística del español en los EE.UU., aludí al nombre de Goya para indicar el cambio de asociación de "Goya" como pintor, a "Goya" como simplemente marca de productos alimenticios latinos, que se dio en el siglo XX. Pero en los últimos 20 años, Goya se ha extendido desde el mercado local latino hasta todos los supermercados estadounidenses y a hogares en que todos, y no solo los latinos, consumen sus productos. Algo parecido ha pasado con los programas educativos en español. Desde aquellos elitistas que consideraban el español solamente como lengua extranjera de la corte y sociedad españolas, marginando al español latinoamericano y a aquel hablado por todos los que vivían a la sombra del imperialismo yanqui tanto en Latinomérica como en los EE.UU., se pasó a mediados del siglo XX a crear programas educativos dirigidos a la minoría hispanohablante que vivía en el país. Hoy día, sin embargo, la situación es mucho más compleja, y así como los frijoles Goya, el español de los hispanohablantes estadounidenses empieza a ser reconocido y consumido por todos, no solo por los latinos. En la enseñanza primaria, secundaria y terciaria estadounidense se crea entonces una situación diferente de la que nos encontrábamos cuando el español era solo lengua extranjera para la mayoría angloparlante, o cuando el español era solo lengua de herencia para la minoría hispanohablante. Pero a pesar de que los productos Goya son consumidos por todos, adaptándolos a sus costumbres alimenticias, la educación del español en los Estados Unidos no se amolda a la nueva situación bilingüe, abarcadora y dinámica en que se encuentra. Repasamos aquí los tres tipos de programas para la enseñanza del español en los EE.UU. –la enseñanza del español como lengua extranjera, la enseñanza del español como lengua de herencia y el español en la educación bilingüe–, señalando la ideología monoglósica que reina en los tres programas, empecinada en la compartamentalización diglósica del español y el inglés. Es decir, a pesar de que los tres programas parecieran apoyar el bilingüismo, siguen una ideología monoglósica que rehúsa aceptar las prácticas más heteroglósicas del translenguar de los bilingües. (Para la diferenciación entre una ideología monoglósica del bilingüismo y una ideología heteroglósica, véase Del Valle 2000; García 2009a.) Es esta insistencia en la separación del español del inglés lo que precisamente mantiene al español al margen, asignándole un rol foráneo y no estadounidense, y que prohíbe, por ende, su apropiación como lengua *de* los EE.UU.

La enseñanza del español como lengua extranjera[1]

Se ha dicho que el comienzo de la tradición de enseñanza del español como lengua extranjera fue la cátedra de francés y español que se estableció en Harvard en 1835 (García 1993). Pero no es hasta el período de la Primera Guerra Mundial que el español cobra vigor como materia de estudio en escuelas secundarias. En 1917 se establece la Asociación Americana de Profesores de Español (ahora AATSP), como resultado de los ataques en contra de la enseñanza del alemán ocasionados por la guerra. Pero aun entonces, no había interés en que el español se enseñara en las escuelas primarias. Es más, Lawrence A. Wilkins, primer presidente de la Asociación, declara en 1918: "*I believe no foreign language should be taught in the elementary schools*" (citado en García 1993: 76). La pedagogía entonces, tanto en la enseñanza secundaria como en la terciaria, se limitaba a la traducción de lecturas del español al inglés.

Este clima en contra del aprendizaje del español como lengua de comunicación cambia radicalmente a mediados del siglo XX como resultado de, por un lado, la era espacial lanzada por Sputnik, y por otro, la era de derechos civiles. Como resultado del lanzamiento de Sputnik por los rusos, se pasa el *National Defense and Education Act* (NDEA), que incluye incentivos económicos para establecer programas de enseñanza de lenguas extranjeras como medida de defensa para los EE.UU. Se desarrolla entonces la metodología "audiolingüe," que enfatiza la lengua oral en vez de la escrita. Y se establecen programas de enseñanza de español en escuelas primarias, más conocidos como FLES (Foreign Languages in Elementary Schools). Pero estas innovaciones pedagógicas y educativas no tienen mayor repercusión, en parte porque se acelera al mismo tiempo una era de derechos civiles en que el español se empieza a asociar a latinos estadounidenses, mayormente inmigrantes, pobres, y no blancos.

En el siglo XXI, la enseñanza del español como lengua extranjera continúa, como en el siglo XX, siendo materia de estudio mayormente en escuelas secundarias del país. En el año 2000, había 4 057 608 estudiantes de español en escuelas secundarias (del noveno al duodécimo año escolar). Esto constituye un crecimiento grande si tomamos en consideración que en el año 1910 (antes de la Primera Guerra) solo había 6 406 estudiantes de español en escuelas secundarias, y en el año 1958 (cuando se pasa el NDEA) había 691 024 (Draper y Hicks 2002). Si en el año 2000 había 4 millones de estudiantes del español en escuelas secundarias estadounidenses (grados 9 a 12), había solo 699 765 en escuelas intermedias (grados 7 a 8) y 304 882 en escuelas primarias (grados Kindergarten al sexto). Como vemos en la Tabla 1, el 80 % de los estudiantes de español, al cerrar el siglo XX, eran estudiantes de secundaria.

Nivel		
Primario (K-6)	304 882	6%
Intermedio (7-8)	699 765	14%
Secundario (9-12)	4 057 608	80%

TABLA 1. Estudiantes de español como lengua extranjera, 2000*

*Cifras tomadas de Draper y Hicks 2002

La enseñanza de lenguas extranjeras, incluyendo el español, ha sufrido un descenso desde la implementación de la ley federal de *No Child Left Behind* en el 2002, ya que los recursos económicos han sido utilizados para fortalecer el desarrollo del inglés y las matemáticas (Dillon 2010). Sin embargo, el español sigue siendo una materia de estudio importante en las escuelas secundarias del país. En 2008, el 93 % de las escuelas secundarias que enseñan lenguas tienen programas de español (Rhodes y Pufhal 2009). El descenso más grande ha ocurrido en las escuelas primarias. Además, en casi el 50 % de las escuelas primarias en que el español se ofrece, se enseña no como FLES, sino como FLEX (Foreign Language Experience), es decir siguiendo un programa exploratorio en que se expone a los niños a la lengua y a la cultura, pero sin proponerse desarrollar destrezas en español (Rhodes y Pufhal 2009).

A nivel terciario ha habido un gran crecimiento en el número de estudiantes de español, aunque no se puede comparar con el número de estudiantes en escuelas secundarias. Aunque en el año 1960 había solo 178 689 estudiantes de español en universidades estadounidenses, para el 1998 había 656 590 (Furman, Goldberg y Lusin 2007). Esta cifra continúa en ascenso, y en 2006 la población estudiantil universitaria de español llegó a 822 985 (Furman, Goldberg y Lusin 2007). Es importante notar que este estudio no tuvo en cuenta las clases de español para hispanohablantes (véase el próximo apartado).

A pesar del interés de los estudiantes en aprender español, la enseñanza del español en los EE.UU., mayormente centrada en las escuelas secundarias, continúa una tradición elitista de estudio, con énfasis en el español como materia escolar, en vez de instrumento de comunicación con los muchos hispanohablantes en el mundo, incluyendo a los estadounidenses. Aun cuando la metodología comunicativa parece haber triunfado, y los estándares académicos exigen, además de leer y escribir, destrezas de comprensión y habla, el considerar el español únicamente como materia de estudio está abocado al fracaso, haciendo poca mella en lograr ciudadanos bilingües. Así se logra que el inglés continúe siendo la única lengua valorizada en los EE.UU. Al español se le relega a un estatus de lengua extranjera, lengua de los 'Otros,' lengua que tiene que ser apartada y separada para mantenerla en un lugar inferior.

La enseñanza del español como lengua de herencia

El gran número de estudiantes de ascendencia hispanohablante que se encuentran en las escuelas estadounidenses ocasiona la ruptura de la tradición elitista de estudio, volcándose la instrucción entonces en desarrollar las destrezas académicas de aquellos que ya tienen destrezas pasivas en español, pero muchas veces no productivas, y rara vez académicas. La enseñanza del español a hispanohablantes se remonta a los años 30 (Valdés-Fallis y Teschner 1977). Este campo recibió el reconocimiento oficial de la Asociación Americana de Profesores de Español y Portugués (AATSP) en 1972 (Roca y Colombi, 1999). Sin embargo, no es hasta la década del 80 y el 90 en que comienzan los esfuerzos por transformar algunas clases de español para extranjeros a nivel secundario y terciario para atender a las necesidades de estudiantes de ascendencia hispanohablante (Valdés, Lozano y García Moya 1981).

Comienzan así las secciones de clases de español a nivel secundario y terciario denominadas "Español para nativos" o "Español para hispanohablantes" (Valdés 1997). Para 2010, un 40 % de los programas de español tenían algún tipo de instrucción para hispanohablantes (Beaudrie 2012). A pesar de la atención que este campo ha generado, sobre todo en la última década, para el año 2000, solo había 127 551 estudiantes de secundaria en clases de español para "nativos" (Draper y Hicks 2002). Comparado con los 4 millones de estudiantes de secundaria que estudian español, y casi el millón de estudiantes de origen latino que en 2000 tenían entre 15 y 17 años, el número parece insuficiente (véase Valdés, Fishman, Chávez y Pérez, 2006).

Muy recientemente se ha adoptado la denominación "cursos de español como lengua de herencia" para hablar de las clases, sobre todo a nivel secundario y terciario, que incluyen a hablantes de origen hispano y que se encuentran en diferentes puntos del continuum bilingüe. En otras ocasiones he explicado el significado de este cambio discursivo (García 2005), argumentando que, a pesar de las buenas intenciones de los educadores, el término "lengua de herencia" parece dar un salto ideológico hacia atrás, excluyendo por tanto el español de los hispanohablantes y tildándolo de lengua del pasado y no del presente, como si existiera en otro espacio "extranjero" y no en un espacio estadounidense. Además, la popularidad del vocablo "de herencia" coincide con el silenciamiento del vocablo "bilingüe" en la sociedad estadounidense (véase Crawford 2004; García y Kleifgen 2010), haciéndose así sospechoso. Se reconoce el español de los hispanohablantes, pero solo como lengua de herencia, separada y compartimentada del inglés, y no como parte de las prácticas discursivas de los bilingües norteamericanos. La enseñanza del español como lengua de herencia se enfoca en mostrar precisamente a los estudiantes, que casi siempre son ya bilingües, el español aislado del inglés, como parte de otros contextos monolingües ajenos a los que lo estudian. Es decir, se estudia el español como lengua de herencia en el pasado, en otro espacio nacional, no dentro de un presente bilingüe estadounidense y diverso. Y aunque se reconoce el español de los muchos hispanohablantes que viven *en* los EE.UU., el objetivo de la instrucción es precisamente que los estudiantes manejen un español que sea el de "otros" –mexicanos, dominicanos, puertorriqueños, cubanos, españoles–, pero nunca el español *de* los estadounidenses, que comprende, por necesidad, prácticas discursivas del translenguar bilingüe, lo que otros denominan *spanglish* para así subyugarlo, estigmatizarlo y robarle un rol auténtico como lengua *de* los EE.UU. (para una crítica del concepto de *spanglish*, véase Otheguy y Stern 2010).

Haciendo una revisión de los libros de texto para enseñar español para hispanohablantes, Leeman y Martínez (2007) han demostrado como estos han cambiado de orientación desde los años 70 hasta nuestros días. Mientras que en los años 70 y 80 los libros consideraban el español como una lengua comunitaria, en los años 90 los libros cambian de enfoque hacia un español global. Así se separan del español como lengua de una comunidad bilingüe en los EE.UU.

La enseñanza bilingüe

El uso del español para la enseñanza de hispanohablantes en los EE.UU., ya no solo como lengua de herencia, sino inclusive como lengua materna, tiene también una larga historia, sobre todo en los territorios del suroeste en la segunda mitad del siglo XIX, como resultado de la expansión imperialista de los EE.UU. Pero para fines del siglo XIX, el español en la enseñanza y en la educación bilingüe se ven sustituidos por el uso exclusivo del inglés. Hubo que esperar hasta el éxodo de los cubanos hacia Miami y la era de los derechos civiles en la década de los sesenta para asistir al resurgimiento del uso del español como lengua materna en la educación de hispanohablantes en escuelas públicas estadounidenses. Pero muy pronto, la ley federal que apoyaba con recursos económicos el establecimiento de programas educativos en que el español se usara con esos fines (el *Bilingual Education Act*: Título VII del *Elementary and Secondary Education Act*, 1968) fue alterada. En su segunda reautorización en 1974, el Congreso definió la educación bilingüe como transicional, cambiando para siempre el rol del español en la educación y relegándolo a un rol remediativo para subsanar la falta de proficiencia en inglés. Ahora se considera al español no como lengua extranjera, o de herencia, o inclusive materna, sino como bastón de apoyo temporario mientras los estudiantes desarrollan proficiencia lingüística en inglés. De nuevo: solo el inglés vale. El español se habla en los EE.UU., pero no le puede pertenecer a nadie que sea estadounidense de verdad. El bilingüismo solo puede ser sustractivo, una etapa intermedia para alcanzar lo único que vale: el monolingüismo en inglés.

Pero la situación se complica a medida que entramos en el siglo XXI, ya que algunos padres angloparlantes o bilingües empiezan a exigir que sus hijos aprendan también español. Dado los pocos programas de español en las escuelas primarias del país, la educación bilingüe, especialmente a nivel primario, empieza a ceder espacio a aquellos que ya hablan inglés. Así crecen los llamados "programas duales," un tipo de educación bilingüe en que la mitad de los estudiantes son hispanohablantes y aprenden inglés y en inglés, y la otra mitad hablan inglés (ya sean monolingües o bilingües) y aprenden español y en español. Sin embargo, a pesar del crecimiento del bilingüismo español-inglés que vive la nación, la escuela estadounidense reacciona restringiendo los espacios para el español. Así es que esos programas bilingües duales desvían su potencial para convertirse en maneras de controlar el español, asignándolo a espacios separados, compartimentados, espacios *en* español, en vez de potencializar esos espacios con las prácticas discursivas que caracterizan al español *de* los EE.UU. De esa manera, insistiendo en la dualidad de los espacios, y no en un bilingüismo integrado, el español sigue siendo relegado a otro espacio, a un espacio alterno que cuenta poco, sobre todo en un clima educativo de exámenes estandarizados en inglés. En otras palabras, se le endilga al español el sambenito de otredad, sin reconocer su potencial de ser lengua de estadounidenses bilingües. El próximo apartado de este trabajo considera cuáles han sido algunos mecanismos de otredad que se han utilizado en la enseñanza del/y en español para asegurarse de que a pesar de su presencia en la escuela, el español no compita con el inglés, ni le ceda espacio identitario. Para esto, la enseñanza del/y en español en los EE.UU. se ha apoyado en teorías sociolingüísticas que, aunque válidas para el siglo XX, dejan mucho que desear en el siglo XXI.

Cuestionando mecanismos de otredad

La escuela en el siglo XX sirvió de mecanismo nacional para imponer una lengua e identidad única: la dominante. Así la escuela pública estadounidense cumplió ese papel al educar a la gran cantidad de inmigrantes que llegaron sobre todo a finales del siglo XIX, y continúa haciéndolo hasta nuestros días. Pero la inmigración reciente es mayormente hispanohablante y llega a un país que ya no puede actuar solo, sino que depende de sus relaciones globales. Y los hispanohablantes se van haciendo bilingües, y en nuestro mundo globalizado y postcolonial, el bilingüismo norteamericano se va enraizando, a diferencia de lo que ocurría anteriormente cuando los inmigrantes se convertían rápidamente en ciudadanos que solo hablaban inglés.

Sin embargo, en el siglo XXI, la escuela continúa actuando como si todavía estuviéramos en el siglo XX, insistiendo en el inglés, y, en los pocos y cortos espacios en que le presta atención al español, asegurándose de que esta sea lengua extranjera, lengua de herencia, lengua de minorías, lengua de otredad. La lingüística aplicada y la lingüística educativa, influidas por conceptos sociolingüísticos desarrollados en el siglo XX, cuando el monolingüismo se consideraba la norma, han sido también responsables de la miopía de los educadores, inculcándoles conceptos que sirven a los intereses de las naciones-estados y que han sido construidos con una óptica monolingüe, y cuanto más, con una óptica bilingüe, pero monoglósica.

Fue Joshua Fishman quien, basándose en el concepto de diglosia propuesto por Ferguson (1959), expone que solo la compartimentación de dos lenguas en dominios separados y de distinta función social podría resultar en un bilingüismo social estable (Fishman 1967). Como resultado, los programas de enseñanza de/y en otras lenguas desarrollados en el siglo XX mantienen como principio el uso exclusivo de la lengua que se aprende. Y aun en programas bilingües, las lenguas se separan estrictamente de acuerdo a tiempo, persona o sujeto (García 2009a). Se pretende que un bilingüismo presumiblemente aditivo y diglósico pueda resultar en un bilingüismo balanceado. Pero lejos del balance, este acercamiento educativo al bilingüismo tiene como resultado que se mantenga esa "segunda" lengua en posición inferior, en posición "segunda," asegurándose así el triunfo exclusivo de la lengua dominante, de la lengua que siempre debe permanecer en "primer" lugar y a la que, sin embargo, solo pueden llegar los que son realmente "nativos." Para los angloparlantes que aprenden español, el español siempre será una "segunda" lengua; para los hispanohablantes que aprenden inglés, el inglés siempre será también una "segunda" lengua, asegurándose así que solo los angloparlantes monolingües puedan considerarse "nativos." Se exige un hablante "monolingüe ideal" y se espera una adquisición de "logro definitivo." Cuando no es así, se tilda a los hablantes de haber sido "fosilizados," y de tener "una adquisición incompleta." La diglosia educativa, tanto como la social, mantiene en su lugar tanto a la lengua inferior como a todas las prácticas que no se ciñan a los patrones lingüísticos de quienes ostentan el poder, siempre renuentes a compartir sus sacrosantos dominios. Lejos de conservar un bilingüismo estable, la diglosia garantiza que el poder de la lengua dominante y la manera de usarla no sea compartido, y que la "otra" lengua y las otras prácticas discursivas se mantengan en posición inferior. La diglosia garantiza así la preservación del poder de la lengua dominante (y el poder de sus hablantes), pero no de un bilingüismo equitativo. Y la diglosia en la educación solo sirve para excluir aquellas prácticas lingüísticas que no son consideradas apropiadas por la nación-estado y sus agentes de poder.

Makoni y Pennycook (2007) han señalado que el concepto de lenguas enumerables y vinculadas a identidades nacionales singulares ha sido producto de una construcción social deliberada, ya sea por misioneros, lingüistas, o políticos (véase también Bailey 2007; Heller 2007). El bilingüe, y sobre todo el bilingüe en el siglo XXI, en situaciones dinámicas que facilitan las nuevas tecnologías y con más agencia (en el sentido que se le da a este término en los trabajos de Vygotsky) que en el mundo colonial, no tiene simplemente dos sistemas lingüísticos separados, únicos e independiente. El bilingüismo no se puede entender de manera "aditiva," como si fuera la suma de dos lenguas autónomas, una "primera" y una "segunda." Y el bilingüe no es simplemente dos monolingües en uno (Grosjean 2010). El bilingüismo en el siglo XXI es *dinámico* (García, 2009a), y no aditivo, ni diglósico, salvo en casos de colonización u opresión. El hablante bilingüe con verdadera agencia utiliza su repertorio lingüístico, que abarca prácticas y rasgos normalmente asociados con un sistema u otro, de una manera dinámica, para significar y construir significados. Son estas prácticas discursivas dinámicas, que sirven para que el bilingüe acceda a todos los aspectos de su vida social con dignidad y libertad, lo que he denominado *translanguaging* (García 2009a) y al cual me refiero aquí como *translenguar*.

Una visión monoglósica del bilingüismo entroniza y fija lo que es una primera y una segunda lengua, y lo que es un hablante nativo y un hablante de una segunda lengua, para mantener así el poder de algunos y excluir a los otros. Sin embargo, una visión dinámica y heteroglósica del bilingüismo aclara que es imposible fijar estos conceptos, ya que las prácticas lingüísticas del bilingüe cambian según la situación sociolingüística en que se encuentre el hablante. Las prácticas lingüísticas del bilingüe están constituidas por partes y piezas de su repertorio lingüístico, y no simplemente por dos lenguas separadas y autónomas. Es entonces el translenguar lo que caracteriza las prácticas discursivas no ya del hispanohablante en los EE.UU., sino del *hispanohablante de los EE.UU.* Para dejar de ser lengua de "otros," hablada únicamente en el territorio estadounidense por hispanohablantes latinos considerados minorías, y reconocerse como práctica discursiva de muchos norteamericanos, el concepto del español de los EE.UU. tendría que incluir ese translenguar que lo dinamiza, práctica auténtica de los muchos bilingües norteamericanos.

Para sustentar, entonces, no ya el español estadounidense, que no existe como tal, sino las prácticas discursivas dinámicas bilingües, es decir, el translenguar de los muchos bilingües de los EE.UU., es preciso también utilizar esas prácticas en la pedagogía que se utiliza para enseñar el español. Así podríamos crear ciudadanos estadounidenses que manejen aspectos y rasgos del español dentro de su repertorio lingüístico, sin excluir, claro está, aquellas características que sean parte de lo que se considera "el estándar." No se trata entonces de añadir una segunda lengua que siempre será considerada "extranjera" y perteneciente a otros espacios nacionales, ni de agregar una lengua de herencia y pasado, asociada con otra identidad etnolingüística, ni de utilizar el español solo como apoyo para aprender el inglés, se trata de reconocer las prácticas discursivas asociadas a lo que se denomina "español" como parte del repertorio lingüístico de los muchos bilingües de EE.UU. Solo compartiendo espacios con el inglés en una interacción funcional dinámica, es decir, en lo que podríamos denominar una *transglosia* (García 2009a, en prensa a, b), podríamos reclamar que esas prácticas asociadas con el español también puedan formar parte auténtica del repertorio lingüístico de EE.UU., junto a aquellas asociadas con el inglés. Para crear conciencia de una identidad estadounidense bilingüe tendríamos que aceptar una identidad múltiple e híbrida, junto con un repertorio lingüístico fluido que no consista simplemente del inglés (según se entiende en contextos monolingües) ni del español (según este también se entiende en contextos monolingües), sino que podría, con la ayuda de una escuela librada de prejuicios lingüísticos, llegar a incluirlos.

El mecanismo a través del cual se podría luchar dentro de la enseñanza para llegar a este fin es precisamente el translenguar pedagógico. En el siguiente apartado doy ejemplos de cómo este mecanismo podría ser un medio de integración, de justicia social y de igualdad; de ese modo, todos aquellos que hablamos español en los EE.UU. podríamos manifestarnos como hablantes bilingües estadounidenses con dignidad, y hasta con ventajas sobre los hablantes monolingües estadounidenses.

El translenguar como mecanismo integrador en la enseñanza del español en los EE.UU.

Anteriormente he definido el translenguar como las *prácticas discursivas complejas* de todos los bilingües, y las *pedagogías que utilizan esas prácticas discursivas* para liberar las maneras de hablar, ser y conocer de comunidades bilingües subalternas. En este apartado quisiera enfocarme en el concepto del translenguar en el campo de la pedagogía. Fue dentro del ámbito pedagógico que Cen Williams acuñó el término en galés (*Trawsieithu*), refiriéndose a una metodología en que el inglés o el galés se utilizan como lengua de "input," y lengua de "output," alternativamente (1997). Por ejemplo, los estudiantes pueden leer en galés, pero escribir en inglés o viceversa; o hablar en inglés pero leer en galés. Tanto García (2009a), como Blackledge y Creese (2010) y Creese y Blackledge (2010) han extendido el término a todo uso bilingüe flexible en la enseñanza de lenguas.

En el siglo XX, y a raíz de la introducción de lo que se conoce como "método directo," la lengua adicional se enseña directamente sin reconocer las posibilidades de la traducción, ni las oportunidades que surgirían si tanto los estudiantes, como los profesores, utilizaran sus propias prácticas lingüísticas. Cummins (2007) se refiere a esto como las "dos soledades," y añade que no hay datos empíricos para sostener una pedagogía que excluya la lengua del hogar. Así, dice Cummins, "se excluyen del aula oportunidades importantísimas para aprender la segunda lengua y usarla" (238).

El translenguar como pedagogía es una manera de trabajar en *el intersticio* o el espacio, por una parte, entre los diseños globales de las naciones-estados y sus sistemas educativos que restringen las oportunidades de los que estudian la lengua adicional, y por otra, las historias locales de los hablantes bilingües y multilingües que "lenguan" de diferentes maneras, sin responder a los designios de la nación-estado que impone las características de lo que determina ser "su" lengua. Las aulas generalmente excluyen prácticas lingüísticas que no se ajusten a esos designios nacionales sobre lo que debe ser la lengua de sus hablantes.

Sin embargo, los maestros y estudiantes violan frecuentemente los principios que excluyen las prácticas lingüísticas de los estudiantes, al darse cuenta de que las pedagogías reinantes no cumplen una función útil. Aunque se describe el uso exclusivo del español estándar en todas las clases de lengua extranjera, de herencia y bilingües, este no es el caso. Y tanto los maestros como los alumnos utilizan prácticas orales y escritas del hogar de los estudiantes, tanto lo que se considera español, como lo que se considera inglés, para lograr la comprensión y el aprendizaje. Arguyo entonces que para que la sociedad reconozca el español bilingüe como *de* los EE.UU. y *de* un mundo global hispanoblante, la escuela norteamericana tendría que adoptar una actitud mucho más integradora que la que ha tenido hasta ahora, incluyendo tanto el inglés, como las prácticas bilingües de los que hablamos español estadounidense. Para eso, el translenguar como pedagogía tendría un papel importante, y los maestros de español tendrían que adoptar una ideología heteroglósica (véase Valdés *et al.* 2003).

Para utilizar ese translenguar pedagógico, tendríamos que darle cabida auténtica dentro de nuestra ideología lingüística y pedagógica. ¿Cómo se lograría? Resumo aquí cinco ejemplos del translenguar pedagógico que responden a una visión dinámica y ecológica del aprendizaje bilingüe (para más sobre esto, véase Larsen-Freeman y Cameron 2008; Van Lier 2004).

La traducción translenguada

La pedagogía comunicativa que se empezó a utilizar a mediados del siglo XX excluyó de nuestras prácticas pedagógicas contemporáneas la traducción. Pero recientemente hemos empezado a recuperar el valor de la traducción en la pedagogía. El translenguar pedagógico no llevaría a exigir traducciones fieles, como se hizo en el siglo XIX y XX, pero sí insistiría en que los estudiantes parafrasearan el texto de acuerdo a sus propias prácticas lingüísticas, incluyendo las prácticas del hogar, como también las académicas. Estos ejercicios de traducción libre podrían promover la fluidez translingüística, la cual será cada vez más relevante en nuestro mundo globalizado. Es decir, en un futuro, no será el poder hablar, leer o escribir solo en español o solo en inglés lo que tendrá valor; mayor valor tendrá el poder ir de unas prácticas lingüísticas a otras de modo que todos los hablantes queden incluidos.

La traducción tradicional nunca ha sido copia fiel del original. La práctica de la traducción translenguada es un instrumento eficaz y versátil con el que transformar textos, tanto orales como escritos. La transformación de textos en una apropiación original es tal vez el mecanismo más poderoso de aprendizaje. Para aprender, hacemos nuestros los textos, interpretándolos, rindiéndolos a nuestras exigencias y experiencias personales, a nuestros mundos individuales, a nuestra propia comprensión. Para ello, no hay nada más importante que sentirnos libres para poder utilizar nuestros recursos lingüísticos. No podemos apropiarnos de un texto sin que antes lo hayamos pasado por el tamiz de nuestro "lenguar." Solo parafraseando un texto podemos comprenderlo. Solo haciéndolo parte de nuestro esquema conceptual podemos apropiarnos de él. Para eso, es necesario que lo transformemos lingüísticamente, echando mano a todo nuestro repertorio lingüístico, y no solo al académico que permite la escuela.

El diálogo translenguado

Ante toda nuestra experiencia, dialogamos, a veces con nosotros mismos y en silencio, a veces con otros individuos o con otros grupos. Pero el ser humano dialoga para comprender. Nuestro discurso interno rara vez se asemeja al discurso académico, y sin embargo, es esencial para comprender nuestras experiencias. ¿Por qué entonces insistimos en que en el aula de español solo se dialogue en un español académico? Para lograr que nos apropiemos de ese español académico, tenemos que traspasarlo por nuestras experiencias dialógicas, que en un mundo bilingüe se alimentan de retazos de lo que entendemos por español y de lo que entendemos por inglés, pero que para el bilingüe es solo su repertorio lingüístico híbrido y fluido. El dejar que los estudiantes dialoguen entre sí, usando todo su repertorio lingüístico, ajústense o no esas prácticas a las del aula, es importante para lograr la comprensión académica y el aprendizaje.

La exploración translenguada

Toda enseñanza tiene como meta la regulación propia del aprendizaje por el estudiante. Esperamos que los estudiantes regulen su propio aprendizaje a través de mecanismos propios. Es por eso contraproducente esperar que los estudiantes respondan a la enseñanza de acuerdo a cánones lingüísticos fijos. Si el profesor dicta una conferencia en español, ¿por qué tenemos que exigir que los estudiantes tomen notas en ese español académico? ¿Por qué no dejar que el estudiante se apropie del material de acuerdo con las prácticas lingüísticas que más le convenga, tomando notas de manera que pueda después funcionar sin el profesor, autorregulando su aprendizaje? Y si el profesor habla de un tema específico, ¿por qué esperar que los estudiantes consulten fuentes nada más que en español? Sobre todo hoy día, con la Internet, podríamos animar a los estudiantes a buscar fuentes de otros países, en otras lenguas, y a utilizar productivamente el Traductor de Google.

La lectura translenguada

Si la lectura es un juego psicolingüístico (Goodman 1967), es entonces imposible participar en ese juego sin poder translenguar. Una cosa es lo que se dice fonéticamente cuando se lee, otra cosa es el interpretar lo que se lee. Solo al translenguar podemos apropiarnos de un texto de lectura, comprenderlo profundamente, llenándolo de nuestras fluidas voces bilingües, y no meramente de las del autor. Para que los estudiantes se apropien del texto, el maestro tiene que implicarlos en ese juego psicolingüístico, exigiéndoles que, lejos de olvidarse de sus otras prácticas lingüísticas, las convoquen y utilicen.

La práctica de anotar con prácticas lingüísticas diferentes los textos escritos tampoco es nueva. Las Glosas Emilianenses, por ejemplo, son anotaciones interlineadas o marginales escritas en romance y vasco hace más de 1000 años para resolver dificultades de comprensión en el texto latino. El romance es precisamente el latín vulgar, hablado por el pueblo. De la misma manera, es importante que los estudiantes puedan anotar con sus prácticas lingüísticas los textos escritos en un español académico que poco tiene que ver con ellas.

La escritura translenguada

Muchos de nuestros textos escritos en los EE.UU. ya en sí participan de ese translenguar, que es la única manera de incluir a los hispanohablantes en el mercado de consumo. Así la cerveza Miller proyecta su imagen diciéndonos que son "A Nuevo Twist on Refreshment." También los textos literarios han echado mano al uso del español en textos en inglés, o del inglés en textos en español. Pero en años recientes podríamos señalar ejemplos como la reciente novela de Junot Díaz, *The Brief Wonderful Life of Oscar Wao*, en que las palabras y frases en español aparecen frecuentemente y sin traducción, en un translenguar que parece indicar un cambio epistemológico en la presencia del español en los EE.UU. También los textos cibernéticos han hecho más que posible la presencia de esta escritura translenguada, ofreciendo posibilidad de leer partes del texto en una lengua o en otra, con traducciones formales, o como aquellas que nos puedan ofrecer el Traductor de Google.

La voz en una sola lengua literaria o académica por escrito se adquiere lentamente y con mucha práctica. Mientras tanto, la escritura translenguada sirve de mecanismo importante para ir soltando la lengua y liberarla de aquellos espacios limitados a que la escuela, en este caso la norteamericana, la ha restringido, aceptando solamente un texto totalmente en inglés o totalmente en español.

Un ejemplo

Cierro esta sección dando evidencia del potencial del translenguar pedagógico para hacer reconocer identidades y prácticas lingüísticas bilingües de los EE.UU., que incluyen la posibilidad de tener proficiencia académica en un español más estándar. En la lección que describo, en una secundaria en que todos los estudiantes son latinos, es el translenguar pedagógico de la maestra y los estudiantes lo que va logrando construir una identificación múltiple con prácticas lingüísticas que abarcan tanto el español estándar y el inglés estándar, como otras típicas de adolescentes bilingües.

En esta lección, la maestra, nacida en los EE.UU., y bilingüe, primero les pide a los estudiantes que escuchen el rap en español "Sí se puede," cuya letra habla de problemas de racismo y discriminación hacia los latinos de EE.UU. El cantante, que curiosamente se llama El Chivo *of* Quinto Sol (y no "de" Quinto Sol), nació en Los Ángeles, pero canta en español. Después de escuchar el rap, los estudiantes y la maestra dialogan, a veces en español, a veces en inglés. Después, la maestra pide que los estudiantes traduzcan al inglés la letra del rap, que ella reproduce por escrito en español estándar. Las traducciones de los estudiantes son todas fluidas y translenguadas, con algunas palabras y frases propias de sus maneras de expresarse. Después, la maestra hace que los estudiantes escuchen "Mosh," en inglés, por el rapero norteamericano Eminem, y les pide que ahora traduzcan el rap al español. Como en el caso anterior, las traducciones de los estudiantes son fluidas y translenguadas.

La maestra utiliza el translenguar para incluir a todos los estudiantes, ampliar sus comentarios, clarificar lo que enseña, hacer preguntas, reforzar lo que se ha dicho. Pero más que estas funciones discursivas, el translenguar posibilita una crítica social que es importantísima para los estudiantes latinos. El translenguar les da voz a los que todavía no hablan ni una lengua ni la otra, problematiza la situación social de los latinos estadounidenses, y opera en el intersticio de la tensión que existe entre el inglés como lengua mayoritaria, y el español como lengua minoritaria, equilibrando la situación de poder que se presenta. La maestra anima a los estudiantes para que hagan lo que Rampton (1995) ha llamado *crossings,* es decir, utilizar aspectos lingüísticos que se suelen asociar con otros, ya que solo así se podría construir una identidad estadounidense que no deje de lado las prácticas del español ni las del inglés, apropiándose así de un repertorio lingüístico bilingüe que goce de igualdad y prestigio.

Lejos de competir por espacios diferentes, y de situar las dos lenguas del bilingüe en espacios funcionales separados, el translenguar pedagógico alienta a los estudiantes a desarrollar una autorregulación lingüística que permite el desarrollo de un repertorio multilingüe. En este repertorio multilingüe de múltiples manifestaciones, se incluyen aquellas asociadas con el estándar, en una interrelación funcional. Solo así lograremos que el español de los EE.UU. se reconozca como una de las prácticas de ese amplio repertorio lingüístico.

Este ejemplo alude a la mayor coordinación que debe existir entre departamentos de español y otras áreas del currículo tanto en las escuelas secundarias como en las universidades. Es decir, habría también que abogar por una instrucción translenguada a través del currículo para que así el español no permanezca aislado en los departamentos de lengua.

Conclusión

Este estudio ha puesto de relieve que el reconocer el español ya no *en* los EE.UU., sino *de* los EE.UU. no es tan sencillo como parece, ya que se trata de una conceptualización diferente que reconozca y abrace todas las prácticas lingüísticas de los bilingües, y no simplemente aquellas que tradicionalmente se han considerado "español."

A pesar de los esfuerzos de los educadores, una pedagogía miope que solo deja en la mirilla el español académico ha relegado al español estadounidense a una posición inferior. El translenguar, como método pedagógico, podría ofrecer una alternativa, librando a los bilingües estadounidenses tanto de una ideología anglófona que exige a sus ciudadanos el monolingüismo en inglés como de una ideología hispanófoba que los culpa y denosta por hablar spanglish. El translenguar, como pedagogía, promete el desarrollo de ciudadanos que puedan usar y regular un bilingüismo dinámico, desarrollando un repertorio transglósico, capaz de satisfacer las necesidades globales, nacionales y locales de un mundo estadounidense necesariamente bilingüe.

NOTAS

[1] Este apartado, y los dedicados a la enseñanza del español como lengua de herencia y educación bilingüe están basados en datos tomados de García 1993, 2003, 2009a, 2009b.

OBRAS CITADAS

Bailey, Benjamin. (2007). "Heteroglossia and Boundaries." *Bilingualism: A Social Approach*. Ed. Monica Heller. New York: Palgrave. 257-74. Impreso.
Beaudrie, Sara. (2012). "Research on University-based Spanish Heritage Language Programs in the United States: The Current State of Affairs." *Spanish as a Heritage Language in the US: The State of the Field*. Eds. Sara Beaudrie y Marta Fairclough. Washington, DC: Georgetown UP. 203-22. Impreso.
Blackledge, Adrian, y Angela Creese. (2010). *Multilingualism*. London: Continuum. Impreso.
Blommaert, Jan. (2010). *The Sociolinguistics of Globalization*. Cambridge: Cambridge UP. Impreso.

Crawford, James. (2004). *Educating English Learners: Language Diversity in Classrooms*. 5-a ed. Washington, DC: Bilingual Education Services. Impreso.

Creese, Angela, y Adrian Blackledge. (2010). "Translanguaging in the Bilingual Classroom: A Pedagogy for Learning and Teaching?" *Modern Language Journal* 94: 103-15. Impreso.

Cummins, Jim. (2007). "Rethinking Monolingual Instructional Strategies in Multilingual Classrooms." *The Canadian Journal of Applied Linguistics*, 10.2: 221-40. Impreso.

Del Valle, José. (2000). "Monoglossic Policies for a Heteroglossic Culture: Misinterpreted Multilingualism in Modern Galicia." *Language and Communication* 20: 105-32. Impreso.

Díaz, Junot (2007). *The Brief Wonderful Life of Oscar Wao*. New York City: Riverhead Books. Impreso.

Dillon, Sam. (2010). "Foreign Languages Fail in Class, except Chinese." *New York Times*. 20 de enero, 2010. Web. 12 de diciembre, 2011.

Draper, Jamie, y June H. Hicks (2002). *Foreign Language Enrollments in Public Secondary Schools, Fall 2000*. Alexandria, Virginia: American Council on the Teaching of Foreign Languages. Web. 18 diciembre, 2011.

Ferguson, Charles. (1959). "Diglossia." *Word* 15: 325-40. Impreso.

Fishman, Joshua A. (1967). "Bilingualism with and without Diglossia: Diglossia with and without Bilingualism." *Journal of Social Issues* 23.2: 29-38. Impreso.

Furman, Nelly, David Goldberg y Natalia Lusin. (2007). *Enrollment in Languages Other than English in United States Institutions of Higher Education, Fall 2006*. New York: Modern Language Association of America. Web. 18 diciembre , 2011.

García, Ofelia.(1993). "From Goya Portraits to Goya Beans: Elite Traditions and Popular Streams in US Spanish Language Policy." *Southwest Journal of Linguistics* 12: 69-86. Impreso.

———. (2003). "La enseñanza del español a los latinos de los EE.UU. Contra el viento del olvido y la marea del inglés." *Ínsula* julio-agosto: 679-80. Impreso.

———. (2005). "Positioning Heritage Languages in the United States." *Modern Language Journal* 89. 4: 601-05. Impreso.

———. (2009a). *Bilingual Education in the 21st Century: A Global Perspective*. Malden, Massachusetts. Wiley/Blackwell. Impreso.

———. (2009b). "La enseñanza del español como lengua extranjera." *Enciclopedia del español en los Estados Unidos*. Ed. Humberto López Morales. Madrid: Santillana / Instituto Cervantes. 423-28. Impreso.

———. (2009c.) "Livin' and Teachin' *la lengua loca*: Glocalizing US Spanish Ideologies and Practices." *Language Allegiances and Bilingualism in the United States*. Ed. Rafael Salaberry. Clevedon, UK: Multilingual Matters. 151-71. Impreso.

——. (2009d). "El uso del español en la enseñanza: la educación bilingüe." *Enciclopedia del español en los Estados Unidos.* Ed. Humberto López Morales. Madrid: Santillana / Instituto Cervantes. 417-22. Impreso.

——. (de próxima aparición a). "Dual or Dynamic Bilingual Education?: Empowering Bilingual Communities." *The Global-Local Interface. Language Choice and Hybridity.* Eds. Rani Rubdy y Lubna Alsagoff. Bristol, UK: Multilingual Matters. Impreso.

——. (de próxima aparición b). "From Diglossia to Transglossia: Bilingual and Multilingual Classrooms in the 21st Century." *Bilingualism and Multilingualism in School Settings.* Eds. Christian Abello-Contesse, P. Chandler, M.D. López-Jimenez, M.M. Torreblanc López y Ruben Chacón Beltrán. Bristol, UK: Multilingual Matters. Impreso.

García, Ofelia, y Jo-Anne Kleifgen. (2010). *Educating Emergent Bilinguals: Policies, Programs and Practices for English Language Learners.* New York: Teachers College P. Impreso.

Goodman, Ken. (1967). "Reading: A Psycholinguistic Guessing Game." *Journal of the Reading Specialist* 6: 126-35. Web. 6 enero, 2011.

Grosjean, François. (2010). *Bilingual. Life and Reality.* Cambridge: Harvard UP. Impreso.

Heller, Monica (ed.). (2007). *Bilingualism: A Social Approach.* New York: Palgrave. Impreso.

Larsen-Freeman, Dianne, y Lynne Cameron. (2008). *Complex Systems and Applied Linguistics.* Oxford: Oxford UP. Impreso.

Leeman, Jennifer, y Glenn Martínez. (2007). "From Identity to Commodity: Ideologies of Spanish in Heritage Language Textbooks." *Critical Inquiry in Language Studies* 4.1: 35-65. Impreso.

Makoni, Sinfree, y Alistair Pennycook. (2007). *Disinventing and Reconstituting Languages.* Clevedon, UK: Multilingual Matters. Impreso.

Rhodes, Nancy C,. e Ingrid Pufahl (2009). *Foreign Language Teaching in the United States: Results of a National Survey.* Washington, D.C.: Center for Applied Linguistics. Impreso.

Ortiz, Fernando. (1987). *Contrapunteo cubano del tabaco y el azúcar.* Caracas, Venezuela: Biblioteca Ayacucho. Impreso.

Otheguy, Ricardo, y Nancy Stern. (2010). "On so-called 'Spanglish'." *International Journal of Bilingualism* 15.1: 85-100. Impreso.

Pennycook, Alistair. (2010). *Language as a Local Practice.* London: Routledge. Impreso.

Potowski, Kim. (2005). *Fundamentos de la enseñanza del español a los hablantes nativos en los Estados Unidos.* Madrid: Arco/Libros. Impreso.

Rampton, Ben. (1995). *Crossing: Language and Identity among Adolescents.* London y New York: Longman. Impreso.

Roca, Ana, y M. Cecilia Colombi (eds.) (1999). *Mi Lengua: Spanish as a Heritage Language in the United States.* Washington, DC: Georgetown UP. Impreso.

Shohamy, Elana. (2006). *Language Policy: Hidden Agendas and New Approaches*. London, Routledge. Impreso.

Valdés, Guadalupe. (1997). "The Teaching of Spanish to Bilingual Spanish-Speaking Students: Outstanding Issues and Unanswered Questions." *Enseñanza del Español a Hispanohablantes*. Eds. María Cecilia Colombi y Francisco X. Alarcón. Boston, MA: Houghton Mifflin Company. 263-82. Impreso.

Valdés, Guadalupe, Joshua A. Fishman, Rebeca Chávez y William Pérez. (2006). *Developing Minority Language Resources. The Case of Spanish in California*. Clevedon, UK: Multilingual Matters. Impreso.

Valdés, Guadalupe, Sonia González, Dania López García y Patricio Márquez. (2003). "Language Ideology: The Case of Spanish in Departments of Foreign Languages." *Anthropology & Education Quarterly* 34.1: 3-26. Impreso.

Valdés, Guadalupe, Anthony Lozano y Rodolfo García-Moya. (1981). *Teaching Spanish to the Hispanic Bilingual. Issues, Aims, and Methods*. New York: Teachers College P. Impreso.

Valdés, Guadalupe, y Richard Teschner. (Eds.) (1977). *Teaching Spanish to the Spanish-Speaking: An Annotated Bibliography*. Austin, Texas: National Educational Laboratory Publications. Impreso.

Van Lier, Leo. (2004). *The Ecology and Semiotics of Language Learning. A Sociocultural Perspective*. Boston: Kluwer. Impreso.

Williams, Cen (1997). *Bilingual Teaching in Further Education: Taking Stock*. Bangor: Cenolfan Bedwyr, University of Wales. Impreso.

Silvia Betti, *Alma Mater Studiorum-Università di Bologna* and *ANLE*
"The Illusion of a Language: *Spanglish* between Reality and Utopia"

This study contains some reflections on *Spanglish* in the United States. It is well-known that contact between English and Spanish in the United States produces code-switching and code-mixing, which a number of researchers regard as typical of the phenomenon popularly called *Spanglish*. This term is linguistically vague, inaccurate, since it covers borrowing, calques, code-switching and code-mixing. Some scholars regard it as a bilingual speech style which breaks the "grammatical purity" canon; however, we can ask ourselves, echoing the words of López Morales (2008): "What is *Spanglish*? Does it really exist? Is there one *Spanglish* or do several *Spanglish* varieties exist? What is its demographic base? Are there diglossic situations where *Spanglish* is the low variety and English the high variety?" (183). These questions are still open. Nonetheless, and after accepting the connatural lack of definition of the phenomenon, I argue that it would be superficial to dismiss *Spanglish* as a passing trend, without taking into account the socio-cultural, psychological, pragmatic and identity issues underlying this speech strategy. At the same time, I cannot – nor do I want to – claim that *Spanglish* is going to be the future of the United States. From the perspective of standard Spanish language teaching, I conclude that it is important to preserve the Hispanic language and culture in the United States, so that true and enriching bilingualism, biculturalism, and bisensitivity *(bisensibilismo)* can thrive, without neglecting *Spanglish*, since code-switching and language transfer are inevitable in any contact situation (Moreno Fernández 2004, 2006).

Robert Blake, *University of California, Davis* and *ANLE*,
and **María Cecilia Colombi**, *University of California, Davis:*
"Teaching Spanish to Heritage Speakers: A University Program"

This study describes a Spanish-language university program developed and refined since 1992 at the University of California, Davis, for teaching academic Spanish to heritage students who have been raised in homes where Spanish is spoken. The authors argue for the benefits of adding an academic register, along with increased writing proficiency, to these students' present knowledge of vernacular or *popular* varieties of Spanish so as to help them fully enjoy and enrich their own heritage as part of the world community of over 400 million Spanish speakers. Toward this end, a common set of learning challenges and benchmarks will be described along with the more notable successes recorded in the UC Davis heritage language program. The authors advocate in favor of university Spanish departments including a heritage program as part of their regular offerings as a way of strengthening their major and increasing student satisfaction.

Laura Callahan, *The City College and Graduate Center, CUNY:*
"US Latinos and the Use of Written Spanish: Realities and Aspirations"

This study reports on an investigation of the role writing in Spanish plays in the lives of

US Latinos. Twenty-two semi-structured interviews were conducted with informants recruited from among students and former students of high school and college Spanish courses. The interviews were transcribed and coded for concepts and emergent themes (Bogdan and Biklen 1992; Rubin and Rubin 2005). Some themes that emerged relate to what US Latinos do with written Spanish and what they would like to be able to do; other themes include classroom experiences, extra-academic avenues of acquisition, the social position of varieties of Spanish, language maintenance, and intergenerational loss. Themes were grouped into four categories: Spanish language maintenance and loss, issues of prescriptivism, the experience of writing in Spanish, and current and planned uses for written Spanish. The results reflect some common patterns in objectives for and obstacles to using written Spanish. The experiences and insights will be of interest to those who are involved in the disciplines of Spanish language maintenance and heritage language education, in particular at the college level, as well as to individuals concerned with hiring biliterate professionals.

María Cecilia Colombi, and **Dalia Magaña**, *University of California, Davis:*
"Advanced Spanish Literacy in the United States in the 21st Century"

The study presents a case for the need of advanced biliteracy in Spanish in the U S bilingual context. The continuous growth of Latinos in the United States and the professional opportunities that require biliteracy in Spanish highlight the need for courses on Spanish language development. After a brief presentation of the professional sectors where advanced Spanish language abilities are in demand, the authors discuss the potentials of acquiring an academic Spanish and the attitudinal concerns toward such process. We propose that the challenge and responsibility of educators is to guide bilinguals through an explicit and functional approach where the goal is to value the learner's variety and expand on it to achieve new registers. These new registers provide bilinguals the opportunity to effectively participate in professional sectors where Spanish is needed. We offer a discussion of biliteracy from a socio-semiotic perspective, which is perceived as the potential to create meaning that evolves continually at individual and social levels. Finally, the study concludes with an example of a specific professional sector where advanced Spanish language abilities play a prominent role in the healthcare of Latino patients.

Marta Fairclough, *University of Houston:*
"The 'Recognition' of the Spanish Lexicon by Bilingual Hispanic Students in the United States"

This study attempts to measure the number of words known by receptive heritage learners of Spanish at a major metropolitan university, and it compares the results to those of bilingual students at higher levels of proficiency. About 180 Hispanic heritage learners from four different levels (first, second, third and fourth-year university students) participated in the study. They completed a 10-minute, 200-word lexical decision test in which they had to indicate the words on a list whose meaning they knew. The results were compared to those from a control group of bilingual graduate students. The test was based on Spanish frequency corpora (Davies 2006); the task included real words and non-words to control for guessing. The results show differences of the lexical knowledge among the different levels of students, but the difference appears to be statistically significant only between first year receptive bilinguals and the rest. The 5,000 word lexicon used in the study was not sufficiently ample to clearly distinguish between the more advanced levels. A wider range of words would be necessary to avoid the ceiling effect. If the number of words heritage learners know can be easily measured and compared across the bilingual continuum, the general passive knowledge in the heritage language could somehow be determined, and that information could be used to help establish parameters to differentiate among different levels of proficiency in the heritage language.

Ofelia García, *The Graduate Center at The City University of New York*:
"The Role of *Translanguaging* in Teaching Spanish in the United States"

This study introduces the concept of *translanguaging*, as both a discursive practice of bilinguals in the United States and a pedagogy, and argues that it has been our refusal to accept this practice in the United States that has kept Spanish from achieving recognition as a US language practice. The chapter reviews the programs to teach Spanish in the United States, and proposes that the pedagogy used in all these programs is based on sociolinguistic concepts and linguistic ideologies that are outdated in the 21st century. It provides a critical questioning of traditional concepts in language teaching such as first and second language, native language, additive bilingualism, diglossia and language separation, and argues that these concepts have been the product of a monoglossic understanding of bilingualism. The chapter proposes, instead, that bilingualism today must be dynamic, and that this dynamism in use must be reflected in language teaching. *Translanguaging* is presented here as the manifestation of this dynamic bilingual view. Thus, the chapter reviews some pedagogical applications of this *translanguaging* –translanguaged translation, dialogue, exploration, reading, and writing–. Instead of advocating for language separation in the classroom, this chapter supports language integration of the bilinguals' full linguistic repertoire, in this way developing the students' ability to regulate their entire linguistic repertoire in functional interrelationship, instead of separation. The chapter makes the case that *translanguaging* can be an effective pedagogical practice to move US Spanish from being simply considered Spanish *in* the United States to being accepted as one of the many linguistic practices of US bilinguals, thus giving it status as Spanish *of* the United States.

Devin Jenkins, *University of Colorado, Denver*:
"The Expanding Southwest: A Brief Socio-Demographic Analysis of the Hispanic Population in the United States"

The United States, especially the southwestern region, has seen extraordinary growth in Spanish-speaking communities over the past two decennial census periods; this growth has come not only in numbers of overall Spanish-speakers and increased Spanish-speaking densities in traditional Spanish-speaking areas, but the growth has also been geographical; we have seen an expansion of what has traditionally been known as the Spanish-speaking Southwest. The Mexican population, centered in the Southwest, makes up a strong majority of Hispanics in the country and the growth of this group has been the driving force of the growth throughout the country. Mexicans now represent the majority Hispanic group in 40 of the 50 United States, including every state outside of the Eastern Time Zone, other than Hawaii, and every southern state outside of Florida (which itself boasts the sixth-largest Mexican population in the country). States with the most dramatic growth are not the border states of the Southwest, but rather southeastern and northwestern states such as North Carolina, Georgia, Washington and Oregon. One effect of this growth is a change in the social situation of Latinos throughout the country. As the largest minority group in the country, Hispanics are seeing less of the negative societal impacts associated with speaking Spanish. A re-examination of the relationship between Spanish language maintenance and social factors in the Southwest shows that the strong correlations that once existed are weakening or are now nonexistent. Education now shows no negative correlation with Spanish-language density and loyalty, when a generation ago showed that language maintenance came at a very steep price. Other social factors such as income, poverty and unemployment also show dramatically decreased correlations. While in some cases still significant, in most cases these correlations are weak. The cost of language loyalty appears to be diminishing as the Spanish-speaking population grows and expands throughout the country.

John M. Lipski, *Pennsylvania State University*:
"Towards a Dialectology of the United States Spanish"

According to the 2010 census there are more than 40 million native speakers of Spanish in the United States, some 10% of the world's Spanish-speaking population. This figure does not include the possibly millions of second-language speakers of Spanish in the United States. Despite the lack of official recognition of Spanish, the United States is tied with Colombia, Argentina and Spain for second place among the world's Spanish-speaking nations. Research to date on Spanish in the United States has focused on the respective countries of origin; little attention has been devoted to the possibility of a pan-US variety of Spanish that embodies more than Spanish-English code-switching and English lexical borrowings. The present study proposes a viable approach to a US Spanish dialectology that differs at best slightly from dialect schemes acknowledged for other regionally diverse nations. This approach allows for US Spanish to be included within the variationist framework and to be included in comparative studies without the "made in U.S.A." linguistic hyphen suggestive of something other than a normal language variety.

Andrew Lynch, *University of Miami*:
"Observations on *Community* and *(Dis)continuity* in the Sociolinguistic Study of Spanish in the United States"

Globalization has had a double effect on the situation of Spanish in the United States. On one hand, it has destabilized local speech communities, as these have been traditionally conceptualized in 20th-century linguistics, by generating less immediate and much more extensive social networks in which non-local varieties or languages are used. As a minority language in the United States, Spanish has been disfavored by this destabilization of the local community by taking away from its necessity and utility in daily interaction. On the other hand, the use of Spanish in the United States has been bolstered by its status as one of the major languages of globalization that constitute new information and communication technologies, mass media, text-based services, and the transnational market. In this chapter, I highlight the challenge facing sociolinguists in the analysis and description of Spanish in the United States in the 21st century by focusing on two concepts of traditional sociolinguistic theory that have become fundamentally problematic in the age of globalization: "community" and "continuity."

378

Glenn Martínez, *The University of Texas Pan American:*
"Language Policies and Ideologies in Health Care for Spanish Speakers in the United States"

Language policies have been enacted to counter the growing health disparities observed among Spanish speaking and other minority language populations. In this chapter, I describe the development of these policies and identify the linguistic ideologies that undergird them. I begin with a brief overview of language policy as a field within sociolinguistics. I then discuss language policy in the United States and its impact on Spanish. Finally, I present a detailed analysis of three official documents on language access policy released by the Office of Minority Health within the U.S. Department of Health and Human Services. These documents codify federal language access policy for healthcare organizations and provide guidance in the implementation of language access services. Through a discursive analysis of these documents, I show an ideological dichotomy that both elevates and subordinates the minority language at the same time. The dichotomy, I argue, advocates for the rights of Spanish speakers while at the same time deterritorializing the language and its speakers. Finally, I describe how this ideological dichotomy places Spanish speakers at a disadvantage in the U.S. health delivery system.

Frank Nuessel, *University of Louisville:*
"Bilingual Education Policies in the United States: An Introduction"

This study examines bilingual education policy in the United States. It defines some basic terminology: (1) policy, (2) bilingualism, (3) the advantages of bilingualism, and (4) diglossia. Discussions of these basic concepts refer to scholarship by Colin Baker, Hugo Baetens Beardsmore, Tove Skutnabb-Kangas, Leonard Bloomfield, Einar Haugen, and Uriel Weinreich. The discussion of diglossia alludes to research by Milton M. Azevedo and Joshua Fishman. The purposes of bilingual education programs are multiple: assimilation, unification of a multilingual society, preservation of ethnic identity, enhancement of the understanding of language and culture, to name but a few. Next, this study addresses the basic notion of bilingual education with a typology of bilingual education programs based on research by Colin Baker and Ofelia García. The types of bilingual educations fall into two large domains although other variations exist: (1) assimilation to the majority culture, and (2) language maintenance. The history of bilingual education has a checkered past, that is, it received support in the past, when certain legislation and court decisions were favorable to bilingual education programs. More recently, however, a significant change in public opinion exemplified by the English-Only movement and the fact that the Bilingual Education Act of 1968 was allowed to lapse in 2002 has created a more hostile environment for such programs. Despite the fact that the 2010 US Census indicates that 1 of every 6 people in the United States speaks Spanish, there has been a rise in xenophobia in this country evidenced by prejudice (attitudes) and discrimination (overt illegal acts) against Hispanics. Bilingual education policy thus must confront the forces opposed to bilingual education, which has a proven track record since such programs enhance the academic and social progress of the participants.

Ricardo Otheguy, *The Graduate Center at The City University of New York:*
"Convergent Conceptualizations and the Overestimation of English Structural Elements in Spanish in the United States"

A seemingly unavoidable question in relation to Spanish in the United States is whether it contains, in addition to its many English-origin lexical items, a significant number of English-origin grammatical (i.e., syntactic and phonological) features. To answer the question, grammar must be distinguished from discourse, and sense from reference. These distinctions are useful to press the point that what speakers say, their *speech*, must be understood separately from the structural tools that they use to say it with, their *language*. That is, the terms English and Spanish must be understood as the names of cognitive-linguistic entities, not sets of discursive-cultural units. For if the terms are taken to mean the latter, there is no question to be asked; US 'Spanish,' in this cultural sense, is of course under the influence of 'English.' But with these clarifications in mind, it becomes apparent that most of the items that appear to be structurally Anglicized in Spanish in the United States are in fact only culturally Americanized. Speakers of US Spanish, in many instances of use, say things that Spanish speakers elsewhere would not say, but they say them deploying a Spanish system that is structurally the same as everybody else's in the Spanish-speaking world. Only in some few instances are these items also structurally Anglicized. Distinguishing between each of these two situations is a much more complex matter than is generally realized. In the analysis of numerous examples, Spanish-speakers in the United States are described as engaging in *conceptual convergence*, lining up the content of what they say with the contents of English-speaking communities rather than with those of Spanish-speaking ones, without however, for the most part, Anglicizing their linguistic system.

Kim Potowski, *The University of Illinois at Chicago*:
"Dialect Contact in the Spanish of the United States"

The profiles of Spanish-speaking communities around the United States are becoming increasingly more diverse, with members of many different dialect groups sharing social space. When speakers of different dialects interact frequently and wish to gain each other's approval or show solidarity, there exists a strong possibility that they will adopt features from each other's dialect. Dialect contact and its result, dialect leveling, are becoming an integral part of studies of Spanish in the United States. In addition, the children of members of two different US Latino Spanish dialect groups often experience intrafamilial dialect contact, with interesting linguistic and identity-related results. This chapter summarizes the growing body of work on the linguistic outcomes of the contact between different dialects of Spanish in the United States, which include studies of lexicon, morphosyntax, and phonology. It also examines several linguistic outcomes of the intrafamilial dialect contact experienced by "MexiRicans," individuals with one Mexican parent and one Puerto Rican parent.

Susana Rivera-Mills, *University of Oregon*:
"The Fourth Generation: Turning Point toward Spanish or Continuous Shift?"

One of the most widely studied variables in the area of Spanish language maintenance and shift in the United States is that of generation. Yet, to date, few studies (Anderson 2005; Mora, Villa, and Dávila 2006) have researched generations that go beyond the third in order to observe, from a sociolinguistic perspective, the state of Spanish language use and proficiency in these outlying generations. The present study explores language maintenance and shift among fourth-generation Hispanics residing in a northern Arizona community. Initial findings show an unusual retention of Spanish in this generation when compared to the traditional three-generational pattern of language shift. Using a sociolinguistic approach, Spanish language use by 20 fourth-generation Hispanics residing in this Arizona community is examined and compared to the Spanish language use of first through third generation Hispanics in this same community as well as a three-generation sample from a previous study in a California community (Rivera-Mills 2000). Specific domains are studied to determine Spanish/English language use among the participants. In addition, oral and written samples are analyzed and discussed as a measure of Spanish proficiency for the present sample.

Ana Roca, *Florida International University*, and **José Ángel Gonzalo García de León**, *Editorial Habla con Eñe:*
"Spanish in Miami: Expansion and Development"

This essay focuses on the growth and development of the idea of Miami as a Spanish-speaking city, often described as the "Gateway to Latin America" and also, tongue-in-cheek, as the most northern city of Latin America –as if Miami were part of Latin America because of its majority Hispanic population and the fact that Spanish is used in the city, just about everywhere alongside of English. The authors, a sociolinguist and a Spanish journalist, explore such topics as contributing historical and political factors and the role and vitality of the Spanish language and culture, initially brought to Miami in large dosage thanks to the enormous waves of Cuban exiles from the 60s through the 90s. (These numbers also increased due to a variety of other refugees and immigrants from Latin America as well as Spain, since the 60s.) The essay describes the dynamic Hispanic population of Miami and explores historical, sociocultural, and educational factors which have contributed to the expansion and development of a very Spanish-speaking city like no other found in Hispanic communities in the United States.

Ana Sánchez-Muñoz, *California State University, Northridge,* and *ANLE:*
"Identity and Linguistic Confidence among Young Latinos in Southern California"

As language minority children go to school, they are faced with the daunting task of learning English in a short period of time. Often children feel the pressure to assimilate with an implicit devaluation of their mother tongue and heritage. The heritage language loss pattern that has been extensively examined by linguists over the last three decades involves a gradual loss of fluency in the first language as English improves with the consequent halt in the further development of the home language. By the end of the high school years, many young speakers have lost or never fully developed fluency in their heritage language (Hinton 1999; Valdés 2001). Heritage language attrition has negative consequences for the individual as well as for the larger community. In particular, the loss of the home language is linked to lower personal and social or collective (e.g. the ethnic community) self-esteem, which may lead to emotional and psychological stress in children and adolescents (Wright and Taylor 1995; Oh and Fuglini 2009). For example, when there is a communication gap between children and their families, core values and culture may not be transferred and children might never develop a crucial sense of belonging and connectedness that comes through family relationships (Ada and Zubizarreta 2001). This study presents research which examines the link between self-esteem and heritage language instruction. Participants were Latina/o students enrolled for the first time in a course of Spanish specifically designed for heritage learners. The effect of this course on the speakers' linguistic confidence is examined as well as their linguistic and ethnic identity throughout the academic year. Since linguistic insecurity plays a major role in language attrition and loss, if heritage language education has a positive effect on linguistic confidence, we have better chances of successfully promoting heritage language maintenance in the United States.

Carmen Silva-Corvalán, *University of Southern California:*
"Child Bilingualism in English and Spanish: Crosslinguistic Effects"

A crucial question posed by studies of bilingual first language acquisition (2L1) concerns the causes of crosslinguistic influence. Studies share the same insight that although the languages of a bilingual develop on the whole autonomously, bilinguals show signs of crosslinguistic influence or transfer. This influence is manifested either in the acceleration or delay in the acquisition of some constructions that have or do not have parallels in the contact language, or in the production of non-target constructions not attested in monolingual acquisition. Researchers have proposed a number of reasons for why influence may occur, e.g., the age at which the child is exposed to two languages, the frequency with which the languages are spoken in the home and the community, the attitudes of parents and community toward the two languages and toward bilingualism. This contribution discusses how one of these factors, the amount of input and use of Spanish and English, affects the acquisition of grammatical subjects in these languages. This study also addresses the proposal that crosslinguistic transfer occurs when there is structural overlap in the two languages involved, and at least one of the languages offers multiple options for a particular construction; influence would affect the language with multiple options, which are governed by rules located at the interface between syntax and pragmatics. In regard to subjects, Spanish and English overlap structurally, but subjects are required in English, i.e., there is a single option, while Spanish offers two options (null and overt), constrained by semantic and discourse-pragmatic factors. Thus, the prediction is that English will influence Spanish in this grammatical domain. The study is based on longitudinal data (from one year and eight months to five years and eleven months) from two Spanish-English developing bilingual siblings with differential amounts of reduced exposure to and use of Spanish, and more frequent exposure to and use of English. In this situation of unbalanced bilingualism, this article shows that the child with lower Spanish proficiency is more vulnerable to influence from English patterns as these become more entrenched. The influence is evidenced in a steady increase in the percentage of pronominal subjects, and in uses of these pronouns that violate the discourse-pragmatic principles of the target language.

Silvia Betti

Silvia Betti es investigadora y enseña en el departamento de lenguas, literaturas y culturas modernas de la *Alma Mater Studiorum-Università di Bologna* y *ANLE*. Sus investigaciones incluyen aspectos sociolingüísticos del español en los Estados Unidos, el (denominado) *spanglish*, la didáctica de la lengua con enfoque contrastivo español e italiano, el lenguaje juvenil de los SMS y el lenguaje gestual, y las nuevas tecnologías aplicadas a la enseñanza del español como lengua extranjera. Es Miembro Correspondiente de la ANLE y pertenece a su Comisión del Estudio Sociolingüístico del Español en Estados Unidos. Recientemente ha publicado, entre otros: *El Spanglish ¿Medio eficaz de comunicación?* (Bologna: Pitagora 2008); *Nuove tecnologie e insegnamento delle lingue straniere*, con Patrizia Garelli (Milano: Franco Angeli 2010), capítulos de libros ("I *latinos* negli Stati Uniti. Una "convivenza in pericolo?" en *Aggressività. Un'indagine polifonica*. V. Rasini ed. Milano: Mimesis 2011; "*See you brodel*". Utilità e creatività dello *spanglish*" en *Lingua Madre e Lingua Matrigna*. *Riflessioni su diglossia, bilinguismo sociale e literacity*. De Laurentiis y De Rosa eds. Milano: Franco Angeli 2011) y numerosos artículos publicados en revistas académicas tales como *Confluenze, Lenguas Modernas, Boletín de la Academia Norteamericana de la Lengua Española* (BANLE), *Revista de Lenguas para Fines Específicos (LFE), Estudios de Lingüística Aplicada (ELA), Trickster*, entre otras.
(Para más información, ver http://www.unibo.it/docenti/s.betti).
Su correo electrónico es: s.betti@unibo.it

Robert J. Blake

Robert J. Blake (PhD, University of Texas, Austin) es profesor titular de lengua española en la Universidad de California en Davis y director fundador del *Consorcio de Lenguas Extranjeras para las Universidades de California* (http://uccllt.ucdavis.edu). Fue nombrado Académico de Número de la Academia Norteamericana de la Lengua Española y Académico Correspondiente de la Real Academia Española en mayo de 2004. Además de sus publicaciones en los campos de (1) historia de la lengua (e.g. la aspiración de la *F—*, la apócope medieval, la sintaxis del latín tardío), (2) la lingüística aplicada (e.g. la política estadounidense de enseñar lenguas extranjeras y el uso de la computadora para enseñar lenguas (CALL) y (3) la adquisición de una segunda lengua, es coautor de varios programas de software y libros didácticos: *Nuevos Destinos CD-ROM, Tesoros DVD y curso en línea, Spanish Without Walls* (curso en línea), *Al corriente: Curso intermedio*. En 2008 publicó un libro sobre el uso de la tecnología para enseñar lenguas por la casa editorial de la Universidad de Georgetown, *Brave New Digital Classroom*. Su correo electrónico es: rjblake@ucdavis.edu

Laura Callahan

Laura Callahan (PhD, University of California, Berkeley) es profesora asociada de Lingüística Hispánica en el Departamento de Lenguas y Literaturas Extranjeras en el City College of New York de la City University of New York (CUNY) y en el Programa Doctoral de Literaturas y Lenguas Hispánicas y Luso-brasileñas en el Graduate Center, CUNY. Sus investigaciones se han enfocado en la alternancia de códigos, las actitudes lingüísticas, la comunicación entre los hablantes nativos y no-nativos del español y el mantenimiento de lenguas de herencia. Es autora de los libros *Spanish and English in U.S. Service Encounters* (Palgrave Macmillan, 2009) y *Spanish/English Codeswitching in a Written Corpus* (John Benjamins, 2004). Ha publicado artículos en varias revistas académicas, incluyendo *Hispania, Language & Communication, Southwest Journal of Linguistics, Journal of Multilingual and Multicultural Development, Intercultural Pragmatics, International Multilingual Research Journal, Heritage Language Journal* y *Language and Intercultural Communication*. Su correo electrónico es: Lcallahan@ccny.cuny.edu

María Cecilia Colombi

María Cecilia Colombi (Ph D, University of California, Santa Barbara) es profesora titular y jefa del Departamento de español en la Universidad de California, Davis. Fulbright Specialist (2011-2016) en lingüística aplicada y TESOL. Sus intereses académicos incluyen aspectos sociolingüísticos del español en los Estados Unidos, la lingüística sistémica funcional del español y la adquisición del español como segunda lengua y lengua heredada. Sus publicaciones más recientes son: "Advanced Biliteracy Development in Spanish as a Heritage Language" (coautora con Joseph Harrington) en *Spanish as a Heritage Language in the US: The State of the Field*, Sara Beaudrie y Marta Fairclough, editoras (2012); "Multilingual California: Spanish in the Market" en *Multilingual Texts from Around the World: Cultural and Linguistics Insights*, Wendy Bowcher, editora, en prensa; "A Systemic Functional Approach to Teaching Spanish for Heritage Speakers in the United States" en *Linguistics and Education*, 2009, 20.1, 39-49; *Palabra abierta*, 2nd Ed., coautora con Jill Pellettieri y Mabel Rodríguez (Houghton Mifflin, 2007); *Mi lengua: Spanish as a Heritage Language in the United States*, coeditora con Ana Roca (Georgetown UP, 2003); *Developing Advanced Literacy in First and Second Languages: Meaning with Power*, coeditora con Mary J. Schleppegrell (Erlbaum, 2002); y *La enseñanza del español a hispanohablantes: praxis y teoría*, coeditora con Francisco X. Alarcón (Houghton Mifflin, 1999). Ver también http://lenguajeacademico.info, un sitio educacional sobre el lenguaje académico en español en las humanidades, realizado en colaboración con el equipo de Natalia Ignatieva de la UNAM, México. Su correo electrónico es: cmcolombi@ucdavis.edu.

Domnita Dumitrescu

Domnita Dumitrescu (PhD, University of Southern California) nació en Rumanía y, antes de trasladarse a los Estados Unidos, fue profesora de la Universidad de Bucarest, en la cual había estudiado la carrera de español. Es actualmente profesora emérita (aunque sigue enseñando a medio tiempo) en la Universidad Estatal de California, Los Angeles. Sus intereses académicos abarcan la sociopragmática del español (con énfasis en la cortesía verbal en el mundo hispano), la variación lingüística, el español y el rumano en contacto con el inglés en los Estados Unidos y la gramática comparada de las lenguas romances (en particular español, francés y rumano). Ha publicado sobre estos y otros temas en numerosas revistas científicas o volúmenes académicos colectivos de Europa, Latinoamérica y Estados Unidos y es autora de varios libros sobre la enseñanza del español a los rumanohablantes, la teoría y la práctica de la traducción del rumano al español, etc. Su libro más reciente es *Aspects of Spanish Pragmatics* (New York: Peter Lang, 2011).También es traductora de literatura española al rumano y autora de estudios de literatura comparada. Fue becaria Fulbright en la Argentina. En la actualidad, es la editora de reseñas de libros y materiales audiovisuales de la revista *Hispania*, el órgano oficial de la Asociación Americana de Pro-

fesores de Español y Portugués. Es miembro Correspondiente de la Academia Norteamericana de la Lengua Española.
(Para más información, ver www.calstatela.edu/faculty/ddumitr). Su correo electrónico es: ddumitr@calstatela.edu.

Marta Fairclough

Marta Fairclough (Ph D, University of Houston) es profesora asociada de Lingüística Hispana y directora del Programa de Español como Lengua de Herencia en el Departamento de Estudios Hispánicos de la Universidad de Houston. Sus investigaciones se centran en la adquisición de lenguas y la sociolingüística, especialmente en el español como lengua de herencia en los Estados Unidos. Entre sus publicaciones cabe destacar los libros *Spanish and Heritage Language Education in the United States: Struggling with Hypotheticals* (Iberoamericana, 2005) y *Spanish as a Heritage Language in the United States: The State of the Field* (Georgetown UP, 2012) así como también un considerable número de capítulos y artículos publicados en revistas tales como *Southwest Journal of Linguistics, Heritage Language Journal, Language Testing, Hispania*, y *Foreign Language Annals*. Su correo electrónico es mfairclough@uh.edu.

Ofelia García

Ofelia García es profesora titular de los programas de doctorado en Educación Urbana y en Literaturas y Lenguas Hispánicas en el Graduate Center de la City University of New York. Ha sido profesora de educación bilingüe en el Teachers College de la Universidad de Columbia, decana de la Escuela de Pedagogía de Long Island University, y profesora de educación en el City College of New York. Entre sus libros recientes se hallan: *Bilingual Education in the 21st Century: A Global Perspective; Educating Emergent Bilinguals* (con J. Kleifgen); *Handbook of Language and Ethnic Identity*, volúmenes I y II (con J. Fishman); *Negotiating Language Policies in Schools: Educators as Policymakers* (con K. Menken); *Imagining Multilingual Schools* (con T. Skutnabb-Kangas y M. Torres-Guzmán); y *A Reader in Bilingual Education (*con C. Baker). Es la Editora General Asociada del *International Journal of the Sociology of Language*. García recibió el premio del 2008 de la Asociación de Educación Bilingüe de Nueva York, es becaria del Stellenbosch Institute for Advanced Study (STIAS) en Sud-África, y ha sido becaria de la Academia Nacional de Educación en los EE.UU. y de la Fulbright. (Para más información, visite la página www.ofeliagarcia.org). Su correo electrónico es: ogarcia@gc.cuny.edu.

José Ángel Gonzalo García de León

José Ángel Gonzalo García de León (nacido en Ciudad Real, España) es periodista por la Universidad Complutense de Madrid. Posteriormente realizó un Máster en Relaciones Internacionales por la *École des Hautes Études Politiques*, en París, gracias a la beca de postgrado de la Fundación Caja Madrid. Ha trabajado en diversos medios internacionales en diferentes países europeos. En 2008 ofreció sus servicios en el periódico hispano *El Diario/La Prensa* de Nueva York. Desde 2010 es corresponsal en Miami de la revista *Punto y Coma* –de la editorial Habla con Eñe–, una publicación para aprender español, donde se encarga de cubrir la actualidad de la comunidad latina en Estados Unidos. Sus artículos han aparecido en diversos manuales de aprendizaje del español. Su correo electrónico es: joseangel@hablaconene.com.

385

Devin L. Jenkins

Devin L. Jenkins (PhD, University of New Mexico) es profesor asociado y director del Departamento de Lenguas Modernas en la Universidad de Colorado, Denver. Su investigación y sus intereses se centran en el español de los Estados Unidos, especialmente en el suroeste, junto con el bilingüismo, el contacto lingüístico, la sociología de la lengua, la fonética y la fonología. Sus publicaciones recientes se encuentran en las revistas académicas *Spanish in Context, Southwest Journal of Linguistics, The Bilingual Review/La Revista Bilingüe* y el libro *Spanish of the US Southwest: A language in transition* (Iberoamericana 2010). Su correo electrónico es: Devin.Jenkins@ucdenver.edu.

John M. Lipski

John M. Lipski es profesor titular de lingüística hispánica y general en la Universidad del Estado de Pennsylvania, Estados Unidos (Penn State). Se ha dedicado al estudio de la variación lingüístico y los contactos bilingües pasados y actuales. Ha realizado investigaciones en comunidades hispanoparlantes en España, Latinoamérica, África, Filipinas y en muchas regiones de los Estados Unidos. Entre sus libros figuran, en orden inverso de aparición, *El habla de los Congos de Panamá en el contexto de la lingüística afrohispánica* (2011), *Varieties of Spanish in the United States* (2008), *Afro-Bolivian Spanish* (2008), *A History of Afro-Hispanic Language* (2005), *El español de América* (1996), *Latin American Spanish* (1994), *El español de Malabo* (1990), *The Language of the Isleños of Louisiana* (1990), *The Speech of the NEGROS CONGOS of Panama* (1989), *Fonética y fonología del español de Honduras* (1987), *The Spanish of Equatorial Guinea* (1985), *Linguistic Aspects of Spanish-English Language Shifting* (1985), etc. Su correo electrónico es: jlipski@psu.edu.

Andrew Lynch

Andrew Lynch es profesor asociado de lingüística hispánica y estudios latinoamericanos en la Universidad de Miami (Florida, EE.UU.). Su investigación enfoca cuestiones sociolingüísticas del español en contacto con otras lenguas, y en particular la situación del español en los Estados Unidos. Es coautor del libro *El español en contacto con otras lenguas* (Georgetown UP, 2009) y ha publicado varios estudios sobre la variación del español cubano en Miami (en *Research on Spanish in the United States: Linguistic Issues and Challenges*, 2000; *Revista Internacional de Lingüística Iberoamericana* v. 14, 2009; *Language Sciences* v. 31, 2009) así como de temas de adquisición y uso del español en hablantes de segunda y tercera generación en los Estados Unidos (en *Mi Lengua: Spanish as a Heritage Language in the United States*, 2003; *Lingüística Española Actual* v. 27, 2005; *Foreign Language Annals* v. 41, 2008; *Spanish as a Heritage Language in the United States: The State of the Field*, 2012). Su línea de investigación actual se centra en dimensiones ideológicas del español en el sur de la Florida. Dicta cursos especializados de sociolingüística, bilingüismo, traducción, y cultura en la Universidad de Miami, donde también dirige el programa de español como lengua de herencia. Su correo electrónico es: a.lynch@miami.edu.

Dalia Magaña

Dalia Magaña (MA, University of California, Davis, 2009) es candidata doctoral en Lingüística Hispana en la Universidad de California en Davis. Sus intereses de investigación incluyen la enseñanza del español como lengua heredada, el cambio de códigos y el español rural de pacientes en ámbitos médicos en los Estados Unidos. Su tesis doctoral (en preparación) se titula *El lenguaje, los latinos y el cuidado médico: Análisis discursivo de la entrevista médica con pacientes de variedades rurales*. Su correo electrónico es: damagana@ucdavis.edu.

Glenn Martínez

Glenn Martínez (PhD, University of Massachusetts, MPH, Texas A&M Health Science Center) es profesor titular de lingüística hispánica y director del programa de español médico en la Universidad de Texas Panamericana en Edinburg, Texas. Es autor del libro *Mexican Americans and Language: Del Dicho al Hecho*, coautor de *Recovering the U.S.-Hispanic Linguistic Heritage: Sociohistorical Approaches to Spanish in the United States*, autor de decenas de artículos científicos en revistas tales como *Language Policy, Language Teaching Research* e *Hispania*, y autor de varios capítulos en libros académicos sobre el español en los Estados Unidos y la lingüística aplicada. Su línea de investigación actual se enfoca en la sociolingüística del español en entornos clínicos y el efecto de la política y planificación lingüística en la salud de los hispanounidenses. Su correo electrónico es: martinezg@utpa.edu.

Frank Nuessel

Frank Nuessel (PhD, University of Illinois, Urbana-Champaign) es profesor titular de Lenguas Modernas y Lingüística en la Universidad de Louisville en Kentucky. Tiene el título de Escolar Universitario (University Scholar) desde 2008 y fue presidente de la Asociación de Semiótica de América (Semiotic Society of America) en 2012. Es Presidente de la Asociación Americana de Profesores de Italiano (American Association of Teachers of Italian). También es Lector Principal (Chief Reader) de AP® Italian Language and Culture Exam (2006-2009, 2011-). Es editor de *NAMES: A Journal of Onomastics* (2008-) y editor de reseñas de *Language Problems and Language Planning* (1983-). Es socio de las siguientes asociaciones: American Association of Teachers of Spanish and Portuguese, International Communicology Institute (2005-), Gerontological Society of America. Sirve como editor asociado para seis revistas académicas. Ha escrito libros y artículos sobre lingüística hispánica, estudios italianos, semiótica, onomástica y estudios gerontológicos. Su correo electrónico es: frank.nuessel@louisville.edu.

Ricardo Otheguy

Ricardo Otheguy es profesor titular de lingüística en el Graduate Center (Centro de estudios de posgrado) de la City University of New York (CUNY). Sus trabajos teóricos tratan sobre gramática funcional, sociolingüística, contacto lingüístico, nivelación dialectal y el español en EEUU. Sus trabajos de lingüística aplicada se han enfocado en la educación bilingüe y la preparación de materiales para la enseñanza del español como primera o segunda lengua en las escuelas secundarias de los EE.UU. Ha editado varios volúmenes de temas teóricos y aplicados y es autor de *Spanish in New York: Language Contact, Dialectal Leveling, and Structural Continuity* (Oxford UP, 2012). Sus artículos han aparecido en revistas especializadas tales como *Language, Bilingualism: Language and Cognition, Modern Language Journal*, y *Harvard Educational Review*. Ha dictado conferencias en muchos países hispanohablantes y ha sido becado de la Comisión Fulbright en la Universidad de la República en Montevideo, Uruguay. Sus investigaciones han sido subvencionadas por varias organizaciones, entre ellas el Rockefeller Brothers Fund y la National Science Foundation. Fue

387

durante muchos años director del programa de educación bilingüe en el City College de Nueva York. Actualmente coordina el proyecto conocido como el CUNY Project on the Spanish of New York y es director del Research Institute for the Study of Language in Urban Society (RISLUS), organización que realiza investigaciones de índole teórica y aplicada sobre el nexo entre la lengua y los centros urbanos. Su correo electrónico es: rotheguy@gc.cuny.edu.

Gerardo Piña-Rosales

Gerardo Piña-Rosales –profesor universitario, crítico literario, novelista, editor, fotógrafo– estudió en las Universidades de Granada y Salamanca. Se doctoró en Lengua y Literatura españolas por el Graduate Center de la City University of New York con una tesis sobre *La narrativa breve del exilio español de 1939*. Es profesor titular en la City University of New York (Graduate Center y Lehman). Ha enseñado también en St. John's University y Teachers College, Columbia University. Es Presidente Honorario de la Sociedad Honoraria Hispánica Sigma Delta Pi. En 1992 fue nombrado Numerario de la Academia Norteamericana y Correspondiente de la Real Academia Española. Desde 2008 es director de la Academia Norteamericana de la Lengua Española. Entre sus libros cabe destacar (en orden inverso de publicación): *Gabriela Mistral y los Estados Unidos, Hablando bien se entiende la gente*, 2010 (en colaboración); *Escritores españoles en los Estados Unidos* (ed.), 2007; *Desde esta cámara oscura*, 2006 (novela); *Locura y éxtasis en las letras y artes hispánicas* (coed.) 2005; *Hispanos en los Estados Unidos: Tercer pilar de la hispanidad* (coed.), 2004; *España en las Américas*, 2004; *Presencia hispánica en los Estados* (coed.), 2003; *Confabulaciones. Estudios sobre artes y letras hispánicas* (coed.), 2001; *Acentos femeninos y marco estético del nuevo milenio* (coed.), 2000; *1898: Entre el desencanto y la esperanza* (coed.), 1999; *La obra narrativa de S. Serrano Poncela. Crónica del desarraigo*, 1999; *Narrativa breve de Manuel Andújar*, 1988. (Para más información, ver: http://www.anle.us/230/Gerardo-Pi%C3%B1a-Rosales.html) Su correo electrónico es: acadnorteamerica@aol.com

Kim Potowski

Kim Potowski es profesora titular de lingüística hispánica en la Universidad de Illinois en Chicago. Su línea de investigación se centra en el español de los Estados Unidos, incluyendo contextos educacionales como las escuelas de inmersión y los programas para hablantes de herencia. También ha elaborado estudios sobre el español hablado por individuos de origen mexicano, puertorriqueño y "mexirriqueño" en Chicago y sobre el vínculo entre la lengua y la identidad en los Estados Unidos. Entre sus libros están *Fundamentos de la enseñanza del español a hispanohablantes en EE.UU.* (Arco Libos) y los tomos editados *Language Diversity in the USA* (Cambridge UP) y *Bilingual Youth: Spanish in English-speaking Societies* (coeditado; John Benjamins). Actualmente desempeña el papel de editora ejecutiva de la revista lingüística *Spanish in Context* y de coeditora en la revista *Heritage Language Journal*. Con el apoyo de una beca Fulbright, ha pasado un año en Oaxaca, México, estudiando las experiencias lingüísticas y educacionales de jóvenes bilingües transnacionales. Su correo electrónico es: kimpotow@uic.edu.

388

Susana V. Rivera-Mills

Susana V. Rivera-Mills es decana asociada en la Facultad de Artes Liberales, directora del Center for Latin@ Studies and Engagement (CL@SE) y profesora titular de lingüística hispánica y diversidad en Oregon State University, Corvallis, Oregon. Recibió su licenciatura y maestría de la Universidad de Iowa y el doctorado de la Universidad de Nuevo México. Ha publicado varios libros y una amplia variedad de artículos sobre los temas de español en los Estados Unidos, aspectos de la sociolingüística, adquisición del español como segunda lengua, y español para hablantes de herencia. Es reconocida por su experiencia con comunidades latinas en los Estados Unidos y presenta sus investigaciones con frecuencia en congresos nacionales e internacionales. Su trabajo reciente explora aspectos de identidad latina, voseo centroamericano y la conservación del español en los Estados Unidos. Su correo electrónico es: Susana.Rivera-Mills@oregonstate.edu.

Ana Roca

Ana Roca (Doctor of Arts, University of Miami) nació en La Habana, Cuba, y es profesora titular de español y lingüística aplicada en la Florida International University, donde también dirigió el Programa de Lengua Española del Departamento de Lenguas Modernas durante 10 años. Sus intereses académicos se han centrado en aspectos políticos, sociolingüísticos y pedagógicos relacionados al bilingüismo y al español en los Estados Unidos. Entre sus diversas publicaciones, encontramos: *Research in Spanish in the United States: Linguistic Issues and Challenges* (Cascadilla P, 2000); con M. Cecilia Colombi, *Mi lengua: Spanish as a Heritage Language* (Georgetown UP, 2003); with John M. Lipski, *Spanish in the United States: Linguistic Contact and Diversity* (Mouton De Gruyter, 1993), y un libro de texto para estudiantes hispanos bilingües universitarios, *Nuevos mundos: Lectura, cultura y comunicación. Curso de español para bilingües* (John Wiley & Sons, 2012). Tres veces Roca ha organizado el Congreso del Español en los Estados Unidos (cada 10 años) en Miami y ha sido invitada a ser conferencista, por ejemplo, por parte del Instituto Cervantes de Chicago y de Madrid, The Modern Language Association of America, The American Association of Teachers of Spanish and Portuguese, y por universidades, tales como la Universidad de Valencia, la Universidad de Wisconsin, Rutgers University, Drew University, Rice University, la Universidad de Miami y UCLA. Su correo electrónico es: rocaa@fiu.edu.

Ana Sánchez-Muñoz

Ana Sánchez-Muñoz (PhD, University of Southern California, 2007; PhD Universidad de Santiago de Compostela, 2011) es profesora asociada en el departamento de Estudios Chicanos en la Universidad Estatal de California en Northridge (California State University—Northridge, CSUN). Su investigación dentro del campo de la sociolingüística se centra en el cambio y contacto de lenguas y, en particular, en el desarrollo del español en EE.UU. y su uso por latinas/os nacidos ya en suelo estadounidense. En CSUN enseña cursos de adquisición de lenguas con especial atención a ELL (*English Language Learners*), cursos de español para hablantes de herencia, y otros cursos relacionados con la lingüística aplicada y la sociolingüística. Es autora del libro *Spanish as a Heritage Language in the United States: A Study of Speakers' Register Variation* (2009). (Para más información, visite la página http://www.csun.edu/asanchezmunoz/).
Su correo electrónico es: ana.sanchezmunoz@csun.edu

Carmen Silva-Corvalán

Carmen Silva-Corvalán (PhD, University of California, Los Angeles) es profesora titular de Lingüística Española en el Departamento de Español y Portugués de la Universidad del Sur de California. Se interesa en enfoques funcionales de la sintaxis, en sociolingüística y en la adquisición de bilingüismo infantil. Ha publicado extensamente en estas áreas de la lingüística. En el marco de la teoría de la variación en sociolingüística, Silva-Corvalán ha examinado las restricciones discursivo-pragmáticas que condicionan la variación sintáctica en español (por ejemplo, la expresión del pronombre sujeto, el orden de los argumentos, la duplicación mediante clíticos). Su investigación se ha centrado también en las lenguas en contacto y, más concretamente, en el bilingüismo español-inglés en Los Ángeles. En la actualidad, su investigación se enfoca en el desarrollo de la gramática y las habilidades comunicativas en inglés y español de niños bilingües, campo que investiga en su libro *Bilingual Language Acquisition: Spanish and English in the First Six Years* (de próxima aparición, Cambridge UP). Es coeditora de la revista *Bilingualism: Language and Cognition* (Cambridge UP). Algunas de sus publicaciones incluyen *Sociolingüística y pragmática del español* (Georgetown UP, 2001), *Language Contact and Change: Spanish in Los Angeles* (Oxford: Clarendon, 1994), *Spanish in Four Continents: Studies in Language Contact and Bilingualism* (volumen editado, Georgetown UP, 1995) y numerosos artículos en revistas científicas. Su correo electrónico es: csilva@usc.edu.

ACADÉMICOS DE NÚMERO
(Por orden de antigüedad)

D. EUGENIO CHANG-RODRÍGUEZ

D. ROBERTO GARZA SÁNCHEZ

D. ROBERTO A. GALVÁN

D. STANISLAV ZIMIC

D. ROLANDO HINOJOSA-SMITH

D. CARLOS ALBERTO SOLÉ

D. RAÚL MIRANDA RICO

D. GERARDO PIÑA ROSALES

D. JOHN J. NITTI

D. JOAQUÍN SEGURA

D. EMILIO BERNAL LABRADA

D. LUIS PÉREZ BOTERO

D. NICOLÁS TOSCANO LIRIA

D. MARCOS ANTONIO RAMOS

D.ª ESTELLE IRIZARRY

D. MORDECAI RUBIN

D. UBALDO DI BENEDETTO

D. ROBERT LIMA

D.ª SILVIA FAITELSON-WEISER

D. ANTONIO CULEBRAS

D. JOSÉ AMOR Y VÁZQUEZ

D. WILLIAM H. GONZÁLEZ

D. ANTONIO GARRIDO MORAGA

D. ROBERT BLAKE

D. JUAN MANUEL PASCUAL

D. ORLANDO RODRÍGUEZ SARDIÑAS

D.ª JANET PÉREZ

D. JORGE IGNACIO COVARRUBIAS

D. LUIS ALBERTO AMBROGGIO

D.ª LETICIA MOLINERO

D. MILTON AZEVEDO

D.ª MARIELA A. GUTIÉRREZ

D. VÍCTOR FUENTES

D.ª RIMA DE VALLBONA

D.ª GEORGETTE MAGASSY DORN (electa)

D. ISAAC GOLDEMBERG (electo)

 ANLE

ACADÉMICOS CORRESPONDIENTES

D. JOSE LUIS ABELLÁN
España

D. ALBERTO ACEREDA
Estados Unidos

D. ÓSCAR ACOSTA
Honduras

D. HORACIO AGUIRRE
Estados Unidos

D. ABDELOUAHED AKMIR
Marruecos

D. ELIO ALBA BUFILL
Estados Unidos

D. JOSÉ MANUEL ALLENDESALAZAR
España

D. FRANCISCO ALBIZÚREZ PALMA
Guatemala

D. MARIO ANDINO LÓPEZ
Estados Unidos

D.ª UVA DE ARAGÓN
Estados Unidos

D. ALFREDO ARDILA
Estados Unidos

D. JORGE EDUARDO ARELLANO
Nicaragua

D. SAMUEL G. ARMISTEAD
Estados Unidos

D. MARCO AURELIO ARENAS
Estados Unidos

D. FREDO ARIAS DE LA CANAL
México

D. JOAQUÍN BADAJOZ
Estados Unidos

D. PEDRO LUIS BARCIA
Argentina

D. BELISARIO BETANCUR
Colombia

D.ª SILVIA BETTI
Italia

D. GARLAND D. BILLS
Estados Unidos

D. JOSÉ CARLOS BRANDI ALEIXO
Brasil

D. JAVIER BUSTAMANTE
Estados Unidos

D.ª MARGARITA CARRERA
Guatemala

D. GERMÁN CARRILLO
Estados Unidos

D. LUIS ÁNGEL CASAS
Estados Unidos

D. CARLOS CASTAÑÓN-BARRIENTOS
Bolivia

D. ALBERTO CASTILLA VILLA
Estados Unidos

D. CARLOS JOAQUÍN CÓRDOVA
Ecuador

D. DAVID DEFERRARI
Estados Unidos

D.ª DOMNITA DUMITRESCU
Estados Unidos

D. DAVID ESCOBAR GALINDO
El Salvador

D. CHARLES B. FULLHABER
Estados Unidos

D. CARLOS FERNÁNDEZ SHAW
España

D. DANIEL R. FERNÁNDEZ
Estados Unidos

D.ª MARÍA DE LA PAZ FERNÁNDEZ
Estados Unidos

D. CRISTIAN GARCÍA-GODOY
Estados Unidos

D. MANUEL GARRIDO PALACIOS
España

D. CARLOS JONES GAYE
Uruguay

D.ª LAURA GODFREY
Estados Unidos

D. ALBERTO GÓMEZ FONT
España

D. FRANK GÓMEZ
Estados Unidos

D. JOSÉ MANUEL GÓMEZ Y MÉNDEZ
España

D. LUIS T. GONZÁLEZ DEL VALLE
Estados Unidos

D.ª YARA GONZÁLEZ MONTES
Estados Unidos

D. ANTHONY GOOCH
Inglaterra

D. FÉLIX ALFONSO DEL GRANADO ANAYA
Estados Unidos

D. FÉLIX GRANDE
España

D.ª ALICIA DE GREGORIO
Estados Unidos

D. PEDRO GUERRERO RUIZ
España

D. HELIODORO GUTIÉRREZ GONZÁLEZ
España

D. CHEN KAIXIAN
China

D. JORGE KATTÁN ZABLAH
Estados Unidos

D. AMANCIO LABANDEIRA
España

D. ÁNGEL LÓPEZ GARCÍA-MOLINS
España

D. HUMBERTO LÓPEZ MORALES
España

D. JESÚS LÓPEZ PELÁEZ-CASELLAS
España

D. WENCESLAO CARLOS LOZANO
España

D. FRANCISCO MARCOS MARÍN
Estados Unidos

D. LUIS MARIO
Estados Unidos

D. EMILIO MARTÍNEZ PAULA
Estados Unidos

D. MARK DEL MASTRO
Estados Unidos

D. ALFREDO MATUS OLIVER
Chile

D.ª MARICEL MAYOR MARSÁN
Estados Unidos

D. JUSTINO MENDES DE ALMEIDA
Portugal

D. RAÚL MIRANDA RICO
Estados Unidos

D. JOSÉ MORENO DE ALBA
México

D. FRANCISCO MUÑOZ GUERRERO
España

D. JOSÉ LUIS NAJENSON
Israel

D. GONZALO NAVAJAS
Estados Unidos

D. FERNANDO A. NAVARRO GONZÁLEZ
España

D. JOSÉ MARÍA OBALDÍA
Uruguay

D. JOHN O'NEILL
Estados Unidos

D.ª ROCÍO OVIEDO PÉREZ DE TUDELA
España

D. CARLOS E. PALDAO
Estados Unidos

D. ANTONIO PAMIES BELTRÁN
España

D. FRANCISCO PEÑAS BERMEJO
Estados Unidos

D.ª TERESINKA PEREIRA
Estados Unidos

D. JOSÉ LUIS S. PONCE DE LEÓN
Estados Unidos

D. ANTONIO PORPETTA
España

D. JAIME POSADA
Colombia

D. DOMINGO PRIETO GARCÍA
España

D. RAÚL RIVADENEIRA PRADA
Bolivia

D. AMADEU RODRIGUES TORRES
Portugal

D. HERNÁN RODRÍGUEZ CASTELO
Ecuador

D. JOSÉ ROMERA CASTILLO
España

D. JOSÉ GUILLERMO ROS-ZANET
Panamá

D. CHRISTIAN RUBIO
Estados Unidos

D. YURI A. RYLOV
Rusia

D. FELIPE SAN JOSÉ GONZÁLEZ
México

D.ª ESTHER SÁNCHEZ GREY ALBA
Estados Unidos

D. GONZALO SANTONJA GÓMEZ-AGERO
España

D.ª FATIMA TAHTAH
Marruecos

D. HIROTO UEDA
Japón

D. EDUARDO URBINA
Estados Unidos

D. ÁNGEL JULIÁN VALBUENA-BRIONES
Estados Unidos

D. BENJAMIN VALDIVIA
México

D. JUAN VAN-HALEN ACEDO
España

D. JOSÉ LUIS VEGA
Puerto Rico

 ANLE

COLABORADORES
(Por orden de nombramiento)

D. LUIS RIOS
Estados Unidos

D.ª VANESSA LAGO BARROS
Estados Unidos

D.ª CRISTINA BERTRAND
Estados Unidos

D. MARIO MARTÍNEZ Y PALACIOS
Estados Unidos

D. ALISTER RAMÍREZ MÁRQUEZ
Estados Unidos

D.ª MARÍA EUGENIA CASEIRO
Estados Unidos

D.ª ADRIANA BIANCO
Estados Unidos

D. FERNANDO WALKER
Argentina

D.ª MARÍA LETICIA CAZENEUVE
Argentina

D.ª MARY S. VÁSQUEZ
Estados Unidos

D.ª MARIA CORNELIO
Estados Unidos

D. ANDREW LYNCH
Estados Unidos

D. PORFIRIO RODRÍGUEZ
Estados Unidos

D. RAFAEL E. SAUMELL-MUÑOZ
Estados Unidos

D.ª ROSA ALICIA RAMOS
Estados Unidos

D. ALEJANDRO JOSÉ GONZÁLEZ ACOSTA.
México

D.ª LUISA FOURNIER
Estados Unidos

D. GINÉS LOZANO JAÉN
España

D.ª MARÍA TERESA CARO VALVERDE
España

D. ANTONIO ROMÁN
España

D.ª NATALIA MANFREDI
Argentina

D.ª MARIA ELENA PELLY
México

D.ª KATHLEEN THERESE O'CONNOR-BATER
Estados Unidos

D.ª ALICIA AGNESE
Estados Unidos

D. STEVEN STRANGE
Estados Unidos

D. NICOLÁS MARTÍNEZ VALCÁRCEL
España

D.ª NURIA MORGADO
Estados Unidos

D.ª CARMEN TARRAB
Estados Unidos

D. FRANCISCO ALVAREZ KOKI
Estados Unidos

D.ª LILIANA SOTO-FERNÁNDEZ
Estados Unidos

D.ª ONEIDA M. SÁNCHEZ
Estados Unidos

D.ª MARIE-LISE GAZARIAN
Estados Unidos

D. JUSTO S. ALARCÓN
Estados Unidos

D. ARMANDO MIGUÉLEZ
España

D.ª LAURA SÁNCHEZ
Estados Unidos

D.ª CHEN ZHI
China

D. MARIANO VITETTA
Argentina

D. ANGEL AGUIRRE
Estados Unidos

D.ª PATRICIA LÓPEZ L.-GAY
Estados Unidos

D.ª ANA MARÍA OSAN
Estados Unidos

D.ª MARÍA ROSA DE MADARIAGA
España

D.ª MARÍA DE MARCOS ALFARO
España

D.ª CRISTINA ORTIZ
Estados Unidos

D.ª ANA SÁNCHEZ-MUÑOZ
Estados Unidos

D.ª MARTA LÓPEZ LUACES
Estados Unidos

D. GUSTAVO GODOY
Estados Unidos

D.ª Mª DOLORES CUADRADO CAPARRÓS
España

D.ª ÉLIDA MARCELA TESTAI
Estados Unidos

D. DANIEL Q. KELLEY
Estados Unidos

D.ª ROSA TEZANOS-PINTO
Estados Unidos

D. ÁNGEL CUADRA
Estados Unidos

D. ALBERTO AVENDAÑO
Estados Unidos

D.ª ISABEL R-VERGARA
Estados Unidos

D.ª LAURA POLLASTRI
Argentina

D. MANUEL M. MARTÍN-RODRÍGUEZ
Estados Unidos

D.ª JUANA A. ARANCIBIA
Estados Unidos

D. LAURO ZAVALA
México

D. CÉSAR SÁNCHEZ BERAS
Estados Unidos

D. EVERETTE LARSSON
Estados Unidos

D. MARIO A. ORTIZ
Estados Unidos

D.ª DORY E. NIÑO
Colombia

D.ª VIOLETA ROJO
Venezuela

D.ª STELLA MARIS COLOMBO
Argentina

D.ª FRANCISCA NOGUEROL JIMÉNEZ
España

D.ª GRACIELA S. TOMASSINI
Argentina

D.ª GABRIELA M. ESPINOSA
Argentina.

D. JUAN CARLOS TORCHIA-ESTRADA
Estados Unidos

D. ANTONIO MONCLÚS ESTELLA
España

D. THOMAS E. CHÁVEZ
Estados Unidos

D. SERGE I. ZAITZEFF
Canadá

D. ROLANDO PÉREZ
Estados Unidos

D. ANTONIO ACOSTA
Estados Unidos

D.ª MARÍA JOSÉ LUJÁN MORENO
Estados Unidos

D. JORGE CHEN SHAM
Costa Rica

D. EDUARDO LOLO
Estados Unidos

D. HARRY BELEVAN-McBRIDE
Perú

D. MANUEL J. SANTAYANA
Estados Unidos

D.ª ANNA DE SANTIS
Estados Unidos

D.ª PHYLLIS E. VANBUREN
Estados Unidos

D.ª TANIA PLEITEZ VELA
España

D. JUAN CARLOS DIDO
Argentina

D.ª ANA MARÍA SHUA
Argentina

D. ERNEST A. "TONY" MARES
Estados Unidos

D. FERNANDO SORRENTINO
Argentina

D.ª CELIA LÓPEZ-CHÁVEZ
Estados Unidos

D.ª RHINA TORUÑO-HAENSLY
Estados Unidos

D. GUILLERMO A. BELT
Estados Unidos

D.ª LETICIA BUSTAMANTE VALBUENA
España

D.ª MARY SALINAS GAMARRA
Estados Unidos

D.ª LUCILA HERRERA
México

D. MIGUEL GOMES
Estados Unidos

D. JORGE WERTHEIN
Brasil

D. NASARIO GARCÍA
Estados Unidos

D. TEODORO HAMPE MARTÍNEZ
Perú

D.ª CRISTINA CHOCANO MUÑOZ
Guatemala

D. HYOSANG LIM
Corea

D. FRANCISCO LAGUNA-CORREA
Estados Unidos

D.ª CARMEN BENITO-VESSELS
Estados Unidos

D.ª NELA RÍO
Canadá

D. ALBERTO ROJO
Estados Unidos

D.ª OLVIDO ANDÚJAR
España

D.ª JEANNETTE L. CLARIOND
México

D.ª CLOTILDE FONSECA QUESADA
Costa Rica

D. DOMINGO TAVARONE
Argentina

 ANLE

Este libro acabose de imprimir el día 28 de enero de 2013,
en los talleres de The Country Press
Massachussetts
Estados Unidos de América

Made in the USA
Lexington, KY
29 December 2017